Nach Amerika!
Band I

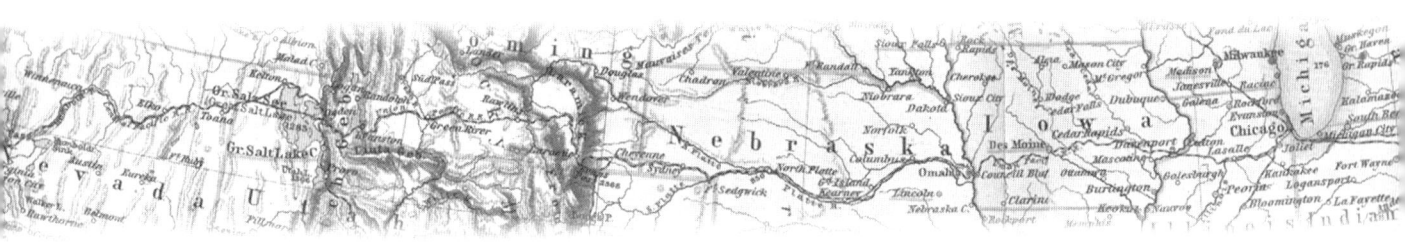

Nach Amerika!

Band I
Auswanderung im 19. und 20. Jahrhundert
Norbert Jansen

Verlag des Historischen Vereins für das
Fürstentum Liechtenstein, Vaduz
Chronos Verlag, Zürich

Impressum

Redaktion
Norbert Jansen,
Pio Schurti

Gesamtproduktion
Gassner & Seger, Vaduz

Korrektorat
Sigi Scherrer, Willibald Feinig

© 1998 Historischer Verein für das Fürstentum Liechtenstein, Vaduz

Auslieferung in Liechtenstein:

Historischer Verein für das
Fürstentum Liechtenstein
Geschäftsstelle
Messinastrasse 5
FL-9495 Triesen

Telefon 075 392 17 47
Fax 075 392 19 61

ISBN 3-906393-21-6

Auslieferung ausserhalb Liechtensteins:

Chronos Verlag
Münstergasse 9
CH-8001 Zürich

Telefon 01 265 43 43
Fax 01 265 43 44

ISBN 3-905312-98-0

Die umfangreichen Forschungsarbeiten zur Auswanderung nach Amerika und die Herausgabe dieses Werkes wurden dank grosszügiger finanzieller Unterstützung der Regierung des Fürstentums Liechtenstein, der liechtensteinischen Gemeinden sowie zahlreicher Unternehmen, Institutionen und privater Spender ermöglicht. Der Historische Verein für das Fürstentum Liechtenstein ist allen zu grossem Dank verpflichtet.

Nach Amerika!

Geschichte der liechtensteinischen Auswanderung
nach Amerika in zwei Bänden

Band I:
> Norbert Jansen
> Auswanderung im 19. und 20. Jahrhundert
> Register mit persönlichen Daten aller bekannten Auswanderer
> Personen- und Ortsregister für die Bände I und II

Band II:
> Herausgeber: Pio Schurti und Norbert Jansen
> Einzelbiographien von Personen und Familien
> Beiträge von Auswanderern

Inhaltsverzeichnis Band I

Erster Teil: Auswanderung im 19. Jahrhundert

9		Prolog
11	I.	Liechtenstein im 19. Jahrhundert
11		Landwirtschaftliche Monokultur
11		Rheinnot und Hunger
13		Langsame Entwicklung des Gewerbes
13		Späte Industrialisierung
14		Landständische Verfassung und politische Unruhen
16		Die Revolution von 1848
17		Die Verfassung von 1862
19	II.	Die Auswanderungspolitik im 19. Jahrhundert
19		Das Auswanderungspatent von 1809
20		Das Auswanderungspatent von 1843
21		Der lange Weg zur Bewilligung
23		Abschiebung unerwünschter Personen
24		Das Abfahrtsgeld wird aufgehoben

26	III.	Amerika lockt die Einwanderer
26		Das «gelobte Land» Amerika
28		Recht auf Leben und Freiheit
29		Goldrausch in Kalifornien
29		Die erste Auswanderungswelle von Liechtenstein nach Amerika
30		Die Reise in die Neue Welt
32		Eine Warnung des Fürsten
33		Informationen über Amerika
35		Briefe aus Amerika
38	IV.	Der amerikanische Bürgerkrieg
38		Anfänge des Nord-Süd-Konflikts
39		Der Bürgerkrieg (1861-1865)
41		Liechtensteiner im Bürgerkrieg
42		Second Lieutenant Gregor Wohlwend
45		Josef Kiebers Kampf um seine Pension
48	V.	Die Prärie wird besiedelt
48		Der Siegeszug der Eisenbahn
51		Der Homestead Act von 1862
51		Einwanderungsbestimmungen im 19. Jahrhundert
52		Erwerb des amerikanischen Bürgerrechts
54	VI.	Die zweite Auswanderungswelle (1880-1884)
54		Die Auswanderung nimmt wieder zu
55		Wirtschaftskrise in Europa
55		Auswanderungsagenturen und ihre Geschäftspraktiken
59		Die Überfahrt
63		Die Ankunft in Amerika
68	VII.	Liechtensteiner in Amerika
70		Boomjahre für Dubuque
71		Erste Liechtensteiner in Dubuque
73		Die zweite Gruppe Liechtensteiner
75		Das Leben in Dubuque
76		Guttenberg – das Tor zur Prärie
79		Die ersten Liechtensteiner in Guttenberg
81		Von Liechtenstein nach Guttenberg
83		Fünfzig Liechtensteiner auf demselben Schiff
85		1855: Höhepunkt der Einwanderung
87		Die Begründung der Matt-Dynastie in Clayton County
89		Das Leben der Liechtensteiner in Clayton County
95		Einwanderer der achtziger Jahre

97		Von Armut und Heimweh
99		Communia – ein sozialistisches Experiment
100		Freeport – Ziel der Triesenberger
103		Die Familien Eberle in Freeport
105		Wabash – eine Unterländer Kolonie in Indiana
107		Josef Kaisers Erfolg und tragisches Ende
108		Weitere Liechtensteiner Schicksale in Wabash
109		Eine Ruggeller Kolonie in Nebraska
112		Kloster Schellenberg – eine Gründung aus Ohio

Zweiter Teil: Auswanderung im 20. Jahrhundert

115	VIII.	Auswanderung bis zum Ersten Weltkrieg
115		Erster industrieller Aufschwung in Liechtenstein
116		Amerika wehrt sich gegen zu hohe Einwanderung
118	IX.	Arbeit und Verdienst locken nach Amerika
118		Boomjahre und Börsenkrach in Amerika
119		Liechtensteins Weg in die Krise
120		Die Auswanderungswelle der zwanziger Jahre
122		Hammond – Ziel vieler Hoffnungen und Enttäuschungen
125		Liechtensteiner Gemeinschaft in Hammond
127		Vom Tellerwäscher zum Motelbesitzer
128		Der Geldwäscher von San Francisco
129		Cincinnati – «ein Stück Neudeutschland»
130		Einwanderung der Geschwister Ritter
131		Ein Liechtensteiner als Professor am Priesterseminar
131		Ein Bürgermeister aus Eschen in Elmwood Place
134		Von Cincinnati nach Las Vegas
135		Die Holzfäller von Tenstrike
137		Milwaukee – eine «deutsche Stadt»
138		Liechtensteiner kommen nach Milwaukee
140		Als Kommunist ausgewiesen
141	X.	Die Auswanderung nach dem Zweiten Weltkrieg
142		Aufschwung in Liechtenstein
143		Land und Gemeinden fördern die Auswanderung
144		Die Auswanderung klingt ab

Dritter Teil: Die Auswanderung nach Kanada und Südamerika

145	XI.	Die Auswanderung nach Kanada
145		Kanada als Einwanderungsland
147		Liechtensteiner in Prince George
149		Die Auswanderung der Familie Banzer aus Triesen
151		Kanada-Wanderung nach dem Zweiten Weltkrieg
152	XII.	Die Auswanderung nach Südamerika
152		Als Missionare nach Südamerika
154		Von Partisanen ausgeraubt
154		Zu sechst nach Argentinien
156		Harte Zeiten als Landarbeiter
157		In einer Käserei in Mercedes
163		Ein schwerer Anfang in Brasilien

165 Epilog

167 Anmerkungen
177 Quellen- und Literaturverzeichnis

179 Register mit persönlichen Daten aller bekannten Auswanderer
179   Vorbemerkungen
180   Auswanderungsstatistik
182   Alphabetisches Register

255 Personen- und Ortsregister für die Bände I und II

Erster Teil: Auswanderung im 19. Jahrhundert

Prolog

Am 24. Juli 1837 erschienen Joseph Batliner und Nancy Stuard, beide aus dem Bezirk Floyd im amerikanischen Bundesstaat Indiana, vor dem Friedensrichter John Colman, um einen Grundstückshandel verbriefen zu lassen. Für die Summe von 100 Dollars, die Joseph Batliner bar auf die Hand der Verkäuferin zahlte, überliess ihm diese ein Grundstück in der Grösse von 71,5 acres, was einer Fläche von rund 30 Hektar entspricht.[1]

Die Gegend, in der dies geschah, war altes Indianergebiet und erst vor kurzem von Weissen besiedelt worden. 1775 waren die ersten Pioniere auf Booten den Ohio River heruntergekommen und hatten sich am nördlichen Flussufer, in der Gegend der heutigen Stadt Louisville (Kentucky), niedergelassen. Auf der gegenüberliegenden Seite, wo heute New Albany (Indiana) liegt, nahm ein alter Indianerpfad in Richtung Westen seinen Anfang, ein Weg, den bald auch weisse Fallensteller und Jäger, Händler und Siedler benutzten, um weiter ins Landesinnere vorzustossen.[2]

Man darf davon ausgehen, dass auch Joseph Batliner, der ursprünglich aus Schellenberg stammte, auf diesem Indianerpfad nach Floyds Knobs, rund acht Meilen westlich von New Albany, gelangt ist. Unter seinen Nachkommen wird überliefert, ein Priester, der gelegentlich zu Pferd vorbeigekommen sei, habe den frühen Siedlern am Ohioufer geraten, in die Hügel auf der gegenüberliegenden Flussseite zu ziehen, wo das Klima gesünder sei.[3]

Am 1. Januar 1835 heiratete Joseph Batliner Katharina Goos,[4] eine Tochter deutscher Einwanderer, und am 26. Juli 1836 wurde die Tochter Carolina als erstes der fünf Kinder geboren.[5] Im Sommer darauf legte Joseph Batliner mit dem erwähnten Kauf des Grundstücks in Floyds Knobs die Grundlage für die Existenz seiner Familie. Später kamen weitere Käufe hinzu, so dass er seinen Kindern eine ansehnliche Farm hinterlassen konnte, die noch heute von seinen Nachkommen bewirtschaftet wird.[6]

Auswanderung im Dunkeln
Joseph Batliner ist gemäss bisherigen Erkenntnissen der früheste aktenkundige Liechtensteiner, der in der Neuen Welt sein Glück gefunden hat. Leider liegt die Geschichte seiner Auswanderung im Dunkeln; aufgrund der in Floyds Knobs gefundenen Lebensdaten muss man aber annehmen, dass er zu Beginn der dreissiger Jahre des 19. Jahr-

hunderts nach Amerika gekommen ist, zu einer Zeit, in der die Auswanderung in Liechtenstein – wie später noch auszuführen sein wird – verboten war. Hingegen stellte das Oberamt zu jener Zeit befristete Pässe aus, die ihre Inhaber berechtigten, zur Arbeitsaufnahme in die Schweiz, nach Deutschland oder Frankreich zu reisen.[7] Wahrscheinlich hat sich Joseph Batliner mit einem solchen Pass von Frankreich oder Deutschland aus nach Amerika eingeschifft.

Die Nachkommen von Joseph Batliner betreiben in Floyds Knobs eine Firma für Landmaschinen

I. Liechtenstein im 19. Jahrhundert

Mit seiner Auswanderung steht Joseph Batliner am Beginn mehrerer Auswanderungswellen, in deren Verlauf im 19. Jahrhundert viele hundert Personen – alleinstehende Männer und Frauen, aber auch ganze Familien – ihr Heil in Amerika gesucht haben. Um zu verstehen, was sie bewogen hat, ihrer Heimat den Rücken zu kehren, muss man sich vergegenwärtigen, in welchen wirtschaftlichen und politischen Verhältnissen die Menschen in Liechtenstein in jener Zeit leben mussten.[8]

Landwirtschaftliche Monokultur
Als Joseph Batliner als über dreissigjähriger Mann auswanderte, gründete sich der Existenzkampf in Liechtenstein vornehmlich auf die Landwirtschaft. Die Bauern waren Selbstversorger; Milch, Mais und Kartoffeln bildeten die Grundnahrungsmittel, Fleisch – gewöhnlich Geräuchertes – kam selten auf den Tisch. Kleidung wurde meist aus selbstgesponnenem Garn und selbstgewobener Leinwand hergestellt. Der Verkauf von landwirtschaftlichen Erzeugnissen – zumeist Vieh und Wein – war lange nahezu die einzige Erwerbsquelle der liechtensteinischen Bevölkerung.

Die Bauern mussten ihre Felder, Weiden und Weinberge in stetem Kampf vor der Verwüstung durch Rüfen oder vor der Versumpfung durch die Rheinfluten schützen. Während mehrerer Wochen im Jahr hatte sich jeder Bauer mit seiner Arbeitskraft und seinem Fuhrwerk in den Dienst der gemeinsamen Sache zu stellen und bei der Errichtung von Schutzbauten gegen Rhein und Rüfen sowie beim Strassenbau mitzuhelfen. Neben diesen Fronarbeiten lasteten auf der Bevölkerung geistliche und weltliche Zehnten sowie Feudallasten, die immer wieder Anlass zu öffentlicher Kritik gaben.

Rheinnot und Hunger
Zudem wurde die ausreichende Versorgung der Bevölkerung mit Lebensmitteln zunehmend schwieriger. Die Verbesserung der Ernährung durch den Anbau von Mais und Kartoffeln[9] sowie die Fortschritte in der medizinischen Versorgung[10] führten zu einem Rückgang der Kindersterblichkeit und zu einer Erhöhung der Lebenserwartung. Zwischen 1750 und 1800 war die Einwohnerzahl um 20 Prozent von 4'500 auf 5'400 angestiegen; bis 1850 kletterte sie um weitere 37 Prozent auf 7'400 Personen. Hungersnöte waren die Folge. Nach dem Hungerjahr 1817 erlitt Liechtenstein 1846 nach einer grossen Rheinüberschwemmung eine neue Versorgungskrise. Zwölf Quadratkilometer Acker- und Wiesland standen unter Wasser oder waren mit

Geschiebe bedeckt. Als sich das Wasser nach sechs Wochen zurückzog, waren die Ernten vernichtet, die Kartoffeln von Fäulnis befallen. Obwohl der Fürst aus eigenen Mitteln Getreide verteilen liess und sich bei Österreich erfolgreich für die Erleichterung von Getreideeinfuhren nach Liechtenstein einsetzte, verschlechterte sich die Nahrungsmittelversorgung der Bevölkerung zusehends. Erschwerend war zudem, dass wegen des Sonderbundskrieges in der Schweiz (1847) der Wein- und Viehhandel über den Rhein völlig zum Erliegen kam. Die Armut unter den Untertanen sei so gross, schrieb Landvogt Johann Michael Menzinger an den Fürsten, dass diese «*mit den meisten Zahlungen im Rückstande bleiben. Eine executive Eintreibung rückständiger Zinsungen und obrigkeitlicher Schuldigkeiten folgt der anderen, Feilbietungen aller Art finden statt und aus Mangel an Käufern werden Fahrnisse, selbst ganze Wohnsitze mit den zugeschriebenen Gütern mit bedeutendem Verlust und selbst dann noch mit Mühe an (den) Mann gebracht*».[11]

• Nach der Rheinkatastrophe von 1846 erfolgten 1853 zwei weitere, kleinere Einbrüche bei Triesen und Schaan. Am 16. Juni 1855 durchbrach der Rhein den Damm unterhalb von Vaduz, und die Fluten sollen Schäden angerichtet haben, die grösser waren als jene von 1846. 1868 führte ein Bruch der Schutzbauten bei Balzers zu Überschwemmungen bis an die Triesner Gemeindegrenze. 1872 kam es in Ruggell zu einer Überschwemmung, und ein Dammbruch bei Triesen (1888) führte schliesslich zur letzten Rheinüberschwemmung des 19. Jahrhunderts, bei der nochmals die ganze Ebene zwischen Vaduz und Bendern überflutet wurde.

Ansicht von Vaduz und dem Rheintal aus dem Jahr 1833
(Gouache von Ludwig Bleuler, Sammlungen des Fürsten von Liechtenstein, Schloss Vaduz)

Langsame Entwicklung des Gewerbes
Gewerbebetriebe gab es zu Beginn des Jahrhunderts kaum. «*Der Handwerksmann ist nur auf den Verdienst, den er sich im Lande erwirkt, beschränkt, und weil dieser äusserst unbedeutend ist, kann sich der Gewerbsmann blos mit seinem Gewerbe nicht durchbringen*», schrieb Landvogt Joseph Schuppler im Jahr 1815.[12] Das Fehlen handwerklicher Vielfalt war eine Folge der bäuerlichen Monokultur: Der Absatz an Gewerbeprodukten im Inland war gering, zudem fertigten die Bauern viele Kleidungsstücke und Gerätschaften selbst an. Die Erschliessung ausländischer Märkte war nicht möglich, da Liechtenstein – in Anlehnung an die Aussenpolitik Österreichs – dem deutschen Zollverein von 1834 nicht beigetreten und daher vom Handel mit den Ländern des Deutschen Bundes isoliert war. Auch Ausfuhren nach Österreich waren mit Zöllen belastet.

Der niedrige Entwicklungsstand des Gewerbes führte mit zunehmendem Bevölkerungswachstum auch zu einem dramatischen Mangel an Arbeits- und Verdienstmöglichkeiten. Seit dem frühen 19. Jahrhundert verliessen jährlich etwa zehn Prozent der Bevölkerung ihre Heimat, um als Saisonniers zu arbeiten. «*Auf das Mauerer- und Zimmermannsgewerbe verlegen sich viele, hiebei finden sie noch ihre beste Rechnung, sie gehen beim Beginne des Frühjahrs nach der Schweiz, Frankreich oder Schwaben, oder dorthin, wo es was zu verdienen giebt, bleiben bis zum Spätherbste aus während dem sie um Lohn als Gesellen, Lehrjungen, oder auch nur als Taglöhner arbeiten, und kehren dann mit dem sich erworbenen Verdienst nach ihrer Heimath zurück, wo sie den Winter hindurch bleiben, und im folgenden Frühjahre die Reise wiederholen. Selbst viele erwachsene, und junge zu Hause entbehrliche Leute, und Kinder, die kein Handwerk kennen, wandern im Frühjahre nach Schwaben, trachten dort als Knechte, Hirten oder Taglöhner unterzukommen ...*»[13]

Späte Industrialisierung
Auch für eine industrielle Entwicklung, wie sie in der Schweiz und in Vorarlberg in den dreissiger Jahren einsetzte, fehlten in Liechtenstein aufgrund der Zollschranken die Voraussetzungen. Erst der Zollvertrag mit Österreich von 1852 brachte eine Verbesserung der handelspolitischen Situation. Liechtenstein war durch diesen Vertrag in den grossen österreichischen Wirtschaftsraum einbezogen, eine Tatsache, die sich zu Beginn vor allem schweizerische Textilfabrikanten zunutze machten: Um die österreichischen Schutzzölle zu umgehen, verlegten sie die Produktion für dieses Absatzgebiet nach Liechtenstein. Der erste Betrieb wurde 1861 gegründet und beschäftigte zu Beginn 21 Arbeiter. 1874 standen drei Betriebe mit insgesamt 250 Arbeitern, und

Die ersten Industriebetriebe etablierten sich in Liechtenstein in der zweiten Hälfte des 19. Jahrhunderts. Dieses Bild aus einem Prospekt des Alpenkurhauses Gaflei zeigt am unteren Bildrand die Spinnerei Jenny, Spoerry & Cie. in Vaduz.

um die Jahrhundertwende zählte die Belegschaft aller Fabriksbetriebe etwas mehr als 500 Personen.

Im Zuge der industriellen Entwicklung kam es auch zu einem Aufschwung im Gewerbe: 1861 zählte man in Liechtenstein 200 Gewerbebetriebe, fünf Jahre später waren es bereits 333, und nachdem in den achtziger Jahren die Stickerei und weitere neue Gewerbezweige Fuss gefasst hatten, stieg ihre Zahl bis 1900 auf rund 550 an.

Auch die Landwirtschaft erholte sich dank staatlicher Förderung langsam von den Folgen der wiederholten Rheinkatastrophen. Alles in allem gesehen, kann die wirtschaftliche Situation am Ende des 19. Jahrhunderts als gefestigt betrachtet werden.

Landständische Verfassung und politische Unruhen
Indes war das 19. Jahrhundert nicht nur durch wirtschaftliche Not, sondern auch durch politische Umwälzungen geprägt. Liechtenstein, 1806 durch Napoleon souverän und 1815 Mitglied des Deutschen Bundes geworden, war in den ersten Jahrzehnten des Jahrhunderts ein absolutistischer Staat, dessen Fürst Johann I.[14] im fernen Wien residierte und sich in Liechtenstein durch einen Landvogt[15] vertreten liess. 1818 erliess der Fürst, einer Verpflichtung aus der Mitgliedschaft im Deutschen Bund folgend, eine landständische Verfassung. Neue Rechte für das Volk brachte sie freilich nicht, die Untertanen blieben ein Objekt des obrigkeitlichen Willens. Die gesamte Staatsgewalt lag beim Fürsten, der das Land über das Oberamt in Vaduz regierte, wo neben

dem Landvogt der Rentmeister, der Gerichtsschreiber sowie der Grundbuchführer ihres Amtes walteten. Das Oberamt war gleichzeitig erste Gerichtsinstanz, zweite Instanz war die Fürstliche Hofkanzlei in Wien und dritte Instanz das Oberlandesgericht für Tirol und Vorarlberg in Innsbruck. Die Landstände bildeten den Landtag; der geistliche Stand war mit drei Abgeordneten vertreten, die elf Gemeinden mit ihren Ortsrichtern (Vorstehern) und Säckelmeistern.[16] Rechte hatte dieser Landtag allerdings praktisch keine. Er trat nur einmal jährlich zusammen und hatte dabei das vom Fürsten vorgelegte Steuerpostulat anzunehmen, in dem das Steueraufkommen des Landes für das Folgejahr festgelegt war. Die Abgeordneten hatten weder das Recht, das Steuerpostulat abzulehnen noch über dessen Höhe zu diskutieren, geschweige denn Vorschläge zur Gesetzgebung, zur Regierungstätigkeit oder zur Aussenpolitik zu machen.

Das absolutistische Herrschaftssystem führte in der Bevölkerung zu tiefer Unzufriedenheit, die immer wieder in Beschwerden und offene Unruhen mündete. Im Juni 1809 konnte Landvogt Schuppler dank seiner Geistesgegenwart und Autorität das aufgebrachte Volk beschwichtigen, dessen Zorn sich an den zu hohen Lasten sowie an der Aberkennung alter Rechte in der Dienstinstruktion von 1808[17] entzündet hatte.

1831 kam es im Zusammenhang mit der Rekrutierung des 55 Mann starken liechtensteinischen Militärkontingents für den Deutschen Bund erneut zu Auseinandersetzungen. Die Gemeinden widersetzten sich der Weisung des Landvogts Pokorny, Rekruten zu stellen, und verknüpften ihre Weigerung mit weiteren, von einer Deputation formulierten Begehren. Unter anderem sollten das Rekrutierungsalter auf 18 bis 25 Jahre begrenzt und die Kosten des Militärs aus einem Darlehen des Fürsten finanziert werden. Im weiteren verlangte man eine Senkung der Verwaltungskosten und Gebühren sowie eine Stärkung des Landtags. Der Fürst sollte sich auch für eine Herabsetzung der österreichischen Zölle gegenüber Liechtenstein einsetzen. Diese und weitere Forderungen wurden einer Kommission übergeben, welche Fürst Johann I. aufgrund der alarmierenden Berichte Pokornys nach Liechtenstein entsandt hatte. Als die Antwort des Fürsten auf sich warten liess, schickte die Deputation ein Schreiben nach Wien, in dem die Bitten wiederholt und mit «*Missgriffen und Unannehmlichkeiten*» gedroht wurde[18]. Der Fürst reagierte scharf, verbot die Deputation und drohte bei weiterem Ungehorsam «*das Einrücken einer angemessenen K. K. österreichischen Militärabtheilung*» an[19]. Im Frühjahr 1832 erliess er zudem ein Untertanspatent, in dem jedermann zu «*Gehorsam und Unterwürfigkeit*» verpflichtet wurde. Damit war die Ordnung zunächst wieder hergestellt, weil die Forderungen des Volkes aber nicht erfüllt wurden, blieb die Gefahr weiterer Unruhen bestehen.

Fürst Johann I. von Liechtenstein (Gemälde von Johann Baptist Lampi, Sammlungen des Fürsten von Liechtenstein, Schloss Vaduz)

Die Revolution von 1848

Das Signal zu den Unruhen gab die Februarrevolution von 1848 in Paris, bei der die Massen das Palais Royal stürmten, die sofortige Abdankung des Königs Louis Philippe erzwangen und die Republik ausriefen. Auch in Deutschland kam es zu Unruhen, und in Wien tobte vom 13. bis 15. März der Aufstand der Bürgerwehren und Studenten.[20]

Fürst Alois II.[21] verfolgte die Entwicklung in Europa mit Sorge. Am 11. März befahl er Landvogt Menzinger in einem Handschreiben, allen Grund zur Unzufriedenheit möglichst zu beseitigen und bei Ruhestörungen *«mit Aufforderung an die österreichischen Authorithäten nicht einen Augenblick zu säumen»*[22]. Menzinger beruhigte den Fürsten und meldete am 17. März nach Wien, dass *«nicht die geringsten Spuren einer Aufregung»*[23] vorlägen. Doch zwei Tage später forderten junge Leute in Balzers bei einer nächtlichen Kundgebung Freiheit und Gleichheit und gaben damit den Anstoss zur Revolution in Liechtenstein. Menzinger reagierte rasch. Er liess die Ortsrichter wissen, sie könnten in Gemeindeversammlungen Ausschüsse wählen lassen und ihre Begehren anmelden. Bereits am 22. März fand in Schaan eine Versammlung aller Ortsausschüsse statt. Die Versammlung wählte einen dreiköpfigen Landesausschuss[24] und formulierte eine Adresse an den Fürsten, in der sie eine neue, freiere Verfassung und die Aufhebung der Feudallasten forderte. Die 112 in Schaan versammelten Männer verlangten, *«in Zukunft als Bürger u. nicht als Unterthanen»* behandelt zu werden.[25]

Fürst Alois II. von Liechtenstein (Gemälde von Friedrich Schilcher, Sammlungen des Fürsten von Liechtenstein, Schloss Vaduz)

Nun vergingen – bedingt durch die grosse Entfernung zwischen der Residenz des Fürsten und seinem Land – drei Wochen gespannten Wartens. Am 12. April endlich traf die Antwort des Fürsten ein. Er versprach eine neue Verfassung und die freie Wahl der Volksvertreter. Das Parlament sollte das Recht zur Billigung neuer Steuern und zur Beratung neuer Gesetze erhalten. Ebenso stellte der Fürst verschiedene Massnahmen zur wirtschaftlichen Entwicklung, zur Verbesserung des Bildungswesens und zur Ablösung der Fronen und Zehnten in Aussicht. Die Einzelheiten sollten in Zusammenarbeit mit dem neuen Landtag ausgearbeitet werden. Als konkrete, unmittelbar umsetzbare Massnahmen verfügte er unter anderem die Abschaffung des Abfahrtsgeldes für Auswanderer sowie die Umbenennung des Landvogts in «Landesverweser» und des Oberamts in «Regierungsamt». Den nunmehrigen Landesverweser wies der Fürst an, künftig den Ausdruck «Unterthan» zu vermeiden.

Daraufhin trat im Juli 1848 ein gewählter Verfassungsrat zusammen, der dem Fürsten bereits im Oktober einen Verfassungsentwurf unterbreiten konnte. Dieser aber wollte nichts überstürzen, sondern abwarten, wie das Verfassungswerk der Deutschen Nationalversammlung in Frankfurt aussehen würde. Statt einer neuen Verfassung erliess er deshalb am 9. März 1849 eine Reihe von «*Uibergangs-Bestimmungen für das constitutionelle Fürstenthum Liechtenstein*», die dem Verfassungsentwurf sehr nahe kamen. Die absolutistische Regierungsform wurde durch die konstitutionelle Monarchie ersetzt, die höchste Gewalt in Gesetzgebung, Verwaltung und Rechtsprechung sollten «*beim Fürsten und Volke vereint*» ruhen, das Volk über die Wahl seiner Vertreter in den Landrat Anteil an der Gestaltung des staatlichen Lebens erhalten.

Die Verfassung von 1862

Die Freude über das Erreichte war freilich nur von kurzer Dauer. Nach dem Scheitern der Revolution in Deutschland und in Österreich hob Fürst Alois II. die Übergangsbestimmungen am 20. Juli 1852 wieder auf und verordnete die Wiedereinführung der landständischen Verfassung von 1818. Der Landrat blieb als konsultatives Organ auf dem Papier zwar bestehen, er tagte in der Folge aber nie mehr.

Fürst Alois II. starb am 12. November 1858. Sein Nachfolger, Fürst Johann II.,[26] setzte Ende März 1861 in der Person Karl von Hausens einen initiativen und entschlusskräftigen Landesverweser ein und ermächtigte ihn, in der Verfassungsfrage Verhandlungen aufzunehmen. Es dauerte jedoch noch viele Monate und bedurfte zahlreicher Vorstösse der Landstände, bis der Fürst am 26. September 1862 die neue Verfassung unterzeichnete und damit den Übergang Liechtensteins vom Absolutismus zum Konstitutionalismus vollzog.

Der Fürst blieb zwar Inhaber der Staatsgewalt, war aber durch die Verfassungsgarantien und die Mitwirkungsrechte des Landtags, der Regierung und der Richter in seinen Vollmachten beschränkt. Der Landtag bestand aus 15 Abgeordneten, von denen drei durch den Fürsten ernannt und zwölf vom Volk indirekt durch Wahlmänner gewählt wurden. Die Abgeordneten hatten wesentlichen Einfluss auf Gesetzgebung, Steuern und Aussenpolitik; in ihre Kompetenz fiel auch die Genehmigung des Staatshaushaltes. Die Regierung ihrerseits bestand aus dem Landesverweser, zwei liechtensteinischen Landräten und einem Regierungssekretär. Schliesslich brachte die Verfassung auch eine klare Trennung der richterlichen Gewalt von der Exekutive: Zwar ernannte der Fürst die Richter, in ihren Urteilen jedoch sollten diese unabhängig sein, und ihre Entscheide konnten an zwei übergeordnete Instanzen weitergezogen werden.

Nach dem Erlass der Verfassung kam es in rascher Folge zu umfassenden Reformen. Mit dem neuen Gemeindegesetz (1864) erhielten die Gemeinden ihre demokratische Ordnung und Selbstbestimmung, das neue Steuergesetz (1865) trat an die Stelle der alten Abgaben und Feudallasten, und die Gewerbeordnung (1865) garantierte eine weitgehende Gewerbefreiheit. Im gleichen Jahr wurden ein Feuerpolizeigesetz, eine neue Waldordung und das Rheinwuhrgesetz erlassen. Auch das Bildungswesen wurde durch zahlreiche Gesetze reformiert.

Die neue, auf der Verfassung von 1862 basierende staatliche Ordnung bewährte sich mehr als ein halbes Jahrhundert. Allerdings mehrten die Landesverweser aufgrund ihrer Sachkenntnis und Autorität ihren Einfluss in einem Umfang, wie er von den Schöpfern der Verfassung nicht beabsichtigt gewesen war. Diese Rückentwicklung in Richtung des Absolutismus führte erneut zu Opposition in der inzwischen politisch selbstbewusst gewordenen Bevölkerung. Die Auseinandersetzung mündete in die Verfassung von 1921, durch die Liechtenstein eine «*konstitutionelle Erbmonarchie auf demokratischer und parlamentarischer Grundlage*»[27] wurde.

II. Die Auswanderungspolitik im 19. Jahrhundert

Der Übergang vom Absolutismus zur zunehmenden Liberalisierung der politischen Ordnung in Liechtenstein widerspiegelt sich auch in einer allmählichen Lockerung der Vorschriften über die Auswanderung. Wer zu Beginn des Jahrhunderts mitsamt seinem Vermögen auswandern wollte, hatte eine Taxe von gewöhnlich zehn Prozent des Vermögens und je nach dessen Höhe eine zusätzliche Manumissionsgebühr zu entrichten. Die Gemeinde beanspruchte überdies fünf Prozent aus dem Erlös des verkauften Besitzes.[28]

Nach dem Beitritt zum Rheinbund im Jahr 1806 hob Fürst Johann I. die Manumissionsgebühr auf und führte die Freizügigkeit gegenüber jenen Bundesstaaten ein, die ihrerseits Gegenrecht hielten. Die als «*Erschwerung*» der Auswanderung gedachte «*Emigrationstaxe*» wurde jedoch beibehalten und «*auf drey von Hundert des ausser Land gehenden Vermögens*» festgesetzt.[29]

Das Auswanderungspatent von 1809

Im Sinn des Absolutismus betrachteten die Herrscher das Bevölkerungswachstum als Reichtum, die Auswanderung von Steuersubjekten hingegen als Schädigung. Im Auswanderungspatent vom 15. März 1809[30] wurde Auswanderung deshalb grundsätzlich verboten. Wer durch besondere Umstände eine Auswanderung in Betracht zog, musste um Bewilligung beim Oberamt nachsuchen, «*welches bey Individuen, die kein Vermögen im Lande besitzen, und bey Weibspersonen die wenn sie gleich eigenes Vermögen besitzen, in die benachbarten Länder sich verehelichten, über das Gesuch ohne weitere Anfrage zu erkennen ... hat*». In allen anderen Fällen hatte das Oberamt das Gesuch an die Hofkanzlei in Wien weiterzureichen. Wurde die Auswanderung bewilligt, so waren ein «*Abfahrtsgeld*» an die Gemeinde «*nach dem bestehenden Herkommen*» (also fünf Prozent) sowie eine dreiprozentige «*Auswanderungstaxe*» an die fürstliche Rentkassa zu entrichten. Sie wurde auf zehn Prozent erhöht, wenn sich der Auswanderer in ein Land begab, «*aus welchem wegen dorten geringeren öffentlichen Lasten notorischermassen Niemand in diesseitiges Land auswandert*» (§ 4). Unbefugte Auswanderung wurde mit dem Verlust der bürgerlichen Rechte sowie mit dem Einzug des Vermögens bestraft (§ 7), und jegliche Werbung zur Auswanderung war verboten. «*Ein ergriffener falscher Werber*» wurde «*ohne einigen Unterschied seiner persönlichen Verhältnisse, und Gerichts-Verhältnisse ... mit 100 Stockschlägen, sodann 10-jähriger öffentlicher Arbeit*» bestraft (§ 12).

Als der Berner Hauptmann von May deshalb im Mai 1820 dem Oberamt in Vaduz «*eine Einladung für Kolonisten nach Nordamerika*» übermittelte und darum ersuchte «*zur Unterstützung des Colonistenwerbens beizutragen*», lehnte das Oberamt das Ansuchen «*als dienstwiedrig*» ab.[31]

Die strengen Vorschriften bewirkten, dass die Auswanderung in den ersten Jahrzehnten des 19. Jahrhunderts äusserst gering war. Wer zu Hause keine Arbeit fand, zog es vor, als Saisonarbeiter in die Fremde zu ziehen. Daneben kam es aber sicher auch zur heimlichen Auswanderung – wie etwa im Fall des bereits erwähnten Joseph Batliner aus Schellenberg, der in der ersten Hälfte der dreissiger Jahre nach Amerika reiste, oder im Fall des aus der gleichen Gemeinde stammenden Johann Heeb, der sich 1838 einen Reisepass und einen Heimatschein zur Reise «*nach der Schweiz, Frankreich und Deutschland*» ausstellen liess. Die nächste Spur von Johann Heeb findet sich in der Ortschaft Troy, wie die neue Heimat Batliners im Süden von Indiana gelegen, allerdings rund fünfzig Meilen weiter westlich von Floyds Knobs.[32] Nichts bekannt ist auch – um ein weiteres Beispiel zu nennen – über die Auswanderung von Lorenz Marxer aus Planken, der sich 1843 in Highland (Illinois) niederliess, einer Siedlung, die schon zuvor zahlreiche Schweizer Familien angezogen und deshalb den Beinamen «Neu Schweizerland» erhalten hatte.[33]

Das Auswanderungspatent von 1843
Die starke Zunahme der Bevölkerung in der ersten Hälfte des 19. Jahrhunderts führte zu einem Umdenken in der Auswanderungspolitik. Am 15. Januar 1843 erliess Fürst Alois II. ein neues Auswanderungspatent.[34] Die Auswanderung war nun nicht mehr grundsätzlich verboten, aber nach wie vor an eine Bewilligung des Oberamts geknüpft. Eine auswanderungswillige Person hatte in ihrem Gesuch nachzuweisen, dass sie «*selbständig sei, und in freier Ausübung ihrer Rechte sich befinde*», der Militärpflicht genügt habe und der Auswanderung auch keine anderen öffentlichen Verpflichtungen entgegenstehen (§ 3). Zuständig für die Bewilligung war das Oberamt; in Fällen, in denen der Auswanderer nicht Bauer war, über ein Vermögen von mehr als 300 Gulden verfügte, militärpflichtig war oder wenn mehrere Familien gleichzeitig das Land verlassen wollten, so hatte das Oberamt die Hofkanzlei in Wien einzuschalten, «*welche die amtlichen Anträge gutächtlich erledigen wird, und wornach sohin das Oberamt über das Auswanderungsgesuch zu entscheiden hat*» (§ 4). Das Abfahrtsgeld blieb in der Höhe von zehn Prozent, wobei der Betrag je zur Hälfte zwischen Land und Gemeinde aufgeteilt wurde (§ 6). Unbefugte Auswanderung blieb verboten (§ 7), Auswanderer verloren «*die Eigen-*

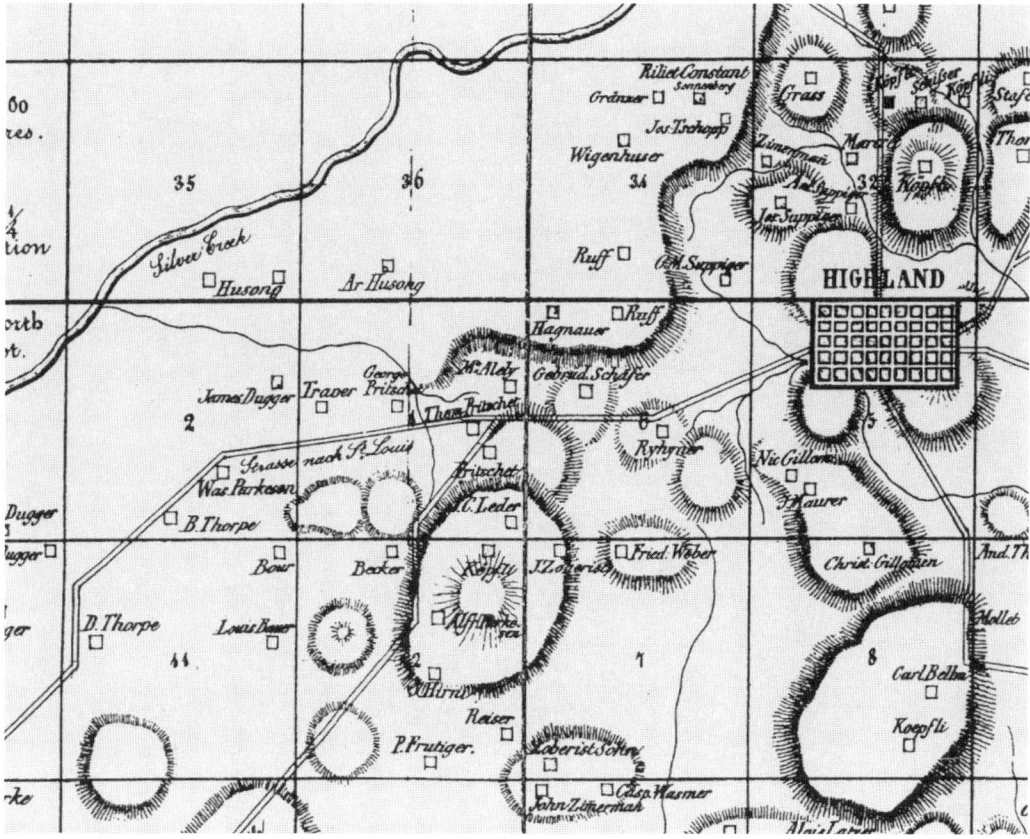

Ausschnitt aus einer Karte von Highland (Illinois) von 1847; im Planquadrat 32 (oben rechts) ist Lorenz Marxer als Grundstücksbesitzer verzeichnet

schaft von fürstlich Liechtensteinischen Unterthanen» und wurden *«in allen politischen Beziehungen als Fremde behandelt».* Sie durften in Liechtenstein kein Eigentum mehr erwerben und keine Erbschaft mehr antreten (§ 9). Bei unbefugter Auswanderung fiel das Vermögen nicht mehr an den Staat, sondern wurde unter öffentliche Verwaltung gestellt und nach dem Tod des Ausgewanderten dessen im Land lebenden Erben übergeben (§ 11-15).

Aus dem Text des Auswanderungspatentes vom 15. Januar 1843 wird klar, dass die Obrigkeit in der Auswanderung ein geeignetes Mittel sah, sich armer oder unerwünschter Personen und Familien zu entledigen, hingegen den Verlust von Vermögen, militärpflichtigen oder nicht als Landwirte beschäftigten Personen zu vermeiden suchte. Als Folge der gegenüber 1809 wesentlich erleichterten Bestimmungen kam es Mitte der vierziger Jahre zu einer ersten Auswanderungswelle.

Der lange Weg zur Bewilligung

An einem Februartag des Jahres 1845 sprachen Josef Anton Nigg und Franz Michael Vogt aus Balzers beim Fürstlichen Oberamt in Vaduz vor, um ihre Absicht anzumelden, mitsamt ihren Familien nach Amerika zu reisen, dort ihr Geld zu machen und schliesslich wieder nach Liechtenstein zurückzukehren. Für Landvogt Menzinger allerdings war es «*zweifelhaft*», ob die beiden Familien je zurückkehren würden. So beschloss er nach einer ersten Überprüfung, das Ansuchen der beiden nicht als befristete Abwesenheit, sondern «*als eine Auswanderung zu behandeln*». Getreu den Richtlinien des Auswanderungspatentes von 1843 richtete Menzinger deshalb an die Gemeinde Balzers die Anfrage, «*1. ob die Gemeinde gegen eine derlei Absiedlung nicht Einspruch mache. 2. Ob die Auswanderer wirklich sich schwer mit der Familie durchbringen. 3. Welches Vermögen in Baarem angeschlagen diese Leute nach Abschlag der Schulden mitnehmen. 4. Wieviele Kinder sie mitnehmen, u. wie alt dieselben seyen*».[35]

Einige Tage später teilte Franz Josef Büchel, Richter in Balzers, mit, dass die Gemeinde gegen die geplante Auswanderung nichts einzuwenden habe. Das Reinvermögen des Franz Michael Vogt belaufe sich auf 400 Gulden, jenes des Josef Anton Nigg auf 450 Gulden[36]. Franz Michael Vogt habe überdies ein Kind von neun Monaten und Josef Anton Nigg deren fünf im Alter von neun Monaten bis 13 Jahren. Ausserdem würden sich beide «*mit Zustimmung ihrer Weiber von ihrem Vorhaben nicht abwendig machen wollen*».[37]

Aufgrund der Vermögenslage war Menzinger verpflichtet, den Fall der Hofkanzlei in Wien zu unterbreiten. «*So wie in der benachbarten Schweiz*»,[38] schrieb er einleitend, «*so beginnt sich auch diesseits die Auswanderungssucht in jenen entfernten Welt Theil zu wandern auf ganze Familien auszudehnen, die ungeachtet ihnen ertheilten Vorstellungen bei ihrem Vorhaben beharren*». Was den Fall der Familien Nigg und Vogt betreffe, so bezweifle er deren Rückkehr, denn «*wenn es ihnen gut geht, sie in ein Land, wo sie unzufrieden waren und Mangel an Verdienst hatten, nicht zurückkehren werden, und wenn es ihnen schlecht geht, nicht mehr zurückkehren können wegen Mangel an Reisegeld*». Deshalb sollten nach Ansicht Menzingers «*derlei zeitliche Auswanderungen gleich den wirklichen zu behandeln sein*». Er erbat «*ehrfurchtsvollst um die gnädige Weisung*», wie er sich «*bei derlei künftigen Fällen, die sich ohne Zweifel ergeben werden, zu benehmen habe*».[39] Fürst Alois II. beschied ihm, solche «*Petenten … als Auswan-*

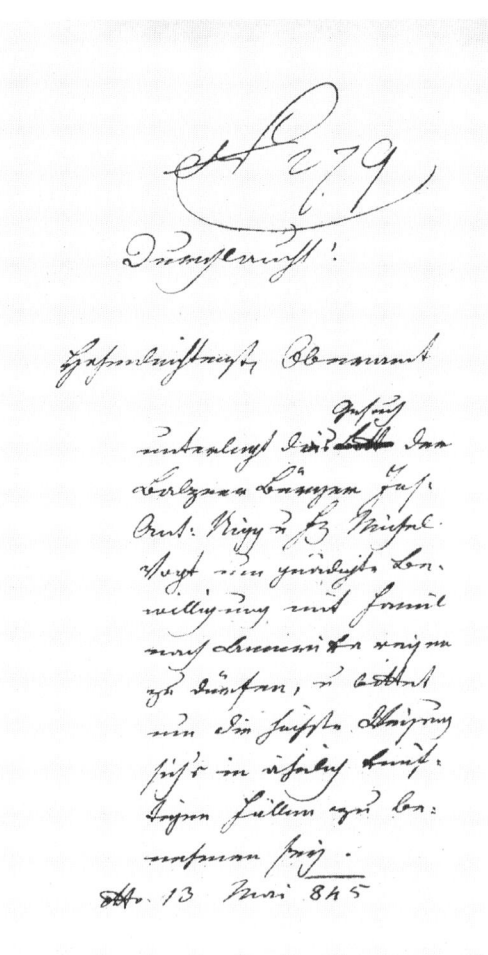

13. Mai 1845:
Das Oberamt in Vaduz unterbreitet dem Fürsten in Wien das Auswanderungsgesuch der Balzner Bürger Josef Anton Nigg und Franz Michael Vogt

derungsbegehrende zu behandeln», die Gesuche *«ohne Schikane aber auch ohne Gunst»* zu prüfen und sich einer Auswanderung, *«wenn keine Verpflichtung im Wege steht ... nicht zu widersetzen».*[40] So erhielten die beiden Gesuchsteller am 18. Juli 1845, fünf Monate nach Einreichnung ihres Gesuchs, endlich die Bewilligung, nach Amerika auszuwandern. Franz Michael Vogt übersiedelte noch im gleichen Jahr mit seiner Familie nach Dubuque (Iowa). Josef Anton Nigg und seine Familie verliessen Liechtenstein erst 1855; wo sie sich in Amerika niedergelassen haben, ist nicht bekannt.

Abschiebung unerwünschter Personen

Dass die Auswanderung auch ein Mittel war, sich unerwünschter Personen zu entledigen, zeigt das Gesuch des Ruggeller Bauern Alois Walch, welcher 1847 zusammen mit seiner vierköpfigen Familie auswandern wollte. Er war nicht sehr angesehen und schon mehrmals wegen Diebstahls in Haft gesessen. In seiner Anfrage an die Hofkanzlei bezeichnete es der Landesverweser daher als Gewinn, *«wenn diese Familie ihr Glück anderswo finden würde».*[41]

Ein anderes Beispiel dieser Haltung ist auch Johann Georg Bürzle aus Balzers. Er war Witwer und wollte 1855 mit seinen erwachsenen, aber noch unverheirateten Kindern nach Amerika auswandern, nachdem sich seine älteste Tochter Maria Katharina schon seit 1852 dort aufhielt.[42] Er war arm und verschuldet, aber die Versteigerung seiner Fahrschaften brachte lediglich 46 Gulden ein, gerade genug, um seine Gläubiger zu befriedigen. In dieser Situation forderte Richter Johann Georg Vogt das Regierungsamt in Vaduz auf, den Gläubigern Bürzles mitzuteilen, diesen entweder nach Amerika zu lassen oder ihn auf ihre eigene Rechnung zurückzubehalten, weil er *«sonst ... der Gemeinde zur Last»* fallen würde[43]. Das Regierungsamt erteilte die Auswanderungsbewilligung aber nur für die drei Kinder und verlangte, dass Vater Bürzle *«seinen Gläubigern vorerst Zahlung zu leisten oder sich sonst mit ihnen abzufinden hat».*[44] Einige Tage später bestätigte Vogt dem Regierungsamt, dass Bürzle *«seine Gläubiger so vill mir bekannt ist zufrieden gestellt hat»,* und bat darum, ihm *«die gehörigen Ausweisschriften»* auszufolgen.[45]

Zu einer regelrechten Abschiebung kam es im Fall des Ferdinand Frommelt aus Schaan. Er war wegen Diebstahls mehrfach im Gefängnis gewesen, und der Gemeinderat beabsichtigte nun, ihn abzuschieben und *«das Reisegeld nach Amerika aus der Gemeindekassa zu verabfolgen. Es soll aber der Betrag nicht dem Ferdinand Frommelt anvertraut, sondern dem betreffenden Spediteur und zwar erst nachdem die erfolgte Einschiffung des Reisenden am Meer glaubwürdig bestätigt worden ist».* Zudem beschloss der Gemeinderat, eine Gemeindeteilung, die sich im Besitze Frommelts befand, so lange zu verpachten, *«bis der vorzuschiessende Betrag mit 5%igem Zins gedeckt sein wird».*[46]

Das Abfahrtsgeld wird aufgehoben

Am 28. April 1847 ersuchte der *«unterthänigst gefertigte Andreas Batliner, Bürger der Gemeinde Schellenberg ... in der Voraussicht in Texas eine oekonomisch sicherere Grundlage und für sein Alter ruhigere Zukunft sich verschaffen zu können»* für sich, seine Gattin Anna Maria und seinen Sohn Elias um die Bewilligung zur Auswanderung.[47] Andreas Batliner war der Bruder des Joseph Batliner, der bereits in den dreissiger Jahren nach Floyds Knobs ausgewandert war. Da aus dem Verkauf seines Hauses in Schellenberg mehr als 300 Gulden Erlös zu erwarten waren, sonst aber keine öffentlichen Verpflichtungen bestanden, unterbreitete das Oberamt das Gesuch in befürwortendem Sinn der Hofkanzlei: *«In Berücksichtigung des Umstandes, dass Liechtenstein ohnehin Bevölkerung genug hat und es nicht ungerathen ist, einen Unterthan, der sich in seinem Heimatlande nicht mehr wohl befindet, ziehen zu lassen, dürfte Eine hohe Stelle bewegen, der Bitte gnädigst Willfährde zu schenken».*[48] Nachdem die Bewilligung aus Wien eingetroffen war, teilte das Oberamt dem Gesuchsteller sowie dem Ortsgericht mit, dass das zehnprozentige Abfahrtsgeld zu entrichten sei und dass die Familie nach der Auswanderung überdies das Staats- und Gemeindebürgerrecht verliere.[49] Im Frühjahr darauf gelangte Batliner erneut ans Oberamt und zog in einer Eingabe sein Gesuch zurück, da er sein Staatsbürgerrecht nicht verlieren wolle und er auch gar nicht die Absicht habe, sich in Amerika niederzulassen, sondern lediglich seinen Bruder besuchen wolle.

Zu jener Zeit schien es immer wieder Fälle zu geben, in denen junge Leute oder ganze Familien sich dem Abfahrtsgeld zu entziehen suchten, indem sie unter dem Vorwand Pässe und Heimatschriften für die Reise nach Amerika verlangten, *«um dort ihr Glück zu versuchen und dann vorgeblich wieder zurückzukehren».* Jedenfalls sah sich Landvogt Menzinger genötigt, in einem Kreisschreiben an die Ortsgerichte darauf hinzuweisen, dass der Fürst schon 1845 verordnet habe, *«derlei Gesuchsteller als Auswanderungsbegehrende zu behandeln».* Er ersuchte die Ortsrichter, bei der *«Ausfertigung der Vermögenszeugnisse umso genauer vor(zu)gehen, als derlei Auswanderungen darin Nachtheil bringen, dass bares Geld aus dem Lande gezogen wird, die Schulden aber, die zum Ankauf von Gütern der Auswanderer gemacht werden, im Lande zurückbleiben».*[50]

Wenige Tage später wurde Menzingers Sorge um das dem Staat entgehende Abfahrtsgeld bedeutungslos. Im Rahmen seiner Konzessionen vom 7. April 1848 schuf es Fürst Alois II. ab. Kurze Zeit später wurde auch eine Verordnung über die Abgabe von Reisepässen nach Amerika erlassen.[51]

Aufgrund der neuen Situation nahm die Auswanderung nach Amerika in den folgenden Jahren erheblich zu. Andreas Batliner verliess Liechtenstein noch im April 1848 und begab sich mit seiner Familie zu seinem Bruder in Floyds Knobs, andere folgten später. Zwischen 1848 und 1855 kam es zu einer eigentlichen Auswanderungswelle, in deren Verlauf 130 Fälle von Einzelpersonen, aber auch ganze Familien registriert sind, die nach Amerika auswanderten. In den Folgejahren ging ihre Zahl wieder zurück, die Auswanderung ebbte aber bis zur nächsten grossen Auswanderungswelle in den achtziger Jahren des 19. Jahrhunderts nie mehr ganz ab.[52]

Für die Auswanderer dieser zweiten Welle gab es keine gesetzlichen Schranken mehr. Zwei Jahre nach dem Inkrafttreten der Verfassung von 1862 wurde mit einem neuen «*Gesetz über die Erwerbung und über den Verlust des liechtenstein'schen Staatsbürgerrechtes*»[53] das Auswanderungspatent vom 15. Januar 1843 ersatzlos ausser Kraft gesetzt. Damit war die Auswanderungsfreiheit Wirklichkeit geworden.

Auswanderungsfälle von 1838 bis 1900;
hell: Fälle insgesamt
dunkel: davon alleinstehende Frauen

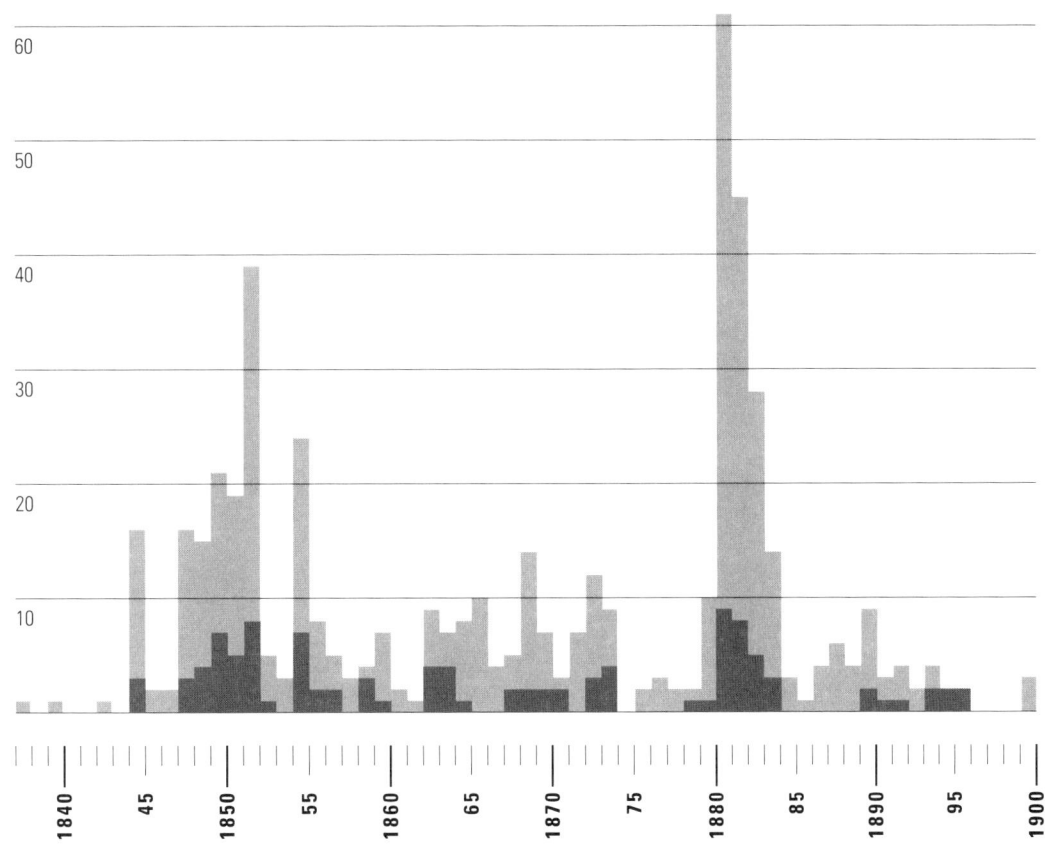

III. Amerika lockt die Einwanderer

Am 22. Dezember 1855 überreichte Lorenz Quaderer aus Schaan dem Regierungsamt in Vaduz eine Eingabe, in der er darum bat, seinem 19jährigen Sohn Baptist die Bewilligung zur Auswanderung nach Amerika zu erteilen, obwohl dieser seine Militärpflicht noch nicht erfüllt habe. Der 62jährige Witwer war Vater von zehn Kindern, von denen sieben noch unmündig waren. Bereits 1852 war sein Sohn Johann nach Erfüllung seiner Militärpflicht nach Amerika ausgewandert und hatte sich dort offensichtlich erfolgreich behauptet. Stolz konnte der Vater in seiner Eingabe berichten, er befinde sich «*in dergestalt guten Verhältnissen, dass er mit seinem ersparten Gelde, seinen Geschwisterten hilfreich entgegenkommt, indem er ihnen zum Zwecke der Auswanderung bereits 500 Fl. (Gulden) übersendet hat*»[54]. Bereits eine Woche zuvor hatte der Sohn Christof, der bei der Fähre Schaan-Buchs als provisorischer Polizeimann Dienst tat und «*dort den Übertritt von Fremden zu überwachen*» hatte, beim Oberamt vorgesprochen und erklärt, dass er seine Stelle Ende Februar 1856 «*zurücklegen*» und mit seinem Bruder Baptist nach Amerika auswandern wolle, um sich zum Bruder Johann zu begeben.[55]

Die Abreise der Gebrüder Quaderer fand kurz nach dem Höhepunkt der ersten grossen liechtensteinischen Auswanderungswelle nach Amerika statt, die 1845 begonnen hatte, 1852 ihren Höhepunkt erreichte und nach 1855 wieder abflaute. Auslöser dafür waren sicher nicht nur die Not und die fehlenden Verdienstmöglichkeiten in Liechtenstein gewesen, sondern ebenso positive Nachrichten aus Amerika, «*wo es mehr Freiheit und bessere Existenzbedingungen als in den Ausgangsländern gab*».[56] Dass Johann Quaderer es geschafft hatte, innerhalb der drei Jahre seit seiner Auswanderung 500 Gulden zu sparen, muss im armen Liechtenstein wie eine Verheissung aus dem Paradies geklungen haben.

Das «gelobte Land» Amerika
Als die Auswanderung von Liechtenstein nach Amerika einsetzte, war die Besiedlung Nordamerikas durch Europäer schon längst im Gange. Die ersten englischen Siedler waren 1606 mit drei Schiffen von London aus in See gestochen und hatten im April 1607 die Chesapeake Bay in Virginia erreicht. Von dort fuhren sie ein Stück den James River hinauf und gründeten Jamestown, die erste ständige englische Siedlung auf amerikanischem Boden.

Ihre Anfänge waren alles andere als vielversprechend. Bei der Ankunft hatten 39 der 140 Auswanderer ihr Wagnis bereits mit dem

Leben bezahlt. Der Rest fand sich umgeben von fieberträchtigen Sümpfen und endlosen Wäldern, aus denen immer wieder indianische Späher auftauchten. Da die Männer keine Erfahrung im wichtigsten Gebot der Koloniegründung – der Selbstversorgung – hatten, lebten sie von den mitgebrachten Vorräten, die innerhalb von sieben Monaten aufgezehrt waren. Vorstösse ins Indianergebiet, um Tiere zu jagen, erwiesen sich als gefährlich, und zudem mehrten sich die Todesfälle, weil auch keine Medikamente vorhanden waren. So blieben schliesslich nur noch 38 Mann übrig, die sich völlig demoralisiert zur Umkehr entschlossen. Als sie eben im Begriff waren, die Flussmündung hinunter gegen die offene See zu segeln, trafen sie auf ein englisches Schiff, das neue Kolonisten und Vorräte an Bord hatte. Damit war die weitere Existenz von Jamestown, der Keimzelle der Kolonie Virginia, gesichert.[57] Bereits 1619 trat zum ersten Mal das Kolonialparlament zusammen, und im gleichen Jahr brachte ein holländisches Schiff die ersten 19 schwarzen Sklaven nach Amerika. 1620 landete mit den Pilgervätern die erste von vielen weiteren Gruppen, deren Auswanderung religiöse Motive hatte.[58]

Gleichzeitig mit den Engländern versuchten aber auch andere europäische Staaten in Nordamerika Fuss zu fassen. Die Spanier hatten sich schon in der Mitte des 16. Jahrhunderts im südlichen Teil Nordamerikas, im Gebiet der heutigen Staaten Florida und Neumexiko, festgesetzt, den Grand Canyon entdeckt und Teile Kaliforniens in Besitz genommen. Die Franzosen liessen sich zur gleichen Zeit, als Jamestown gegründet wurde, in Neuschottland und Québec nieder und dehnten ihr Einflussgebiet allmählich über die grossen Seen und den Mississippi hinunter bis zu dessen Mündung am Golf von Mexiko aus; 1718 gründeten sie dort New Orleans. Die Holländer besiedelten 1624 die Ufer des Hudson River und legten den Grundstein für die Stadt Neu Amsterdam, das heutige New York. Die Schweden wiederum versuchten 1638 in der Delaware Bay Fuss zu fassen, wurden aber schon 1655 von den Holländern verdrängt.

Die Jahrzehnte nach der ersten Landnahme waren nicht nur durch Auseinandersetzungen mit Indianern gekennzeichnet, sondern ebenso durch Konflikte zwischen den einzelnen nationalen Kolonien, die meist im Gefolge von europäischen Kriegen ausgetragen wurden. So lieferte der 2. Englisch-Niederländische Seekrieg (1664-1667) den englischen Siedlern in Amerika den Vorwand, sich 1665 der niederländischen Kolonien zu bemächtigen, und während des Siebenjährigen Krieges (1756-1763) vertrieben die Engländer die Franzosen aus Kanada und wurden zur führenden Kolonialmacht auf dem nordamerikanischen Kontinent.[59]

Recht auf Leben und Freiheit

Dem Sieg über die Franzosen folgte schon bald die Loslösung der britischen Kolonien vom Mutterland. Zahlreiche Konflikte wegen immer neuer, aus Sicht der Kolonialisten ungerechter Steuern und Zölle führten zum organisierten Widerstand und schliesslich zum Unabhängigkeitskrieg (1775-1783), in dem sich die Vereinigten Staaten von Amerika ihre Souveränität erkämpften.[60]

Am 4. Juli 1776, im zweiten Kriegsjahr also, unterzeichneten die Vertreter der 13 britischen Kolonien in Philadelphia die Unabhängigkeitserklärung. Sie enthielt zwei bedeutende Grundsätze, welche die bisherige, vom Absolutismus geprägte Weltordnung erschüttern sollten. Der erste Grundsatz besagte, dass «*alle Menschen gleich erschaffen und von ihrem Schöpfer mit gewissen unveräusserlichen Rechten ausgestattet sind, wozu das Recht auf Leben, Freiheit sowie das Streben nach Glück gehören*». «*Um diese Rechte zu sichern*», so lautete der zweite Grundsatz, «*sind Regierungen unter den Menschen eingesetzt, die ihre rechtmässige Gewalt aus der Zustimmung der Regierten herleiten ...*»[61] Damit war der Grundstein für die amerikanische Demokratie gelegt.

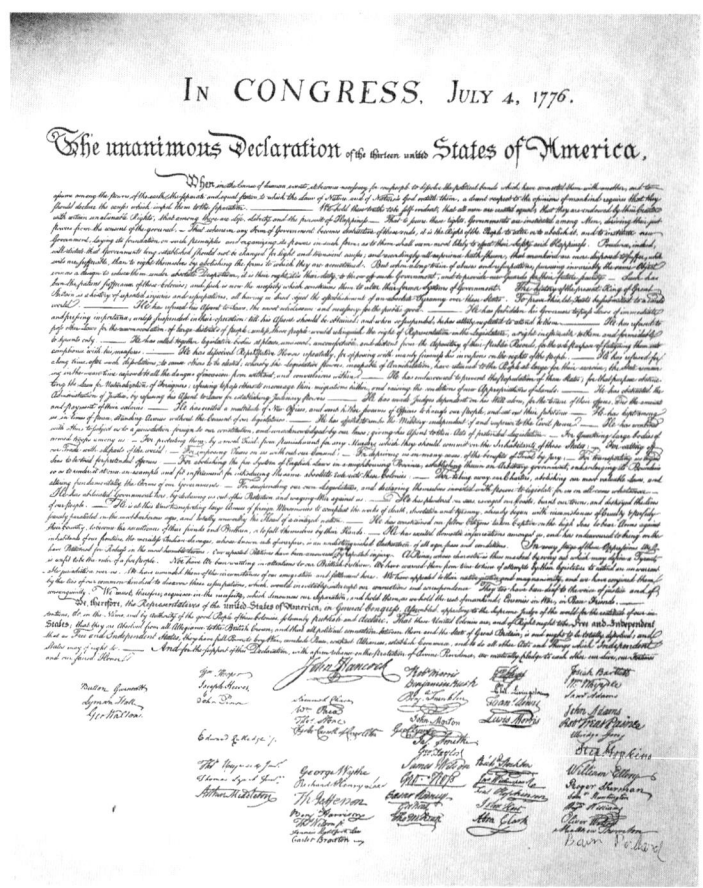

Unabhängigkeitserklärung der Vereinigten Staaten vom 4. Juli 1776

In den Jahren nach dem Unabhängigkeitskrieg konzentrierten sich die Vereinigten Staaten auf ihre territoriale Ausdehnung: Sie verdoppelten ihr Territorium, indem sie von den Franzosen für 15 Millionen Dollars das Louisiana-Territorium (1803) und von den Spaniern für fünf Millionen Florida erwarben (1819). 1845 wurde Texas annektiert und im Krieg gegen Mexiko (1846-1848) der Südwesten, die heutigen Staaten Arizona, Nevada, Kalifornien, Utah sowie Teile Neumexikos, Colorados und Wyomings, erobert. Damit wuchs das Staatsgebiet zwischen 1845 und 1848 von 4,6 auf 7,7 Millionen Quadratkilometer.[62]

Der Umstand, dass in Amerika Freiheit herrschte und riesige Gebiete nur darauf warteten, von Kolonisten besiedelt zu werden, wurde zur neuen Heilslehre, die von den Massen der darbenden und unfreien Europäer begierig aufgenommen wurde. *«Wer immer glaubte, das Leben in der Heimat könne kaum noch schlimmer sein, kam zur Überzeugung, das Leben in Amerika könne nur noch besser sein.»*[63] Zwischen 1816 und 1819 erlebte der junge Staat seine erste Einwanderungswelle, in deren Verlauf rund 100'000 Engländer, Iren, Deutsche und Franzosen in die Vereinigten Staaten einreisten.[64]

Goldrausch in Kalifornien
1848 erreichte eine neue, verheissungsvolle Kunde Europa: In Kalifornien, im Tal des Sacramento, hatte man Goldvorkommen entdeckt. Am 24. Februar dieses Jahres war der schottische Zimmermann James Wilson Marshall, ein Angestellter des legendären Schweizer Auswanderers Johann August Sutter, eben dabei, die Abflussrinne eines Sägewerks von Sand und Schlamm zu reinigen, als er in den Ablagerungen einige metallisch schimmernde, etwa erbsengrossse Brocken fand, die er unverzüglich zu Sutter brachte. Die Untersuchung des Fundes bestätigte, was die beiden schon vermutet hatten – sie waren auf Gold gestossen. Obwohl die Männer einander absolute Verschwiegenheit schworen, drang die Kunde davon nach Osten und von dort nach Europa. Sie lockte Zehntausende von Abenteurern nach Kalifornien, dessen Einwohnerzahl innert weniger Jahre um das Fünfundzwanzigfache anstieg.[65] Einer von ihnen war Lucius Alois Hilti aus Schaan, zu dem sich 1850 auch sein Bruder Johann Georg gesellte.[66]

Die erste Auswanderungswelle von Liechtenstein nach Amerika
Nach heimlichen Auswanderungen in den dreissiger Jahren des 19. Jahrhunderts nahm 1845 der erste Massenexodus in die Neue Welt seinen Anfang. Im Verlauf der Jahre schlossen sich ihm immer mehr Menschen an. Allein aus Balzers, das in dieser Periode weitaus am meisten Auswanderer zu verzeichnen hatte, waren es bis 1857 insgesamt 117 Personen.[67] Aus den anderen Gemeinden des Landes wan-

Auswanderer auf dem Deck
eines Segelschiffs
(Illustrirte Zeitung,
10. 2. 1849)

derten im gleichen Zeitraum rund 140 Personen nach Amerika aus.[68] Auf die damalige liechtensteinische Bevölkerung bezogen, entsprachen diese insgesamt 257 Personen drei Prozent; betrachtet man Balzers allein, so reisten von dort gar zehn Prozent der Bevölkerung[69] in die Neue Welt.

Interessanterweise setzte auch in den benachbarten Bezirken Werdenberg und Sargans zur gleichen Zeit eine erste Massenauswanderung ein. So reisten beispielsweise am 11. März 1845 aus Sevelen 74 Personen nach Amerika ab. In den Jahren 1845 bis 1855 wanderten aus dem Bezirk Werdenberg 838 Personen, aus dem Bezirk Sargans 586 Personen aus. Die Gründe sind ähnlich wie in Liechtenstein: Mangel an Arbeit und Nahrungsmitteln. Im Gegensatz zu Liechtenstein war die Auswanderung aber frei, da in der St. Galler Kantonsverfassung schon 1803 das freie Zugrecht verankert worden war.[70]

Die Reise in die Neue Welt
Wer auswandern wollte, setzte sich mit einem Auswanderungsagenten in Verbindung, der gegen Bezahlung die Reise zum Seehafen, die Überfahrt nach Amerika und die Weiterreise an den Bestimmungsort organisierte. In den vierziger und fünfziger Jahren des 18. Jahr-

hunderts war in der Ostschweiz und in Liechtenstein der Fuhrhalter Joseph Rufli aus Sisseln im Kanton Aargau tätig, einer der bekanntesten Schweizer Auswanderungsagenten jener Zeit. Sein Vertreter in Balzers war der Postmeister Franz Wolfinger. Rufli hatte anfänglich einen guten Ruf, später wurden aber Klagen laut, weil er den Auswanderern in Le Havre die vertraglich zugesicherten Lebensmittelrationen vorenthielt. Als im Frühjahr 1854 schliesslich 200 Auswanderer ohne Essen und Unterkunft stecken geblieben waren, richtete der Schweizer Konsul in Le Havre an Kantone und Gemeinden die dringende Empfehlung, Rufli keine Auswanderer mehr anzuvertrauen. In der Folge kam Joseph Rufli in immer grössere Schwierigkeiten und musste schliesslich Konkurs anmelden.[71] Das profitable Geschäft mit den Auswanderern wurde zunehmend von professionell organisierten Auswanderungsagenturen in Basel übernommen.

Wenn Hab und Gut verkauft und die Habseligkeiten gepackt waren, konnte die Reise beginnen.[72] Dabei schlossen sich meist mehrere Auswanderer zu Gruppen zusammen.[73] Von Liechtenstein aus überquerten sie mit einer der vier Fähren den Rhein[74] und setzten die Reise dann bis zum Walensee auf Fuhrwerken fort. Von dort ging die Fahrt per Schiff über den Walensee, auf der Linth in den Zürichsee und auf Limmat und Rhein nach Basel, von wo aus eine beschwerliche Landreise nach Le Havre an der französischen Atlantikküste folgte. Vor dem Bau der Eisenbahn von Strassburg nach Le Havre benötigte man dazu mit Ross und Wagen zwischen zwanzig und 25 Tagen, mit der Bahn, die ab Beginn der fünfziger Jahre verkehrte, verkürzte sich die Reise auf vierzig Stunden. Am Hafen angelangt, sorgte der Agent bis zur Einschiffung für Unterkunft und Verpflegung.

Die Auswanderer drängten sich im Zwischendeck der Schiffe; als Schlafstellen dienten zusammengezimmerte Holzpritschen (Illustrirte Zeitung, 10. 11. 1849)

Die Überfahrt auf Segelschiffen dauerte in jenen Jahren in der Regel vierzig bis fünfzig Tage, bei schlechten Wetter- und Windverhältnissen waren die Schiffe aber manchmal auch bis zu siebzig Tagen unterwegs. Die Auswanderer wurden im dunklen und stickigen Zwischendeck zusammengepfercht. Es befand sich im vorderen Teil der Schiffe, wo der Seegang besonders stark zu spüren und Seekrankheit deshalb an der Tagesordnung war. Eigentlich handelte es sich um einen Laderaum, in dem auf der Hinfahrt Fracht, zum Beispiel amerikanische Baumwolle, befördert und der für die Rückfahrt notdürftig mit Möbeln ausgestattet wurde. Sie bestanden aus einfach gezimmerten Tischen und Bänken. Geschlafen wurde in hölzernen Verschlägen, ihre Decken hatten die Reisenden selbst mitzubringen. Zu essen gab es gepökeltes Fleisch, Salzheringe, Schiffszwieback und Kartoffeln, frisches Wasser fehlte oft. Die Luft roch nach Schweiss, nach Erbrochenem der Seekranken, nach Urin und Exkrementen in den vollen Hosen der Kleinkinder. Die ungesunde und vielfach unzureichende Nahrung und die mangelhaften hygienischen Verhältnisse an Bord führten zu Typhus und Cholera und forderten unter den ohnehin geschwächten Auswanderern mitunter Dutzende von Todesopfern.[75]

Unter diesen traumatischen Verhältnissen kamen die Auswanderer in Amerika an. Für die Liechtensteiner der ersten Auswanderungswelle war New Orleans der wichtigste Einwanderungshafen. So trafen am 7. April 1851 auf der «Lexington» 27 Männer, Frauen und Kinder aus Liechtenstein ein, und am 7. Mai 1852 landete die «Jersey» mit der nach bisherigen Erkenntnissen grössten Liechtensteiner Gruppe, die rund fünfzig Personen umfasste.[76] Von New Orleans fuhren die Einwanderer auf dem Mississippi, der schon seit 1840 bis St. Paul (Minnesota) schiffbar war, zu ihren Bestimmungsorten – in vielen Fällen nach Guttenberg oder Dubuque (Iowa).

Eine Warnung des Fürsten
Das Ausmass der Auswanderungen in den vierziger und fünfziger Jahren muss auch den im entfernten Wien residierenden Fürsten beunruhigt haben. Als dort deshalb 1855 eine Schrift über «Erfahrungen in Nordamerika» erschien, liess er durch die Hofkanzlei zehn Exemplare *«zum Gebrauch oder zu Prämien in Schulen»* ans Regierungsamt in Vaduz senden.

Der Verfasser der Schrift war 1853 selbst nach den Vereinigten Staaten ausgewandert, aber nach zwei Jahren enttäuscht zurückgekehrt, nachdem er wegen mangelnder Anpassungsfähigkeit und Sprachkenntnisse nicht hatte Fuss fassen können. Er schilderte Amerika als ein Land, in dem der Einwanderer durch Betrug, Diebstahl und andere Gaunereien geprellt werde; es finde sich *«unter Hundert kaum*

Im Hafen von New Orleans
(Adolf Ott, Der Führer nach Amerika, 1882)

einer, der mit Wahrheit sagen kann, es geht ihm besser in der neuen, als in der alten Welt».

Das Regierungsamt sandte die Schrift den Ortsvorstehern «*zur Einsicht und Belehrung der Auswanderungslustigen*». Viel dürfte sie allerdings nicht mehr bewirkt haben, denn im gleichen Jahr ebbte die erste Auswanderungswelle wieder ab.[77]

Informationen über Amerika

Immerhin liefert die Broschüre einen Hinweis darauf, wie damals Informationen über Amerika nach Liechtenstein gelangt sind. Als Mitte der vierziger Jahre hier und in den angrenzenden Ländern ein eigentliches Auswanderungsfieber ausbrach, gab es im Land nämlich noch keine Zeitung.[78] Es waren deshalb vornehmlich solche Druckschriften verbreitet, die – je nach Verfasser – eindrücklich vor der Auswanderung warnten oder ein Loblied über Amerika sangen. Zwischen 1840 und 1860 sind im deutschsprachigen Raum etwa hundert solcher Amerikaschriften erschienen, die von den Auswanderungsagenten als Werbemittel verteilt wurden.[79]

Auch die St. Galler Regierung veröffentlichte im Amtsblatt des Kantons regelmässig Ratschläge zur Auswanderung sowie die aktuellen Überfahrtspreise. So liess sie beispielsweise 1849 wissen: «*In Paris und Havre werden die Auswanderer von einem ungeheuren Schwarm dienstbarer Geister bewillkommt, die sie in Wirtshäuser oder zu Agenturen führen wollen. Denn wer in Paris einem Wirte Gäste bringt, erhält per Kopf 1 ½ Franken, und wer den Auswanderungsbüros in Havre Leute zuführt, erhält pro Kopf 2 Franken Trinkgeld, die Wirte schlagen es auf die Rechnung, die Bureaux auf den Passage-Preis.»* Es ist anzunehmen, dass die Informationen der St. Galler Regierung auch ihren Weg über den Rhein nach Liechtenstein fanden.[80]

Eine interessante Publikation über die Auswanderung, die ebenfalls in Liechtenstein Verbreitung gefunden haben dürfte, war ein Bericht von Heinrich Huber. Huber war Stadtschreiber in Walenstadt, verdiente aber so wenig, dass er seine Frau und seine fünf unmündigen Kinder kaum ernähren konnte. 1844 beantragte er deshalb beim Ortsverwaltungsrat ein Darlehen von 110 Gulden, um zur Schweizer Siedlung Highland (Illinois) zu reisen. Das Darlehen wurde bewilligt unter der Bedingung, dass Huber zuhanden des Ortsverwaltungsrates über die Reise und die Lebensumstände am Bestimmungsort einen ausführlichen schriftlichen Bericht erstatte. Nachdem Huber im Mai in Highland angekommen war, nahm er sich Zeit, Lebens- und Arbeitsumstände auszukundschaften, hielt seine Eindrücke schriftlich fest und sandte am 20. August 1844 seinen Bericht nach Walenstadt. Dieser erschien 1845 in Ragaz in gedruckter Form.

Huber lobte die gute Aufnahme durch die dort ansässigen Schweizer und gab sich überzeugt, dass er und seine Familie, die in Walenstadt auf die Nachreise wartete, ein gutes Auskommen finden würde. *«Die Lebensmittel sind ziemlich wohlfeil und die Arbeiter noch ziemlich gesucht, denn Amerika bedarf nun arbeitsamer Hände»*, schrieb er und führte etwas später in seinem Bericht an: *«Das Land in Amerika ist einzigartig für diejenigen, die dasselbe selbst bearbeiten können, wobei jeder sicher seine Familie ernähren kann. Wenn er nur nicht arbeitsscheu ist.»* Er beschrieb Highland als *«ein Städtchen auf einer sehr gesunden Anhöhe liegend, mit sehr gesundem Wasser und sehr gesunder Luft»*, mit Obst- und beginnendem Weinbau.[81] Die Einwanderung werde von Washington gefördert, und seit 1837 seien etwa hundert neue Häuser erbaut worden, es gebe *«eine Dampfmühle und Säge, zwei Ziegelbrennereien, einen Gasthof (Posthaus) und drei patentierte Bierwirte»*. Ferner werde gerade eine katholische und eine reformierte Kirche gebaut, und es seien ein Arzt, eine englische und eine deutsche Schule sowie ein Friedensrichter vorhanden. *«Das Eigentum und die Personen, sowie die Ehre, ist hier so gut gesichert wie in der Schweiz. Es ist hier ein sehr gesellschaftliches Leben. Eine Theatergesellschaft mit Musik und einem Gesangverein, zu welchem alles freien Zutritt hat, belebt die Gegend sehr, denn der Farmer nimmt Anteil wie der Herr.»*

Huber lieferte auch die Marktpreise, die für landwirtschaftliche Produkte in St. Louis erzielt werden konnten und wartete mit weiteren Zahlen auf, die in seiner Heimat sicher mit grossem Interesse und Erstaunen aufgenommen wurden: Ein Acre Land (4'047 m²) koste 1.25 Dollars und werfe 25 bis dreissig Säcke Weizen ab, ein Knecht verdiene pro Monat sechs bis zehn Dollars, eine Kuh mit Kalb koste fünf bis sechs Dollars, und wer sich ein Haus für 200 bis 300 Dollars bauen wolle, erhalte den Baugrund von der Stadt unentgeltlich. Huber schloss mit der Bitte, seiner Familie so bald wie möglich die Reise zu erlauben und bot an: «*Sollten sich der einte oder mehrere Bürger entschliessen auszuwandern, bin ich bereit mein Möglichstes für sie zu tun. Obwohl sich eine Familie hier gut ernähren kann, so fand ich doch noch keine gebratenen Tauben im freien. Aber diese sind hier leichter zu bekommen als bei uns zu Hause, um sie zu braten.*»[82]

Briefe aus Amerika

Vom Zeitpunkt an, als sich Auswanderer von Liechtenstein nach Amerika begaben, erhielten die Angehörigen zu Hause in Briefen auch persönliche Schilderungen der Verhältnisse in Amerika. Es ist anzunehmen, dass die Nachrichten aus diesen Briefen nicht auf den Kreis der Familie beschränkt blieben, sondern im jeweiligen Dorf und allenfalls sogar darüber hinaus die Runde machten, weil in den Briefen vielfach auch Grüsse und Auswanderungsempfehlungen von anderen Liechtensteinern an deren Verwandte erwähnt waren.

So sind Briefe von Alois Rheinberger erhalten, der 1848 auswanderte und regelmässig nach Hause berichtete. Im März 1849 schrieb er: «*Den Gruss an Philipp u. G. Alber von ihrem Vater habe ich gehörig ausgerichtet; es wird dorten ohne Zweifel bekannt sein, dass Philipp Alber sich im August v. J. mit Barbara Hilte verheurathete; er ist in Wabachtown, Wabach County Indiana, aber nicht sehr zufrieden, was jedoch Folge seines übereilten Anfangs ist. Ebenso wird man wissen, dass Fr. J. Hilte denselben Monat starb. Joh. Laternser u. Christoph Hilte sind dort, wo Alber ist. An meinen Vormund sandte ich eine grosse Beilage für Liechtensteiner, die auszuwandern gedenken und ich ersuche Euch sie durchzulesen. Aus dieser Beilage mag auch Andr. Hilte Nutzen ziehen.*»[83]

Alois Rheinberger kehrte 1850 nach Liechtenstein zurück, um seinen Vater Johann Ferdinand und seine Schwester Anna Maria mit nach Amerika zu nehmen. Der Gruppe schlossen sich vier weitere Liechtensteiner an.[84] Auch Alois Johann Nipp aus Balzers betätigte sich als kundiger Führer nach Amerika. Er war 1851 zusammen mit seiner Schwester Maria Elisabeth nach Guttenberg (Iowa) ausgewandert und 1854 nach Balzers gekommen, um seine verwitwete Mutter und seine Geschwister zu holen. Als er am 24. Januar 1855 wieder nach Amerika abreiste, nahm er neben seiner Familie auch noch sieben weitere Balzner mit.[85]

Es ist klar, dass die wenigen Besucher aus Amerika oder die viel zahlreicheren Briefe, in denen ausgewanderte Liechtensteiner über ihr Leben in Amerika berichteten, auch andere zur Auswanderung animierten. So berief sich etwa Franz Josef Büchel aus Ruggell in seinem Auswanderungsgesuch von 1855 auf seinen Vater David Büchel, der «*schon vor mehreren Jahren nach Amerika ausgewandert*» war.[86]

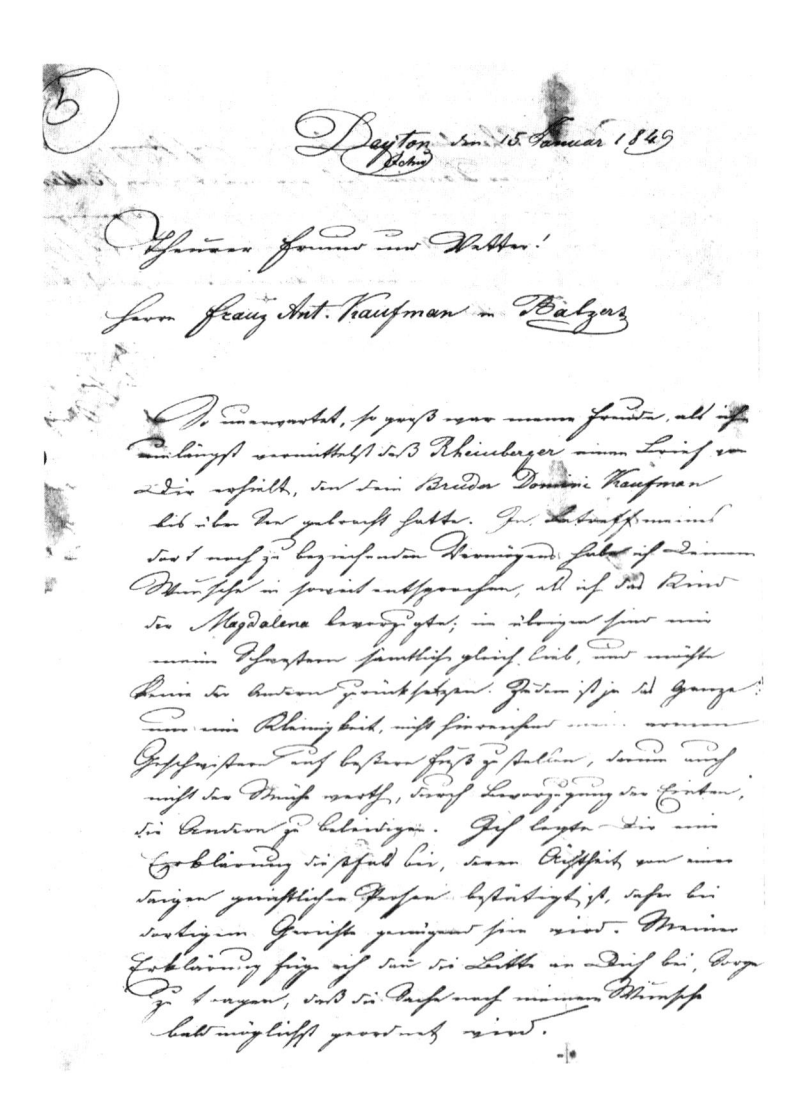

Erste Seite des Briefes, den Andreas Kaufmann am 15. Januar 1849 aus Dayton (Ohio) schrieb

Der Balzner Steinhauer Andreas Kaufmann schrieb 1849 aus Dayton (Ohio), dass sich seine Lebensverhältnisse *«gottlob nun bessern»* und dass er seine Schwester Theresia *«hier zu haben wünschte»*. Er bat seinen Vetter Franz Anton Kaufmann, *«wo immer möglich ihre Abreise zu beschleunigen und ihr für eine ordentliche Reisegesellschaft besorgt zu sein».*[87] Andreas Kaufmann starb bereits 1850 und hinterliess ein Vermögen von 1'000 Dollars, das an seine mittlerweile nach Dayton ausgewanderten Stiefgeschwister Theresia und Ferdinand Frick überging.[88]

Als weiteres Beispiel sei Christian Konrad aus Schaan erwähnt, der seine Hoffnungen ebenfalls auf gute Nachrichten aus Amerika stützen konnte: *«Vermöge der aus Amerika von meinen Bekannten angelangten Briefen, geht es denselben gut und einige hievon haben ihren Verwandten schon beträchtliche Geldmittel anher übermittelt. ... Dann habe ich aus sicherer Quelle in Erfahrung gebracht, dass die Maurer-Arbeit in Amerika grossartig bezahlt werde, und so gebe ich mich getrost der Hoffnung hin, dass ich einstens mit einer ordentlichen Summe Geldes, wenn anders der liebe Gott mich gesund erhält, in mein liebes Vaterland zurückzukehren, das grosse Vergnügen haben werde.»*[89] Konrad wanderte dann aber doch nicht aus.

Als letztes Beispiel sei noch Johann Baptist Kaufmann zitiert, der 1845 nach Dubuque (Iowa) ausgewandert war. 1857 musste er seinem Bruder in Balzers den Tod des Bruders Dominik melden; gleichzeitig berichtete er über seine eigene angeschlagene Gesundheit und fügte an: *«Was den Bruder And. (Andreas) betrifft, ist er und seine Familie gesund, übrigens will ich mich nicht in seine Angelegenheiten mischen, ich denke er wird Euch selbst darüber benachrichtigen. Von den neuen Einwanderern von Balzers kann ich, weil ich noch keins von ihnen gesehen habe, bloss sagen, dass sie gesund und wohl behalten hier angekommen sind. Übrigens sind die Landleute keine zuverlässigen Freunde, weshalb ich mich auch nicht sehr bemühe, ihnen nachzulaufen, ich beschäftige mich viel mehr mit solchen, die mir im Fall der Not mit hilfreicher Hand beistehen, wovon ich das verflossene Jahr schon guten Gebrauch gemacht habe, daher Ihr Euch keiner Vorwürfe zu befürchten habet, dass einer von meinen Landleuten bisher etwas merklich an mir getan habe, ausgenommen der Georg Nigg und Fr. Jos. (Franz Joseph) Nägele ... Deinem Wunsch nachzukommen, über aller Befinden Euch Auskunft zu geben, ist mir für diesmal unmöglich. Übrigens würde es mir Vergnügen machen, Euch alle wohlgemut und gesund hier zu sehen, aber wenn Du lieber Bruder auf den Alois Frick warten willst, bis der hinaus kommt, dann kannst Du über der Länge der Zeit Amerika vergessen.»*[90]

IV. Der amerikanische Bürgerkrieg

Die amerikanische Nation war noch nicht einmal ein Jahrhundert alt, als sie ihre erste Zerreissprobe zu bestehen hatte. Ihre Ursache lag in der unterschiedlichen wirtschaftlichen Entwicklung der Nord- und Südstaaten und entzündete sich an der Frage der Sklaverei. Schon im 18. Jahrhundert war der Arbeitskräftebedarf in den südlichen Baumwoll- und Tabakplantagen durch Sklavenimporte aus Afrika gedeckt worden. 1794 hatte Eli Whitney eine Maschine erfunden, mit der sich die Samenkapseln aus der Baumwolle mechanisch entfernen liessen – eine Arbeit, die bisher von Sklavenhand verrichtet worden war. Whitneys Erfindung führte aber nicht zu einem Rückgang der Sklavenhaltung, sondern zu einem ungeahnten Boom im Baumwollanbau, der immer mehr Sklaven notwendig machte.

Anfänge des Nord-Süd-Konflikts
Die im bevölkerungsarmen Süden vorherrschende Plantagenwirtschaft hatte aristokratische Gesellschaftsstrukturen wachsen lassen, während im Norden, wo die Einwanderer aus Europa zu Tausenden ins Land strömten, vor allem die unabhängige bäuerliche Farmwirtschaft sowie Handel und Industrie blühten und einen besseren Nährboden für die Entwicklung von Freiheit und Demokratie bildeten.

Nachdem der Kongress 1808 die Einfuhr von Sklaven verboten hatte, brach der Konflikt um die Sklavenhaltung erstmals 1820 nach der Aufnahme der neuen Bundesstaaten Louisiana, Indiana, Mississippi, Illinois, Alabama, Maine und Missouri aus; im sogenannten Missouri-Kompromiss wurden zwölf sklavenfreie Nordstaaten und zwölf sklavenhaltende Südstaaten vereinbart. Doch bereits 1848 kam es nach dem Krieg gegen Mexiko zu neuen Auseinandersetzungen. Der Norden forderte, die neu gewonnenen Gebiete – Texas, Kalifornien, Neumexiko und Utah – sklavenfrei zu halten, der Süden widersetzte sich. Schliesslich entschied der Kongress, Kalifornien als freien Staat aufzunehmen, während Texas das Sklavensystem beibehalten konnte. Die beiden anderen Staaten sollten selbständig über die Sklavenfrage entscheiden.

Damit war das labile Gleichgewicht, das man im Missouri-Kompromiss ausgehandelt hatte, gefährdet. Den Zorn der Südstaatler erregte zudem die Tatsache, dass Tausende geflohener Sklaven im Norden Zuflucht gefunden hatten. Der Konflikt eskalierte: 1852 erschien mit dem Roman «Onkel Toms Hütte» von Harriet Beecher-Stowe ein Manifest gegen die Sklaverei, 1854 sammelten sich die Gegner der Sklave-

Schwarze Sklaven bei der Baumwollernte in den Südstaaten (Adolf Ott, der Führer nach Amerika, 1882)

rei in der neu gegründeten Republikanischen Partei, deren führender Politiker Abraham Lincoln 1860 zum Präsidenten gewählt wurde.

Der Bürgerkrieg (1861-1865)

Am 20. Dezember 1860 erklärte South Carolina wegen der sklavenfeindlichen Haltung des Nordens die Sezession. Mit Mississippi, Florida, Alabama, Georgia, Louisiana und Texas schlossen sich sechs weitere Südstaaten an und bildeten 1861 die Konföderierten Staaten von Amerika, die anschliessend um Virginia, Arkansas, Tennessee und North Carolina erweitert wurden. Präsident Abraham Lincoln erklärte die Sezession für nichtig, aber am 12. April 1861 eröffneten die Südstaatler das Feuer auf das Bundesfort Sumter, das in der Bucht von Charleston vor der Küste von South Carolina lag, dem ersten und militantesten Sezessionsstaat. Der Bürgerkrieg, in dem die Union der Nordstaaten für die Erhaltung der staatlichen Einheit, die Konföderation aber für die Anerkennung ihrer Unabhängigkeit und die Beibehaltung der Sklaverei kämpfte, hatte begonnnen.

In den Unionsstaaten war man überzeugt, der Krieg würde nur von kurzer Dauer sein. Die 23 Staaten des Nordens hatten 22 Millionen Einwohner, die elf Staaten des Südens nur neun; der Norden verfügte über die notwendige Industrie zur Herstellung von Gewehren und Kanonen, der Süden musste sie von den Franzosen und Engländern kaufen. Zur See gewann die Union schon bald die Überhand; sie blockierte die Häfen des Südens und schnitt ihn von der Versorgung ab. Dennoch erstreckte sich der Krieg zu Lande über vier leidensvolle Jahre mit schweren Kämpfen, Erfolgen und Rückschlägen auf beiden Seiten. Ein erster Vorstoss der Unionsstaaten nach Virginia wurde in der Schlacht am Bull Run gestoppt. Während die Marine der Union im zweiten Kriegsjahr New Orleans besetzte, gelang es General Grant, den Mississippi entlang nach Süden vorzustossen und das Gebiet der Konföderation zweizuteilen.

Am 1. Januar 1863 erklärte Präsident Lincoln alle Sklaven in den konföderierten Staaten für frei. Damit wurden die übrigen, komplexeren Zusammenhänge des Nord-Süd-Konflikts klar von der Sklavenfrage als Kriegsmotiv überlagert und ein Eingreifen Frankreichs oder Englands, die bis anhin die Konföderation unterstützt hatten, unmöglich gemacht. Im gleichen Jahr drangen die konföderierten Truppen unter General Lee bis nach Pennsylvania vor; die Schlacht bei Gettysburg aber, in der sie entscheidend geschlagen wurden, brachte die Wende zugunsten der Union.

Aber der Krieg war noch nicht zu Ende. 1864 zog General Sherman mit 60'000 marodierenden Soldaten auf einem langen Marsch von Georgia durch South und North Carolina nach Virginia; zahllose Städte und Ortschaften wurden geplündert, geschleift und niedergebrannt, die Ernten zerstört.

Am 9. April 1865 kapitulierte General Lee in Virginia, und in den darauffolgenden Wochen ergaben sich auch die Konföderierten auf den übrigen Kriegsschauplätzen. Der Bürgerkrieg endete mit einem Sieg der Union, auf deren Seite 300'000 Menschen gefallen waren. Der Süden hatte 275'000 Tote zu beklagen. Die Einheit der Vereinigten Staaten war gerettet, der Süden aber weitgehend zerstört.[91]

Szene aus dem amerikanischen Bürgerkrieg
(Battles and Leaders in the Civil War, 1884-1888)

Liechtensteiner im Bürgerkrieg

Als der Bürgerkrieg 1861 begann, hatten die ersten Liechtensteiner Einwanderer schon längst das amerikanische Bürgerrecht erworben und wurden, sofern sie im rekrutierungsfähigen Alter standen, zu den Waffen gerufen. Leider ist es unmöglich zu eruieren, wie viele Liechtensteiner im Feld standen, da biographische Angaben über viele Auswanderer fehlen. Immerhin weiss man von einigen konkret, dass sie – alle auf seiten der Union – am Bürgerkrieg teilgenommen haben.

Die Brüder Alois und Dominik (Thomas) Frick, 1851 mit ihrer Familie nach Guttenberg ausgewandert und von dort 1859 westwärts nach South Dakota gezogen, dienten als Freiwillige in der Kavallerie von Dakota und waren im Fort Randall stationiert, das gebaut worden war, um die Indianer in Schach zu halten. 1862 rettete die Truppe die Bevölkerung von Yankton (South Dakota) vor einem Überfall durch die Sioux-Indianer. In einem Bericht wurde der Reiter Thomas Frick wegen seiner Tapferkeit namentlich erwähnt.[92]

Joseph Gantner, 1849 von Planken ausgewandert, wurde während des Bürgerkriegs verwundet und starb 1862 in St. Louis (Missouri) in einem Spital.[93]

Johann Heeb, 1860 von Ruggell nach Allentown (Pennsylvania) ausgewandert, diente während des ganzen Krieges. Heeb kämpfte hauptsächlich in Georgia und Virginia und nahm auch an der Schlacht von Gettysburg teil.[94]

Josef Friedrich Pfeiffer (geb. 1824) zog von Triesenberg zunächst nach Balzers, wo er das Gasthaus Engel besessen haben soll. Später emigrierte er in die USA und soll im Bürgerkrieg umgekommen sein.[95]

Johann Baptist Tschol, der 1855 als Zehnjähriger mit seinem Vater von Balzers nach Guttenberg gekommen war, verpflichtete sich 1864 für ein Jahr als *Private Substitute,* das heisst als Ersatzsoldat für einen anderen, beim 15. Iowa Infanterieregiment. Er trat seinen Dienst im November in Davenport an und wurde Ende Juni 1865 in Louisville (Kentucky) unverletzt ausgemustert.[96]

Johann Georg Wohlwend war 1847 von Schellenberg nach Amerika ausgewandert und hatte sich 1849 in Louisville niedergelassen, wo er als Steinhauer gearbeitet hatte. Im Oktober 1861 trat er in die Freiwillige Infanterie von Kentucky ein, wurde aber bald mit Typhus in ein Spital in Nashville (Tennessee) eingeliefert. Nach seiner Genesung wurde er ins Camp Chase in Ohio verlegt, doch zog er sich in den feuchten Schützengräben schon bald Rheuma zu. Nach drei Monaten wurde er als Wachsoldat ins Invalidenkorps abkommandiert und im Herbst 1864 entlassen. Er starb am 22. Februar 1896, nachdem er ein Leben lang unter den in der Dienstzeit zugezogenen Krankheiten gelitten hatte.[97]

Martin Wohlwend, 1851 von Schellenberg nach Alma (Wisconsin) ausgewandert, tat beim 50. Infanterieregiment Dienst. Da die Einheit erst wenige Tage vor Kriegsende aufgestellt worden war, wurde sie in Forts an der Westgrenze stationiert und im Juni 1866 aufgelöst.[98]

Neben diesen acht Fällen sind zwei weitere beispielhaft hervorzuheben, deren Schicksal gut dokumentiert ist: Gregor Wohlwend und Josef Kieber, beide von Schellenberg nach Amerika ausgewandert.

Second Lieutenant Gregor Wohlwend

Am 7. August 1861, knapp vier Monate nach Beginn des Bürgerkriegs, trat Gregor Wohlwend[99] im Alter von 29 Jahren seinen Dienst im 4. Kansas Freiwilligenregiment in Fort Leavenworth am Missouri an. Er schien ein guter Soldat gewesen zu sein, denn bereits zweieinhalb Monate nach seinem Eintritt in die Armee wurde er zum *Sergeant* befördert und wieder ein knappes Jahr später zum *First Sergeant* seiner Einheit, der Kompanie G im 10. Kansas Infanterieregiment.

Am 7. Dezember 1862 – einem Sonntag – wurde die 900 Mann zählende Brigade, zu der Wohlwends Einheit gehörte, in die Schlacht von Prairie Grove (Arkansas) verwickelt. Sie hatte gerade mit dem Aufmarsch zur Schlacht begonnen, als die Soldaten von rechts aus einem Dickicht heraus beschossen wurden und in einen wahren Kugelhagel gerieten. Wohlwends Regiment erhielt den Auftrag, ins Dickicht einzudringen und die feindlichen Schützen auszuschalten. Während sie vorrückten, standen sie unter schwerem Feuer, doch erlitten sie nur wenige Verluste. Der Rest der Brigade zog sich bis ausserhalb der Reichweite der feindlichen Gewehre zurück und formierte unter einer Hügelkuppe eine neue Schlachtlinie. Der Kampf, der um drei Uhr nachmittags begonnen hatte, dauerte bis in die Dunkelheit, die Schlacht wogte hin und her und konnte auch nicht entschieden werden, als es den Unionstruppen gelang, auf einem Hügel zwei Haubitzen zu plazieren und damit die vorstossenden Feinde unter Beschuss zu nehmen. Weil die Konföderierten während der Schlacht Verstärkung erhielten, mussten sich die Unionstruppen nach Einbruch der Dunkelheit zurückziehen. Sie hatten 16 Mann verloren, fünf wurden vermisst und 117 waren verwundet.[100]

Zu den Verwundeten gehörte auch Gregor Wohlwend, der sich in der Schlacht durch besondere Tapferkeit hervorgetan hatte.[101] Seine Verletzungen an der rechten Schulter und am linken Fuss waren aber nur von leichter Natur, so dass er seinen Dienst nach zwei Monaten wieder aufnehmen konnte. Am 22. April 1863 wurde er vom Gouverneur des Staates Kansas zum *Second Lieutenant* ernannt und befehligte im September und Oktober desselben Jahres ein Detachement seiner Kompanie, das nach Independence (Missouri) verlegt worden war.

Zu Beginn des Jahres 1864 erkrankte er plötzlich und musste ins Militärspital in Alton (Illinois) eingeliefert werden, wo er am 10. März 1864 an Schwindsucht starb.[102]

Nach seinem Tod fassten die Offiziere seines Regiments folgenden Beileidsbeschluss: «*Da unser geachteter und werther Waffenbruder, Lieutenant Wohlwend, durch den Tod aus unserer Mitte gerissen wurde, und da durch unsere lange und intime Gesellschaft mit dem Verstorbenen als Soldat, der zu jeder Zeit bereit war, für die Regierung unseres Landes einzustehen, der immer pünktlich seinen Pflichten nachkam, seine Untergebenen freundlich behandelte, wir über dessen Thun und Lassen zur urtheilen befähiget sind, so wollen wir uns unserer gerechten Pflicht durch folgenden Beschluss entledigen: Beschlossen, dass das Gouvernement durch den Tod des Lieutenant Wohlwend einen treuen, eifrigen und fähigen Offizier, unser Regiment einen guten Mann, einen braven Soldaten und einen Offizier, von Allen geachtet, verlor.*»[103]

Aus der Zeit, als Gregor Wohlwend schon *Lieutenant* war, ist ein Brief erhalten, in dem er seiner Mutter und seinen Geschwistern in Schellenberg sein Leben im Krieg schildert. Der Brief lautet: «*Theuerste Mutter und Geschwister! Ich ergreife nun die Feder, um euch einige Zeilen zu schreiben und wissen zu lassen, dass ich noch am Leben bin, Gott sei Dank, gesund und wohl. Vor allem empfanget von mir teuerste Mutter und Geschwister meine freundlichsten Grüsse und hoffe, dass Euch dieselben in bester Gesundheit und frohem Muthe, zu theil werden mögen. Es wundert mich sehr wie es steht, dass ich in so banger Zeit in 1 ½ Jahren verflossen keinen Brief von Euch erhalten habe. Auch möchtet Ihr vielleicht wissen, wo ich bin und was ich thue, und will Euch ganz kurz eine Beschreibung abgeben. Es wird Euch wohl bekannt sein, dass der Krieg im Jahr 1861 in ganz Amerika ausgebrochen ist, die Süd gegen die North. So habe ich am 6ten August im Jahr 1861 meine Reifel* (rifle = Gewehr, d. Verf.) *in die Hand genommen wie jeder treue freie Mann und Kansas Bürger, um meine Last mit ihm zu tragen, freiwillig ohne dazu gezwungen zu werden, welches ich nicht gestehen könnte Freiheit und Liberté zu rauben, und Sklaverei wählen lassen, und so der Krieg ist immer geführt seit am 8. Aprill 61. Die South haben alles aufgenommen von 16 bis was fähig ist die Waffe zu tragen. Im North hat immer foll und jährlich genug Soldaten bekommen, neulich aber vor 4 Wochen hat der President, um der irtürminschen Mähr ein Ende zu machen, alles aufgerufen von 18 bis auf 45 ohne Wiederstand. Ich diene nun als Soldat 19 Monath und bin willens zu dienen, bis endlich der Krieg vollendet ist. Seit meiner Dienstzeit habe ich oft manche rauhe Tage und Nächte durchgemacht, und unserem dichtigen Kugelregen beiwohnen müssen, dass Gott seis gedankt noch jedesmahl beim Leben davon gekommen. In einer Schlacht habe ich zwei Kugel dafon getragen, eine in meiner rechten Schulder, und eine in meinem linken Fuss, doch aber nach zwei Monaten wieder gesund wie vorher hergestellt. Auch möchtet ihr wissen, ob ich bloss als Zivil diene, nein ich diene als Lieutenant, die Löhnung ist 103 Thlr. pro Monath. Daraus muss ich aber mich kleiden und verkösten. Die Privates Löhnung ist 15 Thlr. pro Monath, Sergeantens Löhnung ist 20 Thlr. Monath. Kleidung und Kost beim Soldaten Leben ist zwar nich mein Geschäft aber der beste Goverment der am Ort ist zu unterstüzen ist meine Pflicht, denn eher ehrlich im Schlachtfelde umkommen, als Vieheschen (?) und Sklafenhändler und meine Prinzipiel zu untertrücken. Ich habe Haus und Gut verlassen in Kansas auf 3 Jahre. Vom Bruder Johann Georg kann ich nicht viel schreiben, den ich habe keinen Brief von ihm erhalten, seit dem ich das letztemahl geschrieben habe. Von Martin Wohlwend und Johann Georg Wohlwend habe ich am 1ten März einen Brief erhalten. Sie befinden sie gesund und wohl. Meine freundlichsten Grüsse mögen zu theil werden Freunden und Nachbarn, Götti und Gotta und allen jenen welche mir nachfragen. Schliesslich grüsse ich Euch nochmals recht herzlich alle insgesamt und bitte Euch, diesen Brief recht bald zu beantworten, und mir die richtige Antressen von Bruder Jakob zu schicken und schreibet ihm, dass ich ihn bitte und mir schreiben möge und sendet ihm meine*

Meldung des Todes von Gregor Wohlwend in lateinischer Sprache an das Landgericht Vaduz (LLA, Abh. 91/95)

Antresse den ich habe noch nie von ihm gehört seit dem ich in Amerika bin. Wenn der Bruder Johann Georg Euch geschrieben hat, möget ihr es in Eurem Schreiben melden. Diese besondere Neuigkeiten die Euch im Heimathland intressirt habe ich zu schreiben. Adies und lebet wohl und werde verbleiben Euer S(ehr) Dankbarer Sohn und Bruder Gregor Wohlwend in Springfield Misouri im Lager.»[104]

Josef Kiebers Kampf um seine Pension

Im Jahr 1852 wanderte Josef Kieber von Schellenberg nach Guttenberg aus, wo er sich als Taglöhner durchs Leben schlug. Am 3. November 1862 meldete er sich als Freiwilliger für drei Jahre und trat am 31. Januar 1863 seinen Dienst in der Kompanie H des 6. Regiments der Iowa Kavallerie in Davenport an. Im Verlauf des Krieges wurde die Einheit ins Fort Sully in Dakota verlegt. Das Leben im Militärlager bekam Kieber nicht gut: Schon nach einem Jahr litt er aufgrund der kalten und nassen Witterung an Rheumatismus sowie an einer unangenehmen Hautkrankheit *(Salt Rheume)* und musste im Militärspital in Fort Randal behandelt werden. Am 17. Oktober 1865 wurde er in Sioux City (Iowa) mit einer Prämie von 75 Dollars entlassen.

Er begab sich zunächst nach Yankton (South Dakota) und kehrte im Herbst 1882 in die Gegend von Guttenberg zurück. Die Krankheit, die er sich während der Militärzeit zugezogen hatte, liess ihn nie mehr ganz los. Schmerzen in Knie- und Schultergelenken schränkten seine Arbeitsfähigkeit ein. Im Mai 1883 stellte er deshalb einen Antrag auf eine Invalidenpension. Damit begann ein jahrelanger Kampf. Kieber wurde mehrfach ärztlich untersucht, es wurden Zeugen beigezogen, die bestätigten, Kieber sei vor dem Krieg ein gesunder und kräftiger Mann gewesen. Auch er selbst wurde immer wieder vernommen. Die Schwierigkeiten, die dabei auftraten, gehen aus einem Bericht eines Untersuchungsbeamten an den Pensionskommissär in Washington hervor. Darin heisst es: «*Der Gesuchsteller ist ein kleiner Deutscher, dessen Intellekt sehr gestört und dessen Gedächtnis lückenhaft ist. Er versteht überhaupt kein Englisch, und ich musste seine Aussage mit Hilfe eines Übersetzers aufnehmen. Obwohl der Übersetzer ein einfacher Bauer war, machte er seine Arbeit sehr gut. Wegen des gestörten Intellekts des Gesuchstellers war es aber praktisch unmöglich, von ihm eine intelligente Antwort zu erhalten. Er scheint sich daran zu erinnern, dass er während seiner Dienstzeit an Rheumatismus und einem Hautausschlag erkrankte, aber er weiss nicht mehr wann oder wo das war ...»*[105] Endlich, am 23. Juli 1890, erhielt er seine Pension zugesprochen, und zwar zwei Dollars monatlich rückwirkend seit dem 27. Mai 1883 und vier Dollars rückwirkend seit dem 14. September 1887. 1894 wurde seine Pension auf sechs Dollars erhöht.[106]

Seit seiner Abreise aus Liechtenstein hatte Josef Kieber seinen Angehörigen zu Hause kein einziges Lebenszeichen gegeben. So wusste er auch nicht, dass er aus der Hinterlassenschaft seines 1857 verstorbenen Vaters etwas Vermögen geerbt hatte, das in der Curandencasse lag und den Betrag von 234 Gulden und einem Kreuzer ausmachte. 1890 stellte seine Schwester Magdalena beim Landgericht in Vaduz den Antrag, für Josef Kieber die gerichtliche Todeserklärung einzuleiten, damit dieses Vermögen ihr als rechtmässige Erbin zufalle. Das Gericht gab dem Antrag statt und forderte Kieber über Anschlag an der Gerichtstafel und über ein Inserat im «Liechtensteiner Volksblatt» auf, «*bis 12. Dezember 1892 vor diesem Gerichte zu erscheinen oder dieses oder den für ihn ernannten Curator Altvorsteher Elias Öhri bei No. 1 in Schellenberg von seinem Leben u. Aufenthalte in Kenntnis zu setzen, widrigenfalls zu seiner Todeserklärung geschritten würde*».

Am 5. November erschien der Curator beim Landgericht und gab an, «*dass laut einer brieflichen Mitteilung des Emil Batliner[107] aus Mauren ... Josef Kieber von Schellenberg sich in Guttenberg, Staat Iowa, Amerika aufhalte; Emil Batliner habe ihn dort selbst diesen Januar getroffen, ein Mann von 70 Jahren*». Das Landgericht ersuchte daraufhin das k. u. k. Österreichisch-ungarische Consulat in New York, die Identität dieses Josef Kieber in Guttenberg zu überprüfen. Die Antwort kam vom Konsulat in Chicago, das mitteilte, es sei gelungen, Josef Kieber zu ermitteln. Er habe zwar weder seinen Geburtstag noch sein Geburtsjahr nennen können, doch sei seine Identität zweifelsfrei und könne, falls erforderlich, auch vom Notar und Postmeister James Schroeder in Guttenberg bezeugt werden. Im weiteren habe Kieber den Advokaten Dr. Christian Walther aus Bludenz mit der Vertretung seiner Interessen beauftragt. Das Landgericht gab sich mit dieser Erklärung nicht zufrieden und ersuchte das Konsulat in Chicago, präzisere Nachforschungen anzustellen und «*den angeblichen Josef Kieber um seine früheren Verhältnisse in der Heimath, Name und Zahl seiner Geschwister, die Zeit u. Umstände seiner Abreise nach Amerika zu befragen*». So gab denn Josef Kieber am 4. April 1893 vor dem Notar und zwei Zeugen in Guttenberg folgende Erklärung zu Protokoll: «*Ich bin geboren im Jahr 1824 auf dem Schellenberg, wie ich mich entsinne zur Pfarrei Bendern im Fürstentum Liechtenstein gehörig, ein Sohn des im Jahre 1854 verstorbenen Matthias Kieber und der schon im Jahre 1847 verstorbenen Kreszentia geb. Meier, im Jahre 1852 habe ich meine Heimat verlassen und bin nach den Vereinigten Staaten von Amerika ausgewandert. Als Bürger hier dazu verpflichtet habe ich von 1862 bis 1865 in der Vereinigten Staaten Armee während des Rebellionskriegs gedient und beziehe als Verteran eine monatliche Pension von vier Dollars. Ein eigentliches Handwerk habe ich nicht erlernt sondern habe nur als Tagarbeiter meinen Verdienst gehabt. Ich bin in den Vereinigten Staaten nie blödsinnig gewesen und es ist mir nicht bekannt dass ich in meiner Heimat blödsinnig gewesen sein soll. Ich gebe diese Erklärung zu Protokoll um meine Identität nachzuweisen und füge diesem noch bei dass ich glaube dass der Name des Pfarrers meiner Heimat in meiner Jugendzeit Schädler war und derjenige des Bürgermeisters Sebastian Hasler und ich war bekannt mit einer Familie Uehle. Da ich bereits im Jahr 1852 auswanderte und mit niemand in meiner Heimat in Korrespondenz gestanden habe so wäre es immerhin möglich dass ein oder das andere Namen sich verschieden schreibt.»*[108]

Ob und wann Kieber zu seinem Guthaben kam, geht aus den Akten nicht hervor, es scheint aber, dass er das Geld benutzt hat, um als über Siebzigjähriger nach Liechtenstein zurückzukehren. Er starb am 16. Juli 1895 in Schellenberg als völlig verarmter Mann, dessen einziger Besitz aus seinen Kleidern und einigen persönlichen Habseligkeiten bestand. Sie wurden am 28. Juli durch den Kurator Elias Öhri öffentlich versteigert; der Erlös betrug fünfzig Gulden und drei Kreuzer und reichte gerade zur Deckung der Begräbniskosten.[109]

Rentenbescheid für Josef Kieber vom 23. Juli 1890

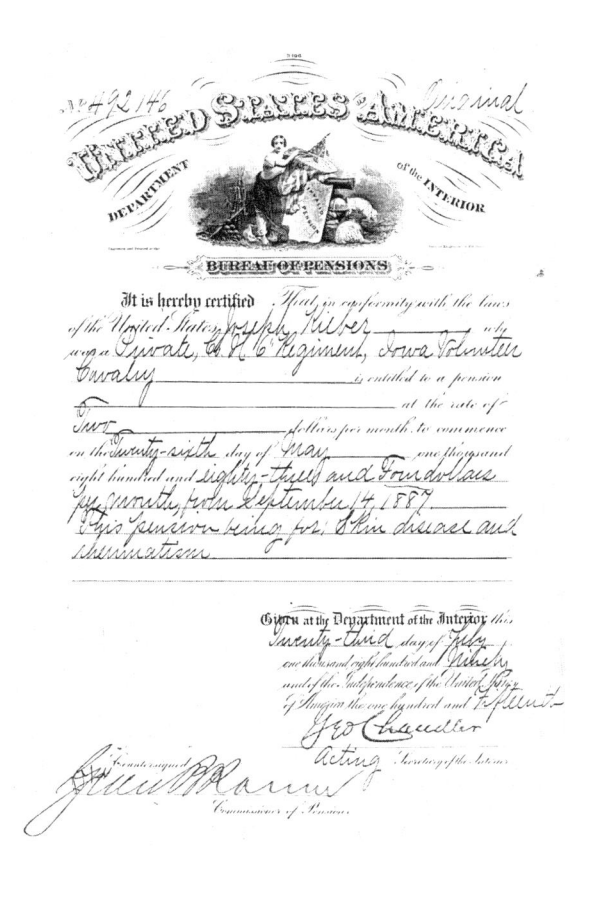

V. Die Prärie wird besiedelt

«Ich bin nun im Staat Colorado, in einem Land sehr gross an Flächeninhalt aber klein an Einwohnerzahl, zwei Eisenbahnen durchziehen dieses Land, an welchen gewöhnlich alle 10 Englische Meilen eine Hütte oder ein aussen mit Brettern angeschlagenes Haus steht, wo die Eisenbahnarbeiter wohnen. Ich und meine Kameraden wohnen auch in einem solchen Haus und arbeiten bei der Eisenbahn, welche von Kansas City aus dieses Land durchzieht.» So schrieb Fidel Nutt im Jahr 1881 an seine Familie in Balzers.

Zusammen mit neun anderen Liechtensteinern war er im Februar desselben Jahres aus Balzers abgereist und am 23. März in New York angekommen.[110] Vier von ihnen – neben Fidel Nutt waren dies Franz Josef Vogt, Heinrich Frick und Alois Negele – blieben beisammen und arbeiteten beim Eisenbahnbau in Colorado, weil *«wir die Sprache noch nicht können, welche sehr notwendig ist, um besseren Verdienst zu suchen»*. Die übrigen, *«welche mit uns aus der Heimat fort sind, hat das Schicksal schon längst entfernt von uns»*.[111]

Der Siegeszug der Eisenbahn
Nach dem Ende des Bürgerkriegs war der Wunsch aufgetaucht, die Union nicht nur politisch, sondern auch praktisch zu einigen. Die verkehrstechnische Erschliessung schien dazu das geeignete Mittel zu sein. Doch dies war schneller gesagt als getan. Zu jenem Zeitpunkt führte die Bahn nämlich in Richtung Ost-West bis nach Nebraska, im Westen aber nur von der Pazifikküste bis zum Wall der Sierras. Dazwi-

Bau einer Eisenbahnlinie, kritisch beobachtet von Indianern
(As we were. Family Life in America, 1850-1900, New York/London 1946)

Wer aufgrund des *Homestead Act* ein Grundstück erhielt, hatte dies zu roden und zu bebauen (Adolf Ott, Der Führer nach Amerika, 1882)

schen klaffte eine Lücke von annähernd 3'000 Kilometern, welche die beiden privaten Eisenbahngesellschaften Union Pacific im Osten und Central Pacific im Westen in einem gigantischen Wettlauf zu schliessen trachteten. Auf jeder Seite arbeiteten 10'000 Mann mit ebenso vielen Lasttieren, und für jede Meile des Schienenwegs wurden durchschnittlich 400 Tonnen Schwellenholz und Schienen verbaut. Im Osten kam man über die flache Prärie recht schnell voran, im Westen jedoch mussten Wälder abgeholzt, Brücken erstellt und Tunnels gebaut werden, bis endlich die Rocky Mountains überwunden waren. Am 10. Mai 1869 trafen die beiden Stränge in Utah aufeinander; nach gut dreijähriger Bauzeit war die transkontinentale Eisenbahn zwischen Chicago und San Francisco fertiggestellt.[112]

In den Jahren darauf entstanden in rascher Folge weitere Strecken: 1882 die Eisenbahn von New Orleans nach Los Angeles, 1883 die beiden Strecken von Kansas City nach Los Angeles (die Bahn, bei deren Bau Fidel Nutt und seine Kameraden mitgearbeitet hatten) sowie vom Lake Superior nach Portland (Oregon).[113]

Beim Bau der Eisenbahn durch die unwirtliche Prärie herrschten rauhe Sitten. Der Balzner Fidel Nutt gab in seinem Brief einen Einblick in das Leben der Arbeiter, als er schrieb, er «*habe in diesem Lande schon mehr zerlumpte Arbeiter gesehen als in Europa. Es ist ja aber auch kein Wunder. In jedem elenden Dorf, das kaum 30 Bretterhütten zählt, werden alle Laster fast öffentlich getrieben, geschweige in den*

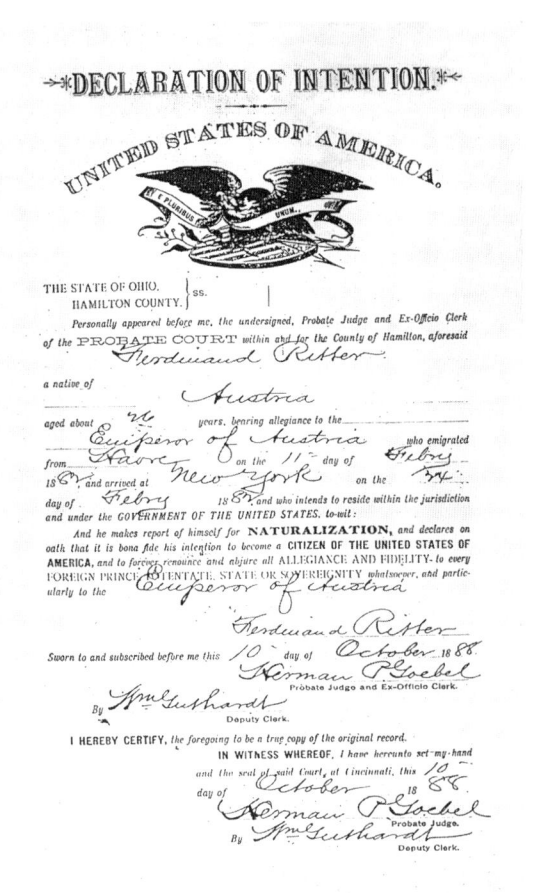

Städten, dort wird auf alle erdenkliche Art dem Arbeiter Geld abgenommen. Auch spielt der Revolver noch seine Rolle. Ich habe hier in diesem Lande schon viele gesehen, die zerrissene Schuhe und Hosen anhatten und dennoch einen Revolver mit 6 Kugeln geladen unter zerlumpten Fräcken herausblinken liessen, dies ist Landessitte hier».[114]

Allmählich allerdings wurden die Zeiten ruhiger und die Sitten zivilisierter. Die Abenteurer zogen weiter oder wurden sesshaft. Die Eisenbahngesellschaften rührten in den östlichen Bundesstaaten und in Europa eifrig die Werbetrommel und lockten Tausende von Siedlern in die neu erschlossenen Gebiete. Der fruchtbare Prärieboden entlang der Schienenstränge verwandelte sich in jahrelanger harter Farmerarbeit in Weide- und Ackerland. Hilfreich waren dabei vor allem zwei Dinge: der vom Schmied John Deere 1868 entwickelte stählerne Pflug, mit dem sich der harte Prärieboden zerschneiden und unterpflügen liess, sowie die Erfindung des Stacheldrahts (1874), mit dem die Siedler ihr Gebiet einzäunen und so ihre Ernte vor den frei herumziehenden, von Cowboys beaufsichtigten Viehherden schützen konnten.[115]

Links oben: *Declaration of Intention* von Samuel Kranz, 1872 von Nendeln nach Wabash (Indiana) ausgewandert

Links unten: *Declaration of Intention* von Anton Büchel, 1867 von Ruggell nach Littleport (Iowa) ausgewandert

Rechts: *Declaration of Intention* von Ferdinand Ritter vom 10. Oktober 1888

Der Homestead Act von 1862

Entscheidende Grundlage zur Besiedlung der Prärie war aber der *Homestead Act,* ein vom Kongress im Jahr 1862 verabschiedetes Gesetz, das im deutschen Sprachraum bald als «Heimstätte-Gesetz» bekannt werden sollte. Es besagte, dass jedes Familienoberhaupt, überhaupt jede volljährige Person, die Bürger der Vereinigten Staaten war oder durch eine *Declaration of Intention* die Absicht bekundet hatte, dies zu werden, gegen eine Gebühr von 1.25 Dollar vom Staat 160 Acres[116] freies Land erhalten könne. Einzige Bedingung war, dass der *Homesteader* auf diesem Land Wohnsitz nahm, es rodete und bebaute und innerhalb von fünf Jahren eine ordentliche Ernte hervorbrachte. Erfüllte er diese Bedingung, so erhielt er nach Ablauf dieser Frist einen Kaufbrief, der ihm das absolute Eigentumsrecht und die uneingeschränkte Verfügung über das Grundstück zusicherte.[117] Die Möglichkeit, ein Gebiet von fast 65 Hektaren geschenkt zu bekommen, wirkte auf die von Revolutionen, Kriegen und Hungersnöten geplagten Menschen in Europa wie ein Magnet: In den drei Jahrzehnten zwischen 1860 und 1890 nahm die Einwanderung sprunghaft zu; in den Jahren 1861 bis 1870 zählte man 2,3 Millionen Neuankömmlinge, im Jahrzehnt darauf 2,8 Millionen und zwischen 1881 bis 1890 gar 5,2 Millionen.[118]

Einwanderungsbestimmungen im 19. Jahrhundert

Nach der Gründung der Vereinigten Staaten gab es während rund hundert Jahren keinerlei Gesetz zur Beschränkung der Einwanderung. Im Gegenteil: Vor allem nach der Beendigung des Bürgerkriegs betrieben Bundesstaaten, Eisenbahngesellschaften und Schiffahrtslinien planmässig Einwanderungswerbung, um den rapide wachsenden Bedarf an Arbeitskräften in der Industrie zu decken und Siedler für die neu erschlossenen Gebiete im Westen zu finden. Statt Restriktionen zu erlassen, kümmerte sich der Kongress zunächst um das Los der Schiffspassagiere. Im Jahr 1819 wurden Mindeststandards für den Bau und die Ausrüstung der Schiffe vorgeschrieben, ab 1820 von jedem einlaufenden Schiff eine Passagierliste verlangt. Wachsende Kritik an den unmenschlichen Reisebedingungen führten zu weiteren Erlassen: So waren die Schiffahrtsgesellschaften ab 1848 gesetzlich verpflichtet, genügend Proviant mitzuführen und den Zwischendeckpassagieren einen Kochherd zur Verfügung zu stellen.

Allmählich fand bezüglich der freien Einwanderung allerdings ein Umdenken statt. Wiederholte Wirtschaftskrisen im 19. Jahrhundert führten immer wieder zu Diskussionen und schliesslich zum Ausschluss gewisser Gruppen: 1875 wurde ein Einwanderungsverbot für Sträflinge und Prostituierte erlassen, 1882 die rasch zunehmende Immigration von Chinesen unterbunden. Im gleichen Jahr verabschiedete der Kongress ein erstes allgemeines Einwanderungsgesetz; es sah eine Kopfgebühr von 50 Cents vor und verbot die Einwanderung von Schwachsinnigen, Geistesgestörten und Sträflingen sowie sämtlicher Personen, von denen man annehmen musste, sie würden der öffentlichen Wohlfahrt zur Last fallen.

Nach dem amerikanischen Bürgerkrieg war es immer wieder vorgekommen, dass Plantagenbesitzer aus dem Süden versuchten, ihre Sklaven durch billige Arbeitskräfte aus Europa zu ersetzen. Ihre Agenten lockten mit Verträgen, in denen dem Auswanderungswilligen freie Überfahrt angeboten wurde gegen die Verpflichtung, bei diesem oder jenem Dienstherrn in Arbeit zu treten. Im Kontraktarbeitergesetz von 1885 verbot der Kongress diesen Menschenhandel.[119]

1891 wurde das Einwanderungsgesetz verschärft: Einwanderer hatten sich nun einer Gesundheitsinspektion zu unterziehen, und die Liste der unerwünschten Personen wurde um Arme, Vorbestrafte, Polygamisten und Leute mit ansteckenden Krankheiten erweitert. Um die Einwanderung von Analphabeten zu verhindern, beschloss der Kongress 1896 die Einführung eines Lesetests in der Muttersprache des Einwanderers. Das Gesetz wurde jedoch durch ein Veto Präsident Clevelands verhindert.[120]

Einbürgerungsurkunde von Nikolaus Kaiser, 1882 von Schaanwald nach Des Moines (Iowa) ausgewandert

Erwerb des amerikanischen Bürgerrechts
Einwanderer waren nicht nur als Arbeitskräfte und Siedler erwünscht, sondern sie sollten möglichst rasch auch Bürger der jungen Nation werden. Das erste Einbürgerungsgesetz wurde vom Kongress schon am 26. März 1790 beschlossen und in der Folge mehrfach ergänzt. 1802 wurden die Vorschriften neu gefasst und ein dreistufiges Verfahren eingeführt. Im ersten Schritt musste der Antragsteller vor dem Bezirksgericht in einer *Declaration of Intention* seine Absicht kundtun, Bürger der Vereinigten Staaten zu werden und die Bereitschaft erklären, auf jegliche fremde Staatsbürgerschaft sowie auf fremde Titel, Orden und Adelsprädikate zu verzichten. Zwei Jahre nach dieser Erklärung, frühestens aber nach fünfjährigem Wohnsitz, konnte er – in Gegenwart von zwei ihm bekannten Zeugen, die seine fünfjährige

Anwesenheit sowie seinen guten Charakter bezeugten – die formelle Petition einreichen und den Eid auf die amerikanische Verfassung schwören. Wurde die Petition akzeptiert, erhielt er schliesslich die amerikanische Staatsbürgerschaft. Dieses Verfahren ist bis heute im wesentlichen gleich geblieben, geändert haben sich lediglich die Vorschriften über Personen, die berechtigt sind, um die amerikanische Staatsbürgerschaft nachzusuchen. So fielen 1940 die Rassenschranken, und seit 1950 muss ein Bewerber englisch lesen, schreiben und sprechen können sowie die Geschichte und den Staatsaufbau der Vereinigten Staaten kennen. Er darf ferner keiner rechtswidrigen oder regierungsfeindlichen Organisation angehören.

Eine weitere Änderung betraf die Vereinheitlichung des Aufnahmeverfahrens. Zu Beginn des 20. Jahrhunderts wurden die Unzulänglichkeiten des bisherigen Prozedere immer deutlicher: Die Gerichte gaben unterschiedliche Dokumente aus und interpretierten die gesetzlichen Anforderungen zum Erwerb der Staatsbürgerschaft nach eigenem Gutdünken. Immer mehr kam es auch zu ungesetzlichen oder betrügerischen Einbürgerungen, wenn beispielsweise kurz vor einer politischen Wahl ganze Gruppen von Ausländern ohne Überprüfung zu amerikanischen Bürgern gemacht wurden.

1906 verabschiedete der Kongress ein neues Einbürgerungsgesetz, das ein einheitliches Aufnahmeverfahren vorschrieb. Taxen und Formulare wurden vereinheitlicht, Einbürgerungen waren der neu geschaffenen Bundesstelle zu melden. Ein Antragsteller musste überdies nachweisen, dass er auf legalem Weg in die Vereinigten Staaten eingereist war.[121]

VI. Die zweite Auswanderungswelle (1880-1884)

«Balzers, 7. Febr. (Eingesandt.) Nachdem im vergangenen Jahre schon mehr als 20 Personen von hier nach Amerika ausgewandert sind, scheint sich im laufenden Jahre ein förmliches Auswanderungsfieber entwickeln zu wollen. Zirka 50 Personen (wenn nicht noch mehr) werden in nächster Zeit (März und April) den Weg übers grosse Wasser antreten, um im fernen Lande ihren Lebensunterhalt zu suchen. Unter diesen Auswanderern befinden sich auch Familienväter, die, wenn sie sich eine Existenz erworben haben, Frau und Kinder nachkommen lassen, wodurch die Auswanderungsziffer sich noch erheblich steigert und demnach annähernd 8 Prozent der Balzner Bevölkerung beträgt.

Dieses aussergewöhnliche Ereigniss ist, obwohl zum Theil auch Überbevölkerung vorhanden, durch gewichtigere Ursachen bedingt. Die eigentliche Ursache ist in der Verdienstlosigkeit, in den letzten schlechten Erntejahren und in den bei derartigen Verhältnissen doppelt fühlbaren Überanstrengung der Gemeinde in Folge der Rheinbauten etc. zu suchen ...

Wäre es daher nicht sehr angezeigt, wenn die Gründe des allgemeinen volkswirthschaftlichen Niedergangs, der leider auch in anderen Gemeinden Liechtensteins mehr oder weniger Platz greift, ernstlich in Erwägung gezogen würden, um diesem Übel so gut als möglich durch geeignete Mittel zu steuern ...»[122]

Die Auswanderung nimmt wieder zu

Dieser Artikel im «Liechtensteiner Volksblatt» erschien zu einem Zeitpunkt, als die zweite Auswanderungswelle aus Liechtenstein ihrem Höhepunkt zustrebte; waren 1880 nur vereinzelt Fälle registriert worden, so stieg die Zahl ein Jahr später plötzlich an. Durch die Entwicklung alarmiert, forderte Landesverweser von Hausen die Gemeinden im Frühjahr 1882 auf, innerhalb von acht Tagen zu melden, wieviele Personen in den Jahren 1881 und 1882 ausgewandert seien.[123] Die Antworten ergaben 79 Personen für das Jahr 1881 und bereits 55 Personen für das laufende Jahr 1882. Mit 62 Personen stellte die Gemeinde Balzers wiederum das grösste Auswandererkontingent.[124] In einem Bericht an den Fürsten schrieb der Landesverweser:

«Die Ursache dieser etwas mehr als 1% der Gesamtbevölkerung des Fürstenthums betragenden Auswanderung liegt einerseits in dem Mangel an Verdienst in der hiesigen Gegend sowie in den minderen Ernten und Weinerträgnissen der vergangenen Jahre und anderseits aber auch in dem Zufalle, dass die ersten Auswanderer in ihrer gewählten neuen Heimat schnell ein Unterkommen und ein zufrieden-

stellendes Einkommen fanden, wodurch andere bestimmt wurden, gleichfalls ihr Glück in jenem anderen Weltteil zu versuchen.

Die Zahl der hierländigen Auswanderer steht übrigens in richtigem Verhältnis mit jener von Vorarlberg und der benachbarten schweizerischen Kantone.»[125]

Zum Zeitpunkt, als Landesverweser von Hausen Bericht nach Wien erstattete, war die zweite Auswanderungswelle zwar bereits wieder am Abflauen. Immerhin sind zwischen 1880 und 1884 rund 200 Personen nach Amerika ausgewandert.[126] Worin sind die Gründe für diese neue Massenauswanderung zu suchen?

Wirtschaftskrise in Europa

Der «*Mangel an Verdienst*», den der Landesverweser in seinem Brief an den Fürsten beklagte, war in jenen Jahren ein europaweites Phänomen. Bis zum Beginn der siebziger Jahre hatte Europa eine wirtschaftliche Aufwärtsentwicklung durchgemacht. Die zunehmende Industrialisierung hatte nicht nur Arbeitsplätze gebracht, sondern auch das Warenangebot erweitert und verbilligt, der Bau der Eisenbahnen hatte den Transport von Rohstoffen und Waren erleichtert und die Bildung neuer Industriezentren im Binnenland begünstigt. Der Handel über den Atlantik gewann dank der Dampfschiffe mit grösserem Laderaum an Bedeutung: Europa lieferte Maschinen und bezog Weizen, Mais und Baumwolle aus dem amerikanischen Mittelwesten.

Der Anstoss zur Krise kam aus Amerika. Eisenbahnspekulation sowie eine industrielle und landwirtschaftliche Überproduktion führten dort 1873 zum Kollaps und zum Beginn einer langen Abschwungphase, die bis 1896 dauerte.[127] Aufgrund der bereits bedeutenden Verflechtungen zwischen der amerikanischen und den europäischen Volkswirtschaften, aber auch aufgrund der allzu raschen industriellen Entwicklung in Europa war die Krise auch hier nicht abzuwenden. Sie führte dazu, dass Liechtensteiner, die ihr Brot bisher in ausländischen Fabriken verdient hatten, zurückkehren mussten, aber auch in der Heimat keine Arbeit fanden.[128] Wie dreissig Jahre zuvor suchten viele von ihnen den Ausweg in der Emigration nach Amerika.

Auswanderungsagenturen und ihre Geschäftspraktiken

Die durch die Wirtschaftskrise in ganz Europa sich ausbreitende Auswanderungswelle der achtziger Jahre wurde zum grossen Geschäft für die Auswanderungsagenturen. Sie verkauften Schiffsfahrkarten und organisierten – vielfach in Gruppen und mit Extrazügen – die Fahrt zum Hafen und die Einschiffung.

Rund zehn schweizerische Auswanderungsagenturen boten durch Anzeigen im «Liechtensteiner Volksblatt» ihre Dienste an. Sie waren

«Liechtensteiner Volksblatt», 15. Oktober 1880 und 4. Juli 1884 (unten)

zumeist in Basel, aber auch in St. Gallen und Chur domiziliert und hatten im St. Galler Rheintal und in Vorarlberg ihre Agenten. Einer von ihnen, Meinrad Gabriel aus Feldkirch, hielt eine Zeitlang «*jeden Sonn- und Feiertag, von 9 Uhr Vormittags bis 2 Uhr Nachmittags, im Gasthause zur ‹Post› in Schaan*» seine Sprechstunden ab.[129]

Das Auswanderungsgeschäft war lukrativ, aber die Konkurrenz hart. Entsprechend intensiv warben die Agenturen um Passagiere. Ihre Inserate im «Liechtensteiner Volksblatt» machten mitunter mehr als die Hälfte des Anzeigenraums aus. Dabei überboten sie sich in ihren Annoncen: Während der eine erfahrene Reisebegleitung bis zum Einschiffungshafen oder gar bis New York zur Verfügung stellte,[130] versprach ein anderer: «*Jeder Passagier erhält neue Matratzen, neue wollene Decken und neues Eß- und Trinkgeschirr, welche ihm nach Beendigung der Reise kostenfrei zu Gebote stehen. – Freies Logis in Boston. – Kostenfreie Eisenbahnbillete von Boston nach New-York und Philadelphia, nebst voller kostenfreier Beköstigung auf der Landreise. – Versicherung gegen Unfall auf der ganzen Reise kostenfrei. Arbeit wird jedem ordentlichen Familienmitgliede unentgeltlich besorgt …*»[131]

Zu den Werbefeldzügen der Agenturen gehörte es auch, ihre Kunden zu veranlassen, nach ihrer Ankunft in Amerika Reiseberichte an ihre Zeitung in der Heimat zu schicken und darin für die «*reelle und äusserst sorgfältige Spedition*» den «*innigsten Dank*» auszusprechen

56 Auswanderung im 19. Jahrhundert

und die betreffende Agentur «*allen unseren Freunden und Bekannten zu empfehlen*».[132] Nicht selten erwuchsen aus solchen Berichten wahre Pressekampagnen, in denen sich andere Auswanderer bitter über die schlechte Behandlung während ihrer Reise beklagten.[133]

So liess die General-Agentur Ph. Rommel & Co. in Basel im «Volksblatt» ein Inserat einrücken, in dem sie schrieb, sie sei «*durch gute Beförderung der voriges Frühjahr nach Amerika gereisten Familien Nigg u.s.f. von Balzers sehr empfohlen*»,[134] eine Behauptung, die sechs andere Auswanderer derart in Harnisch brachte, dass sie ihrem Unmut in einem Leserbrief Luft machten: «*Diese Familien sprechen noch heute mit Widerwillen von der schlechten Beförderung, welche ich mit eigenen Augen mit ansah: oder ist das gut befördert, wenn Familien mit einigen Kindern auf dem Schiff drei, vier Nächte unter Treppen ohne Kissen schlafen müssen, wo ihnen Agent Luzi von Landquart doch bestellte Plätze auf dem Schiff zusicherte ... Daher möchte ich und alle meine Genossen den Auswanderern aus unserem lieben Vaterlande die Agentur Zwilchenbart in Basel empfehlen. Wir sind gut und mit bester Zufriedenheit befördert worden. Zur Bestätigung unsere Unterschriften: Albert Wolfinger, Gebr. Franz und Joseph Nigg, Georg Vogt, Ambrosius Burgmeier, Andr. Kaufmann.*»[135]

Von Meinrad Gabriel in Feldkirch ausgestellter Reisevertrag für Pius Öhry von Ruggell (oben). Er wanderte 1884 aus; der Preis für die Überfahrt betrug 140 Franken; Öhry kehrte 1891 nach Liechtenstein zurück

Die zweite Auswanderungswelle

In der gleichen Ausgabe warnte Johann Eberle, der ebenfalls 1881 ausgewandert war, vor der Companie Générale Transatlantique, weil auf ihren Schiffen *«die vorgesehenen Speisen nicht nur sehr schlecht gekocht, sondern auch in allzu geringer Quantität abgegeben wurden. In Betreff der Reinlichkeit oder besser gesagt Unreinlichkeit habe ich eine solche unter Menschen noch nie gesehen, wie sie im Zwischendeck eines solchen Dampfers vorkommt. Schliesslich ist die Sicherheit eigener Effekten von Seite der Matrosen auf einer sehr niedrigen Stufe; ich musste dort sehen, wie sie uns etwa 40-50 wollene Reisedecken, welche einen Wert von 200 bis 300 Fr. repräsentierten, wegnahmen oder annexierten. Alles Reklamieren half da nichts. Alle wurden trotzig abgewiesen.»* Auch Johann Eberle verband seine öffentliche Beschwerde mit einer Empfehlung für die *«Auswanderungs-Agentur Zwilchenbart in Basel oder deren Vertreter Meinrad Gabriel in Feldkirch».*[136]

Die beiden Einsendungen brachten *«die Herren ‹Agenten› in Allarm»*, wie der Redaktor des «Volksblattes» schrieb. Die Firma Meyer-Mettler in St. Gallen, die wie Luzi in Landquart die Agentur Ph. Rommel vertrat, wehrte sich in einer Einsendung gegen die Vorwürfe und nannte es *«eine Unverantwortlichkeit des Herrn J. Eberle, ... dass er bei der Ankunft in New York nicht sofort bei der Einwanderungskommission Klage erhoben, die hätte gewiss dieser Compagnie gehörig auf die Finger geklopft, weil in solchen Sachen kein Spass verstanden wird».*[137] Die Rechtfertigung schloss mit einem Seitenhieb gegen den Konkurrenten Zwilchenbart: *«Wie man hört, sind ... gegen die betreffende Firma ernstliche Beschwerden erhoben worden, da dieselbe die von ihr beförderten Auswanderer übervorteilt und unter anderem ein Kopfgeld von 15 Cents erhoben haben soll. Die Angelegenheit wird von der Einwanderungskommission gründlich untersucht werden.»*[138]

Die Reaktion Zwilchenbarts liess nicht lange auf sich warten. In einem Brief bat er die Redaktion, die Leser *«darüber in Kenntnis zu setzen»*, dass Eberle seinen Bericht ohne sein Wissen geschrieben habe, er sei also *«kein verabredetes Reklam»*. Meyer-Mettlers Rechtfertigung nannte er einen *«Lügenartikel»*, gegen den er gerichtlich vorgehen werde.

Die Redaktion hatte aber keine Lust, ihre Spalten weiterhin den Fehden der Auswanderungsagenten zu überlassen. *«Weiters können wir auf diesen Handel uns nicht einlassen»*, schrieb Redaktor Dr. Albert Schädler und setzte damit einen Schlusspunkt unter die Affäre, die ein treffendes Beispiel dafür war, wie die Agenten *«sich selbst Konkurrenz machen und die durch andere Häuser beförderten Passagiere zu Klagen aufreizen».*[139]

Die grosse Konkurenz unter den Agenturen führte auch zu einem ruinösen Preiskampf. Während die Kosten für die Überfahrt Ende der sechziger Jahre noch zwischen 250 und 300 Franken lagen,[140] war die Reise im Jahr 1884 für 135 Franken zu haben.[141] Ein Jahr später bot die Agentur Breuckmann in Basel die Fahrkarte nach New York für 130 Franken an,[142] und um die Jahrhundertwende sank ihr Preis gar auf 50 Franken.[143]

Die Überfahrt

Die Überfahrt nach Amerika war in den achtziger Jahren gewiss nicht mehr so abenteuerlich und entbehrungsreich wie vierzig Jahre zuvor. Die Reisezeit nach Le Havre hatte sich dank dem Bau der Eisenbahnen wesentlich verkürzt. Bereits 1838 hatten die beiden Raddampfer «Sirius» und «Great Western» einen regelmässigen Verkehr zwischen Europa und Amerika aufgenommen; sie benötigten für die Überfahrt noch rund zwei Wochen. Es dauerte jedoch bis in die siebziger Jahre, bis die Segelschiffe allmählich durch Dampfschiffe verdrängt wurden. Die Erfindung der Schiffsschraube brachte schliesslich eine weitere Verkürzung der Reisezeit; ein für die damalige Zeit moderner Schraubendampfer benötigte für die Fahrt von Le Havre nach New York durchschnittlich noch acht Tage. Um 1880 pendelten rund 300 Dampfer zwischen Europa und Amerika.[144]

Nach dem Ausbau des Eisenbahnnetzes war New York zum wichtigsten Einwanderungshafen avanciert; New Orleans, von wo aus die Einwanderer in den vierziger Jahren mit dem Schiff den Mississippi hinauf weiterreisten, war praktisch bedeutungslos geworden.[145]

In der zweiten Hälfte des 19. Jahrhunderts kamen Dampfsegler auf; dank der Dampfmaschinen konnte die Reise auch bei schlechten Windverhältnissen fortgesetzt werden

Bevor die Auswanderer aus Liechtenstein allerdings die Seereise antreten konnten, stand ihnen die Fahrt nach Le Havre bevor,[146] eine Vergnügungsfahrt, wenn man den Schilderungen der Auswanderungsagenten Glauben schenkte.

«Ab St. Gallen Mittwoch morgen früh, sogenannter Znüni in Zürich, Suppe, Wein, Brod. Ankunft in Basel 12 Uhr 50 Minuten. Mittagessen im Schwarzen Bären Aeschevorstadt, Suppe, Wein, 2 Platten Fleisch, 2 Gemüse. Nach dem Essen geht man auf das Bureau des Herrn Ph. Rommel und Cie. um seine Papiere visieren zu lassen und erhält dann jede erwachsene Person 1 Flasche französischen Wein, 1 Pfund Brod, 2 Würste als Unterhalt während der Nacht auf der Eisenbahn. Donnerstag morgen 10 Uhr kommen Sie nach Paris und speisen im Hotel de Bâle bei Herrn Keller, einem äusserst zuvorkommenden jungen Schaffhauser. Das Mittagessen ist wie in Basel und ebenso das Nachtessen. Da der Havreser Bahnhof fast eine Stunde vom Hotel entfernt ist, reisen Sie auf unsere Kosten per Omnibus nach demselben und sind dann Freitags morgen 7 Uhr in Havre, wo Sie wieder von unserem Wirte Herr See im Hotel de la Marine empfangen werden. Frauen und Kinder fahren per Omnibus in das nahe Hotel, für das Handgepäck ist ein besonderer Wagen da. Im Hotel angekommen, nehmen Sie Kaffee, worauf Ihnen sehr gute Zimmer mit guten Betten angewiesen werden. In Havre bleiben Sie mit guter Verpflegung wie in Basel und Paris bis Samstags Mittag zur Zeit der Einschiffung.»[147]

Sehr oft versuchten die Auswanderungsagenturen schon bei der Fahrt nach Le Havre zu sparen. Für grössere Reisegruppen mieteten sie Sonderzüge, und um Hotelkosten zu sparen, liessen sie diese während der Nacht durch Frankreich rollen. *«Schon von Basel aus geht's bereits immer nur bei Nacht»*, schreibt Johann Gassner aus Vaduz, der im Februar 1883 mit seiner Frau und fünf Kindern von Vaduz nach Le Havre reiste, *«bei Tag kann man in die Hotels (Wirtshäuser) hineinsitzen und sein Geld vertrinken».*[148] Oftmals wurden Auswanderer, während sie auf ihre Einschiffung warteten, Opfer skrupelloser Wirte, Lebensmittelverkäufer und falscher Agenten, die ihnen beispielsweise Eisenbahnfahrkarten für die Weiterfahrt in Amerika verkauften, die sich nach der Ankunft als masslos überzahlt oder gar ungültig erwiesen.[149]

Dann kam der Tag der Einschiffung. *«Wer noch niemals Zeuge einer Einschiffungsscene gewesen ist, kann nicht genug die Ordnung bewundern, welche an den Docks der französischen Steamers der Compagnie Générale Transatlantique in Havre herrscht, wenn mehrere hundert Passagiere, worunter zahl- und kinderreiche Familien, mit ihrem Gepäck in dem verhältnismässig beschränkten Raum eines Schiffes untergebracht werden sollen. Und welche Wünsche und*

Anforderungen werden da nicht an das Schiffspersonal gestellt? Hier ist eine aus zwölf Köpfen bestehende Familie, die in einem besonderen Raume untergebracht sein will, dort befinden sich mehrere Personen, welche, Gott weiss aus was für einem Grunde, darauf bestehen, dass man ihnen den besten Platz in ihrer Klasse anweise ... Doch während solche, zu einer Zeit gestellte Begehren, wo der Maschinist nur auf Zeichen wartet, um den gepressten Dampf in die Riesencylinder strömen zu lassen, dem diensttuenden Personal nur ein mitleidiges Lächeln zu entlocken vermögen, werden alle berechtigten Wünsche mit jener Promptitude und Höflichkeit erfüllt, welche den Franzosen eigen sind.»

Schnitt durch einen Schnelldampfer der Hamburg-Amerika-Linie; die Speise- und Schlafräume der Zwischendeckpassagiere befinden sich ganz unten

Selbstverständlich wurde die Seereise in den Publikationen der Auswanderungsagenturen in den herrlichsten Farben geschildert. Der Chronist, der soeben die Einschiffung miterlebt hat, fährt fort: *«Ich hatte mich inzwischen in den unteren Räumlichkeiten des riesigen Baues etwas umgesehen und namentlich die Einrichtung derjenigen Abteilung in Augenschein genommen, mit welcher der grösste Prozentteil der Auswanderer zu reisen pflegt. Wie war ich erstaunt, hier einen schönen, luftigen, hohen und von dem sog. Schiffsgeruch freien Raum anzutreffen, und noch mehr als ich das kräftige Bouillon kostete, das eben verabreicht wurde! ... Sicherlich erhalten hier manche Arbeiterfamilien schmackhaftere und nahrhaftere Kost, als sie je zuvor genossen hatten. Täglich gab es neben frischem Fleisch und Gemüse frischgebackenes Brot nebst $^1/_4$ Liter Rotwein für jeden Passagier. Trinkwasser und Süsswasser zum Waschen stand in Fülle zur Verfügung.»*[150]

Der Verfasser dieser Zeilen schildert die «Labrador», die mit der «France» und der «Canada» zu den drei modernsten Dampfern der Compagnie Générale Transatlantique gehörte. Jeden Samstag lief ein Schiff dieser Gesellschaft von Le Havre nach New York aus. Am 2. April 1882 befanden sich neben dem Chronisten auch rund dreissig Liechtensteiner auf dem Schiff.[151]

«Die Fahrt ging in jeder Beziehung befriedigend vonstatten und wir hatten auch Gelegenheit, uns von der Seetüchtigkeit unseres Schiffes zu überzeugen, indem sich am fünften Tage ein heftiger Gegenwind

Die zweite Auswanderungswelle **61**

erhob, welcher sich in der Folge noch bedeutend verstärkte und sämtliche Passagiere zwang, in den unteren Räumen zu verbleiben. Die Wogen schlugen mit fürchterlicher Gewalt an das Schiff, sich oft berghoch türmend, über dem Kamin zusammenschlagend und den stolzen Bau in weissen Gischt hüllend ... Trotzdem herrschte während dieser Zeit überall die musterhafteste Ordnung und Pünktlichkeit und die Mahlzeiten wurden mit gewohnter Regelmässigkeit serviert, so dass niemand den mindesten Abbruch zu leiden hatte. Erst als wir uns der Südspitze der Neufundland-Bänke ... näherten, legte sich der Wind, und am anderen Morgen erfreute sich jung und alt wieder des herrlichsten Sonnenscheins ... In der Nacht auf den 13. April sahen wir bereits die Leuchttürme von Sandy Hook ihre Grüsse hinüberwinken ... Gegen Mittag warfen wir Anker und erfreuten uns bald hernach des angenehmen Gefühls, wieder festen Boden unter den Füssen zu haben.»[152]

Diese begeisterte Schilderung des Chronisten steht allerdings in scharfem Kontrast zu den Schilderungen anderer Auswanderer. Johann Eberle, der im April desselben Jahres mit zehn weiteren Auswanderern aus Liechtenstein die Fahrt auf der «France» angetreten hatte,[153] schrieb nach der Ankunft in Freeport (Illinois) nach Hause: «*Wir gingen bald den Dampfer France aufsuchen, welcher uns nach Amerika bringen sollte. Wir fanden ihn auch früh genug, dann am 23. April, abends um 5 Uhr 30 M. stiegen wir ein und fuhren ab morgens zehn auf das bewegliche Element hinaus, welches man bei uns nur kurz Meer nennt. Die erste Nacht hatte ich bis 11 Uhr mit Platz suchen zu tun, denn es hat jeder den Platz selbst gewählt. Das beweist schon von Anfang an die schlechte Ordnung, die dort herrschte.»*[154]

Schlechte Erfahrungen machte auch der bereits erwähnte Johann Gassner: «*Als es aber auf das Schiff ging, da ging das Elend erst recht an. Den 17. (Febr.) Abends 6 Uhr fuhren wir ab, dann morgens 2 Uhr d. 18. schon heftige Seekrankheit, welche bei mir dauerte, bis wir in New-York landeten. Die Marie (Frau) hatte sie in fünf Tagen überstanden, die Klara (Schwägerin) und die Kinder hatten sehr wenig davon zu leiden. Und welche Verköstigung wir auf dem Schiffe hatten, könnt Ihr Euch ungefähr vorstellen, wenn ich Euch, und zwar mit reinster Wahrheit sage, dass ich samt Familie in den 11 1/2 Tagen, die wir auf dem Schiffe waren, nicht für 20 Franken Nahrung erhielt, ausgenommen Brot. Brot hatten wir gutes und genug; hätten wir auch noch genug Wasser dazu bekommen, so würde ich mich nicht beklagen. Man sollte immer Bier kaufen und musste auch, wenn man nicht zu Grunde gehen wollte, eine Flasche (Bier) ungefähr 3/4 Liter, zu Fr. 1.20. Doch genug. Wir sind nun Gott sei Dank weit entfernt von diesen brutalen französischen Schurken ... Es waren überhaupt Leute von ver-*

schiedenen Agenturen auf dem Schiff (Canada), die alle die gleiche traurige Behandlung erlitten ...»[155]

Um die Lage der Passagiere zu verbessern, hatte die amerikanische Regierung schon früh Vorschriften über den Ausbau des Zwischendecks gemacht. Es war verboten, in den für Auswanderer vorgesehenen Räumen zusätzliche Ladung unterzubringen, und jeder Passagier hatte auf dem Hauptdeck Anspruch auf einen Luftraum von 100, auf dem unteren Deck von 120 Kubikfuss. Die Raumhöhe hatte mindestens sechs Fuss zu betragen, und die Bettstellen durften höchstens zweistöckig gebaut werden. Es war überdies streng verboten, mehr Passagiere mitzuführen, als das Schiff gemäss den Vorschriften aufnehmen durfte.[156] Um einen möglichst hohen Gewinn zu erzielen, wurden die zulässigen Passagierzahlen oft überschritten. So wurde berichtet, dass der Dampfer «Strassburg» der Baltimore Line eines Tages mit 1'914 Zwischendeckpassagieren in den Hafen von New York einlief, 437 Personen mehr als gesetzlich erlaubt. Der Kapitän des Schiffes wurde verhaftet.[157]

Mitunter kam es auch zu Schiffskatastrophen. Im Frühjahr 1873 lief die «Atlantic», auf der auch 32 Auswanderer aus Sevelen und Wartau mitfuhren, vor der Küste von Halifax auf Grund und sank. Von den 938 Menschen an Bord konnten 430 gerettet werden, davon einer aus Wartau.[158] Eine Gruppe von sieben Auswanderern aus der Gemeinde Balzers schiffte sich im Oktober 1880 in Le Havre auf dem Dampfer «Rhynland» ein, der kurz nach dem Auslaufen Maschinenschaden hatte und *«mehrere Tage der Spielball eines furchtbaren Orkans* (war)», total dem Wind und den Wellen preisgegeben. Eines Morgens erschien ein englischer Dampfer und ankerte in der Nähe des manövrierunfähigen Schiffes. Die Engländer hatten im Sturm drei Matrosen und fünf Rettungsboote verloren, gegen Zahlung von 7'500 Mark waren sie aber bereit, die havarierte «Rhynland» in den nächsten englischen Hafen zu schleppen. Dort wurden die Auswanderer nach einer Wartezeit von sechs Tagen vom Dampfer «Nederland» aufgenommen, der sie in zwölftägiger Fahrt nach New York brachte.[159]

Die Ankunft in Amerika

Der erste Amerikaner, den die Auswanderer zu Gesicht bekamen, war der Lotse. Einige Seemeilen vor New York stieg er zu, um das Auswandererschiff sicher ins Hafenbecken von New York zu bringen. Ausserhalb der Anlegestelle stoppte der Dampfer erneut, und während sich die Auswanderer an der Reling drängten, um einen ersten Blick auf ihre neue Heimat zu werfen, kamen die Einwanderungsinspektoren an Bord. Der Kapitän war verpflichtet, ihnen jede ansteckende Krankheit zu melden. Die unglücklichen Opfer solcher Krankheiten wurden dar-

Vor Ellis Island war Castle Garden von 1855 bis 1890 Auffangstation für die Einwanderer

aufhin mit einem Quarantäneboot auf eine besondere Insel gebracht. Bestätigte sich bei den weiteren Untersuchungen der Verdacht auf eine epidemische Krankheit, wurden sie in ihre Heimat abgeschoben.

Nach dieser ersten Kontrolle nahmen die Zollbeamten ihre Tätigkeit auf. Jeder Passagier hatte seine zollpflichtigen Waren anzumelden. Zollfrei waren «*Gespanne von Thieren mit den Geschirren, die zur Zeit für dieselben dienen, gebrauchte Kleidungsstücke und andere persönliche Effekten (nicht Waren), zum Berufe gehörige Bücher, Geräthe und Handwerkszeuge*».[160] Von den deklarierten zollpflichtigen Waren wurde eine Liste aufgenommen, wer nichts zu deklarieren hatte, musste darauf einen Eid ablegen.

Jetzt erst durfte das Schiff am Pier anlegen. Das Gepäck wurde ausgeladen und in einer Lagerhalle der Schiffahrtsgesellschaft der Zollrevision unterworfen. Wenn sich herausstellte, dass jemand entgegen seiner Deklaration zollpflichtige Waren mit sich führte, wurden diese eingezogen und der Passagier empfindlich gebüsst. Hatten Koffer und Kisten die Kontrolle passiert, wurden sie mit Nummernschildern aus Messing versehen. Die Passagiere erhielten davon Duplikate, mit denen sie ihr Gepäck am Schlusse der Einwanderungskontrolle in Empfang nehmen konnten.

Zunächst aber wurden die Neuankömmlinge mit einem Boot zum Castle Garden, dem Sitz der Einwanderungsbehörde, gebracht. Der Castle Garden war ein kreisrundes Gebäude im Battery Park an der Südspitze von Manhattan und konnte 2'000 Einwanderer zur Abfertigung aufnehmen. Gegen Ende des 19. Jahrhunderts wurde der Ein-

Die Gebäude der Einwanderungsbehörden auf Ellis Island sind heute ein Museum. Auf einer Ehrenwand sind die Namen von Einwandererfamilien festgehalten, die bei ihrer Einreise Ellis Island passiert haben. Thomas Eberle hat sich mit seiner Familie in Freeport (Illinois) niedergelassen

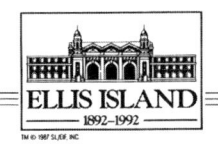

ELLIS ISLAND
1892–1992

The Statue of Liberty-Ellis Island Foundation, Inc.
proudly presents this
Official Certificate of Registration
in
THE AMERICAN IMMIGRANT WALL OF HONOR
to officially certify that
The Thomas Eberle Family
came to the United States of America from
Liechtenstein
joining those courageous men and women who came to this country in search of personal freedom, economic opportunity and a future hope for their families.

Lee A. Iacocca
The Statue of Liberty-Ellis Island Foundation, Inc.

LIBERTY
1886·1986

wanderungsstrom jedoch so unübersehbar gross, dass viele es schafften, in Manhattan zu verschwinden, bevor sie die Kontrollen passiert hatten. Man suchte also einen grösseren, besser kontrollierbaren Platz und wählte als neuen Sitz der Einwanderungsbehörde Ellis Island. Ab 1892 wurden alle Einwanderer, nachdem sie ihre Gepäcknummern erhalten hatten, auf diese Insel gebracht, die bald als «Insel der Tränen» bekannt werden sollte.

Waren alle Passagiere eines Schiffes zusammen, wurden sie nach ihren Nummern in Gruppen eingeteilt und durch die verschiedenen Kontrollen geführt. Oft entschied schon die medizinische Kontrolle über das Schicksal der Einwanderer.[161] Die Ärzte, die sie durchführten, waren kurzentschlossene Diagnostiker. Ein Blick auf Hände, Haar und Gesicht sowie einige knappe Fragen genügten ihnen. Wer Ekzeme, Flechten oder Hautkrankheiten hatte, erhielt mit Kreide ein grosses «F» (für *face* = Gesicht) auf den Rücken geschrieben. Kleinkinder mussten auf den Boden gestellt werden, damit der Arzt prüfen konnte, ob sie an Rachitis oder sonst einer Mangelkrankheit litten. Besonders gefürchtet war vor allem ein Kreidezeichen: ein Kreis mit einem Kreuz darin. Es bedeutete «Schwachsinn» und hatte mit Sicherheit die Ausweisung zur Folge.

Nach dieser ersten Kontrolle wurden die Einwanderer über ihre Personalien, ihren Beruf und ihre finanziellen Verhältnisse befragt. Stellte sich heraus, dass ein Einwanderer mittellos war, wurde er mit dem nächsten Schiff in die Heimat abgeschoben.[162] Auch wer auf die Frage des Einwanderungsinspektors, ob er in Amerika schon eine Arbeitsstelle hätte, mit «Ja» antwortete, wurde aufgrund des Kontraktarbeitergesetzes von 1885 gleichfalls wieder abgeschoben.

Wer die Kontrollen bis dahin überstanden hatte, kam zu einem Wechselschalter, wo er sein Geld in amerikanische Dollars umtauschen konnte. Ob dies «*auf das Gewissenhafteste ... und zwar zu dem Kurse, wie er gerade an der Börse gehandelt*»[163] wurde, geschah, oder aber ob der Geldwechsel in ein langes Gefeilsche ausartete, «*ja sogar in regelrechte Faustkämpfe mit den Kassierern, die sich viele Jahre lang als reine ‹Wechselkünstler›*[164] *erwiesen*» hatten, darüber finden sich in den Quellen verschiedene Angaben.

Schliesslich betrat ein mehrsprachiger Beamter eine Rednertribüne und rief jene auf, die von Verwandten oder Bekannten erwartet wurden oder für die ein Brief angekommen war. Die übrigen verwies man an das staatliche Stellenvermittlungsbüro, das sich im gleichen Gebäudekomplex befand. Von Arbeitsvermittlungsbüros in der Stadt wurde abgeraten, da «*der Andrang von Arbeitsuchenden aller Art in New York immer ein sehr grosser ist und mancher nach eifrigem Suchen sein ganzes Geld zusetzen kann, ohne dass es ihm gelänge, Arbeit zu finden, oder es sei denn solche mit höchst unzureichendem Lohn*».[165]

Jene, die zur Weiterreise entschlossen waren, wurden daraufhin von Beamten zu den Eisenbahnzügen geleitet. Am Sitz der Einwanderungsbehörde verblieben zum Schluss noch jene, die vorerst in New York bleiben wollten und nun den letzten Akt des Einwanderungsprozedere erlebten. Sie wurden von den Agenten der von der Einwanderungsbehörde konzessionierten Gasthöfe in Empfang genommen. «*Mit dem lauten Ruf ‹Boarding-Houses› stürmt die Rotte hinein und in heftigem Anprall auf die Einwanderer zu. Das ist ein Werben, Feilschen, Zerren, Ziehen. Sie ringen sich förmlich gegenseitig die Beute ab. Als Köder tragen die ‹Gasthäuser› – oft sind es nur armselige Spelunken – hochtönende Namen: ‹Stuttgarter-Hof›, ‹Württemberger-Hof›, ‹Zur Stadt Berlin› usw. Wer sich entschlossen hat, wohin er gehen will, erhält eine leicht unterscheidbare Karte an den Hut gesteckt. Verübt ein solcher Boarding-House-Wirt einen zur Kenntnis der Einwanderungsbehörde kommenden Betrug, so wird ihm die Erlaubnis zum Betreten des Castle-Garden entzogen.*»[166]

Wenn die Einwanderer den Castle Garden oder später Ellis Island verliessen,[167] standen sie plötzlich mitten drin im amerikanischen Alltag. Wer sich auf der Überfahrt noch Illusionen über die Neue Welt gemacht hatte, fand nun auf den Boden der Realität zurück. Viele fielen skrupellosen Ausbeutern in die Hände, welche die Unkenntnis der *Greenhorns* ausnutzten und sie übervorteilten, wo es nur ging. «*Diese Leute benehmen sich dem Einwanderer ins Gesicht als seine besten Freunde, wohlverstanden, solange er noch Geld besitzt, und hinter seinem Rücken sinnen sie auf allerlei Mittel und Künste, um ihn so gründlich wie möglich auszusaugen, hat aber der arme Einwanderer nichts mehr, dann mag er sehen, wie er sich durchringt. Ja diese Sorte zählt Legionen und hat ihre Glieder in allen Schichten der Bevölkerung, vom elenden Vagabunden bis hinauf zum frommblickenden Herrn Pfarrer.»*[168]

Von Glück konnten da jene sprechen, die von Bekannten oder Verwandten erwartet und aufgenommen wurden, bis sie selbst Arbeit und eine eigene Wohnung gefunden hatten. So erging es beispielsweise dem bereits erwähnten Johann Eberle, der freudig nach Hause berichten konnte: Von New York an «*ging es ohne Unterbrechung Tag und Nacht und nur in grossen Städten mit Halt weiter, bis wir endlich, Gott Lob und Dank!, nach einer Fahrt* (von) *3 Tagen und 2 Nächten in Freeport anlangten. Unsere liebe Freundin Karolina*[169] *war im Bahnhof auf meine telegraphische Meldung hin. Sie und die Kinder hatten eine überaus grosse Freude. Sie nahm uns mütterlich auf,* (wie) *wenn wir ihre eigenen Kinder wären ... Sie hat uns schon für eine schöne Wohnung gesorgt, welche wir bis in 8 Tagen beziehen können, der Preis ist 4 Dollar monatlich. Auch für Arbeit hat sie uns gesorgt. Bis wir einziehen, haben wir bei ihr ein grosses Zimmer, gute Betten und das Essen wie bei uns bei einer Hochzeit wenn nicht noch besser. ... Sie ist eine sehr gute und hier auch geachtete Frau.»*[170]

Ellis Island um die Jahrhundertwende;
links: Gesamtansicht der Insel
Mitte: Gepäckskontrolle
rechts: medizinische Untersuchung
Fotos: California Museum of Photography

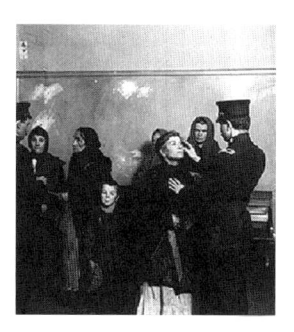

Die zweite Auswanderungswelle

VII. Liechtensteiner in Amerika

«Dubuque ist die schönst-gelegene und kompaktest gebaute Stadt am oberen Mississippi. Schon in den 50er Jahren machte die Stadt mit ihren soliden Geschäftshäusern einen imponirenden Eindruck vom Mississippi-Fluss gesehen. Die eng gebaute Stadt, hinter der sich die 400 bis 500 Fuß hohen Hügel erheben, denen sich die Thurmspitzen der Kathedralen und der vielen Kirchen vergeblich zu nähern suchen, gewährt einen malerisch-schönen Anblick. Die Main-Straße, die Hauptstraße der Stadt, ist über eine Meile lang und mit stattlichen Geschäftshäusern auf beiden Seiten bebaut. Von der Bergspitze am oberen Ende der Straße aus gesehen bekommt man eine Ansicht von der Stadt und dem Mississippi-Thal, wie man nirgendswo eine herrlichere finden kann. Julien Dubuque, der französische Gründer der Stadt besaß außer seiner Abenteuerlust und Beutegier auch Sinn für Naturschönheiten, das hat er bewiesen, indem er sich hier unter den Indianern niederließ.»[171]

1788 hatte der Frankokanadier Julien Dubuque (1762-1810) in einer felsigen Hügelkette, rund fünf Meilen vom Westufer des Mississippi entfernt, bleihaltiges Gestein entdeckt. Der Hügel lag im Indi-

Dubuque und Umgebung im Jahr 1858; die Siedlung Guttenberg befindet sich am oberen Bildrand links

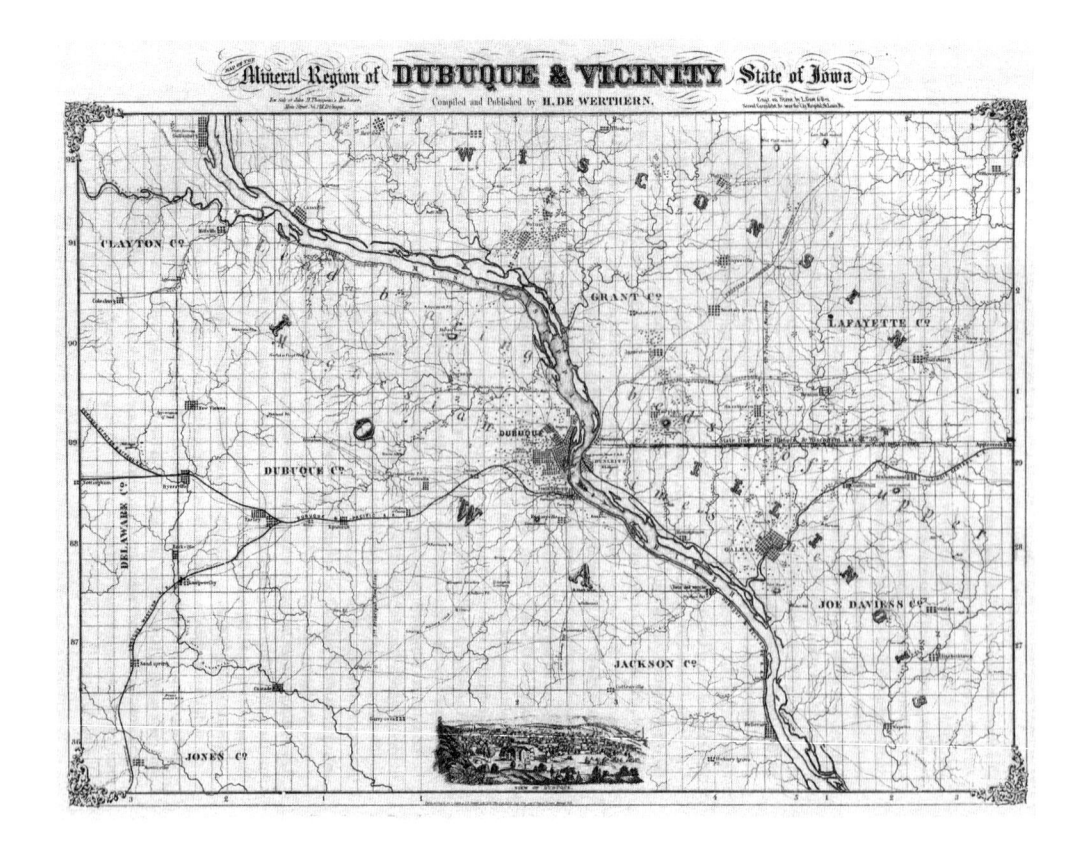

68 Auswanderung im 19. Jahrhundert

DUBUQUE, IOWA.

Dubuque am Mississippi (im Hintergrund); die Darstellung stammt aus dem Jahr 1897

anergebiet, da diese aber keine Verwendung für das Schwermetall hatten, verkauften sie Dubuque einen 21 Meilen langen Landstreifen am Westufer des Mississippi und gaben ihm so die Möglichkeit, das Bleivorkommen abzubauen. Nach dem Tod Dubuques gelangte das Bergwerk in den Besitz einer Gesellschaft, die den Abbau forcierte und – sehr zum Missfallen der Indianer – immer mehr weisse Bergleute ansiedelte. Um 1830 zählte der Ort bereits 3'000 Einwohner und galt als wichtiger weisser Brückenkopf am Westufer des Mississippi.[172]

Wenige Jahrzehnte zuvor war das Gebiet beidseits des Flusses noch völlig von den Indianern beherrscht gewesen; 1804 aber hatten diese in einem umstrittenen Vertrag alle Gebiete östlich des Mississippi an die Vereinigten Staaten abgetreten. Da nicht alle Stämme mit diesem Vertrag einverstanden waren, kam es in der Folge immer wieder zu Scharmützeln zwischen Indianern und Bundestruppen. Am Höhepunkt der Auseinandersetzungen fielen die Indianer 1831 unter Führung des Häuptlings Black Hawk (Schwarzer Falke) in Illinois ein. Die schweren Kämpfe endeten mit einer Niederlage Black Hawks. Sie hatten nicht nur 500 Indianern und 200 Weissen das Leben gekostet, sondern führten auch zu einem weiteren Landverlust für die Indianer. Im Friedensvertrag von 1832, der als *Black Hawk Purchase* in die Geschichte eingegangen ist, mussten die Indianer gegen bescheidenes Entgelt am Westufer des Mississippi einen fünfzig Meilen breiten Streifen abtreten, und zwar entlang der gesamten Grenze des heutigen Iowa. Das Gebiet umfasste rund sechs Millionen Acres, die am 1. Juni 1833 zur Besiedlung freigegeben wurden.[173]

Herz-Jesu-Kirche in Dubuque; das aus behauenen Quadersteinen gemauerte Fundament stammt von Casimir Frommelt. Während mehrerer Jahre wirkte hier der Priester Fidelius Kaufmann, ein Sohn des 1881 aus Balzers ausgewanderten Joseph Kaufmann

Boomjahre für Dubuque

Die neue Situation löste in der jungen Stadt Dubuque einen wahren Boom aus. Er kam genau zur richtigen Zeit, denn der Bleiabbau, bisher die Lebensader der Stadt, begann unrentabel zu werden und musste um 1840 eingestellt werden. Die Stadt orientierte sich neu und gab sich um etwa 1850 den Beinamen «Key City», um damit ihre Schlüsselposition für die Erschliessung des Westens zu signalisieren.

Nun setzte eine ungeahnte Entwicklung ein: Bis 1860 stieg die Zahl der Einwohner von 3'000 auf 15'000.[174] Die meisten Einwanderer reisten nach ihrer Landung in New Orleans mit Raddampfern den Mississippi hinauf bis Dubuque. Viele von ihnen kamen aus den deutschsprachigen Ländern Europas. «*Das Deutschtum*», schrieb Joseph Eiboeck, Herausgeber des «Iowa-Staats-Anzeigers», «*ist aus aller Herren Länder zusammengesetzt. Am stärksten vertreten sind die Luxemburger und die Schweizer, die Badenser, die Mecklenburger und die Württemberger*».[175]

Der enorme Zuzug löste eine hektische Bautätigkeit aus. Jährlich wurden rund 500 neue Häuser gebaut. Bauhandwerker wurden zu einer gefragten Berufsgruppe – kein Wunder also, dass sich unter den Einwanderern viele Maurer, Zimmerleute und Steinhauer befanden.[176]

Erste Liechtensteiner in Dubuque

Die ersten Liechtensteiner kamen 1845 nach Dubuque; die Gruppe umfasste nach heutigem Wissen neun Personen, die alle aus Balzers ausgewandert waren.[177] Selbst wenn wir, von einer Ausnahme abgesehen, ihre Berufe nicht kennen – einzig von Alois Frick wissen wir, dass er Maurer war –, ist anzunehmen, dass die meisten auf den zahlreichen Baustellen der Stadt eine Arbeit gefunden und so ihr erstes Geld für ihren Lebensunterhalt verdient haben. Andreas Kaufmann scheint dabei äusserst erfolgreich gewesen zu sein, denn bereits 1852 erwarb er in Dubuque ein Grundstück zum Preis von 1'000 Dollars und kaufte im Jahr 1868 zwei weitere dazu.[178]

Weniger Glück hatte Johann Baptist Kaufmann. Er hatte geheiratet, und seine Frau hatte ihm zwei Töchter geschenkt. 1857 musste er aber nach Hause berichten: «*Die Umstände nun, in denen ich mich befinde, sind höchst ungünstiger Natur, indem ich schon seit beinahe einem Jahr an den Lungen leide, ich hoffte natürlich, wie es meistens in solchen Krankheiten der Fall ist, immer auf baldige Genesung ... Doctor Medizin denke ich, kann mich nicht mehr curieren aber ich brauche jetzt schon seit drei Monaten selbst angemachte von Brunnenkressig, Meerrettich und Honig, welches mich seit der Zeit so*

Familie Joseph Tschol in Dubuque; hintere Reihe v.l.n.r. Johann, Anna, Rose, Mary, Theresa, Christina, Franz Joseph (Frank),
vordere Reihe Franzisca, Vater Joseph, Mutter Regina (geb. Kaufmann), Maria Katharina

Johann Georg Vogt reiste mit dem hinter ihm stehenden Sohn Simon 1890 nach Dubuque; 1892 sandten sie der Mutter das Reisegeld, damit diese mit den übrigen Kindern nachkommen konnte. Das Foto entstand um 1895 in Dubuque und zeigt in der hinteren Reihe v.l.n.r. Johann, Simon, Mary, Joseph, Georg und in der vorderen Reihe Lena, Vater Johann Georg, Regina, Theresa, Mutter Josephine (geb. Wille) und Katharina

ziemlich im Gleichgewicht gehalten hat, daher wenn das Wetter einmal anhaltender wird, zu hoffen ist, dass es mit Gottes Hilfe wieder besser gehen werde ... Ich hätte Euch dieses zwar gerne verschwiegen, wenn ich nur einigermassen Hoffnung gefühlt hätte, um Euch nicht mit so vielem Unheil zu beschweren, aber wenn ich an unserer Familie gegenwärtiges und vergangenes Schicksal denke, welches ohne Zweifel ein grosses Buch füllen würde, so tut mir mein Herz, ohne dem schon schwach, zum brechen weh, und in diesen Umständen kann ich unmöglich anders.»

Pech hatte auch Johann Baptists Bruder Joseph Florinus, der von Dubuque nach Kalifornien weitergerzogen war. *«... ob er gesund ist, was er wirklich treibt, wie es ihm geht, ob er bald zurückzukommen gedenkt oder ob er wohl noch am Leben ist, kann ich nicht sagen, weil ich schon lange Zeit keine Nachricht mehr von ihm erhalten habe. Nach früheren Berichten jedoch ist es auch bei ihm schon schief gegangen, er ist nämlich einmal um fast hundert Dollar betrogen worden, und die Nachricht von des Dominis Tod[179] muss ihm leicht begreiflich das Mark in den Beinen erschüttert haben, danach aber hat er diese Beschwernisse männlich getragen und sich nicht aufhalten lassen, seinen Zweck zu erreichen. Nach einem seiner Freunde Brief habe ich vernommen, dass er noch immer Farmer oder Bauer sei und dass es ihm jetzt besser gehe als früher.»[180]*

Die erste Gruppe bestand aus Ledigen, nur eine einzige Familie gehörte dazu, jene des Franz Michael Vogt, dem wir bereits begegnet sind. Es ist anzunehmen, dass er bei seiner Auswanderung nicht nur von seiner Frau Maria Theresia, geborene Tschol, und seinem einjährigen Sohn Franz Michael begleitet war, sondern von zusätzlichen

Verwandten: der 19jährigen Maria Juliana Tschol, einer Schwägerin, sowie deren 16jährigem Stiefbruder Alois Nipp. Über das Leben der Familie in Dubuque ist wenig bekannt. Der Sohn Franz Michael starb zwei Jahre nach der Ankunft, in Amerika wurden aber vier weitere Kinder geboren.[181] 1849 suchte der Vater um die amerikanische Staatsbürgerschaft nach.[182] Dann verlieren sich die Spuren in Dubuque. Für einige Jahre lebte die Familie anschliessend in Guttenberg,[183] bevor sie sich schliesslich am gegenüberliegenden Ufer des Mississippi, in Bloomington (Wisconsin), niederliess, wo Franz Michael Vogt eine Farm bewirtschaftete und am 18. April 1878 starb. Er hinterliess – bei Schulden von 2'000 Dollars – Grundstücke im Wert von 3'300 Dollars, Vieh und Fahrhabe für 960 Dollars und Hausrat für rund 100 Dollars.[184]

Franz Michael Vogt ist ein Beispiel dafür, dass viele Auswanderer, denen städtische Verhältnisse ja fremd waren, Dubuque nur als Zwischenstation benutzten, wo sie ihr erstes Geld verdienten, im übrigen aber danach trachteten, die Lage im neuen Land zu sondieren, die Sprache zu lernen, sich mit den Arbeitsweisen vertraut zu machen sowie landwirtschaftliche Siedlungsmöglichkeiten und Bodenpreise zu erkunden. Tat sich dann eine Gelegenheit auf, kehrte gar mancher der Stadt den Rücken und wanderte weiter.[185]

Die zweite Gruppe Liechtensteiner

Bleiben wir aber zunächst in Dubuque, wo der wirtschaftliche Aufschwung noch immer in vollem Gang war und immer weitere Einwanderer anzog. Zwischen 1850 und 1855 kamen aus Liechtenstein wieder rund zwanzig Personen an, wiederum zur Hauptsache Balzner. Unter ihnen war der Steinhauer Franz Josef Leontius Frick, der 1850

Erstes Wohnhaus der Familie Casimir Frommelt in Dubuque

Familie Casimir Frommelt in Dubuque; stehend v. l. n. r. Theresia, Alois, Martin, David, Andreas, Lina; sitzend Maria Anna, Vater Casimir, Mutter Agatha (geb. Heeb), Rosa

mit Frau und sechs Kindern seinem Bruder Alois gefolgt war. Im gleichen Jahr kamen der Maurer Andreas Risch aus Schaan mit seiner Braut Maria Anna Laternser aus Vaduz sowie ein Joseph Tschetter aus Schaan.[186]

In die gleiche Zeitperiode fällt auch der Beginn der Auswanderung der Familie Frommelt aus Balzers. Als erster reiste Franz Anton Frommelt im Jahr 1851 nach Amerika und begab sich zunächst nach Wabasha, das rund 170 Meilen nördlich von Dubuque in Minnesota liegt. Er reiste allein[187] und liess seine Angehörigen offensichtlich später nachkommen. Die Situation in Wabasha schien ihm aber nicht zuzusagen, und so reiste er mit seiner Familie den Mississippi hinunter nach Dubuque,[188] wo 1855 sein Bruder Nikolaus und 1857 sein Bruder Alois mit seiner Frau und seinen beiden Kindern, sein Bruder Ferdinand mit seiner Frau sowie die verwitwete Mutter Anna zu ihm stiessen.[189] Zurück in Liechtenstein blieb nur noch der Bruder Casimir. Er hatte eben Agatha Heeb geheiratet und verspürte offensichtlich keine Lust, es seinen Brüdern gleichzutun. Erst 14 Jahre später, im Verlauf der Auswanderungswelle der achtziger Jahre, mochte auch er nicht mehr in Balzers bleiben. 1880 schickte er seinen ältesten Sohn David voraus, um die Übersiedlung der Familie vorzubereiten. Ein Jahr später reiste er – mit Unterstützung der Gemeinde – mitsamt seiner Frau und den restlichen sieben Kindern ebenfalls nach Amerika. Er kam am 13. April 1881 in New York an und setzte von dort seine Reise mit der Bahn nach Dubuque fort.[190]

Der Zimmermann Johann Nutt nahm aus Balzers seine Werkzeugkiste mit nach Dubuque

Strassenschilder in Dubuque (Iowa)

Liechtensteiner in Dubuque; hinterste Reihe v. l. n. r. unbekannt, unbekannt, Joseph Nigg, Josef Anton Nigg, Emil Nigg, Albert Wolfinger; mittlere Reihe Andreas Kaufmann, Emil Ospelt, unbekannt, Felix Hasler; vorderste Reihe Anton Wille, unbekannt, ev. Franz Josef Negele, unbekannt (Foto im Besitz von Albert Wolfinger, Balzers)

Das Leben in Dubuque

Dubuque war inzwischen zu einer wichtigen Handels- und Industriestadt mit rund 22'000 Einwohnern geworden.[191] Seit 1871 durch die Chicago, Dubuque and Minnesota Railroad ins weitverzweigte amerikanische Eisenbahnnetz eingebunden,[192] wurde sie ihrem Ruf als «Key City» gerecht. Neben Handelshäusern gab es «*mehrere grosse Möbelfabriken, Sargfabriken, Emaille-Werke, Pflugfabriken*» sowie «*bedeutende Kutschen- und Wagenfabriken usw.*». Arbeitsplätze boten ferner eine Schiffswerft sowie mehrere Brauereien.[193] Auch das Bauhandwerk stand in Blüte. Neben zahlreichen Wohnhäusern wurden die Kathedrale, das Gerichtsgebäude, Fabriken und Hafenanlagen am Mississippi errichtet.[194]

Es verwundert deshalb nicht, dass unter den rund vierzig Liechtensteiner Einwanderern der achtziger Jahre[195] wiederum zahlreiche Bauhandwerker zu finden sind. Die meisten von ihnen reisten in zwei Gruppen und kamen am 7. beziehungsweise 13. April 1881 in New York an.[196] Die Gründe, warum sie Dubuque als Ziel ihrer Auswanderung gewählt hatten, sind einfach: Sie kamen zu Verwandten und Bekannten, die sich dort schon seit Jahren etabliert hatten, die prosperierende Wirtschaft der Stadt verhiess Arbeitsplätze und Verdienst, und ihre neue Umgebung war von deutschsprachigen Einwanderern geprägt.[197]

Unter den Liechtensteinern gab es ein vielfältiges gesellschaftliches Leben. Die einzelnen Familien besuchten einander, und die Männer hielten sich sogar einen eigenen Club, in dem sie sich nach Feierabend und an den Wochenenden zu einem Bier trafen. Das Zusammengehörigkeitsgefühl unter den Liechtensteinern wurde zusätzlich ge-

Grabsteininschrift Mt. Calvary-Friedhof, Dubuque: «*Hier ruht Lorenz Vogt, geb. zu Balzers, Fürstentum Lichtenstein, 1841. Gest. 12. März 1894, R. I. P.*»

Liechtensteiner in Amerika 75

Hochzeit von Johann Nutt und Theresia Vogt in Dubuque. Beide sind in den sechziger Jahren des letzten Jahrhunderts von Balzers ausgewandert. Die Namen der hinter ihnen stehenden Trauzeugen sind nicht bekannt

stärkt, indem sie sich gegenseitig bei der Taufe ihrer Söhne und Töchter Pate standen oder untereinander Ehen eingingen. So heiratete beispielsweise Joseph Kaufmann Rosa, eine Tochter Casimir Frommelts, während eine der Töchter von Alois Frommelt, Christina, sich mit dem ebenfalls aus Balzers eingewanderten Felix Hasler verehelichte. Dessen Schwestern Sophie und Nothburga wiederum heirateten Heinrich Büchel in Guttenberg beziehungsweise Joseph Nigg. Und Anna Vogt, die ihrem 1881 nach Guttenberg ausgewanderten Vater gefolgt war, heiratete 1904 Alois Frommelt, einen Sohn des Casimir, und wohnte fortan in Dubuque.[198]

Diese Beispiele belegen, dass nicht nur die Liechtensteiner in Dubuque in das gesellschaftliche Leben eingebunden waren, sondern auch ihre Bekannten und Verwandten in Guttenberg.

Guttenberg – das Tor zur Prärie

Guttenberg[199] liegt von Dubuque rund dreissig Meilen flussaufwärts am Westufer des Mississippi. Seine Ursprünge gehen in jene Zeit zurück, als das Land beidseits des Flusses noch französisch beherrscht

Taufschein des ältesten Sohnes von Johann und Theresia Nutt. Er wurde am 18. Juni 1893 in der Herz-Jesu-Kirche in Dubuque getauft; Paten waren Dominik Frick und Margaret Vogt

war. Nachdem die Gegend im 17. Jahrhundert erstmals von Weissen bereist worden war, wurde hier zu Beginn des 19. Jahrhunderts ein Handelsposten errichtet, der Geschäfte mit den hier ansässigen Sac und Fox Indianern tätigte. Französische Missionare gaben dem Flecken den Namen Prairie la Porte – Tor zur Prärie.

Wie das Gebiet rund um Dubuque wurde auch die Gegend von Prairie la Porte durch den *Black Hawk Purchase* zur weissen Besiedlung freigegeben. Gleichzeitig mit der Landnahme wurden auch Verwaltungsstrukturen errichtet: Im Dezember 1837 trennte der Staat Wisconsin, zu dem die neuen Territorien damals noch gehörten, den bisherigen Bezirk *(County)* von Dubuque in mehrere neue Bezirke auf; so entstand unter anderem Clayton County. Im Frühjahr darauf wurde der erste *County Sheriff* ernannt, im Mai fand in Prairie la Porte die erste Gerichtssitzung statt, und im September 1838 wurde der Ort zum Sitz der Bezirksbehörden von Clayton County erklärt.

Damit spielte diese Pioniersiedlung eine wichtige Rolle für die wirtschaftliche Entwicklung der Umgebung: Es entstanden Läden, wo sich die Farmer der Umgebung mit dem Notwendigen eindecken konnten, Schmiede und Wagner siedelten sich an, Durchreisende fanden ein Hotel, und die Bezirksbehörde beschloss die ersten Strassenbauprojekte sowie den Bau eines Gerichtsgebäudes. Bereits 1841 erhielt Prairie la Porte eine eigene Poststelle.

Dieser vielversprechende Anfang fand jedoch schon bald ein jähes Ende: 1843 wurde der Sitz der Bezirksverwaltung und des Bezirksgerichtes nach Jacksonville, dem heutigen Garnavillo, verlegt. Als Folge davon verliessen einige Siedler den Ort, weil sie ihm keine Entwicklungsmöglichkeiten mehr zutrauten.

Sie sollten sich täuschen. Bereits im Jahr danach kaufte nämlich die Western Settlement Society aus Cincinnati (Ohio), dem damaligen Zentrum deutscher Einwanderung,[200] von der Bezirksverwaltung eine

Fläche von 300 Acres im Norden und weiteren 160 Acres im Süden der Stadt – insgesamt also knapp 190 Hektar – und erwarb kurze Zeit später für 2'000 Dollars auch den Ort selbst. Die Western Settlement Society, eine wohltätige Organisation, welche zur Unterstützung deutscher Einwanderer gegründet worden war, beabsichtigte, auf dem gekauften Land eine deutsche Siedlung zu errichten.

Anfang Februar 1845 machte sich in Cincinnati eine erste Gruppe von deutschen Immigranten auf den Weg nach Prairie la Porte. Auf zehn Dampfern, die zusätzlich 27 Lastkähne mit dem Hausrat schleppten, fuhren sie den Ohio River hinunter. Da die Boote kein Licht hatten, konnte nur bei Tag gefahren werden, und da ihre Maschinen mit Holz befeuert wurden, waren immer wieder Aufenthalte notwendig, um sich mit neuem Brennmaterial zu versorgen. Die Strecke bis zur Mündung des Ohio River in den Mississippi beträgt 500 Meilen, von dort nach Prairie la Porte stand eine weitere Fahrt von 600 Meilen flussaufwärts bevor. Angesichts der beschwerlichen Reiseumstände gab der grössere Teil der Gruppe rund 200 Meilen vor dem Ziel auf und beschloss, in Burlington (Iowa) zu bleiben. Lediglich ein Dampfboot mit fünf Familien an Bord und zwei Lastkähnen im Schlepptau fuhr weiter und erreichte am 8. März 1845 Prairie la Porte.

Die Western Settlement Society liess sich durch diesen Misserfolg nicht entmutigen und trieb ihr Vorhaben, eine deutsche Siedlung zu errichten, voran. Nachdem Iowa am 28. Dezember 1846 als 29. Staat in die Vereinigten Staaten aufgenommen worden war,[201] sah sich die erste Versammlung von Senat und Repräsentantenhaus in Iowa City mit einem Gesuch konfrontiert, Prairie la Porte in «Guthenberg» umzubenennen. Das Gesuch wurde am 18. Januar 1847 genehmigt.[202]

Der neue Name ging auf den Erfinder der Buchdruckerkunst, Johannes Gutenberg, zurück, dessen Geburtstag sich in jenem Jahr zum 450. Male jährte. In einem nächsten Schritt wurden nun die Stadt und das sie umgebende Ackerland neu vermessen, und im Einklang der Umbenennung erhielten die neuen Strassen ihre Namen von damaligen Grössen des deutschen Geisteslebens, so zum Beispiel von den Dichtern Goethe, Herder, Schiller, Lessing und Wieland sowie von den Komponisten Haydn und Mozart. Weil die beiden englischsprachigen Vermesser den Namen der Stadt aber irrtümlich mit -tt- schrieben, kam diese zu ihrem heutigen Namen Guttenberg.

Es hat in Liechtenstein immer wieder Spekulationen darüber gegeben, ob der Name Guttenberg nicht auf die Burg Gutenberg in Balzers zurückzuführen sei. Aufgrund der hier dargelegten Fakten erweisen sich diese Spekulationen als nicht haltbar. Gemäss heutigen Erkenntnissen ist es ausserdem zweifelhaft, ob sich zum Zeitpunkt der Umbenennung bereits Einwanderer aus Balzers in Guttenberg aufhielten.

Hingegen darf man annehmen, dass der an die Heimat erinnernde Name und die Lage am Fluss Gründe gewesen sein mögen, dass sich viele Balzner Auswanderer hier ansiedelten.

Die deutsche Besiedlung schritt rasch voran. Bereits um 1850 war Guttenberg «*zwischen Dubuque und Prairie du Chien die wichtigste Stadt am Mississippi*».[203] Von 1851 bis 1856 wuchs die Bevölkerung von knapp 300 auf über 1'500 Personen an. «*Aus ihrer alten Heimat brachten die Deutschen ihre Sprache und ihre Gewohnheiten, und Guttenberg schien wie ein Stück der alten Welt mitten in die neue versetzt ... Amerikaner waren hier in gewisser Weise ‹Fremde›.*»[204] Deutsch war die beherrschende Sprache: Schulunterricht wurde in deutsch erteilt, 1856 wurde in Guttenberg ein deutscher Turnverein gegründet, und in den sechziger Jahren erschien der «Mississippi-Wächter», eine deutschsprachige Wochenzeitung. 1856 stellte ein Reporter der «Staats-Zeitung» von Dubuque fest: «*Die Einwohner von Guttenberg sind fast ausschliesslich Deutsche, es gibt hier lediglich vier oder fünf amerikanische Familien.*»[205]

Mit dem Bevölkerungswachstum ging der wirtschaftliche Aufschwung einher: Zwischen 1851 und 1856 wurden siebzig Neubauten errichtet, 1858 zählte man gar 47 Baustellen; die Backsteine stammten aus einer lokalen Ziegelei. Neue Farmen entstanden rund um die Stadt, der Holzreichtum der Wälder wurde zunächst auf dem Mississippi geflösst, später aber in einer Sägemühle verarbeitet, die zu ihren Glanzzeiten 250 Arbeiter beschäftigte. 1858 wurden zudem zwei Schmelzöfen in Betrieb genommen, in denen das in der Nähe von Guttenberg abgebaute Bleivorkommen verhüttet wurde, pro Jahr mehr als eine Million Tonnen. Bei der Anlegestelle am Fluss entstanden Lagerhäuser und Mühlen, Raddampfer brachten Waren und luden Mehl, Landwirtschaftsprodukte, Holz und Blei.

Die ersten Liechtensteiner in Guttenberg

Der erste Liechtensteiner, der nach Guttenberg kam, war Leonhard Biedermann aus Mauren.[206] 1822 geboren, hatte er bei seinem Vater das Zimmermannshandwerk gelernt und danach in Frankreich als Schreiner gearbeitet. 1849 beantragte er beim Regierungsamt in Vaduz einen Reisepass nach Amerika, wo er Arbeit zu finden hoffte. Sein Weg führte ihn über New Orleans den Mississippi hinauf bis Guttenberg.[207] Dass er sich gerade an diesem Ort niederliess, schreibt die Familienüberlieferung dem Umstand zu, dass die Gegend eine rauhe, von Tälern durchzogene Hügellandschaft war, die ihn an seine Heimat Liechtenstein erinnerte.

1852 heiratete Leonhard Biedermann die Deutsche Christina Kraut, die 1846 zusammen mit ihren Eltern von Württemberg eingewandert war. 1858 zog er mit seiner Frau und drei Kindern nach Boscobel (Wisconsin). Um Geld für seine rasch wachsende Familie zu verdienen – zwischen 1854 und 1876 wurden acht Söhne und drei Töchter geboren –, begleitete er als Fleischlieferant während fünf Jahren Siedlertrecks nach Kalifornien, wo er sich, allerdings erfolglos, auch als Goldgräber versuchte. In Boscobel arbeitete er als Zimmermann, betätigte sich aber auch als Metzger, Wirt und Bierbrauer. Seine Brauerei, die erste in der Gegend, brannte 1868 ab.[208] Mitte der siebziger Jahre kaufte er eine 86 Acres grosse Farm, die er bis zu seinem Tod im Jahr 1888 bewirtschaftete.

Neben Leonhard Biedermann lebten in Guttenberg schon früh weitere Liechtensteiner. Johann Baptist Vogt aus Balzers wanderte 1850 aus und folgte damit wahrscheinlich seinem jüngeren Bruder Franz Michael, der mit seiner Familie um 1850 von Dubuque nach Guttenberg gekommen sein dürfte.[209] Ebenfalls 1850 wanderten Christian Nutt und seine Frau Anna Maria aus.[210] Die Schilderungen, welche diese ersten Pioniere in ihren Briefen nach Hause schickten, waren wohl der Auslöser einer ersten Auswanderungswelle von Balzers und Mauren nach Guttenberg.

Leonhard und Christina Biedermann-Kraut, Guttenberg

Von Liechtenstein nach Guttenberg

Am 7. April 1851 legte die «Lexington» im Hafen von New Orleans an. Von ihren 231 Passagieren waren 32 Liechtensteiner, von denen sich 24 nachweislich in Guttenberg und der näheren Umgebung niederliessen – neben sechs Einzelpersonen die Familien des Joseph Ferdinand Frick und des Caspar Nutt aus Balzers sowie die Familie des Franz Josef Senti aus Mauren.[211]

Franz Josef Senti war ein Schwager von Leonhard Biedermann. Er hatte 1837 dessen Schwester Maria Barbara geheiratet, die ihm neun Kinder geschenkt hatte, von denen aber sechs kurz nach der Geburt gestorben waren.[212] Über die ersten Jahre der Familie in Amerika ist wenig bekannt. Franz Josef Senti etablierte sich in der Nähe von Garnavillo als Farmer und besass achtzig Acres Ackerland und vierzig Acres Wald. Am 13. März 1864 verkaufte er sein Anwesen sowie Ackergerät, Saatgut und zwölf Hühner für 2'800 Dollars an den Liechtensteiner Einwanderer Andreas Matt.[213] Im gleichen Jahr erwarben die Sentis ein anderes Grundstück in Wagner, doch bereits vier Jahre später trennten sie sich wieder von diesem Besitz. Wahrscheinlich zogen die Eltern zu ihrer Tochter Felizitas, die inzwischen einen John Keil geheiratet hatte und in Des Moines lebte. Dort starb Franz Josef Senti im Jahr 1877.[214]

Auf der «Lexington» kam mit den Sentis auch Maria Genofeva Biedermann, eine weitere Schwester von Leonhard, an. Sie war von ihrem Bräutigam Alexander Meier begleitet. Die beiden wohnten zunächst in Guttenberg, zogen dann aber zwanzig Meilen westwärts

Familie Leonhard Biedermann vor ihrem Haus in Boscobel (Wisconsin); v.l.n.r. Leonhard jr., Henry, Anna, Mutter Christina, Vater Leonhard, William Fred, George; bei den drei Kindern im Vordergrund handelt es sich um Theodor, Bertha und Lisetta

Franz Josef Senti mit seiner Frau Maria Barbara (geb. Biedermann) und der Tochter Christina

nach Volga, wo sie miteinander eine stattliche Farm bewirtschafteten. Maria Genofeva Meier starb 1880, ihr Mann 1881. Die Farm wurde von den Söhnen übernommen.[215]

Als weiteres Beispiel einer Pionierfamilie mag jene des Joseph Ferdinand Frick gelten. Frick war in den Jahren 1849 und 1850 Ortsrichter (Vorsteher) in Balzers gewesen. Er war seit 1845 verwitwet und wanderte, nachdem er sein Amt als Ortsrichter abgelegt hatte, mit seinen acht Kindern zwischen acht und 24 Jahren nach Amerika aus. Zusammen mit den übrigen Liechtensteinern bestieg die Familie nach der Ankunft in New Orleans einen Mississippi-Dampfer, der sie nach Dubuque brachte, von wo sie aber kurze Zeit später nach Guttenberg übersiedelte. Doch auch dort blieb sie nicht lange. Schon im Jahr 1859 zog der Sohn Dominik (Thomas) mit seiner Familie in einem Planwagen nach Dakota, wo er zu den ersten Siedlern gehörte und Mitglied des Siedlerausschusses wurde. Nachdem er im Bürgerkrieg gekämpft hatte,[216] kehrte er 1865 auf seine Farm zurück und wurde 1866, 1868 und 1870 als Abgeordneter ins Parlament des Dakota-Territoriums gewählt. 1866 folgte ihm sein Bruder Ferdinand dorthin und kaufte am James River bei Yankton in der Nähe seines Bruders eine Farm. Ein dritter Bruder, Alois, beteiligte sich 1867 an der ersten öffentlichen Landvermessung im Red River-Tal (Louisiana) und durchstreifte mit dem Vermessungstrupp zu Fuss über 600 Meilen unwirtlicher Wildnis. Auch Vater Joseph Ferdinand zog später zu seinen Söhnen nach Dakota, wo er 1880 starb.[217]

50 Liechtensteiner auf demselben Schiff

Ein gutes Jahr, nach dem die «Lexington» die erste Liechtensteiner Gruppe nach Amerika gebracht hatte, legte am 7. Mai 1852 der Viermaster «Jersey» nach 49tägiger Überfahrt am Pier von New Orleans an. Er hatte 305 Passagiere an Bord, rund fünfzig davon kamen aus Liechtenstein, und von diesen wiederum begaben sich 22 nach Guttenberg.[218]

Unter ihnen befand sich Jakob Biedermann, ein Bruder des Leonhard, mit seiner Frau Agathe und sieben Kindern im Alter zwischen einem und 13 Jahren. Er erwarb in der Nähe von Guttenberg eine ansehnliche Farm,[219] die nach seinem Tod wahrscheinlich von seinem ältesten Sohn Franz Josef übernommen wurde, während ein zweiter Sohn, Jakob, nach Wisconsin ging. Die Töchter Biedermanns jedoch blieben in Guttenberg.[220]

Guttenberg am Mississippi

Auf dem Schiff befand sich auch die 47jährige Witwe Maria Anna Welti-Matt aus Mauren mit ihren drei Töchtern Katharina, Maria Ursula und Kreszenz sowie dem neunjährigen Sohn Jakob. Ihr Mann Franz Josef war 1844 gestorben. Die Weltis reisten in Begleitung von Andreas Marxer, der ebenfalls aus Mauren stammte. Gemäss Familienüberlieferung blieben alle zunächst in New Orleans, wo Maria Anna Welti und Andreas Marxer kurz nach der Ankunft heirateten. 1854 zog die Familie nach Guttenberg, wo die Frau 1855 von den schon 1850 eingewanderten Liechtensteinern Christian und Maria Anna Nutt für 30 Dollars ein Grundstück kaufte.[221] Im Jahr 1856 arbeitete Andreas Marxer in Guttenberg als Steinhauer und beherbergte in seinem Haushalt zwei Arbeiter.

Einer von ihnen, Conrad Dessel, heiratete 1858 Marxers zweitälteste Stieftochter Maria Ursula Welti und eröffnete mit ihr in Festina, rund fünfzig Meilen nordöstlich von Guttenberg, einen Laden. Die älteste Stieftochter, Katharina, heiratete schon bald nach der Ankunft in Amerika Johann Sohm aus Hard (Vorarlberg). Die Familienüberlieferung vermutet, dass sie ihn schon vor der Abreise nach Amerika

Karte des Verwaltungsbezirks Jefferson mit der Ortschaft Guttenberg (1886)

gekannt habe. Südlich von Guttenberg, am Turkey River, betrieb die Familie Sohm eine Farm. 1880 starb Katharinas Sohn John nach dem Genuss von verdorbenem Wasser, kurze Zeit später ertrank ihr Mann im Mississippi. Katharina verkaufte die Farm und zog nach Festina, später nach Danbury im Westen Iowas, wo sie auf der Farm ihres Sohnes Jakob lebte. Ihre Schwester Kreszenz schliesslich ehelichte den Kaufmann Conrad Helwig. Zusammen mit vier Kindern lebte die Familie zunächst ebenfalls in Festina, ab 1870 aber im benachbarten Ossian, wo Helwig einen *Saloon* betrieb.

Jakob Welti, der als Neunjähriger nach Amerika gekommen war, lernte das Küferhandwerk. 1868 heiratete er Theresa Warner. Die ersten zwei ihrer neun Kinder wurden in Guttenberg geboren, dann zog die Familie ebenfalls nach Festina. 1881 packte Jakob der Drang nach Westen: Er fuhr nach Danbury, fand einen Platz, wo er sich eine neue Existenz gründen wollte, holte seine Familie nach und baute ein grosses zweistöckiges Haus, in dessen Erdgeschoss er ein Warenhaus eröffnete. In den neunziger Jahren gab er den Laden auf und wurde Farmer. Er starb am 10. Dezember 1921.[222]

Bei ihrer Auswanderung hatte Maria Anna Welti in Liechtenstein eine 25jährige voreheliche Tochter namens Maria Anna Matt zurückgelassen. Diese heiratete um 1850 in Mauren Franz Joseph Uehle und wanderte mit ihm und vier Kindern 1865 nach Guttenberg aus, von wo aus sie 1883 ihren Verwandten nach Danbury folgten.[223]

1855: Höhepunkt der Einwanderung
Im März 1855 brachte Alois Johann Nipp ein weiteres Dutzend Auswanderer aus Balzers nach Amerika. Nipp war bereits 1851 zusammen mit der ersten Balzner Gruppe nach Guttenberg gekommen, war aber zurückgekehrt und hatte in Balzers die Stelle des Gemeindeweibels angetreten und Therese Büchel geheiratet. Am 30. Dezember 1854 ersuchte er das Regierungsamt «*um Zurücklegung seines Dienstes und Bewilligung zur Auswanderung nach Amerika*». Die Bewilligung wurde gleichentags erteilt.[224] Am 24. Januar verliess die Gruppe Balzers. Sie bestand aus Alois Nipp, seiner Frau und seinem drei Monate alten Sohn Karl, seiner verwitweten Mutter Anna Maria, seinen Geschwistern Rosina und Joseph sowie sieben weiteren Auswanderern.[225]

Am 11. Februar 1855 reiste eine zweite Gruppe aus Balzers nach Amerika ab. Zu ihr gehörten der 58jährige Johann Baptist Tschol sowie seine vier Söhne Joseph, Ignaz, Alois und Johann Baptist. Tschol folgte seinen vier Töchtern, die schon vor ihm ausgewandert waren.[226]

Zur Reisegesellschaft gehörten auch Johann und Anna Maria Kaufmann mit ihren Kindern Johann und Josef sowie Josef Anton Nigg mit seiner Frau Thomasia und sechs Kindern. Auch wenn das Ziel der Auswanderung nicht bei allen nachgewiesen werden konnte, darf man aufgrund der verwandtschaftlichen Beziehungen[227] davon ausgehen, dass die Gruppe beisammen blieb und sich in der Gegend von Guttenberg niederliess. Ignaz Tschol suchte bereits 1861, sein Vater 1867 um das Bürgerrecht an. Von Ignaz ist ausserdem ein Landkauf aus dem Jahr 1863 verbrieft. Vater Johann Baptist starb am 20. Januar 1884 im Alter von fast 87 Jahren und hinterliess seinen Söhnen und Töchtern ein Vermögen von rund 1'800 Dollars.[228]

Ebenfalls 1855 kam Josef Walch aus Ruggell mit seiner Frau sowie fünf Söhnen und zwei Töchtern nach Guttenberg. Am 29. Juni 1863 bewarb er sich beim Bezirksgericht in Elkader um das amerikanische Bürgerrecht, einige Jahre später taten dies auch dessen beide Söhne Andreas und Johann.[229] Die beiden besassen 1886 mehrere Parzellen Farmland in der Nähe von Monona, ebenso wie ihre Brüder Sebastian und Franz Josef.[230] Andreas starb 64jährig; seine zwei Söhne, William und Linus, führten die Farm zunächst weiter, mit dem Aufkommen des Automobils aber stiegen sie ins Autogeschäft ein und gründeten in Elkader eine Ford-Garage.[231]

Mit den Ankömmlingen des Jahres 1855 umfasste die Liechtensteiner Kolonie in und um Guttenberg rund hundert Personen. In den Jahren danach kamen nur noch vereinzelt neue Einwanderer dazu.[232]

So lebten beispielsweise in Elkader die Brüder Severin und Jakob Hasler aus Schellenberg. Sie waren 1866 nach Amerika gekommen[233] und hatten schon früh um die amerikanische Staatsbürgerschaft nachgesucht: Severin 1867 und Jakob 1872.[234] Severin war in Elkader verheiratet und hatte zwei Töchter, Louisa und Amalia. Am 4. März ging er wie üblich seinem Handwerk als Maurer nach. Doch die Mauer, die er hochzog, stürzte ein und begrub den 39jährigen unter sich. Sein Bruder Jakob, der schon seit längerer Zeit «*an einer Polypengeschwulst im Halse*» erkrankt war, erlitt einen derartigen «*Schreck über den plötzlichen Tod seines Bruders*», dass er drei Tage später ebenfalls starb. Wenige Wochen zuvor hatte er «*wegen dem besagten Halsübel sich seinem Tode sehr nahe fühlend, sein Testament zugunsten des Bruders Severin*» gemacht. Die beiden Brüder waren sich ausserdem einig, dass alle Ansprüche, die ihnen aus Erbschaften in Liechtenstein erwachsen könnten, zu gleichen Teilen an die dort lebenden Geschwister gehen sollten. Zwei Stunden vor seinem Tod aber, «*am 6ten März 1878 des Morgens 5 Uhr*», liess Jakob den Notar holen und machte ein neues Testament, in dem er die beiden Kinder seines Bruders Severin als Haupterben zu gleichen Teilen einsetzte. Ausserdem vermachte er den katholischen Kirchen in Elkader und in Schellenberg je hundert Dollars. Am 7. März 1878 wurden die beiden

Brüder auf dem Friedhof von Elkader in einem gemeinsamen Grab beigesetzt. *«Eine grosse Menge Mitbürger begleitete die Särge zur Kirche und nach dem Kirchhofe.»*[235]

Unweit von Elkader, in Littleport, lebte zu jener Zeit der Schreiner und Wagner Anton Büchel aus Ruggell. Er hatte im Alter von 27 Jahren sein Erbe im voraus bezogen[236] und war 1867 mit 400 Gulden Bargeld sowie Kleidern und Ausrüstungsgegenständen für weitere hundert Gulden nach Amerika ausgewandert. In Littleport betrieb er eine Wagnerei, heiratete 1872 Regina Pfrommer und bewarb sich 1876 um das amerikanische Bürgerrecht. Er starb am 4. Juni 1917 in Littleport, sein Sohn Frederick Anthony wurde Professor am Texas Agricultural and Mechanical College.[237]

Die Begründung der Matt-Dynastie in Clayton County

Am 20. März 1852 holte sich der 27jährige Matthias Matt aus Mauren beim Oberamt in Vaduz seinen Pass für die Ausreise nach Amerika. Das von Landvogt Michael Menzinger unterzeichnete Dokument gab als Zweck der Reise *«Verdienst»* an. Zwei Tage später passierte er zusammen mit seinem sieben Jahre jüngeren Bruder Franz Joseph die Grenze in Trübbach.[238] Die beiden begaben sich nach Le Havre und schifften sich auf dem Dampfer «Chiborago» ein, mit dem sie am 10. Juni 1852 in New York ankamen.[239]

Matthias Matt arbeitete nach der Einwanderung kurze Zeit in Pennsylvania, bevor er 1853 nach Clayton County weiterzog. Er erwarb *«in Garnavillo ... im Umkreise mancher seiner Landsleute aus seiner Heimatgemeinde Mauren eine grosse Farm und kam innert wenigen Jahren infolge seiner Arbeitstüchtigkeit und Sparsamkeit zu ansehnlichem Vermögen».*[240] Die Farm wurde nach seinem Tod im Jahr 1890 von seinem jüngsten Sohn Louis übernommen, der sie über die zwei nachfolgenden Generationen weitergab.[241]

Der gleichzeitig mit Matthias ausgewanderte Bruder Franz Joseph Matt zog 1858 von Cincinnati (Ohio), wo er zwei Jahre zuvor die Deutsche Therese Reisemann geheiratet hatte, ebenfalls nach Clayton County und erwarb in der Nähe von Elkport eine Farm in der Grösse von rund 190 Acres.[242]

1864 kam Andreas Matt, ein Vetter von Matthias und Franz Joseph, nach Guttenberg. Er hatte 1862 seine zweite Frau Josepha Lampert aus Triesenberg geheiratet, nachdem seine erste Frau, Maria Agatha, geborene Marxer, verstorben war und ihn mit einem Sohn und fünf

Matthias und Elisabeth Matt mit ihrem Sohn Louis

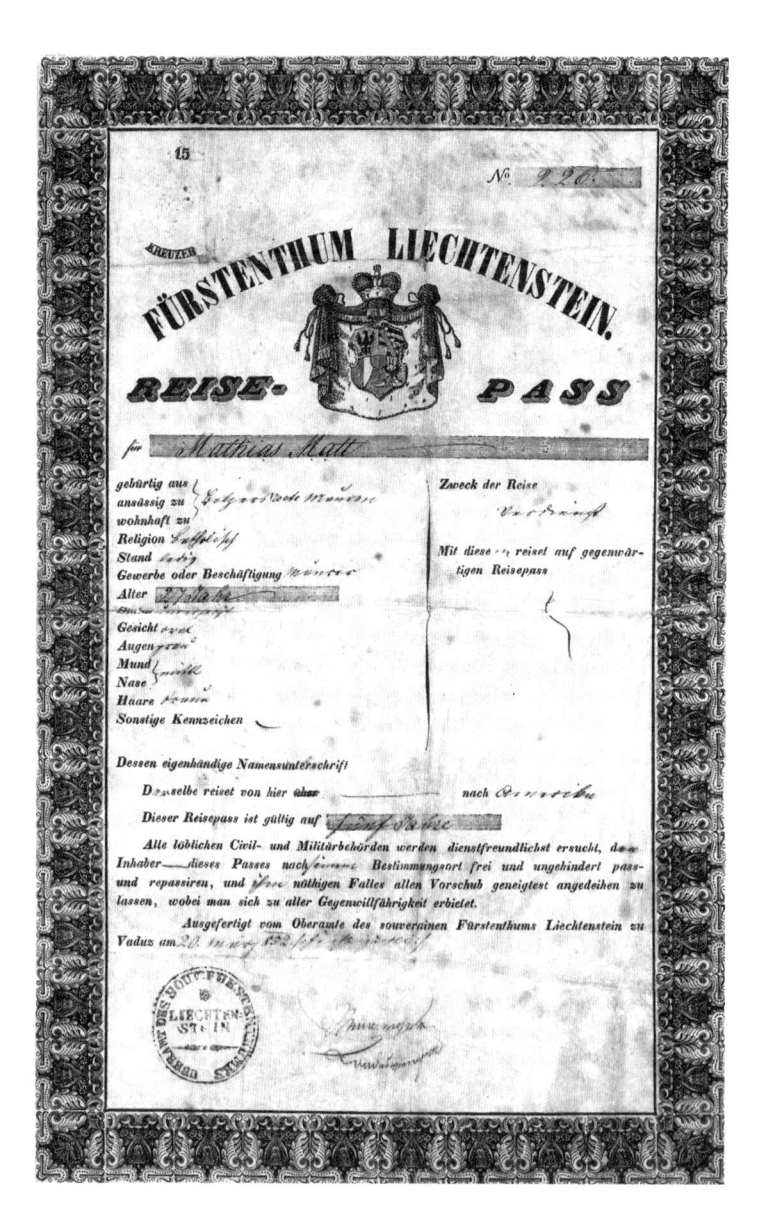

Reisepass von Matthias Matt für die Auswanderung nach Amerika, ausgestellt von Landesverweser Menzinger am 20. März 1852

Töchtern zurückgelassen hatte. Am 24. Mai 1863 brachte seine zweite Frau den Sohn Andreas zur Welt. Vater Andreas sah wohl für die nunmehr neunköpfige Familie kein Auskommen mehr und beantragte beim Landgericht, seinen Kindern aus erster Ehe das Erbteil auszuzahlen, da er mit seiner Familie nach Amerika auswandern wolle, wo sich zwei seiner Vetter befänden, *«die sich dort schon ein bedeutendes Vermögen erworben, ganz gute Geschäfte machen und ihm alles Gute gewähren, sodass er die Hoffnung hegt, dort seine benannten Kinder besser versorgen zu können als hier.»* Das Landgericht bewillige das Ansuchen am 27. Juli 1863, und die Regierung erteilte ihm am 11. September die Bewilligung zur Auswanderung nach Amerika. Die Familie verliess Liechtenstein gegen Ende des Jahres 1863, und liess sich in Guttenberg nieder.[243]

Das Leben der Liechtensteiner in Clayton County

Kurz nach seiner Ankunft in Guttenberg schrieb Andreas Matt einen eindrücklichen Brief an seinen ehemaligen Lehrer in Mauren, in dem er die Lebensumstände in Amerika ausführlich schilderte und auch zahlreiche Auswanderer aus dem Unterland erwähnte. Der Brief lautet: *«Garnavillo, den 6. April 1864 – Lieber Freund, Herr Lehrer, und auch alle Freunde ins Gesamt! – Ich habe euch, sobald ich in Amerika einsicht habe, nachricht zu geben versprochen, welches ich auch halten werde, als ich nach New jorg kam habe ich auch schon zu Rück geschrieben wie die Reise gegangen ist bis über das Mehr, wen ihr den Brief erhalten habt. Am 10ten März sind wir bei Mathias Matt angekommen, was unsere Größte Freude war, er freute sich auch sehr und nahm uns in sein Haus, auf 6 Tage waren wir bei ihm im Hause und ist eben so wie es in Deutschland geheißen hat. Fleisch und Komißbrod genug. Mathias war sehr besorgt für uns, er suchte alle Tage ein Heimat für uns zu kaufen, nach 6 Tagen sind wir in sein altes Haus gezogen, haben ein Ofen und das gehörig Kochgeschirr dazu für 50 Dollar, ein Kuch habe ich gekauft für 24 Dollar samt seinem Kalb, 5 Wochen alt dazu, ietzt befinden wir uns gantz gut, wen ich alle Mädchen von Mauren, und wen es auch mehr als 100 weren, so häten wir alle guten Dienst gefunden. Theresia hat alle Monat 5 Dollar, Wilhelmina 4 1/2 Dollar, Maria Anna 4 Dollar, Rosina 1 Dollar, Johann Georg 10 Dollar, natürlich auf den Winter gibt es weniger. Am 13ten März kaufte ich dem Joseph Senti sein Farm für mich ab für 2800 Dollar, dazu die Drösch Maschine zum 4ten im werth von 80 Dollar, der Ripper 150 Dollar, ein Kuch 20 Dollar, auf das nächste Jahr zum Säyen 50 Buschel Weizen, 12 Stück Hühner, 10 Acker Land zum Nutzen für das Jahr, den ich habe erst für das Nechst Jahr das ganze Land anzutreten, daran bezahlte ich baar 2000 Dollar, ihr werdet wohl sagen, so vil Geldt hat er nicht, ich will euch sagen wie das Geldt mir gewachsen ist, ich habe in Neujorg 800 Dollar Geld auswechlet, da*

Dreschen bei der Familie Joseph Matt um 1895; in der Bildmitte im Hintergrund erkennt man die Dreschmaschine. Sie wurde von einer Dampfmaschine angetrieben, deren Kamin hinter der linken Männergruppe sichtbar ist. Das Wasser für die Dampfmaschine wurde in einer Zisterne herangeführt, beheizt wurde sie mit Holz. In der vordersten Reihe stehen Joseph Matt (Sohn des Matthias, 1.v.l.) sowie Theodor Matt (2.v.l.) und Henry Matt (r.), Söhne des Joseph

Haus des Matthias Matt in Garnavillo, Clayton County; vor dem Haus steht die Familie seines Sohnes Louis

bekam ich 1216 Dollar Babier (= Papier), von hier bin ich, wo ich von Senti gekaufet habe, auf Meckrecks gefahren, hab 900 Dollar aus Wechet, 1395 Dollar Babier dafür erhalten. 80 Ackers sind unter dem Pflug, 40 Ackers Wald, wo ich Holz genug habe, es ist wie ich gesagt habe, Holz genug und Dung (= Dünger) braucht es auch kein, den Senti hat bei seinem Stall mehr als 100 Fuder Dung, ist ihm aber nur unwerth. Ich habe aber alles Mathias zu verdanken, daß ich so gut gekauft habe, er sorgt gar alles für mich, den ihr könt denken, er hat für mich ein Schwein geschlachtet und geräuchert gehabt, ein Kübel Schmalz mit 50 Pfund, ein Fass Mehl 400 Pfund, aber nicht etwa Türken Mehl (= Maismehl), sondern so schön wie bei euch schilt Mehl (= weisses Mehl für Schildbrötchen). Mathias besitzt ein Land, wo er das letzte Jahr 1200 Dollar franko vorgeschlagen, er hat 4 Pferd, 2 Ochsen, 16 Stück Vieh, 48 Stückh Schweine, 6 Stück Schaf, 50 Hüner, und ohne die Ernte hat er und seine Frau alles Allein gearbeitet, ihr könt denken, daß es in Amerika fortheilhaft mit Arbeit geht, eben diese Leute machen Geld, welche selbst arbeiten, es ist wie Maximilian (= Geistlicher) auf dem Schellenberg gesagt hat; am ersten Tage hätte ich noch Zehn heimaten kaufen können, dan wo viele Deutsche sind, ziehen die Englischen wider ins Land weiter, hier sind beinahe lauter Deutsche, von des Mathias Haus bis zu des Sentis sind es 1200 Schritt. Von der Statt Granvillo (Garnavillo) *bin ich zwar 4 Meilen von Farmeßburg* (Farmersburg), *2 Meilen wo Mühle, Sägen und Schmitten ist, auch Kaufmannsladen, auf dem Lande Stehen die Nachbarn Häuser wenigstens 6-800 schritte von ein Ander, und sehr schön ist das Land, sehr ergiebig an Weizen, Haber, Gerste, Kartofel, sehr gute, Türken gantz gut, wo aber nur die Kolben in ein Schopf geworfen und damit die Schweine und die Pferdt gefüttert werden, ich hätte können*

Einbürgerungsgesuch von Andreas Matt, eingereicht am 22. August 1870

für 1200 Dollar auch 80 Acker und Hauß kaufen, aber solches mir Mathias nicht gerathen, das war zu klein, dan Zwei Man Arbeiten 80 Acker leicht ohne die Ernte, so könt ihr Denken, das wir unser Land auch zu arbeiten im stande sind. Senti hat auf seinem Lande 700 Buschel Weizen, 300 Buschel Gersten, 200 Buschel Haber, Erdapfel noch übrige. Das Stroh wird in großen Massen verbrannt auf dem Felde, der Weizen wird der Meist auf dem Felde in ein von Stangen gemachten Schopf geschüttet, gerade wo man Tröscht, kurtz, es ist alles so gemein aber doch sehr klug eingerichtet, das die Arbeit fließt. Das Vieh hat kein Stall, im höchsten Fall ein von Latten und Stroh gemachte Schupfen, eben so für Pferdt, die Pferdt müssen aber gut mit Türken und Haber gefüttert werden, die Pferdt werden im Sommer nicht beschlagen, nur im Winter, wer fahren will, den es ist im Ganzen bezirk kein Stein, wie ein Apfel zu finden als im Wald. Wagen Reif wird

Henry und Maria Berens in Garnavillo (Iowa); Maria Berens ist eine Enkelin von Franz Joseph Matt; in der Mitte Julius Bühler, Oak Lawn (Illinois), der durch seine Recherchen in Amerika sehr viel zu diesem Buch beigetragen hat

Liechtensteiner in Amerika

bei Mansdenken nicht abgefahren, es ist alles Anders als bei Euch, die Kumet haben die Schloß oben, die Dirgslen (= Deichseln) müssen sie Tragen, den man kan kein Zohmen (=Zügel) am Wagen brauchen, es geht zu viel auf und ab. An der Dirgslen ist hinten zum ziehen und forne zu aufhalten ein Waag, ein Pferdt kostet 140 Dollar, ein Kuch 20 Dollar, Fleisch ein Pfund 7 Sent, Schweinefett 1 Pfund 10 Sent, Butter 1 Pfund 30 Sent, Weizen ein Buschel 1 Dollar, natürlich ein Buschel ist zwei Meßle mehr als bei euch ein Viertel und 1 Pfund ist so vil wie bei euch das alt gewicht war, ein Wagen kostet 90 Dollar, ein Pflug 16 Dollar, ein Bleimühli 25 Dollar, ein Pferdt geschirr 18 Dollar, ein Sämaschine 80 Dollar, die einrichtung kostet über 600 Dollar. Die Häuser auf dem Land sind sehr schlecht. Mathias hat aber zwei gute Häuser, das wo ich von Senti gekauft ist noch das erste Block Haus, doch gut gemacht und gantz Warm, es ist hier in Häuser kein Stolz, aber in Feld will jeder am Meisten haben, und auf dem Tisch das sieht es anders aus als in Deutschland, in der kleinsten Hütte ist Fleisch, Weißbrodt und Eier genug, dan wan einer ein oder 2 Jahre Durchgemacht hat, sagt ein jeder, so befinde er sich gantz gut, den das muss ich selbst sagen, mir komt der Anfang auch schwer for. Doch hab ich jetzt schon 2 Kuh, 2 Kalben, 1 Schwein, 12 Hüner, und die Lied (=Leute) biß an die Kleinst 2 sind an sehr guten Diensten, für essen besser als in Deutschland. Das ich viele Kleider mit genommen ist jetzt gut, den es ist die Hälfte deurer als bei euch, auf der Reise hab ich oft gesagt, wen ich nur keine Kisten hätte, wegen den Kisten bin ich so lange nicht nach Garnavillo gekommen, zurück hab ich sie nicht lassen wollen, aber jetzt bin ich sehr nöthig, ich wurde aus meinen 6 Kisten mit der Waar 1000 Dollar gelöst haben, wenn ich verkaufen wollte. Man kan mit recht sagen, wer verdienen will, der kan, und wer es verbrauchen will, der ist auch bald fertig, Bier kostet so ein Krüglein wie in Feldkirch 5 Sent, der Halb Schoppen Brandwein 10 Sent. Amerika ist nicht jedem anzurathen, der nicht gerne Arbeitet, kan man denken, das es nicht für ihn ist, den mit betrügen kan man auch nicht viel ausrichten, es sind hier die meisten selbstbetrüger, wer aber arbeitsam ist, kan sich mit einer Familie auch gute Geschäfte machen, solche, welche nur kleine Kinder haben, bleiben wo si sind, biß sie doch wenigst 2 Kinder haben, die Arbeiten können. Ledigen, Arbeitsamen Knaben und Mädchen kann es nie fehlen, wenn sie nur gesund sind und kein Sent mehr daher bringen, wie gesagt, am Zweiten Tage, als ich bei Mathias war, kamen schon und wollten Knechte und Mägde, wen ich alle Knaben und Mädchen von Mauren mit gebracht hätte, so hätt ich in 6 Tagen alle an guten Diensten, ein Magdt, die welche die Arbeit kan, verdient Monat 8 Dollar oder 10 Dollar. Ein Knecht 15 biß 18 Dollar pro Monat, dan aber sehr gut zu Essen. Mathias sagt

Familie Heinrich Büchel in Guttenberg; stehend v.l.n.r. Frank, Agnes, Henry jun., Josephine, Ludwig, Magdalena; sitzend v.l.n.r. Mutter Sophie (geb. Hasler), Erna, Elisabeth, Vater Heinrich, Maria

immer, wenn nur der Martin hier wäre, das wer dem Joseph Marxer No. 40 der Sohn, er war ihm noch der Götti, wo wir in einer Statt uns aufhalten, da wirt gefragt um Knecht oder Mägte, man wollte sie nöthigen zu bleiben und ihnen guten Lohn geben, mit einer Familie wan er kein guten Freund hat, so Dan er ums geldt kommen, er weiß nicht wie, den Glauben kan man hier niemand. – Ich will von den hier umliegenden Maurer Schreiben, was ich von ihnen gehört habe. Der Andreas Marxer Großen wohnt nicht weit von Leiton (Clayton) und hat ein Häuslein und 6 Acker Land, 2 Jahre hause er jetz gut, er wünscht, der Michel, sein Frau und die zwei Töchter, auch Schwestern bei ihm zu sein, er laß sie freundlich Grüßen. – Mit dem Nescher von Eschen

Familie Joseph Nigg in Guttenberg; v.l.n.r. Vater Joseph Nigg, Louisa, Bertha, Anna, Leo, Mutter Josephine (geb. Rusch), Margaretha

Liechtensteiner in Amerika

Familie Anton Wille in Guttenberg um 1915; stehend v.l.n.r. Josephine, Joe, William, Theresa, Anton, Alois, Mary; sitzend Leo, Vater Anton, Anna, John, Mutter Veronika (geb. Ittensohn)

hab ich selbst gesprochen, er ist zu mir gekommen, er sag, die Schwester soll auf der Stelle kommen. – Der Michael Schreiber war auch bei mir, sonst ist er in Gutenberg mit seinem Sohn und befindet sich gut. – Die Biedermänner befinden sich gut. Der Strub in Nendeln auch gut natürlich, es ist von allen keinen, der Land hat, so hat er auch Zwei Pferdt. – Thomas Wohlwend hat 40 Acker Land und 3 Kuch, 2 Pferdt. – Dem Hans Trampel sein sohn soll ein Trinker sein. – Der Simon Marxer soll in einem Steinbruch das erste Jahr schon um das Leben gekommen sein. – Allixander Mazur (Alexander Meier) *ist ein Grosser Bauer. – Kurtz, es hat jeder, wo nur will, gar kein Noth wie bei euch, so Schmal und Trocken ist es hier nicht mit Essen. Ich muss mein schreiben schliessen mit vielen Grüßen und Wünsche allen bekannten und verwandten ein Wohlergehen wie es mir bis dato gegangen ist. Gott sei den höchsten Dank dafür. Ein freundlicher Gruß an Euch, Herr Lehrer, und Wünsch Glück zu einer freien, frommen, häuschen, Reichen Frau. Ein Gruß Martin Ritter sein Frau und die ganze Familie. – Ein Gruß Kaspar Büchel und Inigsten Dank als Götti. Dito dem Nolbert, dem Schwager Joh. Georg Matt, dem Mündle und der Gota. Dito der Stina auf dem Werth. Kurtz, allen denen, wo in Hag mit greißt sind. – Alle die Wünschte ich, sie wären hier, Verdienst so genug, ab das kan ich sagen, keiner giebt mühe, den andern hieher zu helfen, dan es giebt oft schlechten Dank, auch für das gut gehen kan man einem nicht garantieren. Wen mir jemand schreibt, der etwa kommen will, dann gieb ich dan über das Reisen genaue auskunft. – Ich Verbleib allen Freunden auch der Getreuste Freund. – Andreas Matt, Strohl, im Gelobten Amerika. – Frau Josepha Matt, g. L.* (= geborene Lampert).»[244]

Einwanderer der achtziger Jahre

Mit dem Ansteigen der Auswandererzahlen in den achtziger Jahren kamen nur noch vereinzelt Liechtensteiner nach Guttenberg. Die Stadt Dubuque übte nun mit ihren Arbeitsmöglichkeiten eine weitaus grössere Anziehungskraft aus.

Einer der wenigen, die 1881 von Balzers nach Guttenberg kamen, war Heinrich Büchel[245], der noch im selben Jahr die ebenfalls aus Balzers stammende und im selben Jahr eingewanderte Sophie Hasler[246] heiratete. Heinrich Büchel gründete in Guttenberg ein Baugeschäft, in dem andere Liechtensteiner immer wieder Arbeit fanden. So beispielsweise der Gipser Joseph Nigg, der 1882 zusammen mit seinem Bruder Emil nach Dubuque ausgewandert war und oft bei Heinrich Büchel in Guttenberg arbeitete, bis er seine Familie 1902 ebenfalls dorthin holte.[247] Mitarbeiter Büchels waren auch die beiden Balzner Steinhauer Franz Josef (Frank) Vogt sowie Joseph (Joe) Vogt.

Joe Vogt[248] machte sich aber schon nach kurzer Zeit selbständig und holte Frank Vogt als Vorarbeiter in sein Bauunternehmen. Er war auf Strassen- und Brückenbau spezialisiert und erbaute damals praktisch alle Brücken in Clayton County. Sein Geschäft lief gut; er beschäftigte um die zehn Mitarbeiter, und als er den ersten Zementmischer kaufte, war die neue Maschine Stadtgespräch.

1888, im Alter von 29 Jahren, heiratete Joe Vogt Augusta Olendorf, die zwanzigjährige Tochter einer deutschen Pionierfamilie, die ihm drei Söhne und drei Töchter schenkte. Die Familie war wohlhabend und führte ein offenes und geselliges Haus: Hier trafen sich nicht nur Guttenbergs Demokraten zu politischen Versammlungen, hier kamen

Letztes Wohnhaus von Anton Wille in Guttenberg

Farmhaus der Familie Wille in Guttenberg um 1905; die Farm wurde später vom Sohn Leo (hinter dem Hund) übernommen und an den Enkel Donald weitergegeben

auch die Liechtensteiner gerne zu einem Spielchen oder zum Gesang zusammen, bei dem man Wein aus wilden Trauben trank, die Joe Vogt am Hügel hinter dem Haus angepflanzt hatte. Durch seine Mitgliedschaft bei den Demokraten wuchs allmählich sein politischer Einfluss; er war während dreier Jahre Mitglied des Gemeinderates und wurde in den Jahren 1897 und 1898 zum Delegierten im demokratischen Bezirks-Parteikonvent gewählt.[249]

Joe Vogt verlor seine Frau bereits 1905, ein knappes Jahr nach der Geburt der jüngsten Tochter. Er selbst starb 1940 im Alter von 84 Jahren. Das Bauunternehmen wurde von seinem Sohn William weitergeführt.

Als einer der letzten Einwanderer kam um die Jahrhundertwende Anton Wille nach Guttenberg. Er war 1881 von Balzers nach Dubuque ausgewandert, hatte dort als Maurer gearbeitet und sich während der Wintermonate in einer Wurstfabrik verdingt. 1884 hatte er die Deutsche Veronika Ittensohn geheiratet; der Ehe wurden zwölf Kinder geschenkt, von denen zwei im Kindesalter starben. In Guttenberg kaufte Wille eine Farm, arbeitete aber in seinem angestammten Beruf als Maurer weiter, während seine Frau und die Kinder die Farm bewirtschafteten. Als Wille sich aus dem Erwerbsleben zurückzog, baute er für sich und seine Frau im Zentrum des Städtchens ein neues Wohnhaus und überliess die Farm seinem Sohn Leo. Dieser vergrösserte den Besitz, und als er den Betrieb an seinen Sohn Donald weitergab, umfasste er 700 Acres. Mit Donalds Sohn Daryl arbeitet unterdessen bereits die vierte Generation auf der Farm, die heute rund hundert Milchkühe hält und Mastrinder aufzieht.[250]

Von Armut und Heimweh

Nicht immer gelang der Start in der neuen Heimat so gut wie in den hier geschilderten Fällen. Es gab in der Pionierzeit manchen – auch liechtensteinischer Herkunft –, der im gelobten Land in Armut versank oder an Heimweh verzweifelte. Drei Fälle mögen dies belegen.

1852 war der Balzner Franz Josef Brunhart zusammen mit seiner Tochter Franziska ausgewandert. Die beiden gehörten zu jener Gruppe, die am 7. Mai 1852 in New York an Land gegangen war.[251] Während das Schicksal der Tochter nicht bekannt ist,[252] liess sich der Vater mit Sicherheit in Clayton County nieder, von wo er 1870 enttäuscht und verbittert aus dem Armenhaus folgenden Brief nach Hause schrieb: «*Poor House Farm, Red Post Office, Clayton Co. – Iowa den 20. Decembre 1870 – Meine lieben Töchter! – Weil ich gerade in diesem Augenblicke Gelegenheit habe, Euch wiedereinmal einige Nachrichten von mir, Euerer greisen Vaterhand aus meiner neuen Heimat hinüber zu senden, so will ich es nicht versäumen, dies zu thun. Ich spreche damit die frohe Hoffnung aus, in der kürzesten Zeit von Euch eine Antwort hier zu sehen. Es thut mir allerdings wehe, Euch nicht zum Voraus auf eine recht frohe u. angenehme Nachricht gefasst machen zu dürfen u. würde lieber, wenn ich Alles ruhig überdenke, die Feder gänzlich in Ruhe lassen; aber die Art u. Weise, wie Euere Schicksale sich seit meinem Weggange aus dem alten Vaterlande bis auf diesen Tag sich gestaltet haben, beunruhigt meine grauen Haare zu sehr, als dass ich länger mich fassen könnte, Euch ohne einige Zeilen zu lassen u. darum will ich, so schwer es mir auch fällt, die bittere Arbeit übernehmen. – Ihr wisst es Alle wohl, meine theuren Kinder, dass in diesem schönen Lande mich das Glück mit seinen Schicksalen nie beschert hat, dass mich vielmehr Noth u. Armuth heimgesucht u. nun seit mehreren Jahren schon das graue Alter mit seinen Sorgen und Mühen dazu getreten ist, ja dass ich es schwer zu büssen habe, so leichtsinnig von euch weggegangen zu sein, um eine reiche Zukunft hier zu finden. Glücklicherweise hat mir der Himmel so viel Kraft geschenkt, dieses Schicksal mit Geduld zu übernehmen und mit Vertrauen zu ertragen u. ich bitte euch dafür gerade auf diesen bittern Kelch, den Ihr aus diesen trüben Zeilen zu leeren habt, nicht zu verzagen; vertraut vielmehr auf meine Aussage, dass dieser Brief nicht dazu berechnet ist, um aus Eueren lieben Händen Hülfe zu bitten oder gar zu – erpressen; seid vielmehr versichert, dass ich selbst in der grauen Noth mit meinem Schicksal zufrieden bin u. keine Hülfe bedarf noch irgend welche verlange. – Ich weiss, dass aus dem, was ich noch in der alten Heimat besass, ein bedeutender Theil noch nicht flüssig gemacht ist. Es würde mir die grösste Freunde sein, Euch die vollkommenste Gelegenheit in die Hände zu geben, darüber nach Euerem*

Belieben zu verfügen. Ich möchte euch demnach hier auf das ernsteste daran erinnern u. auf das heiligste mit der Bitte betrauen, mir so schnell als möglich darüber aufs gründlichste Unterricht zu geben, auf welche Weise es sich thun liesse, dass Ihr freie Hand darüber haben würdet u. nach Euerem Gutdünken benutzen könntet. Wenn eine Vollmacht aus meiner Hand nothwendig seyn sollte, so müsst Ihr mir schnell u. aufs genaueste mitteilen, wie dieselbe ausgestellt u. von welchen Beamten die Unterschrift tragen sollte. Ich dürfte es in diesem Augenblicke wagen, den Versuch mit einer derartigen Vollmacht zu machen, wenn ich 1. nicht fürchten würde, einen vergeblichen Schritt zu thun; u. 2., wenn nicht, um alle nöthigen Unterschriften zu erhalten, einige Thaler notwendig wären, die ich leider nun nicht besitze. Denn Geld liegt nun einmal nicht in meiner gegenwärtigen Hand. Und wenn Euer Schreiben dahin lauten solle, dass meine Vollmacht mit Unterschriften versehen sein müsste, so müsste ich euch bitten, Euerem Briefe einige Thaler beizulegen. – Dreiundsiebenzig Jahre trage ich bis zur Stunde auf meinem Haupte u. dass diese nicht mehr im Stande sein können, zu verdienen u. dass ich zufrieden sein muss, mein Brod für das Alter zu haben, das liebe Kinder, könnt Ihr Euch vorstellen. Darum lege ich auch noch die Bitte bei, der Mutter, die schon so lange im Grabe liegt, daraussen in Euerer Heimat für einen Grabstein zu sorgen; denn so gerne ich dafür Sorge tragen würde, so könnte ich es doch nicht, weil das Schicksal mir nun einmal die Hand dazu genommen. Sollte Euere Zärtlichkeit so weit gehen, auch für mich nach meinem Tode, ein Zeichen der Erinnerung auf das Grab zu legen, so müsste dies allerdings in der alten Heimat geschehen; denn hier kümmert sich um den irdischen Hingang kein Mensch mehr nach Einem. – Meine theuren Kinder, ich hoffe, Ihr werdet meine Bitten nicht unerfüllt lassen u. Euerem greisen Vater recht bald mit einer Antwort erfreuen; es wird Euch ja nicht schwer fallen, es zu thun u. es soll ja Euch u. nur Euch allein von Nutzen sein. Nur Ihr allein sollet ja das Recht haben, von der Vollmacht Nutzen zu ziehen u. lasset Euch durchaus nicht von dem Gedanken belauschen, dass ich Euch betrügen möchte. Richtet all meinen früheren Bekannten die herzlichsten Grüsse aus u. befleissigt Euch der Rechtschaffenheit u. Treue. – Meine herzlichsten Grüsse an Euch alle, Euer Vater, – Franz Joseph Brunhard.»[253]

Ob die in Balzers verbliebenen Töchter des Vaters Bitten erfüllt haben, ist nicht bekannt. Es scheint sich aber um dessen letzten Brief gehandelt zu haben; da über sein weiteres Schicksal nichts in Erfahrung gebracht werden konnte, wurde Franz Josef Brunhart 1883 gerichtlich für tot erklärt.[254]

Ein anderer tragischer Fall ereignete sich in Guttenberg, als sich zu Beginn des Jahres 1884 der Liechtensteiner Johann Alois Wolf erhängte, weil er offensichtlich mit dem Heimweh nicht mehr fertig geworden war. Wolf, der im Frühjahr 1883 ohne Familie nach Amerika gekommen war, hatte sich mit Johann Boss und Daniel Seger aus Vaduz zusammengetan, war mit ihnen als Maurer den Sommer über von Baustelle zu Baustelle gezogen und hatte von jedem Lohn einen schönen Teil an seine Familie geschickt, die in Liechtenstein wahrscheinlich darauf wartete, bis der Vater genügend verdient hatte, um sie nachkommen zu lassen. Es kam nicht so weit. Wie Johann Boss in einem Brief an seinen Freund Anton Ammann in Vaduz schrieb, war Wolf seit Herbst 1883 «*in Arbeit bei einem Farmer für Kost und etwas Lohn, wie es hier Brauch ist, sich den Winter kostenfrei durchzuschlagen, was für jeden besser ist, als in der Stadt. Es ist uns auch in der letzten Zeit immer mehr vorgekommen als ob er an Heimweh gelitten hätte. Gestern (Sonntag) war Seger noch bei mir und wir sprachen noch von Wolf, wir haben ihn in den letzten Wochen nicht mehr gesehen, und heute bekam ich die überraschende Nachricht, dass er sich gehenkt habe.*»[255]

Von Heimweh geplagt war auch Fidel Büchel. Er war im Frühjahr 1881 mit einer Gruppe Balzner nach Guttenberg ausgewandert,[256] entschloss sich aber schon im Sommer des selben Jahres wieder zur Rückkehr in die Heimat. Nachdem er erst seit kurzem in Amerika war und entsprechend wenig gespart hatte, wollte er die rund 1'800 Kilometer lange Strecke nach New York zu Fuss zurücklegen. Am 18. Juli 1881 wurde er in der Gegend von York, knapp 200 Kilometer vor Philadelphia, tot neben der Bahnlinie gefunden. Todesursache und -umstände sind nie bekannt geworden.[257]

Communia – ein sozialistisches Experiment
1847 sammelte sich in St. Louis (Missouri) eine Gruppe von Männern in der Absicht, eine gemeinsame Kolonie zu gründen. Auf der Suche nach geeignetem Land fuhren sie mit einem Mississippidampfer flussaufwärts bis nach Dubuque, wo sie sich mit Vorräten eindeckten, drei Ochsengespanne kauften und westwärts zogen. Rund 15 Kilometer östlich von Guttenberg fanden sie ein Gebiet, das ihren Vorstellungen entsprach. So kam es zur Gründung der Kolonie Communia[258], der auch Johann Jakob Marxer aus Schellenberg angehörte.[259]

Als erstes bauten die Männer ein Blockhaus sowie eine Schmiede und einige kleinere Blockhütten. Aus ihrer gemeinsamen Kasse kauften sie 1'400 Acres Land und alles, was sie zu dessen Rodung und Bebauung benötigten. Die Regeln der Kolonie waren einfach: Das Eigentum gehörte allen, und eine Teilung konnte nur mit der Zustimmung aller erfolgen. Alle hatten die Pflicht zur Arbeit, aber auch Anrecht auf Versorgung mit Nahrung und Kleidern, die Kinder erhielten eine Schulbildung. Starb ein Mitglied, war die Gemeinschaft verpflichtet, für die Witwe und die Kinder zu sorgen. Wer eintreten wollte, hatte eine dreimonatige Probezeit zu bestehen und seinen Anteil einzuzahlen, wer die Kolonie verlassen wollte, erhielt die einbezahlte Summe wieder zurück.

Die ersten Jahre waren hart, die Kolonisten brachten es kaum auf einen grünen Zweig, und es gab immer wieder Unstimmigkeiten. 1851, als sie gerade wieder einmal in einer Krise steckten, erhielten sie Besuch von Wilhelm Weitling, einem deutschen Frühsozialisten, der nach seiner Emigration den amerikanischen Arbeiterbund gegründet hatte und ihm als Präsident vorstand. Weitling bot der Kolonie eine Beteiligung des Arbeiterbunds in der Höhe von 10'000 Dollar an; dafür sollte sie bereit sein, zusätzliche Siedler aus den Reihen seiner Organisation aufzunehmen. Die Kolonisten willigten ein, doch es kam schon bald zu Zerwürfnissen mit den Neuankömmlingen, die sich den Regeln nicht unterwerfen wollten. 1853 wurde ein neues Statut erlassen, 1854 übernahm Weitling selbst die Führung der Kolonie, doch konnte auch er ihren Untergang nicht aufhalten. Im Gegenteil: Zwei Monate nach seiner Amtsübernahme waren die Streitigkeiten derart eskaliert, dass er eines Morgens verschwand. 1859 war das sozialistische Experiment am Ende. Die Kolonie löste sich auf, und ihr Land wurde von den Bezirksbehörden an die noch verbliebenen Siedler versteigert.[260] Auch Johann Jakob Marxer, der sich inzwischen mit Margarethe Conrad verehelicht hatte, übernahm 160 Acres und blieb als Farmer in Communia. Er starb am 30. Januar 1890.[261]

Freeport – Ziel der Triesenberger
Am 3. Februar 1850 bestätigte Johann Bühler, Richter am Triesenberg, den beiden Brüdern Xaver und Alois Lampert, *«dass sie ihre Gemeindeschuldigkeiten sowohl auch ihre Privatschuldigkeiten abgeführt und bezahlt»* hätten und dass man sie deshalb ohne weiteres nach Amerika ziehen lassen könne.[262]

Xaver Lampert, geboren am 21. Februar 1810, hatte schon mehrere Schicksalsschläge hinter sich. Als 31jähriger hatte er seine erste Frau Maria Eberle geheiratet. Ihre beiden Kinder waren bei der Geburt gestorben, und wenige Tage nach der zweiten Niederkunft erlag auch seine Frau den Folgen der Geburt. Als er in Kreszentia Sele eine neue Braut gefunden hatte, entschlossen sich die beiden, nach Amerika auszuwandern. In ihrer Begleitung befand sich auch Xavers jüngerer Bruder Alois. Sie verliessen Triesenberg am 1. März 1850 in Richtung Le Havre und schifften sich auf der «Fides» ein, die sie am 23.

April nach New Orleans brachte. Mit an Bord waren sechs weitere Liechtensteiner aus Balzers.[263]

Im Gegensatz zu ihren Mitreisenden, die sich teilweise in Dubuque niederliessen, wählten die Auswanderer aus Triesenberg als neue Heimat die Ortschaft Freeport, die rund sechzig Meilen östlich davon im Staat Illinois liegt. 1835 hatte William Baker hier als erster weisser Siedler einen Laden und ein Gasthaus eröffnet. Es wird ihm nachgesagt, dass er ein offenes und gastfreundliches Haus führte, weshalb seine Frau bei einer Diskussion über die Benennung der neuen Siedlung den Namen Freeport vorschlug. Die Stadt wuchs rasch: Zählte sie 1850 noch 1'400 Einwohner, so wuchs die Bevölkerung bis 1890 auf 17'000 an. Sie war Bezirkshauptort von Stephenson County und entwickelte sich in den fünfziger Jahren zu einem wichtigen Eisenbahnknotenpunkt, der von drei verschiedenen Gesellschaften bedient wurde. 1851 öffnete die erste Bank ihre Schalter, Fabriken wurden gegründet, Versicherungen liessen sich nieder, Hotels und Warenhäuser wurden gebaut. Freeport wurde für die Farmer der Umgebung zu einer wichtigen Einkaufsstadt.[264]

Warum die erste Triesenberger Auswanderergruppe gerade dieses Ziel wählte, ist ungewiss. Immerhin schien sie sich bereits zwei Jahre nach ihrer Ankunft so weit etabliert zu haben, dass ihnen weitere Familienangehörige folgen konnten: Es waren die Brüder Gottlieb und Josef sowie die verwitwete Schwester Barbara Beck-Lampert mit vier Kindern zwischen fünf und 13 Jahren. Sie hatte ihren Mann 1848 verloren und seither versucht, ihre Kinder allein durchzubringen. Nachdem sich vier ihrer sechs Brüder zur Auswanderung entschieden hatten, ist es verständlich, dass auch sie sich anschloss. Am 14. März 1852 machte sich die siebenköpfige Gruppe auf die Reise. Als sie nach Balzers kam, soll die fünfjährige Ursula ihre Mutter bereits gefragt haben: «*Sind wir jetzt in Amerika?*»[265] Die Geduld der Kleinen und ihrer Begleitung sollte allerdings noch auf eine harte Probe gestellt werden; das Schiff «Mobile», das sie in Le Havre für die Überfahrt bestiegen, kam erst am 31. Mai – also 79 Tage später – in New Orleans an; die Weiterreise nach Freeport dürfte weitere drei oder vier Wochen in Anspruch genommen haben.

Alois Gassner und Justina Lampert heirateten 1873 in Freeport (Illinois) und zogen 1875 in den Staat Oregon (Archiv Engelbert Bucher)

Im Jahr 1868 trafen weitere Verwandte in Freeport ein: Xaver Lampert, ein Neffe der oben erwähnten Geschwister Lampert, dessen Frau Karolina, geborene Schädler, ihr Sohn Julius sowie Xavers Schwester Justina. Xaver starb bereits vier Jahre nach der Einwanderung, so dass Karolina gezwungen war, ihr Schicksal allein in die Hand zu nehmen. Sie tat es mit Erfolg und wurde darüber hinaus zu einer wichtigen Anlaufstelle für weitere Triesenberger Auswanderer, denen sie beim Start in der neuen Heimat mit Rat und Tat beistand.[266]

Noch bevor allerdings in den achtziger Jahren weitere Auswanderer nach Amerika aufbrachen, begann sich die kleine Triesenberger Kolonie aufzulösen. 1874, 24 Jahre nach ihrer Ankunft in Freeport, entschlossen sich Xaver und Alois Lampert, weiter nach Westen zu ziehen.[267] Xaver Lamperts Schwiegersohn Josef Banzer[268] hatte sich schon zuvor in der Nähe von Portland (Oregon) niedergelassen, wohin ihm nun seine Verwandten folgten. Bereits ein Jahr später zogen auch die Schwestern Barbara Beck-Lampert mit ihren Töchtern sowie Justina, die sich inzwischen mit Alois Gassner aus Triesenberg verheiratet hatte, nach Oregon.[269]

So hielt es denn auch Alexander Lampert, der 1882 mit seiner aus Württemberg stammenden Braut Juliana nach Freeport ausgewandert war, nicht lange dort. Bereits am 27. Januar 1884 schrieb er an seinen Bruder: *«Ich bin nun hier im Staate Oregon und habe mir hier mit Franz Josef Frommelt[270] ein Stück Land gekauft, verlege mich nun wieder auf Bauerngeschäft. Es ist ein grosses Stück Land, misst 178*

Bestätigung der Verleihung des amerikanischen Bürgerrechts an Johann Eberle in Freeport (Illinois)

Are (1 Are = 1'200 Klafter) [271]. *Die Are kostet uns 10 Thaler = 20 fl. Es liegt ungefähr 4 Stunden von der Stadt Portland entfernt.»* Damit war die Wanderung für ihn allerdings noch nicht zu Ende. Auf den zweiten Blick nämlich wollte ihm der gekaufte Boden nicht mehr so recht zusagen, weil er «zu weit weg von einer Kirche» war. So schloss sich Lampert einer Gruppe deutscher Einwanderer an, die im Februar 1888 weiter nordwärts im Staat Washington geeignetes Land suchte, um eine neue Siedlung zu gründen. *«Wir haben auch wirklich schönes und gutes Land gefunden»*, berichtete er nach Hause, *«und uns dann entschlossen dort uns anzusiedeln. Es kann da jeder 160 Are Land nehmen für nichts, er muss nur seine Heimat darauf machen. Es ist ungefähr 24 Meilen vom Stillen Meere im Washington Sector. Wenn ich nun mein Land hier verkaufen kann, so werde ich im nächsten Herbst dorthin ziehen. Hoffentlich werde ich dann dort bleiben. Es wird sonst hier in Amerika sehr viel nachgezogen, wo am meisten Verdienst ist oder wo das beste Klima ist, da ziehen die Leute hin. Hier ist man überall daheim, denn es gibt hier keine Gemeindebürger, sondern nur Staatsbürger, die haben überall das gleiche Recht. Wenn einer 5 Jahre im Lande ist, kann er Bürger werden ...»* Am 23. September 1896 starb Alexander Lampert. Er hinterliess acht Kinder. [272]

Gräber von Remigius und Thomas Eberle in Freeport

Die Familien Eberle in Freeport

Die Einwanderung der Familien Eberle begann 1881. Die erste Gruppe umfasste Johann Eberle, seine Frau Sibylla, geborene Beck, und ihre drei Söhne Remigius, Johann und Ferdinand. Ferner gehörten ihr Johanns Bruder Remigius und dessen Braut Josefa Beck an.[273] Ein Jahr später folgte ihnen ihr Bruder Thomas mit seiner Frau Magdalena, geborene Eberle, und seinen sechs Kindern im Alter zwischen zwei und zehn Jahren.

«Freeport ist eine schöne Stadt mit 9'000 Seelen zählend. Es gefällt mir schon gut hier», schrieb Johann Eberle am 11. Mai 1881, wenige Tage nach seiner Ankunft, nach Hause. Er und sein Bruder Remigius schienen entschlossen, in der neuen Heimat ihr Glück zu machen. Dies lässt sich daraus schliessen, dass beide schon am 20. Juni 1881 vor dem Bezirksgericht in Freeport formell ihre Absicht erklärten, Bürger der Vereinigten Staaten zu werden.[274]

Während Remigius den Sommer über ausserhalb der Stadt *«für 2 Dollars und die Kost»* Arbeit fand, musste Johanns Familie einen Schicksalsschlag nach dem anderen ertragen. *«Leider, liebe Brüder»*, schrieb er nach Hause, *«kann ich Euch keine erfreulichen Nachrichten mitteilen, denn der liebe Gott hat meine Familie im ersten Jahre in Amerika schwer heimgesucht: Zum ersten habe ich eine böse Hand gehabt, so dass ich 4 Wochen nicht arbeiten konnte. Dann bekam mein liebes Weib wieder den sogenannten Wurm am linken Daumenfinger, welcher heftige Schmerzen verursachte, so dass sie ganze Wochen nicht schlafen konnte; nicht genug damit, am 15. August, am Mariahimmelfahrtsfeste, erkrankte dann mein lieber, unvergesslicher Remigius an heftigem Brechen und Abführen, wozu dann schon am dritten Tage die Gichter kamen, welche diesem jungen teuren Leben bald ein Ende machten, denn am Freitag, den 19. August, morgens 8 Uhr hatten wir den zweiten Engel!»*[275] Drei Wochen nach dem Tod des Kindes erkrankte Johann zudem an *«Wechselfieber, welche hier so häufig vorkommen ... besonders unter den frisch Eingewanderten ... es ist eine schwere Krankheit ... versticken vor Hitze und dann wieder frieren, dass es das Federbett in die Höhe wirft, ärger als im Winter.»* Wegen seiner Krankheit konnte er der Arbeit nicht wie geplant nachgehen, immerhin aber konnte er seinen Brüdern berichten: *«... in betreff des Verdienstes ist es hier viel besser als draussen ... es hat hier auch arme Leute genug wie draussen, jedoch von Not leiden, wenn einer arbeitet, ist keine Rede.»*

Im Herbst 1881 heiratete Remigius Josefa Beck,[276] im Frühjahr 1882 traf sein Bruder Thomas mit seiner Familie in Freeport ein. Auch Johann war wieder gesund, und alle drei fanden gemeinsam eine gute Arbeit. *«Uns geht es gut, wir haben immer Arbeit genug bei gutem Lohn. Wir schaffen für uns selbst meistens im Akkord; der Taglohn ist hier durchschnittlich 2 $^{1}/_{4}$ Dollar. Wir haben alle drei im Sommer 4 Wochen in Rockford geschafft und 3 Dollar den Tag erhalten, was 15 Fr. ausmacht, das Kostgeld 4 D. die Woche. Wir fuhren alle Samstag abend heim, es ist 28 engl. Meilen, eine Stunde Fahrzeit für den Zug.»*[277]

Offensichtlich wurde in diesem Sommer der Grundstein zur späteren Selbständigkeit von Johann Eberle gelegt, der schon bald sein eigenes Baugeschäft gründete, Geschäftshäuser und Kirchen errichtete und zu einem der bekanntesten Bauunternehmer des Städtchens wurde. Die katholische Kirche St. Joseph fand in ihm einen engagierten und grosszügigen Förderer.[278]

Über das Schicksal der beiden anderen Brüder ist wenig bekannt. Von Remigius, der bei seinem Bruder als Maurer arbeitete,[279] ist ein Brief aus dem Jahr 1899 erhalten, in dem er die Namen und Geburtsdaten seiner neun Kinder angibt und berichtet: *«Wir sind alle Gott sei Dank gesund; der Franz arbeitet jeden Tag, verdient die Woche 4 Dollar, die Maria arbeitet auch bei fremden Leuten und verdient 2 Doll. die Woche. Die anderen sind alle zu Hause. Ich arbeite auch die meiste Zeit, der Lohn ist aber klein. Ich habe auch schon das Knochenweh, da muss ich 3 bis 4 Tag im Bette liegen. Die Katharina ist dieses Frühjahr zur ersten hl. Kommunion, und ich werde Euch das Bild dann auch schicken. Von die Brüder und deren Familien sind soweit ich weiss gesund.»* Der Kontakt zur alten Heimat schien bereits nicht mehr so intensiv zu sein wie in den ersten Jahren, denn Remigius beklagte sich: *«Es wundert uns sehr, dass uns der Schwager oder seine Kinder uns keine Antwort schickt, denn der Bruder Thomas und Johann haben ihnen geschrieben. Lasse mich meine Schwäger und die Schwägerin grüssen. Sage der Agada der Schwester Mädchen, sie soll mir doch einmal schreiben.»*[280]

Auch von Thomas Eberle ist wenig bekannt. Er arbeitete als Maurer im Geschäft seines Bruders und bei anderen Bauunternehmern. Der achtköpfigen Familie, die 1881 nach Freeport gekommen war, wurden noch drei weitere Kinder geboren. 1891 wurde er Bürger der Vereinigten Staaten. Er starb 1913, seine Frau Magdalena 1922.[281]

Wabash – eine Unterländer Kolonie in Indiana

«Als ich nach Wabash kam, waren die Leute dort im allgemeinen sehr arm. 1840 und 1841 waren düstere Zeiten für die meisten von ihnen. Es gab kein Geld, und die Geschäfte liefen schlecht.» Diese pessimistische Schilderung stammt von James Brownlee, der 1840 aus Indianapolis nach Wabash (Indiana) kam und dort ein Jahr lang als Advokat sein Auskommen suchte, bevor er wieder zurückkehrte.[282]

Familie Haas in Wabash; hintere Reihe v.l.n.r. Mutter Elisabeth (geb. Cavegn), Helen, Max; mittlere Reihe Amy, Vater Benedikt, Elsie, vorne die jüngste Tochter Irma

Kerzenständer, den Maria Anna Kaiser-Büchel vom Schiff mitbrachte

Bis 1826, als die Indianer in einem ersten Vertrag der weissen Besiedlung ihres Territoriums zugestimmt hatten, war die Gegend von Wabash Jagdgebiet der Potowatomi und Miami gewesen, die sich nun – nach weiteren Landabtretungen in den Jahren 1838 und 1840 – immer mehr nach Westen zurückzogen. Um 1850 lebten noch einige Hundert von ihnen im oberen Tal des Wabash River.[283]

Um die gleiche Zeit kamen auch die ersten Liechtensteiner in die Gegend. Sie waren als achtköpfige Gruppe gereist, die ihre alte Heimat zeitig im Frühjahr verlassen, in Le Havre den Dampfer «St. Nicolas» bestiegen hatte und nach mehrwöchiger Überfahrt am 24. April 1848 in New York angekommen war. Zur Gruppe gehörten aus Vaduz Alois Rheinberger, Johann Laternser und die Geschwister Barbara, Christoph und Franz Joseph Hilti sowie aus Balzers Ferdinand Frick und aus Mauren die Brüder Philipp und Johann Georg Alber. Die ganze Gruppe gab als Reiseziel Ohio an.[284]

Ferdinand Frick liess sich in Dayton (Ohio) nieder, wo zunächst auch Alois Rheinberger[285] sowie die Geschwister Hilti blieben.[286] Auch von Philipp Alber ist bekannt, dass er einige Zeit in Dayton verbrachte. Bald darauf aber finden wir ihn zusammen mit seinem Bruder Johann Georg in Wabash wieder, während sich Barbara und Christoph Hilti rund 25 Meilen westlich in Logansport niederliessen. Am 18. September 1848 heirateten dort Philipp Alber und Barbara Hilti. Das Paar liess sich in Wabash nieder, wo Philipp einen Steinbruch betrieb. Johann Georg Alber betätigte sich als Grabstein-Bildhauer und erwarb einige Jahre nach der Einwanderung etwas ausserhalb der Stadt eine Farm. 1849 stiessen aus Mauren auch Magdalena und Jakob Balthasar Alber zu ihren Geschwistern in Amerika. Jakob liess sich in Logansport nieder, während Magdalena zu Philipp nach Wabash zog, wo sie 1854 den Deutschen Franz Anton Rettig heiratete. Rettig und

Philipp Alber gründeten 1865 die Rettig & Alber Brewery, die sich zu einer der erfolgreichsten Brauereien in Indiana entwickelte.[287]

Nach der Einwanderung der Geschwister Alber und Hilti hörte der Zustrom von Liechtensteinern nach Wabash und Umgebung zunächst auf. 1854 kam noch Michael Schreiber, der 1852 mit seinen Eltern nach Guttenberg ausgewandert war. Eine weitere Zuwanderung setzte erst wieder in den sechziger Jahren ein.

Josef Kaisers Erfolg und tragisches Ende

Als erster kam Josef Kaiser aus Gamprin. Er hatte sich mit seiner Familie entzweit, weil er darauf bestanden hatte, eine arme Bauerntochter zu heiraten. In Amerika wollte sich der gelernte Steinhauer eine neue Existenz aufbauen, um seine Braut später nachkommen zu lassen. Als er jedoch am 27. Juni 1860 auf der «Uhland» in Baltimore ankam,[288] war er völlig mittellos; auf dem Schiff hatte man ihm seine Barschaft und seine Kleider gestohlen. Irgendwie schaffte er es aber, nach Wabash durchzukommen, wo er in Philipp Albers Steinbruch Arbeit fand. Im Frühjahr 1863 reiste Albers Schwager Franz Anton Rettig nach Deutschland und nahm auf der Rückreise Kaisers Braut Maria Anna Büchel mit.[289] Sie fand bei den Albers eine Anstellung als Dienstmädchen, bevor die beiden am 12. Mai 1864 heirateten und ihr eigenes Haus an der Hauptstrasse von Wabash bezogen, das sie im Verlauf der Jahre fortwährend vergrösserten, um Platz für ihre sechsköpfige Kinderschar zu schaffen.

Josef Kaiser, Wabash

Josef Kaiser war ein fleissiger und ruhiger Mann, der in seinem Beruf angesehen war und sich nicht in anderer Leute Dinge einmischte. Seine Frau Maria Anna ergänzte seine Besonnenheit durch ihren Geschäftssinn, von dem nicht nur der Ausbau des Hauses zeugte, sondern auch der ansehnliche Grundbesitz, der allmählich zusammenkam. Am 17. Juli 1898, einem Sonntag, stand Kaiser wie gewohnt zwischen vier und fünf Uhr morgens auf, versorgte die Pferde und ging dann zum Fluss hinunter, um in der Nähe der Eisenbahnbrücke zu schwimmen. Als kurze Zeit später ein Zug über die Brücke fuhr, entdeckte der Heizer im Fluss einen reglosen Körper und alarmierte den Brückenwärter, der allerdings nur noch den Leichnam bergen konnte. Josef Kaiser war während des Schwimmens von einem Krampf befallen worden und ertrunken. Seine Frau Maria Anna, die als gute und hilfsbereite Person bekannt war, folgte ihm 1910 nach fünfwöchiger schwerer Krankheit in den Tod.[290]

Weitere Liechtensteiner Schicksale in Wabash

Inzwischen hatte sich die Liechtensteiner Kolonie in Wabash vergrössert. Zu den Neuankömmlingen gehörten Maria Annas Geschwister Dominikus und Klara sowie ihr Stiefbruder Jakob Büchel.[291]

1866 kam der 28jährige Ludwig Lingg von Schaan nach Wabash. Als Fassküfer war er einer Einladung der Brauerei Rettig & Alber gefolgt, wo er einige Jahre arbeitete. Nach seiner Heirat mit Elizabeth Beamer zog er nach Logansport und eröffnete dort ein Restaurant. Das Ehepaar hatte acht Kinder. Ludwig verunglückte am 2. April 1887 tödlich, als er beim Überqueren der Schienen von einem Eisenbahnzug erfasst und überfahren wurde. Seine Frau starb wenige Monate später an einer Lungenentzündung. Die sechs noch unmündigen Kinder wurden vom Bruder der Mutter, Valentin Beamer, in Obhut genommen.[292]

Auch Paul Batliner aus Eschen kam über Beziehungen zur Familie Alber nach Wabash; seine Tante Maria Magdalena war in Mauren mit Philipps Bruder Sebastian verheiratet.[293] Batliner arbeitete als Zimmermann im Brückenbau und brachte es bis zum Vorarbeiter. Doch die ständige Arbeit im Freien verursachte immer stärkere rheumatische Beschwerden, die ihn schliesslich zwangen, seinen Beruf aufzugeben. Er kaufte an der Wabash Street einen *Saloon*, den er bis zu seinem Tod am 5. Januar 1892 betrieb.[294]

Von den übrigen Liechtensteiner Einwanderern, die zwischen 1860 und 1890 nach Wabash kamen, ist wenig bekannt. Einige, so etwa Samuel Kranz und Sebastian Kaiser aus Nendeln oder die Cousins

Johann Ferdinand Batliner, kurz vor der Auswanderung

Johann Ferdinand Batliner mit Ehefrau Antonia (geb. Kovar) und Tochter Lillian

Josef und Peter Jäger aus Mauren, finden sich in den Einbürgerungsregistern.[295] Andere, wie die Brüder Andreas, Johann Ferdinand und Rochus Batliner aus Mauren, zogen kurz nach ihrer Ankunft nach Kansas weiter, wo Johann Ferdinand ein Baugeschäft gründete.[296]

Um die Jahrhundertwende ebbte die Einwanderung von Liechtenstein nach Wabash ab. 1901 wanderte Benedikt Haas mit seiner Frau Elisabeth, geborene Cavegn, und drei kleinen Kindern nach Amerika aus. Der jüngste, Benedikt, war erst ein paar Monate alt und starb kurz nach der Ankunft; drei weitere Kinder kamen in Amerika zur Welt. Haas arbeitete kurze Zeit in Indianapolis (Indiana) und reiste dann mit seiner Familie nach Wabash, wo er zunächst in der Brauerei, später bei der Eisenbahn und in einer Giesserei arbeitete.

1921 kam schliesslich als letzter Liechtensteiner Josef Sele aus Triesenberg. Er lebte einige Zeit bei Benedikt Haas, bis er Arbeit auf einer Farm in Urbana (Illinois) fand. Später verdiente er sein Brot als Dachdecker in Chicago und kam 1927 nach Wabash zurück, um die jüngste Tochter der Familie Haas, Erna, zu heiraten. Das Paar lebte zunächst in Chicago, zog aber infolge der Depression 1932 nach Wabash. Sele wurde 1962 durch einen Unfall arbeitsunfähig und starb am 20. Mai 1975.[297]

Eine Ruggeller Kolonie in Nebraska
Ähnlich wie in Indiana kam es auch im Nordosten von Nebraska zu einer Konzentration von Liechtensteiner Einwanderern; sie stammten aus Ruggell. Die Kolonie wurde von Johann Heeb begründet, der 1860 ausgewandert war und sich zunächst in Allentown (Pennsylvania) niedergelassen hatte. Er war in Begleitung seiner Braut Elisabeth Kühne gereist, die er in Amerika heiratete und die ihm sieben Söhne schenkte. Ende der siebziger Jahre schloss sich die Familie dem allgemeinen Zug nach Westen an und gelangte so nach Nebraska, wo sie sich 1878 in O'Neill niederliess.[298]

Johann und Elisabeth Heeb weilten bereits 29 Jahre in Amerika, als sich 1889 Ludwig Heeb, ein weiterer Ruggeller Auswanderer, in ihrer Nähe ansiedelte. Er kaufte Land in Atkinson, baute ein Haus und kehrte schon im folgenden Jahr nach Liechtenstein zurück, um seinen 63jährigen Vater und seine 62jährige Mutter nach Amerika zu holen. Im gleichen Jahr stiessen auch seine Schwester Agatha, ein Jahr später der Bruder William zur Familie. Der Vater verstarb 1903, die Mutter 1908. 1910 reiste Ludwig Heeb – er war mittlerweile 43 Jahre alt – erneut nach Liechtenstein, heiratete dort Adelina Meier aus Mauren und brachte sie zusammen mit ihrem Bruder Jakob nach Atkinson. Der Start des Ehepaars war

Agatha Heeb (l.) und Maria Balbina Öhri-Gstöhl

Andreas und Amalia Öhri-Heeb vor ihrem ersten Haus in Spencer (Nebraska); neben ihnen die beiden Kinder Heinrich und Paulina; das Bild entstand um 1905

allerdings alles andere als verheissungsvoll: Die grosse Trockenheit, die Nebraska in jenen Jahren heimsuchte, zwang sie, ihre neue Heimat zu verlassen; sie zogen nordwärts und siedelten sich in der Provinz Saskatchewan in Kanada an.[299]

Zusammen mit Agatha Heeb war 1890 auch ihre Freundin Magdalena Öhri nach Nebraska gereist; sie löste damit eine ähnliche Familieneinwanderung aus. Magdalena fand zunächst Arbeit in Madison, wo sie ihren Mann John Connot kennenlernte. Nach der Heirat (1893) zogen die beiden in die Nähe der übrigen Ruggeller Einwanderer nach Spencer, wo sie eine Farm übernahmen und dreizehn Kinder grosszogen.[300]

Bereits 1892 waren Magdalenas Brüder Andreas und Ulrich Öhri sowie dessen Verlobte, Maria Balbina Gstöhl, ihrer Schwester nach Nebraska gefolgt. Alle fanden zunächst ebenfalls in Madison Arbeit. 1894 kehrte Andreas nach Ruggell zurück, verkaufte sein Elternhaus und nahm seine 61jährige verwitwete Mutter Katharina sowie seine junge Braut Amalia Heeb nach Amerika mit. Schon bald verlagerte sich das Leben der ganzen Familie in die Nähe ihrer Schwester Magdalena. Ulrich und Balbina heirateten 1896 und erwarben ein Stück Farmland in Spencer, Andreas und Amelia taten es ihnen 1897 gleich. Auch die Mutter bewirtschaftete in der Nähe ihrer Kinder ein kleines Anwesen, bis sie 1903 starb.

Andreas reiste 1926, 34 Jahre nach seiner Auswanderung, zusammen mit seiner Frau, seiner Tochter Pauline und seinem Enkel Donald nach Europa und besuchte dabei auch die Verwandten in Ruggell.[301] Seine Schilderungen über das Leben in Amerika dürften ähnlich geklungen haben, wie sie auch in einem Brief enthalten sind, den er

Andreas Öhri mit seiner Mutter Katharina, seiner Frau Amalia und den Kindern Heinrich und Paulina

ein Jahr später an seine ehemaligen Nachbarn schrieb.[302] Er lautet: *«Meine lieben alten Nachbarn Seppi und Pius! – Es ist schon geraume Zeit verflossen seit wir voneinander Abschied nahmen, so dachte ich Euch ein kleines Briefchen zu schreiben. Wie geht es immer in der alten Heimat? Es vergeht kein Abend, dass wir nicht von draussen sprechen. Die Ruggeller haben uns gut aufgenommen, was uns wirklich freute, hoffentlich hatten sie an unserem Benehmen nichts auszusetzen nachdem wir fort waren. Wie wir hörten, habt Ihr ein sehr guter Herbst gehabt und ist alles noch gut geraten. Wir können auch zufrieden sein, haben noch 4000 Zentner Türken bekommen, aber sehr wenig Heu und gar kein Hafer. Wie haben die Bienen noch gethan bei Euch? Wir haben von 10 Bienstöck noch zwischen 700 und 800 Pfund Honig bekommen. Bei einem guten Jahr kann ein Bienenstock 200 Pf. Honig bringen, ohne die 70 Pf., was er braucht für Futter. Heute fliegen die Bienen wieder, letzte Woche war es zu kalt, aber die ganze Woche vorher flogen sie wie im Sommer. Ihr werdet jetzt wahrscheinlich Schlittenbahn haben und am Mist fahren nach der Studa. Zum Böschala wird es wahrscheinlich zu kalt sein. Nur schade, dass es so weit ist hierher, wie gerne hätte ich Euch ein paar Wochen hier auf Besuch, aber leider geht es halt nicht. Ihr müsst Euch halt gedulden, bis wir wiederkommen, so anno 1930 oder 31 kommen wir wieder, aber dann wird ein ganzes Jahr geblieben. Hoffentlich ist bis dahin der Parteihader vorüber und die Leute wieder einig, ich habe mich manchmal gelangweilt zuzuhören. Alban[303] gefällt es gut hier, ich bin sehr zufrieden mit ihm, dass er hier ist. Er spricht zwar noch kein englisch, aber versteht bald alles und es wird nicht lange nehmen, lernt er auch*

Liechtensteiner in Amerika **111**

sprechen. Habe letzte Zeit verschiedene Bilder genommen, Vieh, Pferde, Maulesel, Schweine Hühner usw., werde welche schicken, wenn ich sie fertig habe. Habe gehört, dass Hoopa Albrecht schwer krank ist, to bad, hätte alle meine Freunde gerne gesehen, wenn wir wieder hinaus kommen. Also haltet Euch munter und schonet Euch, dass wir nocheinmal Wiedersehen feiern können, bleibt hinter dem Ofen, wenn es kalt ist, s'böschela bei kaltem Wetter können wir alten Kerle nicht mehr aushalten. Also recht viele Grüsse, von uns allen, an Euch und Euere Familien. Grüsse an krumma Fridlis, Senzeli, Bernharts und überhaupt alles wer uns nachfrägt. – Andreas Öhri.»

Seinen Traum, für mindestens ein Jahr auf Besuch in die alte Heimat zu kommen, konnte sich Andreas Öhri nicht erfüllen. Er starb 1931, seine Frau folgte ihm 1951.[304]

Kloster Schellenberg – eine Gründung aus Ohio
Mit der Auswanderung nach Amerika steht auch die Gründung des Frauenklosters Schellenberg in engem Zusammenhang.[305]

Seine Vorgeschichte beginnt im Kanton Graubünden, wo der Gründer des Klosters, Pater Franz Sales Brunner, seit 1831 im Auftrag des päpstlichen Nuntius gewirkt und auf Schloss Löwenberg bei Ilanz eine Schule eingerichtet hatte. 1832 unternahm Brunner zusammen mit seiner Mutter Anna Maria eine längere Pilgerfahrt nach Rom, wo beide Bekanntschaft mit der Erzbruderschaft vom Kostbaren Blut machten. Die Mutter trat unverzüglich ein und begann nach der Rückkehr in Ilanz zusammen mit zwei Dienstmädchen mit der nächtlichen Anbetung vor dem Tabernakel. Im Jahr 1834 stiessen elf weitere Frauen zur Gemeinschaft im Schloss Löwenberg – die Schwesternkongregation vom Kostbaren Blut war gegründet.

Nach dem Tod seiner Mutter (1836) trat Pater Franz Sales Brunner ins Noviziat der Missionare vom Kostbaren Blut ein und erhielt 1839 den Auftrag, auf Schloss Löwenberg eine Schule für die Ausbildung von Missionaren zu errichten. Im September 1843 konnte Pater Brunner mit sieben Priestern, sechs Studenten und einem Laienbruder nach Amerika reisen. Eingeladen hatte sie Bischof Johannes Purcell von Cincinnati sowie dessen aus Obersaxen stammender Generalvikar Martin Henni, die ihnen sofort nach der Ankunft seelsorgerische Aufgaben in Ohio zuwiesen. Im Sommer 1844 folgten die ersten Schwestern aus Löwenberg. 1850 kehrte Brunner dorthin zurück, löste die Schule auf und überliess sie dem Bischof von Chur als Waisenanstalt. Zusammen mit dem gesamten Personal, darunter 17 Schwestern, begab er sich nach Amerika, wo er in der Folge zehn Stationen zur seelsorgerischen Betreuung deutscher Einwanderer in Ohio gründete.

Sein Werk gedieh, und, um Nachwuchs anzuwerben, reiste er

mehrmals nach Europa, das letzte Mal 1857. Offensichtlich hatte es in Amerika Probleme gegeben, weil sich nicht alle Schwestern, die Brunner angeworben hatte, für den Ordensberuf als geeignet erwiesen. Manche von ihnen hatte sich unter dem Vorwand des Klostereintritts die Überfahrt bezahlen lassen, die Ordensgemeinschaft aber bald wieder verlassen. Brunner hatte nun den Auftrag, in Europa eine Niederlassung zu gründen, in der solche Kandidatinnen zunächst auf ihre Eignung geprüft werden konnten, ehe man sie nach Amerika auswandern liess. So kam Brunner nach Feldkirch, prüfte mehrere Standorte in Vorarlberg und Tirol und eröffnete schliesslich in Kornburg, in der Nähe von Landeck, eine provisorische Niederlassung, zu deren Leitung er sich aus Amerika zwei Schwestern erbat. Am 19. Mai 1858 trafen die Generaloberin Maria Johanna Grünenfelder und die Novizin Radegundis Gerteis in Feldkirch ein.

Die Kunde, dass sich dort zwei Schwestern aufhielten, die nach einem geeigneten Ort für ein Kloster suchten, drang auch nach Schellenberg, wo gerade eine Kapelle fertiggestellt worden war. Die Gemeinde handelte rasch und nahm zunächst mit den Schwestern, später auch mit Pater Brunner, Kontakt auf, um sie zur Ansiedlung zu bewegen. Bereits am 21. Juni begannen die Schwestern in Schellenberg mit der ewigen Anbetung; als Unterkunft diente ihnen ein kleines, armseliges Haus neben der Kapelle. Das Regierungsamt in Vaduz und die Hofkanzlei in Wien standen der Ansiedlung allerdings skeptisch gegenüber. Landesverweser Michael Menzinger empfahl dem Fürsten, das Gesuch um dauernde Niederlassung abzulehnen, und so erteilte Fürst Alois im Oktober 1858 lediglich *«eine provisorische Niederlassung ... nichts in Hoffnung stellend»*. Es dauerte bis 1865, ehe die Schwestern von Fürst Johann II. die offizielle Genehmigung zur Klostererrichtung erhielten.

Trotz dieser jahrelangen Ungewissheit waren sie unverzüglich darangegangen, in Schellenberg eine Sammelstelle für den Nachwuchs in Amerika zu machen. Bereits im Oktober reiste eine erste Gruppe von zwölf Kandidatinnen nach Amerika ab. Als männlichen Begleiter gab man ihnen Andreas Büchel aus Ruggell mit, einen *«sehr arbeitsamen und braven Bruder von hier»*, wie Pater Brunner in seiner Ankündigung der Reisegruppe nach Amerika schrieb. Büchel trat in Amerika den Missionaren vom Kostbaren Blut bei, wurde 1871 zum Priester geweiht und wirkte bis zu seinem Tod im Jahr 1917 als Seelsorger für deutsche Einwanderer in Ohio und Indiana.[306]

Auch auf junge Liechtensteiner Frauen übte das Kloster Schellenberg eine gewisse Anziehungskraft aus. Bereits 1859 gehörten zu einer Gruppe Schwestern, die nach Amerika aufbrachen, auch die ersten drei Liechtensteinerinnen: Salome Büchel, eine Schwester des vorerwähnten Andreas, Eva Wohlwend und Margaretha Näscher.[307] Alle drei traten ins Kloster Maria Stein (Ohio) ein. In den Jahren darauf folgten ihnen weitere,[308] bis der Zustrom aus Europa offensichtlich abbrach, was die Generaloberin Mutter Ludovica zu einer Klage an den Bischof von Chur veranlasste, das Kloster Schellenberg sei doch *«nur in der Absicht dort gegründet, dass man Postulantinnen aufnehmen und prüfen könne und sie dann ... nach Amerika zu senden. Dies wurde aber nur theilweise erfüllt, oder meistens vernachlässigt bis auf die letzten Jahre, wo wir mehrere taugliche Novizinnen ... nach Amerika herübernahmen.»*

Da es um die gleiche Zeit auch um die Wahl einer neuen Oberin ging, wuchs im Kloster Schellenberg der Wunsch nach mehr Unabhängigkeit. 1896 verordnete der Churer Bischof Johannes Battaglia die Trennung des Klosters vom Mutterhaus und gestattete den Schellenberger Schwestern, ihre Oberin künftig aus den eigenen Reihen zu wählen. Diese Unabhängigkeit wurde 1933, als die Generaloberin aus Amerika das Kloster Schellenberg aus Anlass seines 75jährigen Bestehens besuchte, bestätigt.

Zweiter Teil: Auswanderung im 20. Jahrhundert

VIII. Auswanderung bis zum Ersten Weltkrieg

«Ein unvergesslicher Morgen, der Morgen des 19. April 1906. Bildet er doch einen Markstein in unserem Leben, einen Wendepunkt von mehr oder weniger einflussreicher Wichtigkeit. Er führte uns aus der Heimat. ‹Amerikareisende heraus – höchste Zeit – schon einmal gerufen!› schallte es kräftig durch unser Zimmer morgens drei Uhr im Restaurant ‹Bahnhof› in Buchs. Ein Sprung aus den Federn, in die Kleider geschlüpft, die Reisetasche zur Hand und zum Bahnhof!»[309] Mit diesen hoffnungsfrohen Worten begann der Balzner Auswanderer Elias Wille die Schilderung seiner Reise nach Amerika. Zusammen mit Heinrich Büchel, August Frick, Fridolin Gstöhl und Klemens Kindle war er im Frühjahr des Jahres 1906 in eine neue Zukunft nach Amerika aufgebrochen.[310]

Nachdem die zweite Auswanderungswelle des 19. Jahrhunderts im Jahr 1885 abgeflaut war, beschränkte sich die Auswanderung in der Folge auf einzelne Fälle pro Jahr. 1905 und 1906 schwoll sie aber plötzlich auf zehn beziehungsweise dreizehn Fälle an, um 1907 ebenso rasch wieder abzuklingen.[311] Eine Erklärung für dieses kurzzeitige Aufflackern des Auswanderungsfiebers gibt es bisher nicht.

Erster industrieller Aufschwung in Liechtenstein
Zu Beginn dieses Jahrhunderts war es um die wirtschaftliche Situation Liechtensteins nämlich nicht mehr so schlecht bestellt wie in den achtziger Jahren des vorigen Jahrhunderts. Nach zwanzig wechselvollen Jahren, in denen sich Depressionen und wirtschaftlicher Aufschwung in kurzen Abständen abgelöst hatten, folgte von 1891 bis zum Ausbruch des Ersten Weltkriegs endlich ein kontinuierlicher wirtschaftlicher Aufschwung.[312] 1912 zählte das Gewerbeinspektorat Bregenz in Liechtenstein fünf Industriebetriebe: zwei Webereien, eine Spinnerei, einen Steinbruch sowie einen Sägerei- und Tischlereibetrieb. Sie beschäftigten zusammen 747 Personen, davon 470 Frauen. Dazu kam eine beträchtliche Zahl von Männern und Frauen, welche in Heimarbeit über 200 Stickmaschinen bedienten. Die grosse Zahl der in der Industrie Beschäftigten sank infolge des Ersten Weltkrieges ab und erreichte erst 1947 wieder den Stand von 1914.[313]

Auch Handwerk und Gewerbe profitierten vom Aufschwung der Industrie; neue Gewerbezweige fassten Fuss, bestehende erstarkten. Hatte man 1866 noch 333 Gewerbebetriebe gezählt, so stieg ihre Zahl bis 1914 auf 710.[314] Und in der Landwirtschaft, die im 19. Jahrhundert noch die fast ausschliessliche Erwerbsquelle der Bevölkerung bildete, begann sich um die Jahrhundertwende jener Trend abzuzeichnen, der fünfzig Jahre später als Übergang vom Agrar- zum Industriestaat in die Geschichte einging: 1861 hatte es in Liechtenstein noch 1'208 hauptberufliche Landwirte gegeben, kurz vor Ausbruch des Ersten Weltkriegs zählte man nur noch 740.[315]

Amerika wehrt sich gegen zu hohe Einwanderung
Der wirtschaftliche Aufschwung hatte nicht nur Liechtenstein, sondern auch weite Teile Europas erfasst. Als Folge ging der Einwandererstrom aus Mitteleuropa zurück und verlagerte sich zunehmend auf die ost- und südeuropäischen Länder. Im Jahr 1905 überstieg die Zahl der Einwanderer in den USA erstmals die Millionengrenze, ein Phänomen, das sich bis 1914 noch fünfmal wiederholen sollte. Erst mit dem Ausbruch des Ersten Weltkriegs ging die Zahl der Immigranten wieder stark zurück.

Viele Amerikaner waren überzeugt, dass diese massive Einwanderung für das Land schädlich sei. Dabei war nicht einmal die hohe Zahl der Immigranten ausschlaggebend für die Abwehrhaltung, sondern ihre Fremdartigkeit in Sprache, Sozialverhalten, Arbeits- und Lebensgewohnheiten.[316] Es wurde eine Liga zur Beschränkung der Einwanderung ins Leben gerufen, die nach Mitteln und Wegen suchte, die Einwanderung einzudämmen. Auch die Politiker empfanden die Situation zunehmend als problematisch. In der Folge setzte der Kongress einen Untersuchungsausschuss ein, um das Problem der Einwanderung kritisch zu durchleuchten. Der 1911 veröffentlichte Bericht umfasste 42 Bände und versuchte anhand von umfangreichen Statistiken und Untersuchungen wissenschaftlich nachzuweisen, dass die «neuen» Einwanderer aus Süd- und Osteuropa den etablierten Migrantengruppen aus dem Norden und dem Westen rassisch und kulturell unterlegen seien. Der Bericht bildete die Grundlage, die bereits in den achtziger und neunziger Jahren erlassenen Einwanderungsbeschränkungen weiter zu verschärfen.[317]

Ab 1917 hatten Einwanderer im sogenannten Analphabetentest ihre Lese- und Schreibkenntnisse unter Beweis zu stellen. Ausserdem wurde die Einwanderung aus dem asiatisch-pazifischen Raum unterbunden. 1921 erliess der Kongress das erste Quotengesetz: Jedes Land erhielt eine Höchstzahl von Einwanderern zugeteilt, die auf drei Prozent der im Jahr 1910 aus dem jeweiligen Land bereits in den USA ansässigen Bevölkerung festgesetzt wurde. 1924 wurde diese Quote auf zwei Prozent gesenkt; als Basis zur Berechnung diente nun die Volkszählung von 1890. Damit verschoben sich die Gewichte eindeutig zugunsten der «alten» Einwanderer: So erhielt Deutschland beispielsweise für 1929 eine Quote von 25'927 Einwanderern, während Italien lediglich 5'802 zugestanden wurden.[318]

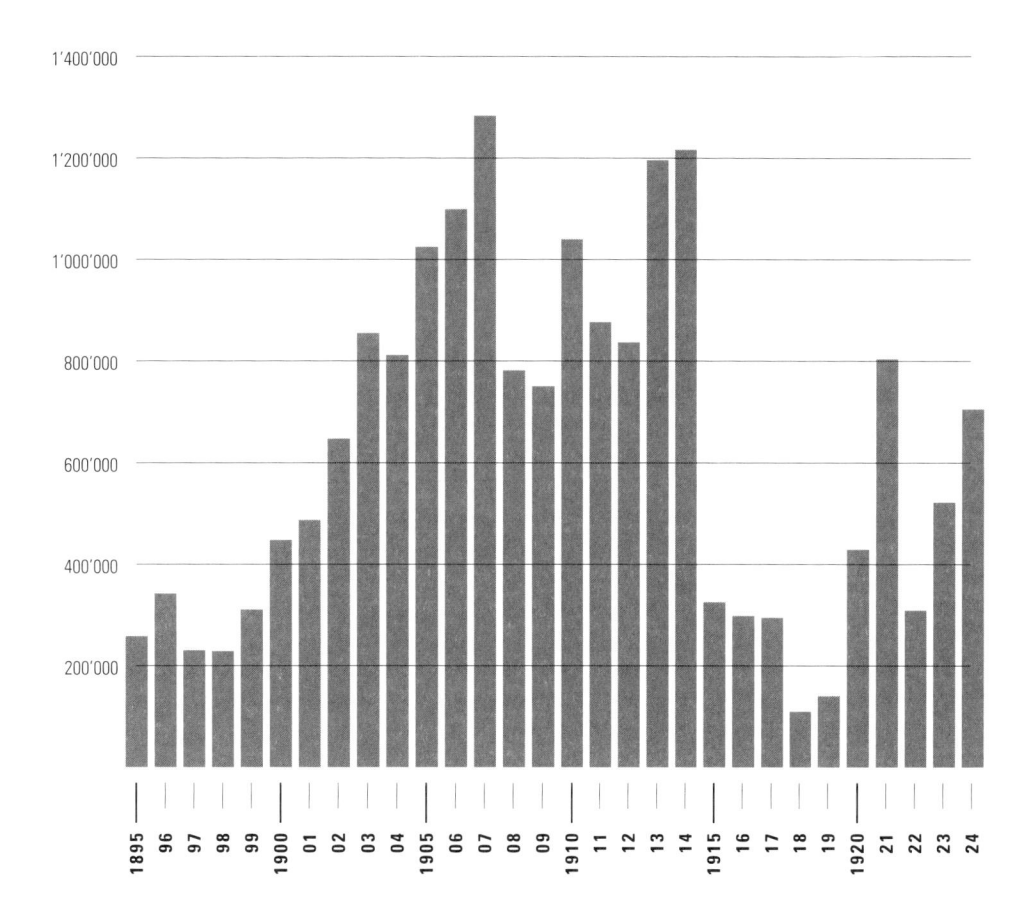

Einwanderer in die Vereinigten Staaten 1895-1924. Quelle: Historical Statistics of the United States, 1789-1945, US Department of Commerce, Washington, D.C., 1949, gedruckt bei Adams, Bd. 2, S. 327

IX. Arbeit und Verdienst locken nach Amerika

Der Erste Weltkrieg verminderte vorerst den Einwanderungsdruck auf die Vereinigten Staaten, aber er brachte in den kriegführenden Ländern Europas neben menschlichem Leid auch wirtschaftliche Not, der in den Jahren nach dem Krieg gar mancher durch Auswanderung zu entfliehen suchte.

Boomjahre und Börsenkrach in Amerika
Während Europa noch jahrelang unter den Folgen des Krieges zu leiden hatte, kehrte der Alltag in den Vereinigten Staaten viel rascher zurück. Die USA verfügten über eine intakte Industrie, die in den folgenden Jahren wahre Produktionswunder vollbrachte. «*Business of America is business*» – Business ist das eigentliche Geschäft Amerikas, lautete die Devise von Präsident Calvin Coolidge, der 1923 die Staatsgeschäfte übernahm und sein Land in eine Periode des Wohlstands führte, die als *Coolidge-Prosperity* in die Geschichte eingehen sollte. Amerika wurde zur grössten Wirtschaftsmacht, und seine Bewohner verfügten über das höchste Durchschnittseinkommen der Welt. Der Wohlstand lockte Einwanderer aus aller Welt, was sich in deutlich steigenden Einwanderungsziffern widerspiegelte.

Doch der Boom war von kurzer Dauer. Am 29. Oktober 1929, einem Dienstag, kam es zum New Yorker Börsenkrach, der schliesslich die Weltwirtschaftskrise nach sich zog. Vier Jahre später war jede dritte Familie in den Vereinigten Staaten ohne Einkommen; Amerika hatte 13 Millionen Arbeitslose.

Als Präsident Roosevelt am 4. März 1933 sein Amt antrat, brachen stündlich weitere Banken zusammen, weil die Kunden in einem wahren Run ihre Guthaben abhoben, auf dem Höhepunkt der Krise täglich insgesamt 15 Millionen Dollars. Als erstes verfügte Roosevelt die Schliessung sämtlicher Banken und erbat sich vom Kongress Vollmachten, die ihm zur Überwindung der wirtschaftlichen Not vorübergehend die gesetzliche Gewalt übertrugen. Im Rahmen eines Aktionsprogrammes liess er den Arbeitslosen Geld auszahlen und sorgte dafür, dass drei Millionen Halbwüchsiger von der Strasse wegkamen und statt dessen Highways bauten und zehn Millionen Bäume pflanzten. Roosevelt fand zwar in seinem Kampf gegen die Arbeitslosigkeit nationale Unterstützung, die Vollbeschäftigung aber, die er im Wahlkampf versprochen hatte, erreichte er nicht. 1938 gab es im Land immer noch zehn Millionen Arbeitslose, eine Zahl, die erst zurückging, als die Schornsteine wieder für die Waffenproduktion des Zweiten Weltkriegs zu rauchen begonnen hatten.[319]

Liechtensteins Weg in die Krise

Der Ausbruch des Ersten Weltkriegs war für die zaghaft in Gang gekommene Strukturverbesserung der liechtensteinischen Wirtschaft ein harter Schlag. Der Zollvertrag mit der Donaumonarchie bewirkte, dass die Alliierten auch die liechtensteinische Industrie mit ihrer Rohstoffblockade belegten; verschiedene Betriebe mussten deshalb während des Krieges schliessen.[320]

Erschwerend kam hinzu, dass wichtige Einnahmequellen plötzlich versiegten. Die Einkünfte aus Zöllen, die 1907 noch 88 Prozent der Staatseinnahmen gedeckt hatten, ergaben 1918 nur noch einen Anteil von neun Prozent.[321] Als die Nahrungsmittel knapp wurden, sprang die Schweiz mit Lieferungen ein, durch die sich bis zum Jahr 1919 eine Schuld von annähernd 450'000 Franken ergab.[322]

Das Ende des Krieges brachte für Liechtenstein eine Katastrophe. Die untergehende Donaumonarchie riss das durch den Zollvertrag an sie gebundene Land mit in den Strudel des wirtschaftlichen Zusammenbruchs. Die österreichische Krone, die in Liechtenstein amtliches Zahlungsmittel war, hatte im Verlauf des Krieges ständig an Wert verloren. 1914 waren 100 Kronen noch mit 104.10 Schweizerfranken gehandelt worden, 1918 bekam man dafür 30.50 Franken und ein Jahr später nur noch 3.15 Franken.[323] Der wirtschaftliche Zusammenbruch kostete das Land Liechtenstein nach amtlichen Schätzungen rund 25 Millionen Franken.[324]

Unter diesen Vorzeichen beschloss der Landtag am 2. August 1919 einstimmig, den Zollvertrag mit Österreich zu kündigen. Im gleichen Jahr erfolgten erste Schritte zur Annäherung an die Schweiz: In Bern wurde eine Gesandtschaft errichtet, und die Schweiz übernahm die diplomatische Vertretung Liechtensteins. Im Jahr darauf wurde ein Postvertrag ausgehandelt, der am 1. Januar 1921 in Kraft trat. 1923 folgten Verhandlungen über den Abschluss eines Zollvertrags, in dem Liechtenstein zum Bestandteil des schweizerischen Zollgebiets erklärt wurde. Liechtenstein übernahm die gesamte schweizerische Zollgesetzgebung sowie andere Gesetze, deren Anwendung durch den Zollvertrag bedingt war. Ausserdem wurde bestimmt, dass alle bestehenden und künftigen Handels- und Zollverträge zwischen der Schweiz und Drittstaaten auch auf Liechtenstein anwendbar sind. Der Vertrag ist seit dem 1. Januar 1924 in Kraft.[325]

Trotz dieser Neuorientierung wollte sich der wirtschaftliche Aufschwung nicht einstellen. Mehr noch: Im Jahr 1927 brach mit einem verheerenden Rheineinbruch bei Schaan eine neue Katastrophe über das Land herein. Die Wassermassen überschwemmten Wiesen und Äcker bis nach Ruggell hinunter. Der Schaden belief sich auf 1,2 Millionen Franken. Im Jahr danach erschütterte ein Skandal bei der Sparkasse das Land und kostete die Staatskasse weitere 1,5 Millionen Franken. Liechtenstein stand vor dem wirtschaftlichen Ruin, der nur durch zwei Anleihen aus der Schweiz, in der Höhe von insgesamt 3,5 Millionen Franken, abgewendet werden konnte.[326]

Die Situation des Arbeitsmarktes war auch zehn Jahre nach Kriegsende noch hoffnungslos. Obwohl die Regierung versuchte, mit allen ihr zur Verfügung stehenden Mitteln den Wiederaufbau der Industrie zu fördern, gab es 1929 nur drei Industriebetriebe mit insgesamt 500 Beschäftigten, hauptsächlich Frauen. Für Männer fanden sich in der Industrie wenig Arbeitsplätze. Alljährlich mussten zahlreiche Liechtensteiner den Lebensunterhalt ihrer Familien als Saisonarbeiter in der Schweiz verdienen.[327] Andere wiederum versuchten, der Not im eigenen Land durch Auswanderung nach Amerika zu entgehen.

Die Auswanderungswelle der zwanziger Jahre
So kam es in den zwanziger Jahren zu einem erneuten Anschwellen der Auswanderungswelle. *«Seit den Kriegsjahren ist der Zug unserer*

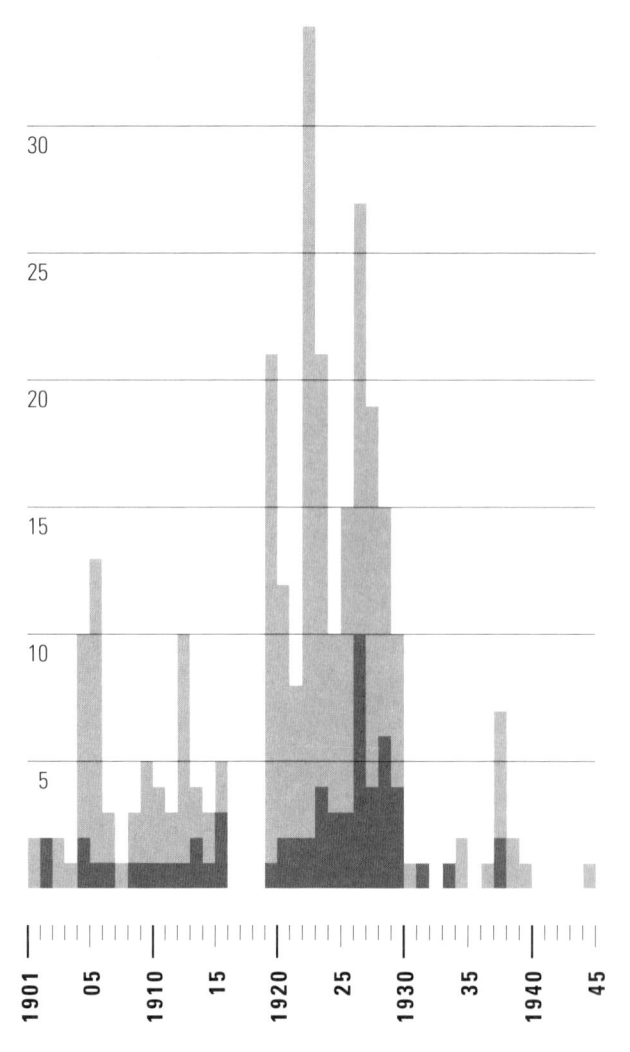

Auswanderungsfälle nach Nord- und Südamerika von 1901 bis 1945; hell: Fälle insgesamt dunkel: davon alleinstehende Frauen

jungen Leute nach dem fernen Amerika wieder ein recht beträchtlicher», stellten die «Liechtensteiner Nachrichten» mit Besorgnis fest. *«Nicht die schlechtesten sind es, die ihr Glück so ferne der Heimat bauen wollen ... Schon in den nächsten Tagen wandern wieder mehrere unserer Jungleute nach dem Lande der unbegrenzten Möglichkeiten aus ... Möge allen eine glückhafte Fahrt beschieden sein, mögen die Träume aller von Glück und Reichtum restlos in Erfüllung gehen und mögen sie einst wiederkehren zu uns, um die Erfolge ihres Lebens hier – in der alten Heimat – geniessen zu können.»*[328]

Bereits 1922, als die Zeichen auf eine zunehmende Auswanderung hindeuteten, wies der liechtensteinische Geschäftsträger in Bern, Professor Emil Beck, die Regierung in Vaduz auf das amerikanische Quotengesetz von 1921 hin und fragte, ob es nicht zweckmässig wäre, *«dass von unserer Gesandtschaft Schritte unternommen werden, damit die Liechtensteiner in den Vereinigten Staaten von Nordamerika in das schweizerische Kontingent einbezogen würden»*. Beck machte diesen Vorschlag vor allem deshalb, weil Liechtenstein bei der Festsetzung der Jahreskontingente für einzelne Länder nicht berücksichtigt und zusammen mit den Ländern *«Andorra, Gibraltar, Malta, Memel, Monaco, Island und San Marino»* in einer Gruppe zusammengefasst worden war, der insgesamt 86 Einwanderer zustanden. Die Regierung in Vaduz sah allerdings keine Veranlassung, Vorstösse im Sinne Becks zu unternehmen. *«Es sind in der letzten Zeit»*, so schrieb sie an die Gesandtschaft in Bern, *«einige nach Nordamerika verreist, und es wurde diesen Liechtensteinern nirgends ein Anstand gemacht. Es hiess immer, Liechtenstein sei nicht registriert und es können soviele einreisen, als wollen. Es wird sich daher als besser erweisen,*

Verwandte, Bekannte und Freunde verabschieden vor dem Gasthaus Kreuz in Eschen sechs Auswanderer (mit Blumensträussen); v. l. n. r. Ludwig Kranz, Josef Wohlwend, Egon Walser, Alfred Hasler, Josef Altenöder und Emil Hoop

die betr. Behörden auf dieser Meinung zu belassen, damit nicht Auswanderungen, die voraussichtlich in nächster Zeit infolge der wirtschaftlichen Depression einsetzen, gehemmt werden.»[329]

Die Vorahnung der Regierung sollte sich bewahrheiten: In den zehn Jahren von 1920 bis 1929 sind insgesamt 160 Fälle von Auswanderung in die USA registriert. Es waren meist alleinstehende junge Frauen und Männer. Dann, im Jahr des Börsenkrachs und der beginnenden Weltwirtschaftskrise, gingen die Auswanderungen schlagartig zurück und beschränkten sich bis zum Ende des Zweiten Weltkriegs auf rund zwei Dutzend Fälle. [330]

Wie dies bereits im 19. Jahrhundert zu beobachten gewesen war, siedelten sich auch bei dieser neuen Auswanderungswelle zahlreiche Liechtensteiner am gleichen Ort an. Nun waren allerdings nicht mehr ländliche Gegenden ihr Ziel, sondern städtische Agglomerationen, wo die Arbeitsplätze zahlreicher waren. Besondere Anziehungskraft übten Chicago und das an der südöstlichen Stadtgrenze gelegene Hammond (Indiana) aus. Kleinere Liechtensteiner Konzentrationen bildeten sich aber auch in der Region von Cincinnati (Ohio) und in Milwaukee (Wisconsin). Neben diesen Hauptpunkten verteilten sich die Einwanderer – viel mehr als im Jahrhundert zuvor – über das gesamte Territorium der Vereinigten Staaten, von New York bis Los Angeles und von der kanadischen Grenze bis hinunter nach Florida.

Hammond – Ziel vieler Hoffnungen und Enttäuschungen
Am 5. November 1924 stand die 19jährige Luzia Batliner aus Mauren mit ihren Koffern völlig hilflos auf dem Bahnhof in Hammond. Aus irgendeinem Grund war ihr Bruder Arnold, der bereits im Jahr zuvor nach Hammond ausgewandert war, nicht am Bahnhof erschienen, um sie abzuholen. Luzia sprach kein Wort englisch, hatte keine Wohnadresse ihres Bruders, und auf dem Zettel, den sie in ihrer Hand hielt, war lediglich eine Postfachadresse in englischer Sprache notiert. Mitleidige Passanten machten schliesslich einen Polizisten auf die verzweifelte Frau aufmerksam, der sie zum nächsten Postamt mitnahm, um die Adresse des Postfachinhabers herauszufinden. Als der hilfsbereite Polizist daraufhin von einem Laden aus bei Arnold Batliner anrufen wollte, kam ihnen dieser auf der Strasse zusammen mit einem weiteren Liechtensteiner – Lukas Matt, ebenfalls 1923 aus Mauren ausgewandert – entgegen. Luzia Batliner war endlich am Ziel ihrer Reise.

Ihre Geschichte ist typisch für viele Liechtensteinerinnen und Liechtensteiner, die in jenen Jahren in Amerika ihr Glück suchten. Die meisten sprachen kein Wort englisch, und manche hatten nicht einmal einen Beruf erlernt. Alle aber dachten, in Amerika sei das Geld leichter zu verdienen als zu Hause. Ihre Erwartungen erwiesen sich als trüge-

Liechtensteiner und Liechtensteinerinnen in Hammond um 1933; v. l. n. r. Egon Batliner, Josephina Batliner-Hemmerle mit Tochter Hedwig, Philipp Hohenegger, Alois Geiger (Rankweil), Theresia Geiger-Hemmerle, Emil Batliner mit Arnold Hohenegger, Alois Meier, Maria Meier-Batliner, Berta Hehn-Bren (vor sich Max Hohenegger), Edi Ritter, Luzia Hohenegger-Batliner, Alwina Ritter-Schreiber, Otto Ritter

risch. Ohne Sprachkenntnisse und ohne Beruf blieb ihnen am Anfang nichts anderes übrig, als in Hammond oder im nahen Chicago schlecht bezahlte Hilfsarbeit anzunehmen; Frauen kamen oft als Hausangestellte unter. «*Wenn wir uns erst akklimatisiert und die Sprache gelernt haben*», trösteten sich viele, «*werden wir schon eine besser bezahlte Stelle finden.*» Doch auch diese Hoffnung wurde für viele zunichte: Während der *Great Depression*, die dem ‹Schwarzen Dienstag› an der New Yorker Börse folgte, gab es nicht einmal für die Amerikaner genügend Arbeit.

Was aber wollten sie tun, die Einwanderer, die vor zwei, drei oder vier Jahren mit grossen Hoffnungen – und auch einem gewissen Erwartungsdruck seitens der zuhause gebliebenen Familie – nach Amerika gezogen waren, um sich hier eine neue Existenz aufzubauen? Die meisten von ihnen hatten mit nichts angefangen und waren von grösseren Ersparnissen noch weit entfernt. Bei ihrer Einreise hatten sie eine Barschaft von 40, später nur noch 25 Dollars vorweisen müssen. Für Unterkunft und Verpflegung mussten sie wöchentlich 10 Dollars auslegen, und wenn jemand in der gleichen Zeit 15 Dollars verdiente, konnte er sich glücklich schätzen.

Unter diesen misslichen Verhältnissen spielten viele immer wieder mit dem Gedanken, zurück in die alte Heimat zu reisen. Doch die meisten blieben, «*weil man doch für die Reise so viel bezahlt hatte und deshalb nicht gleich wieder zurückfahren konnte, nur weil es einem nicht gefiel.*»[331]

Einigen allerdings gelang die Rückkehr: Von den 160 zwischen 1920 und 1929 registrierten Frauen und Männern kehrten 33 noch in den zwanziger und dreissiger Jahren nach Liechtenstein zurück.[332]

Arbeit und Verdienst locken nach Amerika

Liechtensteiner in Hammond; v. l. n. r. Otto Ritter, Damian Matt, Emil Batliner, Alois Meier

So etwa Andreas Schreiber aus Mauren, der sich zweimal nach Amerika aufmachte und zweimal wieder zurückkehrte. Die erste Auswanderung fällt ins Jahr 1910. Seine Frau Aloisia, geborene Meier, war nach der Geburt des fünften Kindes gestorben, und der Vater hatte angesichts der schlechten Zeiten keine Möglichkeit gesehen, seine Familie allein durchzubringen. Die Kinder wurden auf verschiedene Pflegefamilien verteilt, und Schreiber begab sich in der Hoffnung auf bessere wirtschaftliche Verhältnisse nach Amerika. Zehn Jahre später kehrte er zurück, doch konnte sich die Familie nur für kurze Zeit des Glücks erfreuen. 1921 brannte ihr Haus bei einem Föhnsturm ab, der Vater errichtete es zwar neu, aber um die hohen Schulden bezahlen zu können, wanderte er noch im gleichen Jahr erneut nach Amerika aus – um 1923, von Heimweh geplagt, endgültig zurückzukehren.[333]

Wanderer zwischen zwei Welten waren auch Franz und Josefine Hemmerle. Hemmerle war 1925 nach Hammond ausgewandert und bei seiner Suche nach Arbeit bis nach Seattle (Washington) gekommen, wo er auf die Österreicherin Josefine Keckeis traf, die bereits 1923 aus Vaduz ausgewandert war. Sie heirateten 1927 und kehrten bald darauf nach Hammond zurück, wo Hemmerle inzwischen wieder Arbeit gefunden hatte. Doch die Zeiten waren schlecht, und so entschloss sich das Paar 1933, mit seiner Tochter nach Liechtenstein zurückzukehren. Hemmerle schloss sich dem Arbeiterverband an und wurde 1935 zu dessen Präsidenten gewählt. Er organisierte die vordem zerstrittene Arbeiterschaft neu, vertrat gegenüber der Regierung deren Interessen und versuchte so, zur politischen Befriedung des Landes beizutragen. Schon bald reifte aber erneut der Entschluss zur Auswanderung, und 1937 begab sich Hemmerle mit seiner Familie zurück

William Marok (sitzend, 2. v. r.) mit weiteren Liechtensteinern in Hammond; stehend v. l. n. r. Alwin Schädler, Damian Matt, Egon Batliner, Emil Batliner; sitzend v. l. n. r. Ferdinand Marok, Andreas Schreiber, Alois Meier, Arnold Batliner

nach Hammond. Die Abreise muss kurzfristig erfolgt sein, denn das Dankschreiben und eine Ehrenurkunde des Arbeiterverbands erreichten ihn per Post in Amerika. Er starb im August 1958 in Hammond, seine Frau kehrte 1971 nach Vaduz zurück, wo sie 1990 starb.[334]

Liechtensteiner Gemeinschaft in Hammond
Diese beiden Beispiele zeigen, dass Hammond trotz der wirtschaftlichen Schwierigkeiten, welche die Einwanderer dort erwarteten, eine gewisse Anziehungskraft ausübte. Zahlreiche Liechtensteiner, die dort ihre neue Heimat gefunden hatten, waren Geschwister oder miteinander verwandt, andere heirateten untereinander. So entstand in den zwanziger und dreissiger Jahren eine kleine Gemeinschaft, die sich gegenseitig unterstützte, ein gesellschaftliches Leben pflegte und sich gegenseitig im Kampf um die neue Existenz den Rücken stärkte.[335]

Besonders wertvoll waren für den Kreis der Liechtensteiner in Hammond jene, die bereits früher ausgewandert waren, sich in Amerika etabliert und ein Beziehungsnetz aufgebaut hatten. Einer von ihnen war William Marok aus Mauren. Er war 1866 mit einem Erbvorbezug von 300 Gulden[336] nach Indianapolis (Indiana) gezogen, hatte dort als Journalist für den «Indianapolis Star» gearbeitet und auch Berichte nach Liechtenstein gesandt, in denen er seine Landsleute vor der Auswanderung nach Amerika warnte.[337] Es ist nicht bekannt, wann er nordwärts nach Hammond zog. Jedenfalls hatte er sich, als zu Beginn der zwanziger Jahre die ersten Liechtensteiner kamen, bereits als erfolgreicher Bauunternehmer etabliert, der vor allem im Kanalisationsbau tätig war. Da die ersten Einwanderer in Hammond praktisch ausschliesslich aus Mauren stammten, liegt die Vermutung nahe, dass der erfolgreiche Marok ihren Entschluss zur Auswanderung beeinflusst hat. Jedenfalls war er für sie erste Anlaufstelle und half ihnen bei der Suche nach Arbeit. Er starb 1926.[338]

Nach Maroks Tod übernahmen andere die Aufgabe, den später Angekommenen eine Stelle oder ein Dach über dem Kopf zu vermitteln. Paul Real aus Vaduz etwa, der schon 1920 nach Hammond gekommen war und verschiedene Tätigkeiten auf dem Bau, bei einer Bank und als Kaufmann ausgeübt hatte. 1927 heiratete er die ebenfalls aus Vaduz eingewanderte Maria Lang. Sie errichteten ein Haus an der Tellstrasse, die so benannt worden war, weil Real dort als erster baute und überall als «Paul the Swiss» bekannt war. Er hatte zum Bürgermeister und zu verschiedenen Ämtern gute Beziehungen, so dass er seinen Landsleuten manch guten Ratschlag geben und bei den Anlaufschwierigkeiten in Hammond behilflich sein konnte. Die Familie kehrte 1938 nach Vaduz zurück, der Sohn Gustav ging 1948 wieder nach Amerika und lebt heute in Kalifornien.[339]

Auch Max Gerster, 1908 in Vaduz geboren und 1927 nach Chicago ausgewandert, bemühte sich in und um Chicago immer wieder um den Kontakt unter den Liechtensteinern, der in den Pionierjahren noch eine Selbstverständlichkeit gewesen war, mit zunehmender Integration der Einwanderer in ihre amerikanische Umgebung aber immer loser wurde. Max Gerster starb 1995 in Eagle River (Wisconsin).

Schliesslich ist in diesem Zusammenhang auch Julius Bühler zu nennen, der seit 1960 in Oak Lawn, einer Vorstadt von Chicago, lebt und weit über seinen Wohnort hinaus zahlreiche Verbindungen zu Liechtensteiner Einwanderern und deren Nachkommen pflegt, die bei den Recherchen zu diesem Buch sehr nützlich waren.

Haus der Familie Paul Real an der Tell Street in Hammond

Paul und Maria Real-Lang mit Sohn Gustav und Tochter Martha vor ihrem Haus in Hammond; auf dem Arm des Vaters der Sohn Rudolf; die Aufnahme entstand 1933

Vom Tellerwäscher zum Motelbesitzer

Wenn bewiesen werden soll, dass Amerika eben doch das Land der unbegrenzten Möglichkeiten ist, wird oft das Beispiel des armen Tellerwäschers angeführt, der bei seinem Tod Besitzer eines riesigen Hotelkonzerns war. Auch unter den Liechtensteinern gab es einen Tellerwäscher, der es zwar nicht zu einem Hotelkonzern, aber immerhin zu einem kleinen Motel brachte.

Im Jahr 1920 hatte Ludwig Hoop, der bereits seit einigen Jahren in Amerika weilte, seine Heimatgemeinde Eschen besucht. Als er wieder zurück nach Cincinnati (Ohio) fuhr, begleiteten ihn die beiden jungen Auswanderer Ferdinand Marok und Alois Meier. Meier ging zuerst nach Cincinnati, dann aber zog es ihn nach Hammond, wohin Ferdinand Marok, ein Neffe des William Marok, gleich zu Anfang gegangen war. Die einzige Arbeit, die er fand, war eine Stelle als Tellerwäscher. Jede Nacht, von 19 Uhr abends bis sechs Uhr morgens, stand er am Waschtrog und reinigte Teller, Schüsseln und Bestecke. Aber er hatte wenigstens einen Job und machte bald Karriere. Nach einigen Jahren war er zum Koch aufgestiegen. 1925 heiratete er in Hammond Maria

Arbeit und Verdienst locken nach Amerika

Luzia Hohenegger-Batliner und Max Gerster (1992)

Batliner und pachtete mit ihr zusammen zehn Jahre später ein eigenes kleines Restaurant in Chicago. Die beiden lebten sparsam und arbeiteten fleissig. 1951 konnten sie sich in Valparaiso (Indiana) eine Farm kaufen, der sie vier Jahre später ein kleines Motel angliederten. Alois Meier starb 1993 im Alter von 94 Jahren, ein Jahr nach seiner Frau.[340]

Der Geldwäscher von San Francisco

Von Interesse ist auch das Schicksal des bereits erwähnten Arnold Batliner. 1923 von Mauren ausgewandert, fand er während der ersten Jahre Arbeit in einem Fotogeschäft in Chicago. Bald aber zog es ihn wieder in die weite Welt; jahrelang arbeitete er als Kellner auf Hoch-

Zeichen des Wohlstands: Alois und Maria Meier-Batliner vor ihrem ersten Ford

128 Auswanderung im 20. Jahrhundert

18. Juni 1991: Bürgermeister Art Argous (l.) übergibt Arnold Batliner eine Urkunde, auf der dieser Tag in San Francisco zum «Arnold Batliner Day» proklamiert wird

seeschiffen. 1962, im Alter von 58 Jahren, übernahm er die wohl aussergewöhnlichste Arbeit seines Lebens: Er wurde Geldwäscher im berühmten St. Francis-Hotel in San Francisco. Das «St. Francis» hatte mit der Geldwäsche bereits 1938 begonnen, nachdem sich Gäste darüber beklagt hatten, ihre weissen Handschuhe würden im Umgang mit den Münzen fleckig. Arnold Batliner sorgte während 31 Jahren dafür, dass die Gäste des vornehmen Hotels nur saubere Münzen in die Hand bekamen. 550 Tonnen im Wert von über 17 Millionen Dollars waren durch seine Geldwaschmaschine gelaufen, als ihn die Hotelleitung 1993 feierlich verabschiedete. Unzählige Male hatten die Medien in verschiedenen Ländern über den Geldwäscher vom «St. Francis» berichtet, und San Franciscos Bürgermeister Art Argous hatte seinen 87. Geburtstag, den 18. Juni 1991, zum «Arnold Batliner Tag» proklamiert. Batliner starb am 18. November 1995 in San Francisco.[341]

Cincinnati – «ein Stück Neudeutschland»

«In ganz verdienter Weise trägt C. den stolzen Beinamen ‹the queens-city› (die Königin), denn es besitzt von allen Städten des Mississippi-beckens entschieden die lieblichste Umgebung. Auch lässt es sich der Pflege der Kunst in hohem Masse angelegen sein. Es entzückt durch seine architektonisch schönen Bauten, seine reizenden Parks, das geschäftige, ungezwungene Leben und die harmonische Vermischung des deutschen mit dem amerikanischen Element ... Unverfälschtes deutsches Leben trifft der Fremde in den Ver. Staaten wohl nirgends gemüthlicher als in dem ‹über'm Rhein› genannten Stadttheil. Es ist ein Stück Neudeutschland, wo selbst der Amerikaner als Fremdling erscheint, sofern er sich deutscher Sitte und Geselligkeit nicht anbequemt.»[342]

Einwanderung der Geschwister Ritter

Das starke deutsche Element in Cincinnati wirkte bereits im 19. Jahrhundert für einige Liechtensteiner als Magnet. Wahrscheinlich der erste, der in die Gegend von Cincinnati kam, war Andreas Ritter aus Eschen. Als 19jähriger verliess er 1868 seine Heimat und liess sich in Amerika als Steinmetz und Farmer nieder. Über seine ersten Jahre ist nichts bekannt. Mitte der siebziger Jahre heiratete er die Deutsche Mary Petronilla Schnabell, im Februar 1876 kam Joseph, das erste von zehn Kindern, zur Welt. 1880 kaufte er in Melbourne (Kentucky), das südöstlich von Cincinnati am gegenüberliegenden Ufer des Ohio River liegt, eine Farm. Die Familie wohnte zunächst in einem aus zwei Räumen bestehenden Holzhaus, das im Lauf der Jahre erweitert wurde. Zusätzlich wurden eine Scheune und weitere Gebäude errichtet. Gemäss Familienüberlieferung baute Andreas Ritter auf seiner Farm auch Reben an, aus denen Messwein gekeltert wurde.

15 Jahre nachdem er seine Heimat verlassen hatte, begannen auch seine Geschwister nach Amerika auszuwandern. Den Anfang machten 1883 sein Bruder Johann Ferdinand und seine Schwester Maria Magdalena, 1887 folgte Rochus, 1890 Theresia mit ihrem Mann Kaspar Wanger. Wanger war Steinhauer von Beruf und arbeitete bei seinem Schwager Johann Ferdinand Ritter, der in Elmwood Place, einer Vorstadt von Cincinnati, inzwischen ein blühendes Zement- und Ziegelgeschäft aufgebaut hatte und als Baumeister tätig war. Ebenfalls in den achtziger Jahren kamen aus Eschen die Brüder Franz Joseph und Fortunat Meier in die Gegend von Cincinnati; Franz Joseph heiratete Maria Magdalena Ritter, mehr wissen wir über ihr Schicksal nicht.[343]

Links: von Andreas Ritter errichtete Scheune aus dem Jahr 1884

Rechts: das von Andreas Ritter 1880 erworbene und erweiterte Wohnhaus in Melbourne (Kentucky)

Johann Ferdinand und Philomena Ritter-Wanger mit ihren Kindern Walter, Ferdinand jr., Magdalena, Walburga und Lioba

Ein Liechtensteiner als Professor am Priesterseminar

Ein weiterer Liechtensteiner, der schon früh nach Cincinnati kam, war Emilian Sele aus Triesenberg. Er wurde am 17. Januar 1847 geboren und besuchte nach der Landesschule in Vaduz das Gymnasium in Feldkirch. An der Universität Innsbruck promovierte er sodann zum Doktor der Theologie und wurde 1874 in Brixen zum Priester geweiht. Nach seiner Primiz in Triesenberg studierte er in Rom weiter und erwarb zusätzlich ein Doktorat in kanonischem Recht. 1876 wanderte Emilian Sele nach Amerika aus. Engelbert Bucher berichtet, dass die Auswanderung aufgrund der Einladung eines amerikanischen Bischofs erfolgte. Emilian Sele lebte zunächst in Louisville (Kentucky), wo er als Professor für Exegese und Dogmatik an das Preston Park Seminar berufen worden war. Von 1887 bis zu seinem Tod im Jahr 1918 wirkte er als Professor der Theologie am Mount St. Mary Seminar, einem Priesterseminar in Cincinnati. Er stand mit seiner Heimatgemeinde Triesenberg immer in regem Kontakt und vermachte ihr mehrere namhafte Spenden.[344]

Ein Bürgermeister aus Eschen in Elmwood Place

Während bis 1920 nur noch vereinzelt Liechtensteiner in die Region um Cincinnati gekommen waren, so etwa Franz und Andreas Meier, zwei Neffen der vorerwähnten Franz Joseph und Fortunat Meier, stieg die Zuwanderung in den zwanziger Jahren wieder an. Da sehr viele Neuankömmlinge aus Eschen stammten, darf man davon ausgehen, dass die Auswanderer der ersten Generation noch immer Kontakt mit ihrer alten Heimat pflegten und durch positive Nachrichten junge Leute zur Auswanderung animierten.

Links: 1905 weilte Johann Ferdinand Ritter (hinterste Reihe, 3. v. r.) zu einem Besuch in Liechtenstein. Aus diesem Anlass wurde vor dem Haus von Xaver Ritter in Schaan ein Familienbild gemacht

Rechts: Grab von Franz Joseph und Maria Magdalena Meier-Ritter auf dem St. Marys Cemetery in St. Bernard (Cincinnati)

Einer der ersten, die auszogen, in der Fremde ihr Glück zu machen, war Otto Hasler aus Eschen. Sein Ziel war Elmwood Place, wo sein Onkel Johann Ferdinand Ritter, ein Bruder seiner Mutter, wohnte. Gleich nach seiner Ankunft ging Hasler zielstrebig daran, sein Leben in Amerika zu organisieren. Er arbeitete tagsüber in einer Bäckerei und besuchte abends Englischkurse, um die Sprache so rasch wie möglich zu lernen, da sie Voraussetzung zum Erwerb des Bürgerrechts war. Schon bald wechselte er ins Baugewerbe, eignete sich Kenntnisse als Steinhauer an und avancierte rasch zum Vorarbeiter. In dieser Zeit lernte er seine spätere Frau Anna Magdalena Flory kennen. Auch sie hatte Beziehungen zu Liechtenstein, denn ihre Mutter, eine geborene Helbert, war 1906 aus Eschen nach Elmwood Place ausgewandert. Die Hochzeit fand am 18. Mai 1927 statt, im Juni des folgenden Jahres kam die Tochter Rosemary zur Welt. Das Glück war nur von kurzer Dauer: Als Folge des Börsenkrachs wurde Otto Hasler arbeitslos und gezwungen, seine junge Familie mit allerlei Gelegenheitsjobs über Wasser zu halten. Doch schon bald ging es wieder aufwärts. Durch die Vermittlung eines Freundes erhielt er eine Stelle als Barkeeper, arbeitete sich zielstrebig in sein neues Fach ein und eröffnete 1940 sein eigenes Lokal, «Ott's Café», an der Walnut Street in Cincinnati. Zwölf Jahre später verkaufte er es und widmete sich fortan seiner Immobilienfirma und der Lokalpolitik.

Zur Politik war er 1941 gestossen, als er für die Republikaner kandidiert und den Einzug in den Gemeinderat geschafft hatte. 1943 wurde er nach dem Tod seines Vorgängers Bürgermeister von Elmwood

Vor seiner Abreise liess sich Otto Hasler (Mitte) mit seinem Vater Franz Josef und den Geschwistern Anna, Ludwig und Alfred (v. l.) fotografieren

Place. Er wurde vierzehnmal wiedergewählt und behielt sein Amt bis 1970. Während seiner 27jährigen Amtszeit galt sein Interesse dem Ausbau und der wirtschaftlichen Entwicklung der Stadt: Er förderte Schulen und Freizeitanlagen, kurbelte den sozialen Wohungsbau an, sorgte für die Unterstützung von Bedürftigen und war als grosszügiger, ehrlicher und korrekter Mann bekannt. «Mr. Elmwood Place» starb am 2. Dezember 1970.[345]

Bürgermeister Otto Hasler in seinem Büro in Elmwood Place; hinter ihm eine Fotografie des Schlosses Vaduz

Arbeit und Verdienst locken nach Amerika

Otto und Anna Maria Hasler mit ihrer Tochter Rosemary vor dem ersten Besuch in der Heimat (1948)

Unten: Emil und Hilda Marxer-Hasler in ihrem *Liquor Store* in Pacoima (Kalifornien)

Von Cincinnati nach Las Vegas

Von den rund zwei Dutzend Einwanderern, die in den zwanziger Jahren aus Liechtenstein in die Gegend von Cincinnati kamen, ist leider nicht allzuviel bekannt. Manche heirateten untereinander,[346] andere zogen, nachdem sie sich an die neuen Lebensumstände in Amerika gewöhnt hatten, weiter und liessen sich in einem entfernten Winkel der Vereinigten Staaten nieder.

Emil Marxer und Hilda Hasler, beide gemeinsam 1927 aus Mauren und Nendeln eingewandert, sind dafür ein gutes Beispiel. Hilda soll das Geld für die Überfahrt von ihrem Cousin Rochus Hasler erhalten haben, der im Jahr zuvor seine Familie in Liechtenstein verlassen hatte und nach Amerika gezogen war. Emil Marxer und Hilda Hasler zogen von Cincinnati schon bald weiter nach Chicago, wo seit 1926 Emils Bruder Bernhard weilte[347] und wo sie 1928 heirateten. Von Chicago aus ging die Wanderschaft – wie es für viele amerikanische Familien typisch ist – im Jahr 1954 westwärts; sie hielten sich in verschiedenen Staaten auf und verdienten ihren Lebensunterhalt mit *Liquor Stores* (Spirituosenläden) und kleinen Restaurants. In den fünfziger Jahren finden wir sie in Pacoima und San Fernando (Kalifornien) sowie in La Salle und Bolder (Colorado), ab 1958 lebten sie in einer Wohnmobilsiedlung in Las Vegas (Nevada). Zu Weihnachten 1970 kündigte Hilda in einem Brief an ihre Geschwister an, dass das Wanderleben schon bald weitergehen werde: «*Wir werden wahrscheinlich nicht mehr lange in Las Vegas sein, wir verkaufen unser Trailer-house nexten Summer, dann gehen wir auf die Reise, nach St. Louis zu unserer*

134   Auswanderung im 20. Jahrhundert

Hochzeit von Emil Marxer
(l.) und Hilda Hasler in
Chicago; Trauzeugen waren
Emil Marxers Bruder Bernhard sowie Luzia Batliner
aus Hammond

Tochter für einige Monate und auch nach Chicago für ein Monat. Emils Schwester und Bruder wohnt dort,[348] *nexten Herbst wollen wir ein neues Heim finden in Arizona oder California, wo es warm ist im Winter ...»* Es kam nicht so weit: Hilda starb 1978, Emil 1984, beide in Las Vegas.[349]

Die Holzfäller von Tenstrike

Ganz oben im nördlichen Minnesota, nur knappe 100 Meilen von der kanadischen Grenze, lebte eine weitere Gruppe Liechtensteiner. Der erste von ihnen war Emil Falk, der seiner Heimat schon 1890 den Rücken gekehrt hatte – nachdem er, gemäss Familienüberlieferung, im Fürstlichen Wald beim Wildern erwischt worden war. Er arbeitete anfänglich auf einer Farm in Iowa und reiste dann durch alle West-Mississippi-Staaten, immer auf der Suche nach einem geeigneten Platz. Aber überall, wo er hinkam, war er zu spät. Frühere Siedler hatten das gute Land in der «Kornkammer Amerikas» bereits in Besitz genommen. So ging Emil Falk nach Norden und liess sich in Tenstrike (Minnesota) sein *Homestead*-Land zuweisen. Er baute sich darauf eine

Joseph Nipp (r.) mit seinem Bruder Julius (l.) und seinem Cousin Heinrich

kleine Hütte und begann sein Land zu bearbeiten. Zwischendurch verdiente er sein Geld bei Holzfällertrupps, mit denen er durch die ausgedehnten Wälder jener Region zog. 1906 hatte er genug gespart, um nach Liechtenstein zurückzukehren und dort nach einer Frau Ausschau zu halten. In Schaan heiratete er Aloisia Wanger und reiste mit ihr auf seine Farm zurück. Die beiden führten ein hartes und entbehrungsreiches Pionierleben und waren ihren zehn Kindern strenge, aber gute Eltern. Aloisia starb im März 1952, Emil im Februar 1953. Ihre Farm, die von einst 200 auf 2'680 Acres angewachsen ist, wird heute von den Söhnen Robert und John bewirtschaftet.[350]

1911 kam Joseph Nipp nach Tenstrike. Er arbeitete zunächst ebenfalls bei Holzfällertrupps, welche Bäume fällten und daraus Eisenbahnschwellen sägten. Er verdiente dabei so viel Geld, dass er schon bald eine eigene Farm gründen und 1914 nach Liechtenstein zurückkehren konnte. Seine Absichten waren die gleichen, wie sie auch Emil Falk gehabt hatte, und auch er war erfolgreich. Als er zurückkam, war er von seiner frisch angetrauten Ehefrau Philomena Wenaweser aus Schaan begleitet. Die beiden bewirtschafteten ihre achtzig Acres grosse Farm, kauften immer wieder Land dazu, zogen drei Buben und zwei Mädchen auf. Heute ist die *Sunshine Farm* 780 Acres gross und gehört Joseph Nipps Söhnen. Nipps und Falks sind Nachbarn.[351]

Joseph Nipp ist – mit Ausnahme seiner «Hochzeitsreise» – nie mehr nach Liechtenstein zurückgekehrt. Er scheint aber bei seiner Reise von 1914 seine neue Heimat in derart schillernden Farben beschrieben zu haben, dass 1920 gleich eine ganze Gruppe von Schaanern in die

Joseph Nipp (rechts im dunklen Hemd) präsentiert stolz einen von ihm erlegten Bären

Gegend kam, um als Holzfäller das grosse Geld zu verdienen. Sie umfasste Josephs Bruder Julius Anton, seine Cousins Heinrich und Karl Nipp, seinen Schwager August Wenaweser sowie Theobald Schierscher und Leo Schreiber.[352]

Heinrich Nipp heiratete 1926 Maria Katharina, eine der Falk-Töchter, und zog dann mit seiner Frau sowie mit Theobald Schierscher westwärts. Ihre Reise endete erst in Longview (Washington) an der Westküste Amerikas, wo Nipp und Schierscher ein Gipsergeschäft eröffneten, das 1958 von den Söhnen der beiden übernommen wurde und bis heute besteht. Auch August Wenaweser zog nach seiner Heirat weg von Minnesota und liess sich ebenfalls in Longview nieder. Sein Sohn Joseph war während 27 Jahren im Stadtrat der Nachbarstadt Kelso, davon neun Jahre als Bürgermeister.[353] Ein anderes Mitglied der ehemaligen Holzfällergruppe, Julius Nipp, begab sich im Jahr 1925 nach Milwaukee (Wisconsin), wo sich ebenfalls bereits zahlreiche Liechtensteiner niedergelassen hatten.[354]

Milwaukee – eine «deutsche Stadt»

Seit den achtziger Jahren des 19. Jahrhunderts bildete Milwaukee neben New York, Chicago und St. Louis eine der wichtigen deutschsprachigen Enklaven im englischsprachigen Amerika. Die Bevölkerung von «Deutsch-Athen» bestand fast zur Hälfte aus deutschsprachigen Einwanderern und deren Nachkommen, *«wesshalb überall ein geselliges u. fröhliches Leben»* herrschte. Es gab in jenen Jahren etwa fünfzig deutsche Kirchgemeinden, deutsche Schulen und Verlage, vier

Ansicht von Milwaukee (Wisconsin) um 1900; die Stadt war damals ein wichtiges Zentrum deutschsprachiger Einwanderer

deutsche Tageszeitungen, Turn- und Gesangsvereine und sogar ein deutsch-englisches Lehrerseminar. Die aufstrebende Brauereistadt am Michigansee zog mit ihren Arbeitsmöglichkeiten und ihrem deutschen Ambiente immer mehr deutschsprachige Einwanderer an.[355]

Liechtensteiner kommen nach Milwaukee
Am Beginn der liechtensteinischen Einwanderung in Milwaukee standen zwei Frauen: Berta und Ida Schauer, Töchter des in Liechtenstein stationierten Fürstlichen Forstinspektors Alois Schauer und seiner Frau Elisabeth, geborene Wolfinger. Die beiden Frauen im Alter von 22 und 18 Jahren schlossen sich 1882 einer Reisegruppe an, die aus Johann Peter Wachter aus Schaan sowie den Gebrüdern Emil und Joseph Nigg aus Vaduz bestand.[356] Wachter war bereits 1870 ausgewandert und hatte in Cumberland, ganz im Westen von Wisconsin, Arbeit gefunden, für die er «*nebst freiem Quartier u. Verköstigung 65 Dollars monatlich*» erhielt. 1882 weilte er zu Besuch in Liechtenstein und stellte sich den Auswanderern als kundiger Reisebegleiter zur Verfügung. Er selbst gedachte, in Amerika «*noch 4-5 Jahre auszuharren, ... um dann seine zuammengescharrten Batzen in der Heimath zu geniessen*». Zurückgekehrt ist er allerdings nie.

Die Gebrüder Nigg begaben sich nach Dubuque, die Geschwister Schauer hingegen «*nicht zu ihrem Bruder nach St. Louis, sondern nach Milwaukee, wo sie, ca. 4 Meilen von dieser Stadt, von Ursula Hemmi, meine ihr sehr nach verwandte Familie v. Churwalden empfohlen worden u. welche schon bis zu ihrer Ankunft für die ältere, die Bertha, eine Erzieherinstelle in Milwaukee bei einer böhmischen Familie ausgefunden hatte u. welche sie denn gleich in den ersten Tagen ihrer Ankunft antreten konnte; die jüngere, Jda, erklärten sie bei ihnen behalten zu wollen, bis sie wenigstens der englischen Spra-*

Andreas Brunhart in Milwaukee

che mächtig sein werde».[357] Ida Schauer kehrte im Jahr 1886 nach Liechtenstein zurück.

Der erste Liechtensteiner, der nach Milwaukee kam, war Andreas Brunhart. Sein Vater Christian war bereits 1881 ohne Familie nach Amerika gefahren und dort kurz nach seiner Ankunft irgendwo im Staat Ohio gestorben.[358] 1888 folgte ihm sein Sohn; er arbeitete zuerst in Racine, zwischen Milwaukee und Chicago am Michigansee gelegen, und zog einige Jahre später nach Milwaukee weiter, wo er bei einer Zugbrücke an der Michigan Street als Brückenwärter arbeitete. Er war mit Theresia Behrendt verheiratet; die Familie hatte zwei Söhne und eine Tochter. Sein Sohn Andrew studierte Recht und wurde Oberster Staatsanwalt *(City Attorney)* von Milwaukee.[359]

Mitte der zwanziger Jahre hatte Andreas Brunhart seine alte Heimat besucht und seinen Mitbürgern in Balzers über sein neues Leben erzählt, was bewirkte, dass in den folgenden Jahren etliche Liechtensteiner Milwaukee zum Ziel ihrer Auswanderung machten. Als Julius Nipp 1925 von Tenstrike in die Stadt kam, fand er dort bereits mehrere Landsleute. 1926 kam aus Schaan seine Braut Anna Frick, die ein

Arbeit und Verdienst locken nach Amerika

Jahr später seine Frau wurde, sowie deren Bruder Julius. In den Jahren danach kamen noch weitere Auswanderer aus Liechtenstein, so etwa in den dreissiger Jahren die Gebrüder Büchel aus Balzers, die 1950 in Mequon, nahe Milwaukee, ein grosses Restaurant das «Swiss Alpine Village», eröffneten, das zu den bekanntesten in der Umgebung Milwaukees gehörte.[360]

Als Kommunist ausgewiesen

Ein anderer Liechtensteiner, Johann Hilty, war 1927 nach einer schweren Jugend ausgewandert und über Hammond nach Milwaukee gekommen. Die Zeiten waren schlecht, wer überleben wollte, musste Arbeit annehmen, wo er sie finden konnte. Hilty war zunächst auf einer Farm angestellt, im Winter schaufelte er Schnee, später arbeitete er in einer Molkerei und als Handlanger auf dem Bau. Sehr oft hatte er keine Stelle. Die schwierigen sozialen Verhältnisse prägten ihn politisch: *«Ich war in Amerika bei der kommunistischen Partei. Ich habe Versammlungen besucht, Zeitungen verkauft und an Demonstrationen teilgenommen. 1930 wurde ich verhaftet und musste drei Monate absitzen. Auch 1934 wurde ich wegen einer Demonstration gegen den deutschen Botschafter, der in Milwaukee sprach, für einen Monat eingesteckt. Im ganzen war ich wohl ein halbes Dutzend mal eingesperrt ... Während des Zweiten Weltkrieges haben sie in Amerika die Arbeiter wieder gebraucht. Da war Arbeit genug. Nach dem Krieg wurden die bestehenden Gesetze gegen die Kommunisten wieder strenger gehandhabt. Ich wurde wegen meiner politischen Vergangenheit 1953 ausgewiesen.»* Johann Hilty kam zunächst nach Schaan zurück, arbeitete drei Jahre als Handlanger auf dem Bau und ging dann für fast vierzig Jahre in die Steiermark. Als über Achtzigjähriger kam er zurück und verbrachte seinen Lebensabend im Betreuungszentrum Eschen, wo er am 3. April 1992 starb.[361]

Johann Hilty in Milwaukee (1949)

X. Die Auswanderung nach dem Zweiten Weltkrieg

«Wie man hört, sind einige Liechtensteiner, die vor Jahren nach Übersee ausgewandert sind und noch viele Verwandte, Bekannte und Freunde im Lande haben, als dortige Bürger zum Kriegsdienst eingezogen worden, und einige davon sollen schon auf europäischen Kriegsschauplätzen eingesetzt sein. So hört man, dass Otto Hasler aus Eschen, Sohn des Franz Josef Hasler, in Italien kämpfen soll, ferner Karl Wohlwend aus Schellenberg, Sohn des verstorbenen Oberlehrers Wohlwend, soll sich in deutscher Kriegsgefangenschaft befinden und Rudolf Goop, ein Bruder des Dr. Goop, soll ebenfalls im Felde stehen.»[362]

Mit dem Ausbruch des Zweiten Weltkriegs wurde die Auswanderungswelle, die am Ende der dreissiger Jahre ohnehin abgeklungen war, gänzlich gestoppt. In den Kriegsjahren von 1939 bis 1945 ist keine einzige Auswanderung in die USA registriert. Angesichts der Entwicklungen im In- und Ausland galt die Sorge dem Überleben Liechtensteins als Staat – aber auch jenen Verwandten, Bekannten und Freunden, die als amerikanische Soldaten auf den Kriegsschauplätzen Afrikas und Europas im Feld standen. Ihre Zahl ist leider nicht bekannt; deshalb können an dieser Stelle zusätzlich zur obenstehenden Zeitungsnachricht nur einige wenige Beispiele erwähnt werden.

Eugen Büchel, kurz vor Kriegsausbruch von Balzers nach Milwaukee ausgewandert, war mit der 94. Division in der Normandie und in Deutschland, wo er zeitweise als Übersetzer im Stab von General Patton eingesetzt war. Für seinen Militärdienst, den er als Liechtensteiner leistete, erhielt er nach dem Krieg die amerikanische Staatsbürgerschaft. Sein Bruder Josef nahm als Angehöriger der 28. Infanteriedivision an der Ardennenschlacht teil.[363]

Walter Wolfinger, 1928 von Balzers ausgewandert, meldete sich als Freiwilliger zur *Navy* und war zweimal mit Geleitzügen in Russland, einmal in Murmansk und einmal in Odessa.[364]

Hansjörg Nagel, 1929 von Mauren nach Chicago ausgewandert, kam in den Jahren 1942 bis 1945 als Dolmetscher mit der 5. US-Armee über Nordafrika und Italien bis nach Innsbruck. Sein Gesuch, von dort aus Mauren zu besuchen, war bereits bewilligt, als seine Einheit überraschend nach Amerika zurückverlegt wurde. Der verschobene erste Heimatbesuch kam erst 1978 zustande.[365]

Mehr Glück hatten in dieser Hinsicht der bereits erwähnte Eugen Büchel oder etwa Fidel Nutt und Konrad Sele, die als Angehörige der amerikanischen Streitkräfte in Liechtenstein weilten und in ihren Uniformen für Aufsehen sorgten.

Konrad Sele besucht 1945 als Angehöriger der amerikanischen Streitkräfte in Deutschland seine Familie in Triesenberg

Von Emil Kaiser weiss man, dass er im Zweiten Weltkrieg auf seiten der kanadischen Streitkräfte gefallen ist. Er war 1924 von Schellenberg nach Vibank (Saskatchewan) ausgewandert, wo er bei der Canadian Pacific Railway gearbeitet und sich freiwillig zum Militär gemeldet hatte. Im Kampf um Rom fiel er am 28. Mai 1944.[366]

Aufschwung in Liechtenstein
Liechtenstein erlebte kurz vor und während des Zweiten Weltkriegs eine zweite Industrialisierungswelle, die vor allem durch drei Faktoren begünstigt wurde: einmal durch das grosse Arbeitskräftepotential, zum zweiten durch die steuerlichen Vergünstigungen und schliesslich durch die niedrigen Löhne, die zu jener Zeit noch weit unter dem schweizerischen Mittel lagen. 1936 gab es in Liechtenstein acht Fabriken mit insgesamt 404 Beschäftigten. Obwohl der Aufbau neuer Betriebe während des Krieges schwierig war, erhöhte sich deren Zahl bis 1945 auf 22, jene der Beschäftigten auf 693, und 1950 zählte man bereits 44 Fabriken mit insgesamt 1'200 Arbeitern.[367]

Trotz dieses Aufschwungs war aber eine gewisse Unsicherheit in der Bevölkerung unverkennbar. Noch waren die Schwierigkeiten, die sich nach dem Ersten Weltkrieg ergeben hatten, den meisten in lebhafter Erinnerung, an einen wirtschaftlichen Aufschwung mochte man deshalb vorerst nicht in allen Teilen der Bevölkerung zu glauben. Ein Ausweg hiess – wie schon zwanzig Jahre zuvor – Auswanderung nach Amerika, wobei nun, im Gegensatz zu früheren Auswanderungswellen, auch Ziele in Kanada und Südamerika gewählt wurden.[368] Die zahlenmässige Entwicklung blieb allerdings weit hinter früheren Auswanderungsbewegungen zurück. Zwischen 1945 und 1959 wurden lediglich siebzig Fälle registriert.

Land und Gemeinden fördern die Auswanderung
Um die Reise nach Amerika zu ermöglichen, sprachen immer wieder Auswanderungswillige bei der Regierung vor, um sich einen Auswanderungsbeitrag zu erbitten. Als sich die Fälle häuften, bat die Regierung den Landtag um eine grundsätzliche Stellungnahme. «*Die Finanzierung der Weiterwanderung der Internierten aus dem Lager in Schaan*[369] *hat dem Gedanken in der Bevölkerung Auftrieb gegeben, das Land zu einer Finanzierung einer Auswanderung nach Übersee anzugehen mit dem Ersuchen, ebenfalls einen Teil der Kosten zu übernehmen*», schrieb die Regierung an den Landtag. Es sei zu erwarten, dass die Auswanderung zunehme. «*Vielfach sind es Personen, die schwer tun, das Reisegeld zusammenzubringen, die deshalb an das Land herantreten, einen Beitrag zu gewähren und ihnen dadurch zu ermöglichen, in Übersee eine neue Existenz aufzubauen.*»[370]

Der Landtag befasste sich am 20. November 1947 mit der Angelegenheit. In der Vorberatung war die Finanzkommission zum Schluss gekommen, «*dass es schwer falle, heute einen Beitrag für die Auswanderung zu bewilligen, wenn die Arbeitskräfte im Lande selbst benötigt werden*». Im Plenum jedoch waren die Meinungen geteilt. Schliesslich gelangte der Landtag einstimmig zur Auffassung, «*dass kein genereller Beschluss für die Ausrichtung von Beiträgen gefasst werden soll*».[371] Er ermächtigte aber die Regierung, bei «*berücksichtigungswürdigen Gesuchen nach ihrem Ermessen zu entsprechen*».[372]

Zukünftig konnte die Regierung also in jenen Fällen einen Auswanderungsbeitrag gewähren, in denen Bedürftigkeit vorlag und sich die Heimatgemeinde überdies bereit erklärte, einen Beitrag in gleicher Höhe zu leisten.[373]

Als sich die Auswanderungsfälle 1948 deutlich zu mehren begannen, wollte die Regierung den liechtensteinischen Emigranten die Unterstützung des diplomatischen und konsularischen Apparats der Schweiz sichern. Sie wies die liechtensteinische Gesandtschaft in Bern an, beim Eidgenössischen Politischen Departement Vorstösse zu unternehmen, «*dass die Schweizerischen Auslandvertretungen sich in gleicher Weise auch der Liechtensteiner hinsichtlich der Stellenvermittlung annehmen*».[374] Grosse Unterstützung indes konnte die Schweiz nicht anbieten, da sich ihre Gesandtschaften und Konsulate nicht – wie man in Vaduz gehofft hatte – mit der Stellenvermittlung für schweizerische Auswanderer befassten. Hingegen unterhielt das Bundesamt für

Industrie und Gewerbe einen Beratungsdienst für Auswanderer, den die Schweiz in der Folge auch liechtensteinischen Auswanderungswilligen zugänglich machte.[375]

Die Auswanderung klingt ab

Nachdem 1948 mit 15 Fällen die höchste Auswanderungszahl der Nachkriegszeit registriert worden war, ging diese rapid zurück, und je mehr das Arbeitsplatzangebot in Liechtenstein wuchs, desto weniger wurden Ansuchen an die Regierung um einen finanziellen Beitrag gestellt. Schliesslich sah die Regierung keine Veranlassung mehr, die Auswanderung zu unterstützen, *«da in Liechtenstein selbst Arbeitskräfte sehr gesucht sind».*[376] 1958, als das Kolonisierungs- und Landwirtschaftsdepartement der Canadian National Railways Informationen für Auswanderungswillige anbot, teilte die Regierung mit, dass dafür wenig Interesse bestehe, *«nachdem die jungen Leute in der hiesigen Industrie einen ordentlichen Verdienst finden».*[377]

Damit fand die liechtensteinische Auswanderungsbewegung nach den Vereinigten Staaten, der sich seit Mitte des 19. Jahrhunderts rund 1'600 Menschen angeschlossen hatten, ihr Ende.

Natürlich gab es auch in den letzten Jahren immer wieder Liechtensteinerinnen und Liechtensteiner, die sich in Amerika eine neue Existenz aufbauten. Einige von ihnen schildern ihr Leben in Amerika im zweiten Teil des Bandes II.

Dritter Teil: Die Auswanderung nach Kanada und Südamerika

XI. Die Auswanderung nach Kanada

«Zuerst war ich Holzfäller in Kanada, dann rund fünf Jahre bei einer Drahtseilbahn in Alaska, wo ich Reparaturen machte und später noch Farmer bei einem Landwirt in den USA. Etwa zwei Jahre lang musste ich mit einer Axt in Kanada Bäume fällen. Das von morgens bis abends. Da kannst du dir vorstellen, wie streng die Arbeit war. Am Abend fielen wir fast halbtot in die Betten.»[378] Mit diesen Worten schilderte Hugo Ritter im Jahr 1993 seine Zeit in Kanada und in den USA. Er hatte Liechtenstein 1924 mit fünf Kameraden verlassen und sich bis 1930 in der kanadischen Provinz Saskatchewan und in den USA aufgehalten. Im Jahr zuvor waren bereits die Brüder Franz und Guntram Fehr nach Kanada ausgereist und hatten damit eine eigentliche Auswanderungsbewegung ausgelöst. Bis zum Ausbruch des Zweiten Weltkriegs verliessen rund dreissig Personen Liechtenstein in Richtung Kanada. Bevorzugtes Ziel war Prince George (British Columbia).[379]

Die Auswanderung nach Kanada setzte also viel später ein als jene in die USA. Es sind zwar zwei Personen verzeichnet, die schon im 19. Jahrhundert nach Kanada ausgewandert sein sollen, von beiden kennen wir aber weder das Auswanderungsjahr noch ihren Aufenthaltsort. Im ersten Fall handelt es sich um die 1842 geborene Carolina Schreiber aus Vaduz, die mit Fabian Beck verheiratet war und laut Familienbuch ohne ihren Mann *«nach Canada auswanderte»*,[380] im zweiten um Heinrich Adolf Dünser aus Schaan, der Liechtenstein gegen Ende des 19. Jahrhunderts verlassen haben dürfte.

Wo liegen die Gründe für diese späte «Entdeckung» Kanadas durch die Liechtensteiner?[381]

Kanada als Einwanderungsland

Die naheliegendste Ursache sind vielleicht die klimatischen Verhältnisse, welche für Einwanderer aus Mittel- und Südeuropa wenig verlockend erschienen. Kanadas geographisches Zentrum liegt auf gleicher Höhe wie die Stadt Bergen in Norwegen, und die kalten Winde aus dem Norden wehen über rund neunzig Prozent des Staatsgebietes.

Auch Erschliessungsprobleme mögen ausschlaggebend gewesen sein: Während die Besiedlung des Westens der Vereinigten Staaten seit 1869 durch eine transkontinentale Eisenbahn begünstigt und gefördert wurde, verfügte der kanadische Osten erst 1886 über eine durchgehende Bahnverbindung zum Pazifik.

Das entscheidende Hindernis für eine Einwanderung aus mitteleuropäischen – und damit auch deutschsprachigen – Ländern dürften aber sprachliche, kulturelle und politische Unterschiede zwischen Kanada und den USA gewesen sein.

Kanada war ursprünglich Siedlungsland der Franzosen, die zu Beginn allerdings nur zögerlich davon Besitz ergriffen. Der Seefahrer Jacques Cartier hatte im Auftrag des französischen Königs François I. bereits 1534, 1535 und 1541 das Mündungsgebiet um den Sankt Lorenz-Strom erforscht und ihm auf seiner zweiten Reise den Namen «Canada» gegeben. Es sollte aber über sechzig Jahre dauern, bis Samuel de Champlain den ersten französischen Stützpunkt errichtete, aus dem sich später die Stadt Québec entwickelte. Wiederum einige Jahrzehnte später wurde Montréal gegründet, das sich bald zum Zentrum des Pelzhandels entwickelte, dem anfänglich einzigen Wirtschaftszweig der 1663 errichteten Kolonie «Nouvelle France».

Franz Fehr, kurz vor der Auswanderung im Jahr 1923

Auch die Engländer unternahmen im 16. und 17. Jahrhundert Seefahrten an die Ostküste von Kanada, die eigentliche Besiedlung begann aber erst um die Mitte des 18. Jahrhunderts, als in Neuschottland der Marinestützpunkt Halifax errichtet wurde. Französische und englische Interessen prallten nun zunehmend aufeinander und führten zum Siebenjährigen Krieg, der nicht nur in Europa, sondern auch in Amerika geführt wurde, wo 7'000 französische Soldaten einem übermächtigen englischen Heer von 23'000 Mann gegenüberstanden. Im Frieden von Paris (1763) musste Frankreich seine kanadische Kolonie an die Engländer abtreten. Damit kamen rund 60'000 französische Kanadier unter britische Herrschaft. Erst 1774, als sich in den 13 südlichen Provinzen – den Gründerstaaten der heutigen USA – Unabhängigkeitsbestrebungen bemerkbar machten, konzedierte das britische Parlament seinen französischen Untertanen im *Québec Act* die Beibehaltung ihrer Sprache und der katholischen Religion.

Die Einwanderung aus England blieb zunächst gering. Das änderte sich erst mit dem Ende des amerikanischen Unabhängigkeitskrieges (1775-1783), als rund 50'000 sogenannte Loyalisten, die sich der britischen Krone verpflichtet fühlten, den Vereinigten Staaten den Rücken kehrten, und sich in Kanada ansiedelten. Die nächste Einwanderungswelle erfolgte in der ersten Hälfte des 19. Jahrhunderts, als rund 750'000 Bürger die Britischen Inseln in Richtung Kanada verliessen. 1867, als die kanadischen Provinzen zu einer Föderativen Union unter britischer Krone zusammengefasst wurden, waren 65 Prozent der Bevölkerung britischer Herkunft, die britische und französische Bevölkerung zusammengenommen, machte über neunzig Prozent aus.

Diese sprachliche Dominanz, aber auch die Tatsache, dass das *Dominion of Canada* monarchisch orientiert und von Grossbritannien

Foto aus dem Pass von Oskar Fehr

abhängig war, während die Vereinigten Staaten mit ihrer Unabhängigkeit auch die Demokratie etabliert hatten, machten die USA – in Verbindung mit der früheren Erschliessung und den immensen Landreserven westlich des Mississippi – für Auswanderer aus Europa attraktiver. So konnten sich dort deutschsprachige Zellen bilden, von denen auch die Liechtensteiner Auswanderer des 19. Jahrhunderts angezogen wurden. Selbst als Kanada nach der Bildung der Konföderation begann, über Auswanderungsagenturen gezielt Immigranten aus Deutschland und der Schweiz sowie anderen europäischen Ländern anzuwerben, blieb das Interesse in Liechtenstein gering.

Liechtensteiner in Prince George

Das änderte sich mit der Auswanderung der Brüder Franz und Guntram Fehr aus Schaanwald, die sich 1923 nach Vibank in Saskatchewan begaben, wo sie als Holzfäller Arbeit fanden. Im Jahr darauf stiessen ihr Bruder Oskar sowie fünf weitere Liechtensteiner zu ihnen: Ernst Müssner und Johann Nägele aus Nendeln, Emil Kaiser aus Schellenberg, Otto Ritter aus Mauren und Johann Thöny aus Schaanwald. Franz Fehr hatte nach Hause geschrieben, dass es hier Arbeit gäbe, und so die Gruppe zur Auswanderung animiert.

Ernst Müssner blieb zeitlebens in Saskatchewan, Guntram Fehr kehrte 1925 nach Liechtenstein zurück, Johann Nägele und Johann Thöny zu Beginn der Weltwirtschaftskrise. Emil Kaiser fiel im Zweiten Weltkrieg als Angehöriger der kanadischen Streitkräfte in Italien.[382]

Die beiden in Kanada verbliebenen Brüder Fehr zogen 1927 von Saskatchewan westwärts und liessen sich in Prince George nieder, damals eine Streusiedlung mit etwa 2'000 Einwohnern. Oskar arbeitete als Zimmermann, aber auch als Holzfäller wie sein Bruder Franz. Dieser hatte inzwischen ausserhalb der Stadt, nördlich des Nechako

Franz Fehr führte mit seinen Pferden auch Holztransporte aus

Die Auswanderung nach Kanada

Franz Fehr mit einer von Pferden gezogenen Sämaschine; im Hintergrund sein Farmhaus

River, eine Farm erworben, auf der er Viehzucht betrieb und sich mit seinen Pferden durch Holztransporte ein Zusatzeinkommen verschaffte. Er war mit der Kanadierin Zelma Dyer verheiratet, die ihm vier Töchter und zwei Söhne schenkte. Seine Familie gehörte zu den Pionieren der Stadt Prince George, die später in der Nähe seiner Farm ein Quartier und eine Strasse nach ihm benannte. Er starb im Oktober 1976, sein Bruder Oskar, der ledig geblieben war, im Sommer 1977.[383]

Johann Thöny, der 1930 nach Liechtenstein zurückgekehrt war und dort geheiratet hatte, reiste nach einem Jahr wieder nach Kanada und arbeitete in einem Bergwerk in Stewart, weil dort mehr Geld zu verdienen war als in Liechtenstein. 1933 kehrte er zu seiner jungen Frau zurück, die in Schaanwald geblieben war. Doch auch diesmal hielt es ihn nicht lange: 1937 reiste das Paar erneut nach Kanada und liess sich endgültig in Prince George nieder.[384]

Liechtensteiner in Prince George: v. l. Johann Hediger (ein Freund Franz Fehrs aus der Schweiz) Oskar Fehr, Zelma Fehr (geb. Dyer), Franz Fehr, Elisabeth Thöny (geb. Söllner) und Johann Thöny

148   Die Auswanderung nach Kanada und Südamerika

Die Auswanderung der Familie Banzer aus Triesen

Am 7. April 1938 verliessen 14 Personen aus der Familie «Steinhauer-Banzer» ihren Heimatort Triesen, um nach Prince George auszuwandern. Die Gruppe umfasste die 69jährige Mutter Albertina Banzer, den Sohn Gebhard mit Frau und drei Kindern, den Sohn Marzell mit seiner zwei Wochen zuvor angetrauten Frau, ferner die Söhne Johann und Jakob sowie die Tochter Alwina mit ihrem Mann Leo Kindle und zwei Kindern. Zur Finanzierung der Auswanderung hatte Gebhard Banzer sein Elternhaus verkauft, zudem hatte der Landtag den Auswanderern zinslose Darlehen von insgesamt 7'500 Franken genehmigt.[385] So kam jeder von ihnen zu der bei der Einwanderung erforderlichen Barschaft von 4'000 kanadischen Dollars.[386]

Johann Banzer hatte seit der Auswanderung seines Vorgängers Franz Hemmerle den Liechtensteinischen Arbeiterverband präsidiert und «*diesen, trotz mancher Hindernisse, umsichtig und neutral geleitet*». Mit seiner Abreise verlor der Verband innert Jahresfrist zwei Präsidenten durch Auswanderung.[387]

Die Banzers fuhren mit der Bahn über Basel zum französischen Hafen Cherbourg, wo sie am 9. April als Passagiere der dritten Klasse den kanadischen Dampfer «Montcalm» bestiegen. Die ersten vier Tage der Überfahrt erlebten sie einen rauhen Seegang, doch dann beruhigte sich das Wetter, und bei ihrer Ankunft in Montréal am 17. April 1938 war der Himmel klar.[388]

In Prince George angekommen, war der Start nicht sehr verheissungsvoll: Die Banzers bezogen ein einfaches Holzhaus, und die Brüder Gebhard und Johann begannen schon bald mit dem Bau eines eigenen Hauses. Bevor es vollendet war, brannte es im November

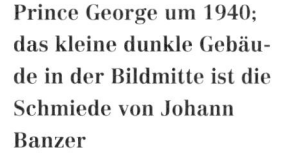

Prince George um 1940; das kleine dunkle Gebäude in der Bildmitte ist die Schmiede von Johann Banzer

Gebhard und Maria Banzer mit ihren Kindern Kurt, Trudi und Eugen (v. l.); das Bild wurde wahrscheinlich kurz vor der Auswanderung nach Kanada aufgenommen

1939 nieder.[389] Vielleicht gab – neben der ungewohnten Umgebung, der fremden Sprache und der Sehnsucht nach Triesen – dieser Schock den Ausschlag, dass sich die mittlerweile 70jährige Mutter zur Rückkehr nach Liechtenstein entschloss. Im Mai 1940 trat sie ihre Reise an, doch da inzwischen der Zweite Weltkrieg ausgebrochen war, wurde sie in London interniert und gelangte schliesslich, dank einer Intervention des Roten Kreuzes, über Irland, Portugal, Spanien, Frankreich und die Schweiz am 31. Januar 1941 nach Triesen, wo sie am 3. April 1957 verstarb.[390]

Ihr Sohn Johann Banzer, der ursprünglich eine Gipserlehre gemacht hatte, kaufte 1940 eine Schmiede im Zentrum von Prince George, die er bis in die fünfziger Jahre betrieb. Dann erwarb er von den Brüdern Franz und Oskar Fehr in der Nähe ihrer Farm ein Stück Land und baute sich eine eigene Landwirtschaft auf.[391]

Seine Brüder Jakob, Gebhard und Marzell waren inzwischen ebenfalls Farmer geworden.[392] Marzell musste seinen Betrieb allerdings

Links: das erste Wohnhaus der Familie Gebhard Banzer in Prince George (Aufnahme 1992)

Rechts: der Banzer Drive in Prince George wurde nach Johann Banzer benannt

150   Die Auswanderung nach Kanada und Südamerika

Leo Kindle

verkaufen, als in den siebziger Jahren ein neuer Flughafen gebaut wurde. Er zog mit seiner Familie nach Kelowna, ganz im Süden von Britisch Kolumbien, und baute sich dort eine neue Existenz auf.[393]

Auch Leo Kindle, der bisher als Farmer und Zimmermann gearbeitet hatte, verliess mit seiner Frau Prince George 1955, nachdem die beiden Töchter erwachsen geworden waren, und lebte bis zu seinem Tod in der Nähe von Vancouver an der Pazifikküste.[394]

Kanada-Wanderung nach dem Zweiten Weltkrieg

Wie schon bei der Auswanderung in die Vereinigten Staaten zu beobachten war, stieg auch die Auswanderung nach Kanada nach dem Zweiten Weltkrieg an. Von einer Auswanderungswelle zu sprechen, wäre allerdings stark übertrieben; von 1945 bis 1957 emigrierten insgesamt zwanzig Personen nach Kanada. Dann beschränkte sich die Auswanderung nach Kanada auf Einzelfälle.

Auffallend ist – auch das eine Parallele zu den USA –, dass bei den Auswanderern nun nicht mehr landwirtschaftliche Berufe dominierten, sondern ein breites Spektrum verschiedenster Tätigkeiten. Die Auswanderer wählten auch nur noch in Ausnahmefällen die Prärieprovinzen als neue Heimat, sondern zogen in die grossen Agglomerationen, wo sie ihrer Ausbildung entsprechende Arbeits- und Aufstiegsmöglichkeiten fanden.

Alles in allem fiel aber die Auswanderung nach Kanada im Vergleich zu jener in die USA viel weniger ins Gewicht: Im 20. Jahrhundert wanderten nur rund fünfzig Liechtensteinerinnen und Liechtensteiner nach Kanada aus, während im gleichen Zeitraum rund 350 Familien oder Einzelpersonen in die Vereinigten Staaten emigrierten.[395]

Liechtensteiner Treffen bei Otto Falk in Port Alberni (British Columbia, Kanada) 1954; v. l. n. r. Theobald Schierscher (Longview, Washington, USA), Otto Falk, Frieda Falk (geb. Sele), Franz Kaufmann, Heinrich Nipp (Longview)

Die Auswanderung nach Kanada

XII. Die Auswanderung nach Südamerika

Im Frühjahr 1857 ersuchte Johann Georg Frommelt aus Vaduz um die Bewilligung, eine Agentur für Auswanderer nach Südbrasilien gründen zu dürfen. Das Regierungsamt aber gab ihm abschlägigen Bescheid, weil *«weder ein Anerbieten für derlei Reisende noch die Vertragsbedingnisse über die Spedierung vorgelegt, noch eine Caution für richtige Einhaltung der eingegangenen oder einzugehenden Verbindlichkeiten angetragen wurde».*[396]

Selbst wenn Landesverweser Menzinger seine Einwilligung zur Gründung dieser Agentur gegeben hätte, Frommelt wäre damit nicht reich geworden. Südamerika stiess bei den Auswanderungswilligen in Liechtenstein nämlich auf wenig Interesse, die Auswanderung des 19. Jahrhunderts konzentrierte sich praktisch ausschliesslich auf die Vereinigten Staaten, und auch im 20. Jahrhundert blieb die Auswanderung in südamerikanische Länder marginal.[397]

Zwar hätte es an verheissungsvollen Angeboten nicht gefehlt. So hiess es 1884 in einem Zeitungsinserat: *«Die Regierung von Chile (Südamerika) leistet Vorschuß für die Reise vom Einschiffungshafen Bordeaux bis nach Chile und bietet dem Einwanderer außerordentlich günstige Ansiedlungskonditionen (Landschenkungen ec.).»*[398] In anderen Inseraten versprach die Auswanderungsagentur Rommel in Basel: *«Handwerker und Landwirte (besonders Familien) erhalten bedeutend reduzierte Passage»,* falls sie sich für eine Auswanderung nach Chile entschliessen könnten.[399] Doch all diese Versprechen blieben anscheinend wirkungslos.

Von den Südamerika-Auswanderern des 20. Jahrhunderts übersiedelte rund die Hälfte aller Emigranten in der Zwischenkriegszeit in ihre neue Heimat. Sie scheinen es schwer gehabt zu haben, Fuss zu fassen, sich ans Klima, die Sprache und die Arbeitsbedingungen zu gewöhnen. Dies äussert sich in der hohen Rückwanderungsquote: Jeder Zweite kehrte entweder nach Liechtenstein zurück oder reiste in die Vereinigten Staaten weiter; so Franz Xaver Beck, Arthur Wolfinger und Gerhard Barbier.[400]

Als Missionare nach Südamerika

Die frühesten Auswanderer nach Südamerika sind Josef Adalbert Heeb aus Schaan und Raimund Bühler aus Triesenberg. Beide waren Mitglieder der Gesellschaft Jesu, Heeb als Priester, Bühler als Laienbruder. Sie verliessen Liechtenstein im Jahr 1894 und begaben sich im Auftrag der Jesuiten nach Südbrasilien, einem von deutschen Siedlern bevorzugten Gebiet.

Abschlägiger Bescheid des Regierungsamtes an Johann Georg Frommelt, der 1857 eine Auswanderungsagentur für Südbrasilien eröffnen wollte

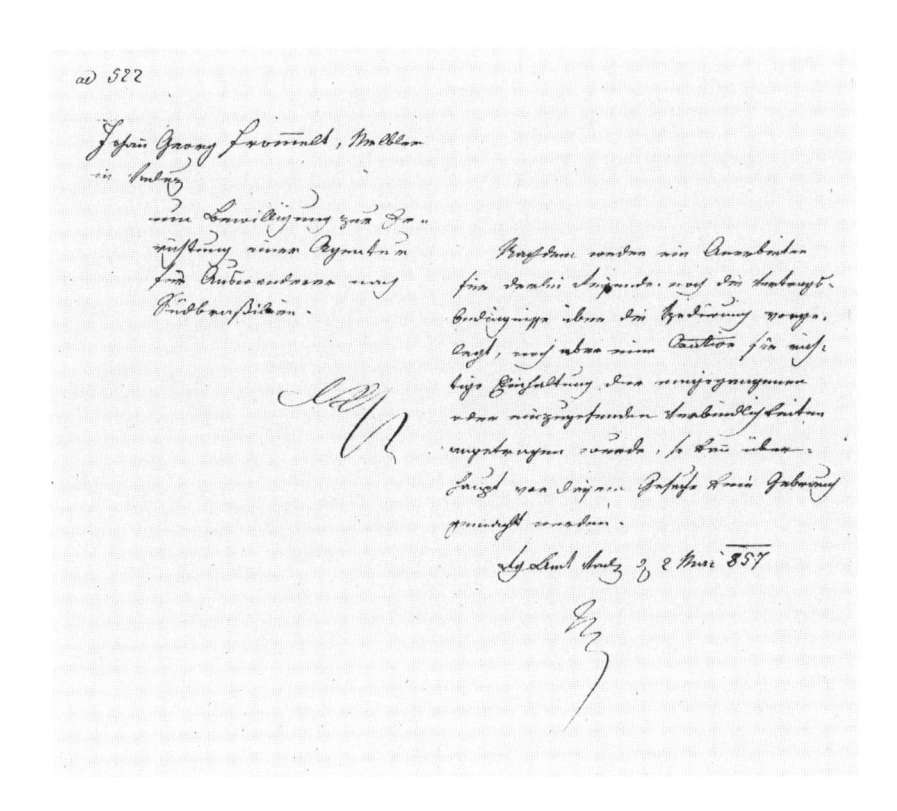

P. Adalbert Heeb wirkte während über vierzig Jahren als Lehrer an verschiedenen von den Jesuiten geführten Mittelschulen in Südbrasilien. Im Alter von 74 Jahren übernahm er 1935 in der Niederlassung von Porto Allegre das Amt des Ökonomen, das er bis zu seinem Tod im Jahr 1941 innehatte. Bruder Raimund Bühler, der vor seinem Eintritt bei den Jesuiten den Gipserberuf erlernt hatte, arbeitete als Handwerker in den Schulen der Gesellschaft und in von Jesuiten betreuten Pfarreien.

Neben diesen beiden wirkten auch vier Ordensfrauen aus Liechtenstein in Südamerika.

Im Jahr 1909 reiste Ida Josephina Marxer, eine Eschner Bürgerin, nach Villarica in Chile. Sie war 1896 als 16jährige in die Schwesternkongregation Menzingen (Kanton Zug) eingetreten und hatte den Namen «Schwester Honorata» angenommen. Nachdem sie einige Jahre in Tuggen und Einsiedeln (Kanton Schwyz) als Lehrerin gewirkt hatte, übernahm sie in Chile Lehraufgaben sowie die Leitung verschiedener Mädcheninstitute. Sie starb 1944 in Victoria.

Antonia Maria Marxer («Schwester Maria Agreda») aus Mauren weilte von 1948 bis 1967 als Lehrerin in Kolumbien; Margaretha Verling aus Vaduz war von 1957 bis 1970 als Franziskaner-Missionsschwester in Brasilien, und die Missionsbenediktinerin Schwester Leoni Hasler aus Ruggell leitete zwischen 1969 und 1991 verschiedene Spitäler und Ordensniederlassungen in Brasilien.[401]

Die Auswanderung nach Südamerika

«Liechtensteiner Volksblatt» 25. Januar 1884 (links) und 14. Juni 1895 (rechts)

Von Partisanen ausgeraubt

Zu den ersten Auswanderern, die ihr Glück in Südamerika suchten, gehörte Jakob Matt. Er war bereits 35 Jahre alt, als er 1913 sein Heimatdorf Bendern verliess. Seine Reise begann am 6. Februar und führte ihn über Zürich nach Marseille, wo er an Bord der «France» ging, die ihn, nach Zwischenhalten in Almeria, Valencia und Dakar, am 27. Februar nach Rio de Janeiro brachte. Dort legte er eine zweiwöchige Pause ein – wahrscheinlich um sich zu orientieren – und begab sich dann nach Florianópolis in der Provinz Santa Catarina an der Südspitze Brasiliens. Zwei Wochen nach seiner Ankunft schilderte er in einem ersten Brief den Reiseverlauf und seine neue Situation: «*Gottlob immer gesund und munter. Mir fehlt nicht's als das Bier. Hier kostet eine Flasche Bier 80 Ct. bis 1 Fr. Essen ist nicht teuer u. gut. Fleisch genug, alle Tag 2 mal dreierlei Fleisch. Hunger muss hier keiner leiden u. für den Durst Kaffe, Tee oder Wasser. Kaffe ist gut u. billig aber ohne Milch. Weil ich noch die Prasilianische Sprache nicht kann arbeite ich als Maurer. Habe 7 Mill. = 10 Fr. per Tag. Kost u. Logis kostet 2 Mill = 3 Fr. p. Tag, bleiben noch 7 Fr. Habe Aussicht auf eine bessere Stelle (12 Mill. = 18 Fr.) als Polier. Maurer finden hier Arbeit genug. Es ist schön hier u. zimmlich warm. Wir haben am 4 Uhr schon Feierabend, u. können dann spazieren.*»[402] – Jakob Matt etablierte sich erfolgreich. Gemäss Familienüberlieferung erwarb er über die Jahre mehrere Häuser. 1934, im Alter von 56 Jahren, entschloss er sich zur Rückkehr nach Liechtenstein, um seine Ersparnisse in der Heimat zu geniessen. Er verkaufte Hab und Gut und machte sich vor der Rückkehr zu einer Reise durch Brasilien auf. Dabei geriet er in einen Partisanenhinterhalt, wurde ausgeraubt und so schwer verletzt, dass er nach wenigen Tagen starb.[403]

Jakob Matt (1878-1934)

Zu sechst nach Argentinien

Im Juli 1920 verliessen sechs junge Liechtensteiner ihre Heimat, um nach Argentinien auszuwandern. Es handelte sich um Rudolf Jehle, Dominik Kaiser und Arthur Wanger aus Schaan, Arthur Wolfinger aus Balzers, Oskar Seger aus Vaduz sowie einen weiteren, bisher nicht identifizierten Kollegen. Von Arthur Wanger sind dreissig Briefe aus den Jahren von 1920 bis 1927 erhalten geblieben, in denen er eindrücklich seine eigenen und die Anfangsschwierigkeiten seiner Kollegen schildert.

Zu fünft bestiegen sie am 20. Juli in Triest den Dampfer «Francescu». Kaiser blieb zunächst zurück, um auf seine Frau zu warten und dann nachzukommen. Das Leben an Bord wird, nach Überwindung der anfänglichen Seekrankheit, in den schillerndsten Farben geschildert: «*Morgens um 6 oder halb sieben stehen wir auf, denn um $^1/_2$ 8 gibts das Frühstück, Tee genug u. ausgezeichneten Schwarztee u. feines schneeweisses Brot. Um halb 11 Uhr ist Mittagessen, eine ganz dicke Suppe und Reis u. Schnitzelsosse, dann noch irgend etwas anderes Magronen u.s.w. dazu soviel wir mögen u. dann noch einen Becher Wein. Am Abend gibts auch wieder so ähnlich Fleisch u. Magronen u. wieder einen Becher Wein ... Tags über können wir auf dem ganzen Schiff herum, da wird musiziert u. getanzt auf dem Deck wie in einem Tanzsaal ... Ihr seht also, dass wir hier leben wie Gott in Frankreich, wenn es nur immer so gehen wird.*»[404] Die Ernüchterung kam schon im Verlauf der Seereise. «*Nach einer 42 tägigen, glücklich überstandenen Seereise sind wir nun gesund u. wohl in unserer neuen Heimat gelandet. Wir haben in dieser Zeit manches Interessantes gesehen u. miterlebt. Die Fahrt auf der Francescu war da einer Schneckenpost sehr ähnlich. In Gibraltar hatten wir einen Kohlenbrand, dann streikten die Arbeiter u. die Mannschaft an Bord u. so mussten wir dort eine volle Woche vor Anker liegen. Ein andermal war wieder Maschinendefekt u. so gings in einem fort, fast zum Verzweifeln. So ging die Zeit allmählich dahin, ein Tag nach dem andern verstrich, u. einer war öder als der andere. Einige ausgenommen, an denen wir entweder Seegang*

Vor dem Einschiffen in Triest liess sich die Auswanderergruppe fotografieren; stehend v. r. Arthur Wanger, Rudolf Jehle, Arthur Wolfinger, l. sitzend Oskar Seger; die übrigen zwei Mitglieder der Gruppe konnten bisher nicht identifiziert werden

Die Auswanderung nach Südamerika **155**

Rudolf Jehle, Arthur Wolfinger, Oskar Seger und Arthur Wanger (v.l.n.r.)

hatten oder recht viele Fische sahen ... Nun haben wir dies aber alles hinter uns, u. schon bald wieder vergessen u. sitzen nun im wunderschönen Buenos Aires ... Wir waren nun schon einige male in der Stadt u. haben uns Buenos Aires ein wenig angesehen, es ist wunderschön hier, bin nun neugierig, wohin es uns verschlagen wird.»[405]

Harte Zeiten als Landarbeiter

Rudolf Jehle, Arthur Wanger und Arthur Wolfinger fanden ihre erste Stelle durch Vermittlung der Einwanderungsbehörde auf einer riesigen *Estancia*, einem Landwirtschaftsbetrieb, in El Innal in der Gegend von Alta im Norden Argentiniens. Die Lebensumstände waren hart, das heisse Klima kaum zu ertragen. *«Es wurde uns einfach ein Zimmer oder besser ein Raum angewiesen in einer Hütte, wo wir uns einnisten sollten. Die ersten Tage schliefen wir auf der blossen Erde, jetzt haben wir Betten gemacht, d.h. Gestelle wie Sägeböcke, über die wir ein paar Läden nagelten ... Bei Sonnenaufgang geht's an die Arbeit. Der Wolfinger und ich sind mit je einem Indianer beim Bewässern beschäftigt, dabei können wir uns schon ganz hübsch verständigen mit ihnen. Der Rudolf muss eggen mit zwei fast wilden Ochsen. Das Vieh zählt hier in die Tausende von Stücken und ist sozusagen alles noch wild ebenso wie die Pferde und Mulis, die wann man sie zum Reiten und Ziehen verwenden will, alle mit dem Lasso von den Indiandern gefangen werden müssen ... Wir werden ja auch nicht zu lange hier bleiben, denn hier könnten wir's nicht aushalten. Im Sommer soll (es) hier eine Hitze von 52 Grad Wärme geben und zwar im Schatten, also unmöglich zum aushalten. In 2 Monaten gedenken wir weiter nach Süden zu gehen, wo es nicht so heiss ist.»*[406]

Ende November fanden Wanger und Wolfinger eine neue Arbeit bei einem deutsch-russischen Bauern in Crespo südwestlich von Buenos Aires, wo eben die Erntezeit begonnen hatte. «*Morgens um 3 Uhr gehts schon hinaus aufs Feld, da wird gearbeitet bis zur Dunkelheit, u. zwar sehr streng. Dafür ist das Essen auch sehr gut. Da fehlt es nicht an Milch, Eiern, Rahm, Brot, Fett u. Fleisch. Auf dem Felde wird nichts als Wasser getrunken. Die Zahlung ist auch gut, ich erhalte in zirka einem Monat 140 Pesos ... Rudolf u. Domini arbeiten jetzt in einer Käserei in der Provinz Buenos Aires. Franz hat auch eine gute Stellung, Oskar war krank, er lag 47 Tage im Spital am Typhus.*»[407]

In einer Käserei in Mercedes

Als die Ernte vorbei war, begaben sich Wanger und Wolfinger wieder nach Buenos Aires und von dort weiter nach Mercedes, wo sie in der gleichen, zur *Estancia Santa Catalina* gehörenden Käserei wie Rudolf Jehle Arbeit fanden. «*Wir waren kaum 8 Tage hier, als Rudolf plötzlich erkrankte, 4 Tage später wurde mir auf einmal übel bei der Arbeit, so dass ich mich auf mein Lager legen musste. (Bett gibt's keines) 2 Tage nach mir erkrankte Wolfinger. Nun lagen wir alle drei hilflos da. Nun wurde ein Arzt gerufen, der nicht recht Konstatieren konnte welcher Art die Krankheit war. Am 8. Februar wurden wir vom Verwalter der Estancia alle drei auf einmal ins Hospital zu Mercedes überbracht ... Der Spitalsarzt stellte nun fest, dass wir alle drei den Typhus hatten. Nun lag ich 38 Tage im Spital bis ich am 18. März, also gestern, nach glücklich überstandener Krankheit abgeholt wurde. 27 Tage habe ich gar nichts gegessen, ich habe jetzt noch 57 Kg. Vor der Krankheit wog ich 69 Kg. Rudolf ist auch wieder hier. Wir lagen alle drei in demselben*

Links: Arthur Wanger beim ersten Heimaturlaub vor dem Elternhaus im Schaaner Rossfeld (1929)

Rechts: in der Käserei in Mercedes; Arthur Wolfinger (l.), Rudolf Jehle (3. v. l.), Oskar Seger (hinten Mitte) und Arthur Wanger (3. v. r.)

Die Auswanderung nach Südamerika

Am Lagerfeuer bei Tucuman im Norden Argentiniens: Rudolf Jehle (3.v.l.), Arthur Wanger (5.v.l.), Oskar Seger (6.v.l.), Arthur Wolfinger (8.v.l.)

Raum. Rudolf u. ich sind nun fort u. der arme Wolfinger ist nun ganz allein, er wird noch 20 Tage dort bleiben müssen, da er einen kleinen Rückfall hatte ... Gott sei Dank bin ich nun endlich wieder hier, während mein sauer erspartes Geld in der Spitalskasse liegt, und nun heisst es mit frischem Mut von neuem angefangen ... Vorderhand kann ich noch nichts arbeiten, da ich noch zu schwach bin, den Lohn erhalte ich aber doch von dem Tage an, wo ich aus dem Spital entlassen worden bin. So gehts ja noch, die Kost ist sehr gut ... So hoffe ich dank meines riesigen Appetites, den ich jetzt besitze, meine Schwäche bald überwunden zu haben.»[408]

Als alle drei wieder gesund waren, ging die Arbeit in der Käserei weiter, und schon bald wurden Pläne für die Zukunft geschmiedet. «*Wir sind nun schon lange wieder beieinander. Rudolf, Oskar, Wolfinger und ich produzieren Käse nach Herzenslust. Wir sind alle gesund u. munter, befinden uns täglich fröhlich bei der Arbeit, am Nachmittag haben wir ein wenig freie Zeit, da wird dann gesungen, geritten, oder wir streiten uns ein wenig, was ja auch nicht zu vermeiden ist ... Wir in der Käserei hier sind alles Deutsche, der Oberkäser ist ein Schweizer u. die Köchin ist eine Deutsche aus Hamburg. Wir vier beabsichtigen, wenn möglich einen Tambo zu übernehmen, d.i. eine Milchwirtschaft von cic. 200 Kühen, wovon ein Teil zahm u. ein Teil wild, also zu zähmen ist. Die Milch würde dann zu einem vertraglich abgemachten Preis entweder in die Stadt oder in irgend eine Käserei abgeliefert ... Wir wollen nun sehen, ob wirs dazu bringen. Jedenfalls greifen wir bei der ersten günstigen Gelegenheit selbständig zu werden zu.»*[409]

Im Juni des Jahres 1921 wurde die *Estancia* von der Maul- und Klauenseuche heimgesucht. «*Hier ... sind in kurzer Zeit 400 Stück Vieh zu Grunde gegangen. Unser Patron (Herr) ist aber sehr reich, der kann es vertragen. Er besitzt ... mehr Land als ganz Liechtenstein, auf dem ganzen Land wird nur Viehzucht betrieben. Das Vieh ist zum grössten Teil noch wild.»* Gleichzeitig konnte Wanger berichten, dass schon bald Hoffnung auf Selbständigkeit bestehe. *«Nun will der Patron noch einige Tambos (Milchwirtschaften) einrichten. Von denen hoffen wir einen zu bekommen ... Ob was daraus wird, kann man jetzt noch nicht bestimmt sagen. Vorläufig arbeiten wir in der Käserei, damit wir ein wenig Geld haben ... Wir müssten dazu Sättel, Lassos, Milchwagen u. Pferde anschaffen auch Lebensmittel für die erste Zeit. Mir würde die Beschäftigung sehr gut gefallen. Trotzdem es manchmal sehr rau zu geht. Es ist wahrlich keine Kleinigkeit, wildes Vieh zu zähmen, u. soviel halbwildes Vieh zu melken. Für ein Stück Vieh zu zähmen wird 5 Pesos bezahlt. Man könnte also ausser dem Milchertrag noch etwas verdienen. Wir sehen nun zu, wie sich die Sache weiter entwickeln wird.»*[410]

Zunächst aber zog der Winter ins Land. *«Gegenwärtig haben wir hier die schlechteste Zeit, den Winter, da ist nicht viel zu machen. Man muss froh sein, wenn man eine Stelle hat bis im Frühling.»*[411] *«Morgens 6 1/2 stehen wir jetzt auf im Winter, trinken Kaffee u. gehen dann zur Arbeit. Rudolf u. ich müssen jeden Morgen zuerst Käse salzen bis cic. 10 Uhr. Dann werden die Käse gekehrt, aufgestapelt, geputzt u.s.w. Um 1/2 11 essen wir zu Mittag. Da gibts Fleisch in Hülle u. Fülle, Kartoffeln u. Gemüse wie bei uns. Nach dem Essen arbeite ich mit Wolfinger u. einem eingewanderten Spanier, da Rudolf in der Käserei hilft die Milch verarbeiten am Nachmittag. Wolfinger, ich u. der Spanier haben dann die trockenen aufgestapelten Käse zu putzen, zu ölen, zu wiegen u.s.w. Dabei lassen wir uns richtig Zeit, parlieren*

Rudolf Jehle (links mit Sohn Arthur) gründete und leitete in Buenos Aires den Jodelclub des Schweizer Vereins Berna

Die Auswanderung nach Südamerika

Arthur Wanger beim Pflügen

spanisch u. unterhalten uns vortrefflich mit dem Spanier ... Um ½ 3 trinkt man wieder Kaffee. Nachher arbeiten Wolfinger u. ich bis ½ 5. Die andern haben früher Feierabend, wofür wir dann am Sonntag aber frei haben ... Sonntags schreiben wir meistens, spazieren, reiten, spielen. Ich übe mich auch manchmal im Lassowerfen für später. Hie u. da reiten wir auch zu zweit in das Städtchen Mercedes, wenn wir irgend etwas benötigen. Andere Vergnügen gibt es nicht.»[412]

Nach dem Winter rückten die Pläne zur Selbständigkeit wieder in den Vordergrund. «*Mir geht es jetzt immer gut. Auch meinen Kollegen Rudolf u. Wolfinger. Wir haben nun jeder unser Pferd u. Sattel. Bei schönem Wetter, das es jetzt häufig gibt, reiten wir aus. Auch schaffen wir uns so langsam Zeug an, um unser Geschäft anzufangen. Wir haben unseren Herrn gefragt um einen Tambo. Er hat uns nun einen versprochen, der aber erst eingerichtet wird, und zwar der grösste von 300 Kühen. Nun heisst es gespart, um dann Pferde, Wagen u. Geschirr kaufen zu können. Ich muss jetzt dann bald weg von hier, auf einen Tambo um zu lernen.*»[413]

Ein halbes Jahr später schien es definitiv zu klappen. «*Endlich ist es nun entschieden. Wir bekommen einen Tambo u. zwar ganz bestimmt bis im Juni oder Juli ... Wir haben nun schon sämtliche Gerätschaften, die zu unserem neuen Berufe benötigt werden, gekauft wie: einen grossen Milchwagen, Pferdegeschirre, Milchkübel, Milchstühle* (wahrscheinlich Melkschemel)*, Fesseln, Küchengeschirr, Lassos u. dgl. Dann haben wir sieben Pferde gekauft. Wir besitzen also 9 Pferde mit den unsern, die wir vorher schon hatten. Wir warten also nur noch bis es los gehen soll ... Wolfinger u. ich nehmen den Tambo,*

Franz kann womöglich als Hühnerzüchter ankommen u. Rudolf bringt es eventuell ein kleines Geschäftchen, oder wenn nicht, wird er hier als zweiter Käser angestellt u. bekommt mehr Lohn.»[414]

Kurze Zeit später zerrannen die schönen Träume im Nichts. Aus Buenos Aires waren Dominik Kaiser und seine Frau Alice zu Besuch auf die *Estancia* gekommen. Zusammen wurde gesungen, gegessen und über den Durst getrunken, so dass es im Verlauf des Abends zu einem wüsten Streit mit dem Käser kam. *«Als der Käser nun aber doch auf mich los kam, wischte ich ihm ein Ergiebiges über den Schädel mit meiner Reitpeitsche. Wir gingen dann mitten in der Nacht alle miteinander nach Mercedes und liessen den schimpfenden und drohenden Käser allein mit seinem brummenden Schädel. Rudolf, Domini und Alice fuhren am anderen Tag nach Bs. Aires. Wolfinger und ich bekamen noch eine Woche Zeit, um unsere Sachen zu regeln. Infolge des schlechten Wetters u. der Eile die wir hatten, blieb uns nichts anderes mehr übrig, als alles im Stich zu lassen, mit Verlust unserer 450 Pesos … Dabei muss ich bemerken, dass dies alles gerade in der miserabelsten Zeit des Jahres passiert ist, so dass wir uns volle drei Wochen in Bs. Aires aufhalten mussten, bis wir endlich den Ausweg nach Zarate gefunden haben.»*

In Zarate fand die Gruppe Arbeit in einem grossen Schlachthof. Doch die Zeiten waren schlecht, die Beschäftigung und damit auch der Verdienst unregelmässig. So suchte jeder möglichst rasch nach einer anderen Stelle.[415] Wanger und Wolfinger kamen schliesslich bei einem Bauern in San Mayol, rund 500 Kilometer von Buenos Aires entfernt, unter.[416]

Bei der Getreideernte wurden fahrbare Dreschmaschinen eingesetzt

Der Traum von einem eigenen Milchbetrieb liess Arthur Wanger allerdings nicht mehr los, und als sich die Chance dazu erneut ergab, packte er zu – und hatte wieder Pech. *«Obwohl ich mirs damals gut überlegt hatte, war die Sache doch nicht von Vorteil für mich, da ich letzten Endes doch noch einmal ziemlich Geld dabei eingebüsst hatte. Die Reise allein, es waren ungefähr 1000 Km, kostete mich 40 Pesos. In Buenos Aires wurden mir zum Überfluss noch gegen 200 Pesos gestohlen von einem Taschendieb ... Bei der Molkerei kam auch nicht viel heraus, im Anfange hatten wir gute Erfolge, dann kam aber eine sehr schlechte Witterung, bei der die Kühe erkrankten u. wenig Milch gaben. Der Unrentabilität u. einigen andern Umstände halber gaben wir das Ganze auf.»*[417]

Wanger ging zu seinem alten Arbeitgeber nach San Mayol zurück und blieb dort mehrere Jahre. Die Gruppe, die sich 1920 in Triest gemeinsam auf den Weg nach Argentinien gemacht hatte, zerfiel. Rudolf Jehle lebte mit seiner Familie in Buenos Aires, Arthur Wolfinger zog in die Vereinigten Staaten, Oskar Seger hatte er schon längere Zeit aus den Augen verloren.[418] 1929 reiste Arthur Wanger, aus dessen Briefen auch immer wieder Heimweh herausklang, zu einem ersten Besuch nach Liechtenstein. Zurück in Argentinien, kaufte er 1930 seinen ersten Grund und Boden, im Jahr darauf heiratete er die Auslandschweizerin Martha Weber. Das Paar hatte sechs Kinder.[419]

Arthur und Martha Wanger-Weber mit ihren sechs Kindern

Ein schwerer Anfang in Brasilien

Im Januar 1930 wanderte Josef Batliner aus Mauren nach Brasilien aus. Er hatte am Staatsgymnasium Feldkirch die Matura gemacht und anschliessend an der Hochschule für Welthandel in Wien studiert, in Liechtenstein aber trotz seines Abschlusses als Diplomkaufmann keine Arbeitsmöglichkeit gefunden. Jung und ungeduldig, beschloss er auszuwandern – und zwar nicht in die USA, wo bereits drei seiner Geschwister lebten, sondern nach Brasilien, das ihm ein deutscher Geschäftsmann als Land der Zukunft anempfohlen hatte.

Als er in Rio de Janeiro ankam, sprach er kein Wort portugiesisch, packte seine Zukunft aber mit grossem Optimismus an. Seine erste Anstellung fand er bei einer Schweizer Firma, welche Farben nach Brasilien importierte. Schon nach wenigen Monaten aber brach die Revolution über das Land herein, und Josef Batliner verlor seine Stelle wieder. Auf Anraten seines Chefs begab er sich nach Porto Allegre im Süden des Landes, wo er sich bessere Chancen erhoffte als in der revolutionsgeschüttelten Hauptstadt. Nachdem er dort kurze Zeit als Filialinspektor einer kleinen Bank gearbeitet hatte, beschloss er, sich selbständig zu machen und ein eigenes Handelsunternehmen zu gründen, das anfänglich verschiedene Vertretungen führte und sich später auf den Import von Edelstahl spezialisierte. Nach dem Zweiten Weltkrieg führte er während zwanzig Jahren als Direktor die brasilianische Niederlassung eines grossen internationalen Stahlkonzerns.

Josef Batliner und seine Frau Erica (l.) im Gespräch mit Fürst Franz Josef II. anlässlich des Empfangs für die Auslandliechtensteiner am 11. August 1976 (Foto: Alfons Kieber)

Bedingt durch die schlechte Wirtschaftslage in den dreissiger Jahren sowie durch den Zweiten Weltkrieg dauerte es bis 1958, bis Josef Batliner zum ersten Mal wieder nach Liechtenstein reisen und mit Überraschung die Veränderungen feststellen konnte, die sich seit seiner Abreise ergeben hatten.[420] In der Folge kam er alle paar Jahre wieder, so auch 1976, als eine Delegation von Auslandsliechtensteinern zum siebzigsten Geburtstag von Fürst Franz Josef II. eingeladen war. Josef Batliner hielt eine Gratulationsansprache, der die folgenden Zeilen entnommen sind: «*Als in den Jahren 1929/1930 die Wirtschaftslage auch in unserem Ländle schwierig war und bereits sehr viele der jungen Bürger weggezogen waren, dachte auch ich an Auswanderung. USA kam nicht mehr in Frage, also suchte ich mein Heil in Brasilien. Ich habe in Südamerika nur wenige Landsleute getroffen, und wohl kaum einer hatte in den fremden Landen die Möglichkeit, schnell vorwärts zu kommen. Die Jahre vor, während und nach dem Weltkriege waren sehr schwierig. Trotz all der vielen Widerwärtigkeiten fasste man Fuss, gründete eine Familie, und es ging bergauf. Wir haben in unserer Wahlheimat nicht die herrlichen Berge, die wir in unserer wirklichen Heimat haben. Wir konnten auch nicht die Berge des Wohlstandes erklimmen, die wir hier vor unseren Augen sehen, jedoch wir versuchten, das scheinbar Unmögliche möglich zu machen – und es gelang.*»[421]

Epilog

Bis heute kennen wir 1'150 Fälle von Einzelpersonen, Ehepaaren oder ganzen Familien, die nach Amerika ausgewandert sind. Hinter diesen 1'150 Fällen verbergen sich rund 1'600 Menschen. Für die meisten von ihnen haben bittere Not, Armut und Hunger sowie die Hoffnung auf ein besseres Leben den Ausschlag gegeben, ihre alte Heimat Liechtenstein zu verlassen.

Wie es ihnen in der neuen Heimat erging, schildert dieses Buch – Erfolge und Misserfolge sind belegt, Lebensschicksale konnten aus Briefen, Büchern, Zeitungsausschnitten und Aufzeichnungen der Nachfahren rekonstruiert werden. Von vielen andern aber, die auszogen, um in Amerika ihr Glück zu suchen, hat man in Liechtenstein nie mehr oder erst dann wieder etwas gehört, wenn die hiergebliebenen Verwandten die gerichtliche Todeserklärung einleiten liessen. Was mögen all jene erfahren haben, die den Kontakt zur Heimat abgebrochen haben, vielleicht, weil ihre Scham das Eingeständnis nicht zuliess, in Amerika Schiffbruch erlitten zu haben, statt in Glück und Wohlstand wiederum in Kummer und Armut zu leben?

Heute ist Liechtenstein längst zum Einwanderungsland geworden. Was früher die Liechtensteiner nach Amerika lockte – eine blühende Wirtschaft, gute Verdienstmöglichkeiten und die Hoffnung auf ein besseres Leben –, sind auch die Magnete, die Arbeitskräfte aus aller Herren Länder nach Liechtenstein gezogen haben. Hierzulande beobachtet man diese Entwicklung schon seit Jahren mit Sorge und versucht, die Einwanderung durch staatliche Beschränkungen in Grenzen zu halten. Immer wieder ist – vor allem in jüngster Zeit und mit überheblichem Unterton – von «Wirtschaftsflüchtlingen» die Rede, die uns unseren Wohlstand streitig machen wollen.

Wir sollten dabei nie vergessen, dass die Liechtensteinerinnen und Liechtensteiner, die nach Amerika ausgewandert sind, bis in die Mitte unseres Jahrhunderts fast ausnahmslos ebenfalls «Wirtschaftsflüchtlinge» waren.

Seither haben sich die Beweggründe für eine Auswanderung geändert. Heute stehen Horizonterweiterung, berufliche Entwicklung und mitunter ein Schuss Abenteuerlust im Vordergrund. Wer heute nach Amerika zieht, betrachtet sich auch nicht mehr als Auswanderer im klassischen Sinn, sondern sieht die Zeit im Ausland eher als interessanten, aber zeitlich begrenzten Lebensabschnitt, der sich jederzeit freiwillig beenden lässt.

Anmerkungen zu:
Prolog und Kapitel I:
Liechtenstein im
19. Jahrhundert

1. BS: Kopie der Verkaufsurkunde v. 24. 6. 1837.
2. Verst, Henry Rev., Floyd Knobs, Indiana. History of St. Mary Parish and a Story of Floyd Knobs, 1800 to 1938. New Albany, IN, o.J.
3. BS: Brief v. Joan M. Batliner, Louisville, KY, v. 11. 5. 1976 a. d. Verf.
4. BS: Kopie aus dem Register der Taufen, Heiraten und Todesfälle der Pfarrei St. Mary, Floyds Knobs.
5. LLA, Abh. 112/14 (1881).
6. Pio Schurti hat diese Nachkommen im Sommer 1992 besucht; leider ist die Familiengeschichte sehr schlecht dokumentiert.
7. Gürtler, Gernot O.: Quo vadis? – Aspekte zum «homo migrans» im Fürstentum Liechtenstein; 1995, S. 15.
8. Dieses Kapitel stützt sich, wo nicht anders vermerkt, auf Geiger, Malin, Ospelt, Quaderer und Vogt.
9. Mais wurde um 1700 eingeführt, die Kartoffel 1751 erstmals erwähnt; zuvor bildeten Dinkel und Gerste die Hauptnahrungsmittel.
10. 1801 liess sich Gebhard Schädler, der erste wissenschaftlich ausgebildete Arzt, in Liechtenstein nieder, 1812 wurde die obligatorische Pockenschutzimpfung eingeführt, die Aufklärung der Bevölkerung über Ernährung und Hygiene wurde verbessert.
11. LLA RC 82/8, Nr. 3, Menzinger an Fürst, 12. 1. 1848, zit. n. Geiger.
12. Schuppler, Joseph: Beschreibung des Fürstenthums Liechtenstein aus dem Jahre 1815. Hrsg. von Alois Ospelt. In: JBL 75 (1975), S. 239.
13. Ebd., S. 240f.
14. Regentschaft 1805-1836.
15. 1788-1808 Franz Xaver Menzinger; 1808-1827 Joseph Schuppler; 1827-1833 Peter Pokorny; 1833-1861 Johann Michael Menzinger (ab 1848 «Landesverweser»); 1861-1884 Karl von Hausen; 1884-1892 Karl von In der Maur; 1892-1896 Friedrich Stellwag von Carion; 1896-1913 Karl von In der Maur.
16. Personen mit einem steuerbaren Vermögen von mehr als 2'000 Gulden durften an den Sitzungen des Landtags ebenfalls teilnehmen. Durch diese Bestimmung konnte sich der Kaiser von Österreich als einer der grössten Grundbesitzer in Liechtenstein jeweils durch einen seiner Feldkircher Beamten vertreten lassen.
17. Bis 1808 hatten die obere und untere Landschaft das Recht, aus einem Dreiervorschlag des Oberamts einen Landammann zu wählen, dem gewisse gerichtliche Kompetenzen zustanden. Diese Landammänner wurden durch die Dienstinstruktion von 1808 abgeschafft.
18. HKW H 1808, 5020, Bittschrift v. 1. 7. 1831, zit. n. Quaderer.
19. LLA RC Nr. 28/10, ad 5020, Antwort v. 19. 7. 1831 auf die Bittschrift v. 1. 7. 1831, zit. n. Quaderer.
20. Ploetz, S. 348.
21. Regentschaft 1836-1858.
22. LLA RC 100/4, Fürst an Landvogt, 11. 3. 1848, zit. n. Geiger.
23. LLA RC 100/4, Menzinger an HKW und Holzhausen, 17. 3. 1848, zit. n. Geiger.
24. Der Landesausschuss bestand aus Peter Kaiser sowie den beiden Ärzten Dr. Karl Schädler und Dr. Ludwig Grass.
25. LLA Peter Kaiser Akten ad 265, zit. n. Geiger.
26. Regentschaft 1858-1929.
27. Art. 2 der Verfassung vom 5. Oktober 1921.

Kapitel II:
Die Auswanderungs-
politik im 19.
Jahrhundert

28. Ospelt, S.56.
29. Fürstliche Verordnung betreffend Freizügigkeit, Erlass aller Abzugs- oder Nachsteuergelder, Aufhebung der Leibeigenschaft und Manumissionsgebühr; s. Ospelt, Anhang S. 71f.
30. s. Ospelt, Anhang S. 72-77.
31. LLA ExhP 1820, Nr. 192, von May an OA, 12. 5. 1820; das Schreiben ist im Akt nicht mehr enthalten.
32. BS: Kopie des Heimatscheins v. 8. 6. 1838; Auskünfte des Ururenkels Victor Philippe Gottschall, Pittsburg, PA, a. d. Verf. v. 18. 7. 1994.
33. BS: Kopie des Nachrufs aus dem «Highland Journal», 13. 2. 1896.
34. s. Ospelt, Anhang S. 85ff.
35. LLA RC 79/17, OA an Gde. Balzers, 24. 2. 1845.
36. 450 Gulden entsprachen damals dem zweifachen Jahreslohn eines Handlangers; s. Ospelt, S. 412 und Anhang S. 266f.
37. LLA RC 79/17, Gde. Balzers an OA, 4. 3. 1845.
38. In der Schweiz hatte die Auswanderung nach Amerika bedeutend früher eingesetzt. Bereits 1710 reiste das erste Kontingent von etwa 5'000 Personen, vor allem Berner Wiedertäufer, nach Amerika. Eine zweite Massenauswanderung, besonders aus dem Kanton Zürich und aus der Ostschweiz, folgte in den dreissiger und vierziger Jahren des 18. Jahrhunderts. 1735 kam es zur Gründung der Schweizer Kolonie New Berne

Kapitel II:
Die Auswanderungs-
politik im 19.
Jahrhundert

(North Carolina). Nach dieser zweiten Auswanderungswelle verboten einige Kantone die Auswanderung; hundert Jahre später erreichte sie jedoch einen neuen Höhepunkt. S. dazu Mötteli, S. 4-40 und Karrer, S. 1-12.

39 LLA RC 79/17, OA an HKW, 13. 5. 1845.
40 Ebd., HKW an OA, 5.6.1845.
41 LLA RC 92/87, OA an HKW, 13. 7. 1847.
42 LLA RC 105/75, Auswanderungsgesuch des Johann Georg Bürzle v. 30. 11. 1855.
43 Ebd., Gde. Balzers an RA, 29. 1. 1856.
44 Ebd., RA an Gde. Balzers, 29. 1. 1856.
45 Ebd., Gde. Balzers an RA, 4. 2. 1856; ob die Schulden bezahlt wurden oder ob die Gläubiger verzichtet haben, geht aus dem Akt nicht hervor.
46 Protokoll des Gemeinderats Schaan, 9. 4. 1866.
47 LLA RC 92/74, Auswanderungsgesuch des Andreas Batliner v. 28. 4. 1847.
48 Ebd., OA an HKW, 13. 7. 1847.
49 Ebd., Dekret des OA, 10. 9. 1847.
50 LLA RC 79/17, OA an Ortsrichter, 14. 3. 1848.
51 Ospelt, S. 59.
52 Auswandererdatenbank: Abfrage nach Auswanderungsjahr.
53 Liechtensteinisches Landes-Gesetzblatt 1864, Nr. 3.

Kapitel III:
Amerika lockt die
Einwanderer

54 LLA RC 105/101, Eingabe v. 21. 12. 1855, präsentiert am 22. 12. 1855.
55 LLA RC 105/100, Protokoll der Vorsprache v. 15. 12. 1855.
56 USA-Ploetz, S. 22.
57 Cooke, S. 63ff.
58 USA-Ploetz, S. 51.
59 USA-Ploetz, S. 10, 49f.
60 USA-Ploetz, S. 63ff.
61 Zit. n. Cooke, S. 122.
62 USA-Ploetz, S. 81ff.; 1867 wurde zudem Alaska für 7,2 Millionen Dollars von Russland gekauft.
63 Cooke, S. 47.
64 USA-Ploetz, S. 78.
65 Cooke, S. 174f., USA-Ploetz, S. 85; Kalifornien hatte 1846 noch 10'000 Einwohner, bis 1852 stieg ihre Zahl auf 250'000 an.
66 Das Auswanderungsjahr von Lucius Alois ist nicht bekannt, von Johann Georg weiss man, dass er 1850 zu seinem Bruder reiste (Brief von Alois Rheinberger v. 9. 11. 1850).
67 Eine Namensliste im Pfarreibuch Balzers vermerkt in den Jahren 1845: 42 Personen; 1850: 12 Personen; 1852: 10 Personen; 1854: 7 Personen; 1855: 31 Personen; 1856: 4 Personen; 1857: 10 Personen. Es muss allerdings vermutet werden, dass die Aufzeichnungen für 1845 nachträglich aus dem Gedächtnis erfolgt sind, da mehrere der dort angeführten Personen erst in den Jahren 1850/51 in Passagierlisten aufscheinen. Für diese Annahme spricht auch die Tatsache, dass für die Jahre 1846-1849 keine Aufzeichnungen vorhanden sind.
68 Bei dieser Zahl handelt es sich um eine Schätzung, da in der Auswandererdatenbank nur Auswanderungsfälle verzeichnet sind, bei denen es sich um Einzelpersonen, Ehepaare oder ganze Familien handeln kann. Da bekannt ist, dass es sich bei den zwischen 1845 und 1857 registrierten 73 Fällen aus Balzers um 117 Personen handelt, wurde die Personenzahl der übrigen 86 Fälle des gleichen Zeitraums im gleichen Verhältnis berechnet.
69 1852 zählte Liechtenstein 8'162 Einwohner, Balzers 1'128. Statistisches Jahrbuch 1995, S. 20.
70 Hagmann, S. 15f., Allenspach, S. 11ff. sowie Gubser, S. 18.
71 Gubser, S. 15f. Der Name Ruflis und dessen Agenten Wolfinger taucht auch in einem Schreiben des Landesverwesers Menzinger an Fürst Alois II. auf, allerdings betont der Landesverweser, dass es bisher keine Klagen von liechtensteinischen Auswanderern gegeben habe. LLA RC 99/6, Nr. 217, 3. 9. 1851, Landesverweser an Fürst.
72 Leider wurden in Liechtenstein bisher keine Dokumente gefunden, in denen die Reise nach Amerika in den vierziger und fünfziger Jahren des 19. Jahrhunderts beschrieben wird. Man darf aber davon ausgehen, dass Auswanderer aus Liechtenstein die gleichen Routen benutzt haben wie jene aus dem Sarganserland oder aus Vorarlberg. S. Gubser, S. 20, Pichler, S. 63ff., Allenspach, S. 34.
73 Diese Tatsache ist durch zahlreiche Passagierlisten belegt.
74 Fähren gab es zwischen Balzers und Trübbach, Vaduz und Sevelen, Schaan und Buchs sowie zwischen Ruggell und Salez. Die ersten Brücken über den Rhein wurden 1867/68 bei Schaan und Bendern gebaut. S. Ospelt, S. 341f.
75 Der 1844 aus Walenstadt ausgewanderte Heinrich Huber meldete in seinem Bericht an den Ortsverwaltungsrat, dass auf der Überfahrt 223 Menschen gestorben seien. S. Gubser, S. 25. Amerikanische Quellen sprechen in den Jahren vor 1850 von einer Sterblichkeit von 10 Prozent. S. Pichler, S. 63.

Kapitel III:
Amerika lockt die
Einwanderer

76 New Orleans als Zielhafen und die Zusammensetzung der Gruppen sind durch zahlreiche Passagierlisten aus den Jahren 1849 bis 1855 belegt.
77 LLA NR 105/138, HKW an RA, 17. 2. 1856; RA an Gemeinden, 27. 2. 1856; im Akt auch enthalten: «Darstellung meiner gemachten Erfahrungen in Nordamerika in den Jahren 1853 und 1854, worin vorzüglich New York beleuchtet wird», Wien 1855.
78 Als erste Zeitung erschien von 1863-1868 die «Liechtensteinische Landeszeitung»; ihr folgte von 1873-1877 die «Liechtensteinische Wochenzeitung», die 1878 vom «Liechtensteiner Volksblatt» abgelöst wurde. Die «Feldkircher Zeitung», die wahrscheinlich auch Leser in Liechtenstein hatte, erschien erstmals 1860.
79 Pichler, S. 16.
80 Allenspach, S. 32 u. 35, zit. n. Allenspach.
81 Diese Aussage widerlegt die bisherige Annahme, dass Alois Rheinberger die Weinbautradition in Illinois begründet hat. Da er seinen Weinberg in Nauvoo aber bereits 1851 angelegt hat, darf man ihn sicher zu den Weinbaupionieren zählen. Mehr über A. Rheinberger s. Band II.
82 Gubser, S. 20ff.
83 Familienarchiv Rheinberger, Brief v. Alois Rheinberger an Theresia Rheinberger v. 20. 3. 1849.
84 PL «Baltimore», Ankunft in New York am 27. 9. 1850.
85 FB Balzers, S. 191; PL «F. W. Bailey», Ankunft in New Orleans am 30. 3. 1855.
86 LLA RC 104/274, Protokoll über die Vorsprache von F. J. Büchel v. 16. 5. 1855.
87 BS, Kopie des Briefes von Andreas Kaufmann an Vorsteher Franz Anton Kaufmann v. 15. 1. 1849 (Original im Besitz von Hubert Kaufmann, Vaduz); bei der erwähnten Theresa handelt es sich um die Stiefschwester Theresia Maria Frick.
88 Familienarchiv Rheinberger, Brief v. Alois Rheinberger an Theresia Rheinberger v. 9. 11. 1850.
89 LLA RC 105/112, Gesuch v. 25. 1. 1856; Konrad erhielt am 26. 1. 1856 die Auswanderungsbewilligung, zog sein Gesuch aber gleichentags wieder zurück.
90 BS, Kopie des Briefes von Johann Baptist Kaufmann an Vorsteher Franz Anton Kaufmann v. 9. 5. 1857 (Original im Besitz von Hubert Kaufmann, Vaduz).

Kapitel IV:
Der amerikanische
Bürgerkrieg

91 Die Schilderung der Hintergründe und des Verlaufs des Bürgerkriegs stützt sich auf Cooke, S. 189ff., ... nach Amerika, S. 60 und USA-Ploetz, S. 87ff.
92 BS, Kopie aus Yearbooks of the Old Settler Association of Yancton County, Ausgabe 1958; Frick, Franklyn: Der Amerikanische Zweig der Familie Frick. Typoskript, 1973, S. 5.
93 Tschugmell, Fridolin: Familien-Buch Planka 1610-1960. S. 15.
94 BS, maschinengeschriebene Kurzbiographie von Elisabeth Ryan Heeb, o. J.; mehr über Johann Heeb s. Band II.
95 Bucher, Band 7, S. 58.
96 BS, Kopie der Dienstbestätigung der Generaladjutantur v. 8. 7. 1889.
97 BS, Abschrift aus: «Presidents, Soldiers, Statesmen», Vol. II, New York, Toledo und Chicago 1898, S. 1262.
98 BS, handschriftliche Aufzeichnungen des Nachkommen Don Wohlwend, Des Moines, IA.
99 Wohlwends Geburtsdatum und das Jahr seiner Auswanderung sind leider nicht bekannt.
100 The War of the Rebellion, A Compilation of the official Records of the Union and Confederate Armies. Series I, Vol. XXII, Part I, Washington, 1888, S. 88f.
101 LVo, 7. 1. 1865.
102 BS, Kopien seiner Stammrollen aus den National Archives in Washington D. C.
103 Zit. nach LVo, 7. 1. 1865.
104 BS, Kopie des Briefes von Gregor Wohlwend, undatiert.
105 BS, Kopie des Berichts von Special Examiner H. J. Hunt an den Commissioner of Pensions v. 4. 2. 1890; der Akt aus den National Archives in Washington D. C. enthält seine Stammrollen sowie zahlreiche Protokolle von ärztlichen Untersuchungen, Einvernahmen und Zeugenaussagen.
106 BS, Kopien der Verfügung des Bureau of Pensions v. 23. 7. 1890.
107 Es handelt sich um den späteren Vorsteher und Landtagsabgeordneten Emil Batliner (1869-1947), der sich von 1890 bis 1893 in Dubuque (Iowa) aufgehalten hat.
108 LLA, Abh. 86/90.
109 LLA, Abh. 134/41.
110 PL «France», Ankunft in New York am 23. 3. 1881.

Kapitel V:
Die Prärie wird besiedelt

111 BS, Kopie des Briefes von Josef Fidel Nutt an seinen Schwiegervater Joseph Vogt v. 19. 6. 1881; leider ist nur ein Teil des Briefes erhalten. (Rechtschreibung u. Satzzeichen v. Verf. angepasst.)
112 Cooke, S. 225-237.
113 USA-Ploetz, S. 93.
114 S. Anm. 111; Fidel Nutt, Heinrich Frick und Alois Negele kehrten nach einigen Jahren wieder nach Liechtenstein zurück.

Kapitel V:
Die Prärie wird besiedelt

115 Cooke, S. 238.
116 1 Acre = 4047 m², 160 Acres = 64,75 Hektar.
117 Ott, S. 615, USA-Ploetz, S. 95, Adams, Band I, S. 36.
118 USA-Ploetz, S. 97.
119 Ratgeber für Schweizerische Auswanderer nach den Vereinigten Staaten von Amerika. Bern, 1893, S. 38.
120 ... nach Amerika, S. 64f.; der Lesetest wurde im Rahmen des Immigration Act von 1917 doch noch eingeführt.
121 Our Immigration, A Brief Account of Immigration to the United States. United States Department of Justice, Immigration and Naturalization Service, Broschüre, Rev. 1972; Gordon, Charles: Development of Immigration and Naturalization Laws and Service History. United States Department of Justice, Immigration and Naturalization Service, Typoskript, Rev. 1972; Circular No. 10 der State Archives of Michigan, Lansing, Oktober 1994.

Kapitel VI:
Die zweite Auswanderungswelle (1880-1884)

122 LVo, 11. 2. 1881.
123 LLA RE 1882/858, Regierung an die Gemeinden, 30. 5. 1882.
124 Ebd., Die Zahlen der übrigen Gemeinden: Vaduz 10, Planken 2, Triesenberg 20, Triesen 2, Schaan 12, Ruggell 1, Gamprin 1, Eschen 18, Mauren 5, Schellenberg 1
125 Ebd., Landesverweser an Fürst, 12. 6. 1882.
126 In der Auswandererdatenbank sind registriert: 1880: 10 Fälle; 1881: 61 Fälle; 1882: 45 Fälle; 1883: 24 Fälle; 1884: 14 Fälle. Wenn man davon ausgeht, dass die im Jahr 1881 in der Datenbank registrierten 61 Fälle gemäss Umfrage des Landesverwesers 79 Personen umfassten und die übrigen Jahre nach dem gleichen Verhältnis umrechnet, kommt man auf die geschätzten 200 Auswanderer.
127 USA-Ploetz, S. 93f.
128 Samhaber, S. 468ff., Vogt, S. 206.
129 Div. Inserate i. LVo, z.B. am 4. 7. 1884.
130 Inserat der Agentur Zwilchenbart, Basel, LVo, 25. 2. 1881.
131 Inserat der Agentur M. Goldsmith, Basel, Lvo, 22. 7. 1881.
132 LVo, 6. 5. 1881.
133 Z. B. LVo, 11. 2. 1881. Die Redaktion des «Liechtensteiner Volksblattes» nahm solche Berichte gerne auf, «um einem allfälligen Agentur-Schwindel auf die Finger zu klopfen». (LVo, 21. 4. 1882).
134 LVo, 3. 2. 1882.
135 LVo, 21. 4. 1882.
136 Ebd.
137 Eberle präzisierte in einer weiteren Einsendung, dass er sehr wohl Klage erhoben, aber mit der Begründung abgewiesen worden sei, «es sei schwer, wegen so Kleinigkeiten (!?) Untersuchungen anzustellen, es würde mehr Kosten verursachen, als der Werth genannter Effekten». LVo, 14. 7. 1882.
138 LVo, 10. 5. 1882.
139 Meinrad Gabriel i. LVo, 18. 2. 1881.
140 LWoZ, 11. 5. 1867.
141 LVo, 4. 7. 1884.
142 LVo, 21. 8. 1885, Cooke, S. 279.
143 LVo, 1. 7. 1904, Cooke, S. 279.
144 Hagmann, S. 15, Ott, S. 16f., Passagierlisten.
145 Pichler, S. 64.
146 Le Havre war für Liechtensteiner der wichtigste Einschiffungshafen; Hamburg, Bremen oder Antwerpen tauchen in den Berichten der Auswanderer und in den Passagierlisten praktisch nie auf.
147 Aus einem Reiseprospekt der Auswanderungsagentur Meyer-Mettler, St. Gallen, 1881, zit. n. Allenspach, S. 34.
148 LVo, 20. 4. 1883; der Name des Verfassers ist nicht genannt, konnte aber aufgrund der Unterlagen rekonstruiert werden.
149 Karrer, S. 13f.
150 Erstmals erschienen in: Helvetia, Organ für die Interessen der schweiz. Auswanderer und für die Schweizer im Auslande, Nr. 35; abgedruckt bei Ott, zwischen S. 8 und 9 eingeheftet; Adolf Ott war zeitweise als Reisebegleiter im Dienst der Auswanderungsagentur Zwilchenbart tätig. S. LVo 20. 5. 1881.
151 PL «Labrador», Ankunft in New York am 13. 4. 1881; von 29 Personen, die aufgrund ihres Namens und aufgrund der Reihenfolge in der Passagierliste liechtensteinischer Herkunft sein könnten, konnten 22 eindeutig identifiziert werden.
152 S. Anm. 29.
153 PL «France», Ankunft in New York am 5. 5. 1881.
154 BS, Kopie des Briefes von Johann Eberle an seine Schwester v. 11. 5. 1881.
155 LVo, 20. 4. 1883.

Kapitel VI:
Die zweite Aus-
wanderungswelle
(1880-1884)

156 Karrer, S. 297f.
157 LVo, 4. 6. 1880.
158 Allenspach, S. 36, LWoZ, 18. 4. 1873
159 LVo, 17. 12. 1880.
160 Karrer, S. 305.
161 Die medizinische Kontrolle wurde bei der Revision des Einwanderungsgesetzes von 1891 eingeführt.
162 Nachdem während Jahrzehnten mittellose Menschen als Auswanderer aus Europa abgeschoben worden waren, verbot das Einwanderungsgesetz von 1881 die Einreise von Armen.
163 Ott, S. 34.
164 Cooke, S. 284.
165 Ott, S. 35f.
166 Aus einem Bericht des «Berliner Tageblatt», zit. Ott, S. 34.
167 Die Beschreibung des Einwanderungsprozedere stützt sich auf Conzett, S. 123-160, Ott, S. 31-36, Cooke, S. 281-284.
168 Conzett, S. 137.
169 Es handelt sich um Karolina Lampert-Schädler; mehr über sie in Band II.
170 BS, Kopie des Briefes von Johann Eberle an seine Schwester v. 11. 5. 1881.

Kapitel VII:
Liechtensteiner in
Amerika

171 Eiboeck, S. 504.
172 Pichler, S. 99.
173 Price, S. 44f.
174 Pichler, S. 99.
175 Eiboeck, S. 504; Dubuque County, d. h. die Stadt und die umliegende Region, war 1870 mit 640 gebürtigen Schweizern die grösste Schweizer Kolonie in Iowa. S. Hagmann, S. 234.
176 Pichler, S. 99.
177 Mit Auswanderungsziel Dubuque konnten nachgewiesen werden: Alois Frick *1818, Andreas Kaufmann *1818, die Gebrüder Johann Baptist *1829 und Joseph Florinus Kaufmann *1830, Maria Juliana Tschol *1824, Andreas Vogt *1819, Franz Michael Vogt *1822, mit Gattin und einem Kind.
178 Recherchiert von Julius Bühler im Recorder of Deeds (Grundbuch) von Dubuque.
179 Ein weiterer Bruder, Dominikus Peter Kaufmann, ist 1848 ausgewandert und 1855 in Kalifornien bei einem Arbeitsunfall ums Leben gekommen.
180 BS, Kopie des Briefes von Johann Baptist Kaufmann an seinen Bruder Franz Anton v. 9. 5. 1857 (Original im Besitz von Hubert Kaufmann, Vaduz).
181 FB Balzers, S. 234.
182 Register der Declarations of Intention im County Cort, Dubuque, Buch 1834-1856, S. 789.
183 Drei Kinder wurden in der St. Mary's Church, Guttenberg, getauft: Franz 1853, Bertha 1857 und Carolina 1859.
184 BS, Kopie des amtlichen Inventars, aufgenommen am 15. 10. 1878 in Bloomington.
185 Gemäss Auswandererdatenbank sind fünf weitere Familien nach Guttenberg umgesiedelt. S. a. Pichler, S. 48.
186 Risch starb 1884, als er in einem Gewölbe arbeitete, an einer Gasvergiftung; Tschetter kehrte 1871 nach Liechtenstein zurück.
187 PL «Lexington», Ankunft in New Orleans am 7. 4. 1851.
188 Interview d. Verf. mit der Enkelin Luella Tillmann-Frommelt, Dubuque, 16. 4. 1976.
189 PL «Shawmut», Ankunft in New Orleans am 1. 4. 1857.
190 FB Balzers, S. 116; PL «Labrador», Ankunft am 13. 4. 1881.
191 Ott, S. 381.
192 Jacobsen, S. 14.
193 Eiboeck, S. 507.
194 Pichler, S. 102.
195 In der Datenbank sind mit Ziel Dubuque registriert: 1880: 1 Person; 1881: 34 Personen; 1882: 3 Personen; 1885: 2 Personen; 1888: 2 Personen.
196 PL «Canada», Ankunft in New York am 7.4.1881 und «Labrador», Ankunft in New York am 13. 4. 1881.
197 Es gab z.B. einen deutschen Turnverein, einen Sängerbund und einen Schützenverein. S. Eiboeck, S. 508f.
198 Versch. Interviews d. Verf. anl. eines Besuchs in Dubuque im Jahr 1976.
199 Die Angaben über die Geschichte von Guttenberg stützen sich, wo nicht anders vermerkt, auf Clayton Co., Eiboeck, Jacobs, Jacobsen und Price.
200 Walt, Joseph W.: Clayton County and Northeastern Iowa in the Nineteenth Century and Beyond. Typoskript, o. J., S.7.
201 Ebd. S. 8.
202 Acts and Resolutions Passed at the First Session of the General Assembly of the State of

Kapitel VII:
Liechtensteiner in
Amerika

Iowa which Convened at Iowa City, on the Thirtieth Day of November, A. D. 1846. Iowa City, 1847, S. 26; 1851 wurde ein Gesuch um Rückbenennung in Prairie la Porte eingereicht, aber kurze Zeit später wieder zurückgezogen. Ebd., S. 505f. u. 529.

203 Price, S. 75. Die beiden genannten Städte liegen rund 50 Meilen auseinander.
204 Ebd., S. 75.
205 Ebd., S. 106.
206 Die Angaben zu seiner Biographie stammen, wo nicht anders vermerkt, aus: Biedermann, William H.: Descendants of Leonhard Biedermann and Christina Kraut. Vervielfältigtes Manuskript, Osage, IA, 1974.
207 Ob er vorher in Dubuque bei anderen Liechtensteinern Station machte, ist nicht bekannt. In Guttenberg erscheint er aber bereits 1850 auf der Volkszählungsliste.
208 BS, Abschrift aus: 1881 History of Grant Co., Wisconsin.
209 Bei der Taufe eines Sohnes von Franz Michael Vogt in Guttenberg war Johann Baptist Tschol Pate. BS, Abschrift aus dem Taufregister der St. Mary's Church, Guttenberg.
210 PL «Fides», Ankunft in New Orleans am 23. 4. 1850.
211 PL «Lexington», Ankunft in New Orleans am 7. 4. 1851; Auswandererdatenbank.
212 FB Mauren-Schaanwald, S. 753.
213 Brief v. Andreas Matt v. 6. 4. 1864, gedruckt in Geschichte der Matt, Band 4, S. 62ff.
214 BS, Brief v. Jacqueline Strickland v. 19. 10. 1992 an Pio Schurti.
215 Andreas Matt (s. Anm. 213) meldet 1864, dass Meier «ein grosser Bauer» geworden sei. Sein Grundbesitz ist im Clayton Co. Atlas dokumentiert. Ein Nachruf erschien am 8. 4. 1881 in den «Elkport News», Elkader.
216 Seine Dienstzeit dauerte v. 1862-1865.
217 Frick, Franklyn: Der amerikanische Zweig der Familie Frick. Vervielfältigtes Manuskript, 1973, sowie The Frick Family of South Dakota and Liechtenstein 1474-1988, A Summary of Research.
218 PL «Jersey», Ankunft in New Orleans am 7. 5. 1852; anhand der Auswandererdatenbank konnten 49 Liechtensteiner einwandfrei identifiziert werden. Auf der Passagierliste finden sich jedoch weitere Liechtensteiner Namen, deren Identität bisher nicht geklärt werden konnte.
219 In der Volkszählungsliste von 1860 wird der Wert seines Grundeigentums auf 1'000 Dollars beziffert.
220 BS, div. Dokumente, u. a. ein Brief des Urenkels Carl L. Biedermann, Garnavillo, a. d. Verf. v. 25. 4. 1976.
221 BS, Kopie des Kaufvertrags v. 15. 11. 1855.
222 BS, Kopie einer handschriftlichen Familiengeschichte i. Besitz von Clarence B. Domire, Fairfax, VA, sowie Aufzeichnungen von George und Phillis Wessling, Garner, IA.
223 BS, Nachruf in der «Danbury Review» v. 6. 3. 1913; ein Urenkel der beiden war der bekannte Komponist, Arrangeur und Bandleader Norman Lee (1921-1978), LVo 27. 3. 1997.
224 LLA, RC 103/72.
225 PL «F. W. Bailey», Ankunft in New Orleans am 30. 3. 1855.
226 Theresia, verheiratet mit Franz Michael Vogt, ausgewandert 1845; M. Juliana und Franziska Hedwig, ausgewandert 1845; Scholastica Appolonia, ausgewandert 1850.
227 Anna Maria Kaufmann war eine Cousine von Johann Baptist Tschol; die beiden Kinder sind in Amerika verschollen und wurden 1915 gerichtlich für tot erklärt. Josef Anton Nigg war ein Neffe von Franz Johann Baptist Tschol. FB Balzers, S. 140, 170.
228 BS, div. Dokumente.
229 Naturalization Records, County Court, Elkader, Band 1, S. 460, 475 u. 476.
230 Plat Book of Clayton County, Iowa, 1886, S. 20.
231 Interview d. Verf. mit Williams Sohn, Tom Walch, Elkader, 12. 4. 1976.
232 Auswandererdatenbank.
233 PL «Teutonia», Ankunft in New York am 23. 4. 1866.
234 Naturalization Records, County Court, Elkader, Band 4, S. 143 u. 372.
235 Soweit nicht anders vermerkt, stammen die Angaben über das Schicksal der Gebrüder Hasler aus folgenden Akten: LLA, Abh. 111/60, 111/61 u. 161/56.
236 LLA, Abh. 119/100 u. 121/24.
237 BS, Angaben von Kathryan Büchel, Houston Texas; Mehr über Anton Büchel s. Band II
238 BS, Kopie des Reisepasses mit Übertrittsvermerk auf der Rückseite.
239 PL «Chiborago», Ankunft in New York am 10.6.1852; die beiden Brüder waren von einem 28jährigen Thomas Matt begleitet, der bisher nicht identifiziert werden konnte.
240 BS, Kopie des Kaufvertrags v. 2. 5. 1853; zit. n. Geschichte der Matt, Band 4, S. 61.
241 Die biographischen Angaben stammen aus: 1984 History of Clayton County, Elkader, 1984, S. 482.
242 Plat Book of Clayton County, Iowa, 1886, S. 22.
243 Geschichte der Matt, Band 1, S. 48, Band 5, S. 141, Gesuch zit. n. Matt; PL «Hammonia», Ankunft in New York am 26. 1. 1864; Plat Book of Clayton County, Iowa, 1886, S. 30.

**Kapitel VII:
Liechtensteiner in
Amerika**

244 Geschichte der Matt, Band 4, S. 62ff., zit. n. Matt.
245 Die Angaben über Heinrich Büchel stammen aus Interviews d. Verf. mit dessen Tochter Agnes Beutel, Guttenberg, v. 13. 4. 1976 sowie dessen Sohn Louis, Dubuque, v. 14. 4. 1976.
246 PL «Labrador», Ankunft in New York am 14. 4. 1881.
247 Es handelt sich um einen Bruder des Künstlers Ferdinand Nigg; Interview d. Verf. mit seiner Tochter Anna Degnan-Nigg, Dubuque, v. 10. 4. 1976.
248 Die Angaben über Joseph Vogt stammen aus Interviews d. Verf. mit dessen Tochter Rose Kehoe-Vogt, Dubuque, v. 15. 4. 1976 und dessen Schwiegertochter Lydia Vogt, Guttenberg, v. 12. 4. 1976 sowie aus Price, S. 420.
249 «Guttenberg Press», 29. 9. 1897 u. 2. 9. 1898.
250 Interviews d. Verf. mit Leo Wille v. 9. 4. 1976 sowie Donald Wille v. 11. 4. 1976; die Angaben zum heutigen Stand der Farm stammen von Julius Bühler (1997).
251 PL «Jersey», Ankunft in New Orleans am 7. 5. 1852.
252 Im FB Balzers, S. 13, wird erwähnt, dass sie in Amerika mit einem Mann namens Bütlinger verheiratet ist.
253 BS, Kopie des Briefes aus LLA, Abh. 114/51.
254 LLA, Abh. 114/51; das Todesdatum wurde auf den 15. 9. 1883 festgelegt.
255 LLA, Abh. 115/49.
256 PL «Labrador», Ankunft in New York am 13. 4. 1881
257 Büchel, Josef: Von Heimat zu Heimat, S. 14; der Verfasser ist der Sohn von Fidel Büchel, der 1948 selbst nach Amerika ging und dort starb. Mehr über die Familie Büchel s. Band II.
258 S. Clayton Co., S. 1116f.
259 Carl Wittke nennt in seinem Werk «We who built America» einen Schuhmacher Johann Marxer als Gründungsmitglied, gemäss History of Clayton County, 1882, gehörte er nicht dazu. Er könnte also auch später dazugestossen sein.
260 S. Eiboeck, S. 96f.
261 Grabstein auf dem Friedhof Communia, registriert in: Gravestone Records, Clayton County, Iowa, Band 2, S. 133; BS, Kopie eines Briefes der Enkelin Helen Bryant-Marxer, Alexandria, VA, an Pfr. Franz Näscher, Vaduz, v. 12. 11. 1984.
262 LLA, RC 101/107, Zeugnis v. 23. 2. 1850
263 Engelbert Bucher vermerkt, dass auch die Schwester Josepha mitgereist sei. Sie ist auf der Passagierliste der «Fides» aber nicht vermerkt. Wahrscheinlich ist sie ihren Brüdern zu einem späteren Zeipunkt gefolgt. S. Bucher, Band 6, S. 277.
264 Freeport and Stephenson County, A Short History. Published by the Stephenson County Historical Society in memory of Miss Ruth A. Winn, former president, o. J.
265 Bucher, 1976, S. 3.
266 Mehr über Karolina Lampert-Schädler s. Band 2.
267 Brief v. Karoline Lampert-Schädler v. 15. 11. 1874.
268 LLA, Abh. 128/96: Xaver Lamperts Tochter Anna Maria heiratete am 8. 3. 1870 Josef Banzer aus Triesen. Wann dieser nach Freeport kam, ist nicht bekannt.
269 Brief v. Karoline Lampert-Schädler v. Oktober 1875.
270 1881 nach Freeport ausgewandert.
271 Gemeint sind sicher Acres.
272 Biographische Angaben und Briefzitate aus Bucher, 1976, S. 13, zit. n. Bucher.
273 PL «France», Ankunft in New York am 5. 5. 1881.
274 BS, Kopien der Einbürgerungsurkunden; die beiden Brüder wurden am 5. 4. 1887 eingebürgert.
275 Ein erstes Kind, ebenfalls auf den Namen Remigius getauft, war schon 1879 in Triesenberg gestorben.
276 BS, Kopie d. Briefes v. Johann Eberle an seine Brüder v. 31. 8. 1881.
277 BS, Kopie d. Briefes v. Johann Eberle an seine Brüder v. 7. 10. 1882.
278 BS, Cremer, Oliver L.: Cremer Family History. Xerokopie, S. 126.
279 Angabe der Urenkelin Susan Schlosser a. d. Verf. v. 12. 11. 1997.
280 BS, Kopie d. Schreibens v. Remigius Eberle v. 1. 8. 1899.
281 Angaben v. Susan Schlosser a. d. Verf. v. 12. 11. 1997.
282 Robertson, Linda: Wabash County History. Bicentennial Edition 1976, Marceline, MO, 1976, S. 71.
283 Ebd., S. 7ff.
284 PL «St. Nicolas», Ankunft in New York am 28. 4. 1848.
285 Mehr über Rheinberger s. Band II.
286 Franz Josef Hilti starb dort am 8. 8. 1848.
287 Zur Geschichte der Familie Alber s. Biographical Memoirs of Wabash County, Indiana. Chicago, 1901, S. 266ff., 460; History of Wabash County, Chicago, 1884, S. 265; Huner, Edith Burke: Some of the Alber Family from Mauren, Fürstentum Liechtenstein. Typoskript, 1974. Mehr über das Schicksal der Familien Alber s. Band II.
288 PL «Uhland», Ankunft in Baltimore am 27. 6. 1860.

Kapitel VII:
Liechtensteiner in
Amerika

289 PL «Hansa», Ankunft in New York am 26. 5. 1863.
290 BS Kopien aus der Familienbibel der Kaisers; Kopien der Nachrufe auf Josef und Maria Anna Büchel; Interview d. Verf. mit der Enkelin Frances Kilmer, Peru, IN, v. 26. 4. 1976.
291 Dominikus kam 1872, die Reisedaten der beiden anderen sowie weitere biographische Angaben der drei sind nicht überliefert.
292 LLA Abh. 122/82 u. 119/33; Interview d. Verf. mit der Enkelin Bess Wright, Wabash, April 1976.
293 Eschner Familienbuch, 1997, S. 48f.
294 BS, Kopie des Nachrufs im «Wabash Plain Dealer» v. 29.4.1892.
295 Naturalization Records, County Court, Wabash; Kranz kam 1872, Kaiser 1873, die beiden Jäger 1883.
296 BS, Kopie der Aufzeichnungen seiner Tochter Lillian.
297 Die Angaben über die Familien Haas und Sele stammen aus einem Interview d. Verf. mit Erna Sele-Haas, April 1976.
298 BS, Aufzeichnungen der Enkelin Elizabeth Ryan-Heeb, o. Datum.
299 BS, handschriftliche Aufzeichnungen der Tochter Mary Adelia Doidge-Heeb, North Battleford, SK, o. Datum; das Schicksal der Familien Heeb wird in Band II ausführlich beschrieben.
300 Spencer, NE, 1891-1991 – Home for 100 Years, S. 137f.
301 BS, Aufzeichnungen der Tochter Pauline Gude-Öhri, Typoskript, o. J.
302 Brief v. 22. 1. 1927, abgedruckt im LVo, 21. 1. 1995.
303 Es handelt sich um Heeb Alban, der zusammen mit seinem Bruder Silvan von 1926 bis 1933 in Nebraska weilte.
304 BS, Fotos der Grabsteine im St. Mary's Cemetery, Spencer, NE.
305 Die nachfolgenden Ausführungen und Zitate stützen sich, wo nicht anderes vermerkt, auf: 100 Jahre Verehrung des Kostbaren Blutes, Frauenkloster Schellenberg 1858-1958, Schaan, 1958.
306 Nachruf im LVo, 30. 11. 1917.
307 PL, Salome Büchel und Eva Wohlwend kamen am 19. Dezember 1859 auf der «Borussia» in New York an.
308 Laut Auwandererdatenbank sind dies 1864: Elisabeth Dietrich und Maria Anna Kieber; 1869: Klara Vogt; 1882: Katharina Brendle, Maria Magdalena Kaiser, Engelina Kieber und Rosina Kieber; 1895: Maria Kreszentia Kieber u. Maria Rosalia Kaiser.

Kapitel VIII:
Auswanderung bis zum
Ersten Weltkrieg

309 LVo 15. 3. 1907-17. 5. 1907 (in Fortsetzungen); mehr über Elias Wille s. Band II.
310 Vogt, Emanuel: Mier z Balzers, Band 2, Lebensweg. Vaduz, 1996, S. 286; Heinrich Büchel kehrte Ende der dreissiger Jahre nach Liechtenstein zurück.
311 Auswandererdatenbank.
312 Ospelt, S. 263f.
313 Vogt, Alois: Die Entwicklung der liechtensteinischen Industrie. In: Das Fürstentum Liechtenstein im Wandel der Zeit und im Zeichen seiner Souveränität, Festgabe zur 150. Jahrfeier der Souveränität. Vaduz, 1956, S. 101ff.
314 Ospelt, S. 229.
315 Ebd., S. 84.
316 Adams, Band 2, S. 326f.
317 Ebd., Band 1, S. 127f.
318 Ebd., Band 2, S. 328ff.

Kapitel IX:
Arbeit und Verdienst
locken nach Amerika

319 Cooke, S. 311-331.
320 Schnetzler, S. 73.
321 Raton, S. 76.
322 Ebd., S. 82.
323 Batliner, Emil Heinz: 29. März 1973 – 50 Jahre Zollvertrag Liechtensteins mit der Schweiz. Vaduz, 1973, S. 14.
324 Ebd., S. 11.
325 Raton, S. 75ff.
326 Ebd., S. 137.
327 Schnetzler, S. 74.
328 «Liechtensteiner Nachrichten», 24. 7. 1926.
329 LLA, 1924/3213, Briefwechsel der Gesandtschaft Bern mit der Regierung, 1. 12. 1922 u. 5. 12. 1922.
330 Die Auswandererdatenbank verzeichnet für 1920: 15; 1921: 12; 1922: 6; 1923: 29; 1924: 15; 1925: 9; 1926: 13; 1927: 27; 1928: 19; 1929: 15 Fälle, darunter 35 alleinstehende Frauen.
331 Interview d. Verf. mit Philipp und Luzia Hohenegger-Batliner sowie Egon und Josephine Batliner-Hemmerle, Hammond, 24. 4. 1976.
332 Auswandererdatenbank.

Kapitel IX:
Arbeit und Verdienst
locken nach Amerika

333 LVa, 27. 11. 1990, Nachruf auf den Sohn Arthur Schreiber.
334 LVa, 6. 12. 1988, Broschüre zum 75-Jahr-Jubiläum des Liechtensteiner Arbeitnehmerverbands LANV 1920-1995, S. 24ff.
335 Diese Feststellung beruht auf zahlreichen Gesprächen, die d. Verf. während eines Besuchs im April 1976 mit Liechtensteiner Auswanderern führen konnte.
336 LLA, prs 30/4 1882, No. 1682, Abhandlung des Nachlasses nach seinem Vater Jakob.
337 LWoZ, 6. 2. 1874; LVo, 20. 3. 1896.
338 Interview d. Verf. mit seiner Schwiegertochter Mrs. Edw. J. Maroc und seiner Enkelin Violet Homrich-Maroc (heutige Schreibweise) v. 24. 4. 1976.
339 Angaben von Maria Real-Lang a. d. Verf. 1976.
340 Interview d. Verf. mit Alois und Maria Meier-Batliner, 23. 4. 1976.
341 BS, div. Zeitungsberichte, u.a. LVo, 11. 5. 1993 u. 25. 11. 1993.
342 Ott, S. 331ff.
343 BS, Unterlagen über die Geschwister Ritter.
344 Bucher, Engelbert: Pfarrei und Pfarreileben von Triesenberg, o.J., S. 37ff.; Familienchronik Triesenberg, Band 7, S. 162.
345 Die Biographie Otto Haslers stützt sich auf eine Laudatio, die am 12. 12. 1955 an einer Veranstaltung der Republikanischen Partei gehalten wurde, auf einen Nachruf in «The Millcreek Valley News», 3. 12. 1970, sowie persönliche Aufzeichnungen der Tochter Rosemary Farrell; Kopien s. BS.
346 Geheiratet haben lt. Auswandererdatenbank Josef Altenöder und Irma Yenny, Engelbert Kindle und Ida Frommelt, Emil Marxer und Hilda Hasler.
347 BS, Bernhard Marxer ist 1932 nach Liechtenstein zurückgekehrt.
348 BS, der Bruder Alfred Marxer wanderte 1929 nach Chicago aus; er war Profiradfahrer und wurde u.a. Strassenmeister des Staates Illinois. Schwester Elsa ist 1928 nach Chicago ausgewandert.
349 BS, Unterlagen über Emil Marxer und Hilda Hasler.
350 Interview d. Verf. mit der Enkelin Rosemarie Weber, Nashota, WI, am 23. 4. 1976; Recherchen von Pio Schurti im Sommer 1992. Über das Leben der Pioniere in Tenstrike hat die Tochter von Emil Falk, Anna Louise Veronica Falk-Mistic, ein Buch geschrieben, das unter dem Titel «Lauf Anna lauf – Geschichte einer liechtensteinischen Auswanderer-Familie» von Doris Frick-Hilti, Schaan, herausgegeben wurde.
351 Interview d. Verf. mit Emma Ramon-Nipp, Milwaukee, WI, am 22. 4. 1976; Recherchen v. Pio Schurti auf der Sunshine Farm im Sommer 1992.
352 Auswandererdatenbank.
353 BS, Angaben von Emil Nigg, Calgary, AB, Kanada.
354 Interview d. Verf. mit Emma Ramon-Nipp, Milwaukee, WI, am 22. 4. 1976.
355 Ott, S. 367, Pichler, S. 175f.
356 LVo, 21. 4. 1882.
357 Josef Rheinberger-Archiv, Vaduz, Brief von Anton Rheinberger an seinen Bruder Josef Rheinberger v. 7. 7. 1882.
358 FB Balzers, S. 5.
359 BS, diverse Dokumente zu Andreas Brunhart.
360 Interview d. Verf. mit Werner Büchel v. 22. 4. 1976; mehr über die Familie Büchel s. Band II.
361 LVa, 15. 2. 1991, Interview v. Felix Marxer mit Johann Hilty; s. a.: Hilty, Johann: Biografische Notizen – eine Jugend in Schaan, Schaan, 1992.

Kapitel X:
Die Auswanderung nach
dem Zweiten Weltkrieg

362 LVo, 24. 6. 1944
363 Mehr über die Familie Büchel s. Band II.
364 Angabe von Willi Wolfinger, Balzers, a. d. Verf.
365 LVo, 10./11. 2. 1978.
366 Interview v. Julius Bühler mit Johann Thöny, Prince George, v. 17. 10. 1992; Auskunft von Jürgen Schindler, Familienforschung Eschen.
367 Schnetzler, S. 74ff.
368 Auswandererdatenbank.
369 Es handelte sich um die Angehörigen der 1. Russischen Nationalarmee von General Holmston, die bei Kriegsende in Schellenberg über die Grenze gekommen und interniert worden waren. Ein Teil von ihnen kehrte nach Russland zurück, der Rest wanderte nach Argentinien aus. S. Geiger Peter/Schlapp Manfred: Russen in Liechtenstein. Vaduz, 1996.
370 LLA, RF 245/96, Schreiben der Regierung an den Landtag v. 2. 11. 1947.
371 Protokoll der Landtagssitzung v. 20. 11. 1947.
372 LLA, RF 245/96, Schreiben des Landtags an die Regierung v. 24. 11. 1947.
373 Auskunft von alt Regierungschef Dr. Alexander Frick a. d. Verf., 1976; in der Biographischen Sammlung sind verschiedene Fälle belegt, z.B. bei Johann Frommelt, Adolf Gassner, Elisabeth Hemmerle, Franz Kaufmann, Paul Nagel, Emil Nipp, Helga Walser.

Kapitel X:
Die Auswanderung nach dem Zweiten Weltkrieg

374 LLA, RF 249/221 Schreiben der Regierung an die Gesandtschaft v. 24. 5. 1948.
375 LLA, RF 250/44, div. Schreiben über die Art der Abwicklung der Beratung.
376 LLA, RF 288/44, Ablehnung des Gesuchs von Werner Näff v. 9. 2. 1962.
377 Ebd., Schreiben der Regierung an Canadian National Railways v. 30. 10. 1958.

Kapitel XI:
Die Auswanderung nach Kanada

378 Gemeindeinformation Mauren-Schaanwald, Dezember 1994, Ausgabe 48, S. 27; bei der erwähnten Seilbahn handelt es sich um die Bergwerksseilbahn in Stewart, BC, bei der auch Johann Thöny beschäftigt war; s. Beitrag über Johann Thöny in Band II.
379 Auswandererdatenbank; insgesamt sind bis heute 54 Fälle registriert; neun Auswanderer kehrten wieder nach Liechtenstein zurück.
380 FB Vaduz, 1550-1950, S. 6.
381 Die folgenden Ausführungen stützen sich auf Vogelsang.
382 Interview v. Julius Bühler mit Johann Thöny, Prince George, BC, v. 17. 10. 1992.
383 Informationen über die Gebrüder Fehr von Hans Jäger, Mauren.
384 Interview v. Julius Bühler mit Johann Thöny, Prince George, BC, v. 17. 10. 1992; zu Johann Thöny s. auch den Beitrag in Band II.
385 Geiger, Peter: Krisenzeit, Liechtenstein in den Dreissigerjahren 1928-1939. Band 1, S. 191.
386 Auskunft von Maria Banzer-Schurte, Kelowna, BC, an Julius Bühler.
387 LVa, 6. 4. 1938, LVo, 7. 4. 1938.
388 BS, Kopie des Reisevertrags und des Logbuch-Auszugs bei Marzell Banzer.
389 BS, Notiz auf einem Foto.
390 LVa, LVo, 6. 4. 1957.
391 The University Women's Club of Prince George, Streetnames of Prince George; Our History, Revised 2nd ed. 1989, S. 58.
392 Mitteilung v. Alice Orava-Kindle a. d. Verf. v. 9. 5. 1995.
393 LVo, 18./19. 1. 1980.
394 Mitteilung v. Alice Orava-Kindle a. d. Verf. v. 9. 5. 1995.
395 Auswandererdatenbank.

Kapitel XII:
Die Auswanderung nach Südamerika

396 LLA, RC 99/6, Bescheid der Regierung v. 2. 5. 1857.
397 In der Auswandererdatenbank sind insgesamt 38 Fälle von Auswanderung nach Südamerika registriert: Argentinien: 19; Brasilien 13; Chile 1; Kolumbien 2; Peru 1; Venezuela 2; in 14 Fällen sind die Auswanderer wieder nach Liechtenstein zurückgekehrt.
398 Inserat im LVo, 25. 1. 1884.
399 Verschiedene Inserate im LVo, z.B. 14. 6. 1895.
400 Auswandererdatenbank.
401 Angaben von Pfr. Franz Näscher, Vaduz, a. d. Verf.
402 BS, Kopie des Briefes v. Jakob Matt v. 31. 3. 1913.
403 Auskunft von Georg Kind und Georg Näscher, Gamprin.
404 BS, Kopie des Briefes v. Arthur Wanger v. 23. 7. 1920.
405 BS, Kopie des Briefes v. Arthur Wanger v. 2. 9. 1920.
406 BS, Kopie des Briefes v. Arthur Wanger v. 20. 9. 1920.
407 BS, Kopie des Briefes v. Arthur Wanger v. 26. 12. 1920; die Identität des erwähnten Franz ist nicht geklärt.
408 BS, Kopie des Briefes v. Arthur Wanger v. 19. 2. 1921.
409 BS, Kopie des Briefes v. Arthur Wanger v. 15. 5. 1921.
410 BS, Kopie des Briefes v. Arthur Wanger v. 15. 6. 1921.
411 BS, Kopie des Briefes v. Arthur Wanger v. 6. 7. 1921.
412 BS, Kopie des Briefes v. Arthur Wanger v. 23. 7. 1921.
413 BS, Kopie des Briefes v. Arthur Wanger v. 18. 10. 1921.
414 BS, Kopie des Briefes v. Arthur Wanger v. 5. 4. 1922.
415 BS, Kopie des Briefes v. Arthur Wanger v. 12. 9. 1922.
416 BS, Kopie des Briefes v. Arthur Wanger v. 9. 12. 1922.
417 BS, Kopie des Briefes v. Arthur Wanger v. 9. 6. 1924.
418 BS, Kopie des Briefes v. Arthur Wanger v. 27. 2. 1927.
419 Angaben von Manfred Wanger, Planken, a. d. Verf.
420 Die biographischen Angaben stammen aus der Tonbandaufzeichnung eines Interviews, das Robert Allgäuer im Oktober 1985 mit Josef Batliner geführt hat.
421 LVa, 12. 8. 1976.

Quellen- und Literaturverzeichnis

Quellen und ihre Abkürzungen

BS	Biographische Sammlung über einzelne Auswanderer und Auswandererfamilien
FB	Familienbuch; von Pfr. Fridolin Tschugmell erarbeitete Familienbücher der Gemeinden Balzers, Mauren-Schaanwald, Planken, Schaan, Triesen und Vaduz
HKW	Akten der Fürstlichen Hofkanzlei, Wien; die entsprechende Aktnummer ist in der jeweiligen Fussnote angegeben
JBL	Jahrbuch des Historischen Vereins für das Fürstentum Liechtenstein (seit 1901)
LLA	Akten aus dem Liechtensteinischen Landesarchiv, Vaduz; die entsprechende Aktnummer ist in der jeweiligen Fussnote angegeben
LVa	Liechtensteiner Vaterland
LVo	Liechtensteiner Volksblatt
LWoz	Liechtensteinische Wochenzeitung (1873-1877)
PL	Passagierliste, in den Anmerkungen mit Zielhafen und Ankunftsdatum; die Passagierlisten sind publiziert in: Glazier, Ira A. und Filby, P. William: Germans to America, List of Passengers Arriving at U.S. Ports, Wilmington, Delaware, Band 1, 1988, seither 57 weitere Bände

Verwendete Literatur

Adams	Adams, Willi Paul; Czempiel, Ernst-Otto; Ostendorf, Berndt; Shell, Kurt L.; Spahn, P. Bernd; Zöller, Michael (Hrsg.): Die Vereinigten Staaten von Amerika. 2 Bde., 2. Aufl., Frankfurt/New York, 1992.
Allenspach	Allenspach, Norbert: Auf der Suche nach neuem Lebensraum. In: Werdenberger Jahrbuch. Buchs, 1988.
Bucher 1976	Bucher, Engelbert: Liechtensteinische Auswanderung nach den Vereinigten Staaten, 21. Orientierung der Gemeinde Triesenberg, Januar 1976.
Bucher	Bucher, Engelbert: Familienchronik der Walsergemeinde Triesenberg 1650-1984. 9 Bde., Triesenberg, 1986–1988.
Clayton Co.	History of Clayton County, Iowa; Together with Sketches of its Cities, Villages and Townships, Educational, Religious, Civil, Military and Political History; Portraits of Prominent Persons, and Biographies of Representative Citizens. Chicago, 1882.
Conzett	Conzett, Conrad: Nach Amerika! Handbuch für Auswanderer nach eigenen Erfahrungen geschrieben. Chur, 1871.
Cooke	Cooke, Allistair: Amerika, Geschichte der Vereinigten Staaten. Stuttgart/Zürich, 1975.
Eiboeck	Eiboeck, Joseph: Die Deutschen von Iowa und deren Errungenschaften. Des Moines, Iowa, 1900.
Geiger	Geiger, Peter: Geschichte des Fürstentums Liechtenstein 1848 bis 1866. Diss. Zürich. In JBL 70 (1970), S. 5-418.
Gubser	Gubser, Paul: Neue Welt – neue Heimat. In: Terra Plana 1996, Nr. 4, S. 18-25.
Hagmann	Hagmann, Werner: Fern der Heimat (Werdenberger Schicksale II), Dokumente zur Auswanderung. Buchs, 1989.

Quellen- und Literaturverzeichnis

Jacobs		Jacobs, Walter W.: The First One Hundred Years, A History of Guttenberg, Iowa. Guttenberg, 1994
Jacobsen		Jacobsen, James E.: Memo v. 29.10.1979 betr. Procedure followed during the Guttenberg Iowa historic/architectural survey. Typoskript, o.J.
Karrer		Karrer, Ludwig: Das schweizerische Auswanderungswesen. Bern, 1886.
Malin		Malin, Georg; Die politische Geschichte des Fürstentums Liechtenstein in den Jahren 1800-1815. In: JBL 53 (1953), S. 5-178.
Mötteli		Mötteli, Hans: Die schweizerische Auswanderung nach Nord-Amerika. Diss. Zürich, 1920.
… nach Amerika		Katalog zur Burgenländischen Landesausstellung 1992 auf der Burg Güssing. Eisenstadt, 1992 (Burgenländische Forschungen, Sonderband IX).
Ott		Ott, Adolf: Der Führer nach Amerika. 2. Aufl., Basel, 1882.
Ospelt		Ospelt, Alois: Wirtschaftsgeschichte des Fürstentums Liechtenstein im 19. Jahrhundert. Diss. Fribourg. In: JBL 72 (1972), S. 5-423.
Pichler		Pichler, Meinrad: Auswanderer von Vorarlberg in die USA 1800–1938. Bregenz, 1993.
Ploetz		Der illustrierte Ploetz – Weltgeschichte in Daten und Bildern von den Anfängen bis zur Gegenwart. Freiburg/Würzburg, 1977.
Price		Price, Realto E.: Editor, History of Clayton County, Iowa, from the Earliest Historical Times to the Present. Chicago 1916
Quaderer		Quaderer, Rupert: Politische Geschichte des Fürstentums Liechtenstein von 1815 bis 1848. Diss. Fribourg. In: JBL 69 (1969), S. 5-241.
Raton		Raton, Pierre: Liechtenstein – Staat und Geschichte. (Deutsche Ausgabe), Vaduz, 1969.
Samhaber		Samhaber, Ernst: Geschichte Europas. Köln, 1967.
Schnetzler		Schnetzler, Hanswerner: Beiträge zur Abklärung der Wirtschaftsstruktur des Fürstentums Liechtenstein. Diss. St. Gallen, Winterthur, 1966.
USA-Ploetz		Moltmann, Günter: USA-Ploetz, Geschichte der Vereinigten Staaten zum Nachschlagen. 3. aktualisierte Aufl., Freiburg/Würzburg, 1996.
Vogelsang		Vogelsang, Roland: Kanada (Perthes Länderprofile). Gotha, 1993.
Vogt		Vogt, Paul: Brücken zur Vergangenheit. Ein Text- und Arbeitsbuch zur liechtensteinischen Geschichte, 17. bis 19. Jahrhundert. Vaduz, 1990.

Register der liechtensteinischen Auswanderer nach Nord- und Südamerika

(Stand 30. September 1998)

Vorbemerkungen

In diesem Register sind alle bis heute bekannten Auswanderer erfasst, die im 19. und 20. Jahrhundert aus Liechtenstein nach den USA, Kanada und Südamerika emigriert sind. Bei der Verwendung des Registers ist folgendes zu beachten:

– Das Register basiert auf Auswanderungsfällen; dabei kann es sich um Einzelpersonen, Ehepaare, Witwen und Witwer mit Kindern sowie um ganze Familien handeln. Wenn aus einer Familie mehrere Personen ausgewandert sind, ist dieser Fall nur unter dem Namen des Vaters oder allenfalls der verwitwten Mutter registriert. Ausgenommen sind Kinder, die bei der Auswanderung älter als 20 Jahre alt waren; diese wurden separat erfasst.

– Kinder von Liechtensteinerinnen, die in Amerika einen Liechtensteiner geheiratet haben, sind nur beim jeweiligen Vater aufgeführt. Hat der Ehemann eine andere Nationalität, sind die Kinder bei der Mutter vermerkt.

– Für Datumsangaben wurde die europäische Schreibweise (Tag, Monat, Jahr) verwendet.

– Bei Personen, die wieder aus Amerika zurückgekehrt sind (Rückwanderer), wurden nur jene Daten aufgenommen, die für ihre Zeit in Amerika relevant sind.

– Es wurden folgende Abkürzungen bzw. Zeichen verwendet:

* Geburtsdatum

† Sterbedatum (ein † beim Namen eines Kindes bedeutet, dass dieses im frühen Kindesalter gestorben ist)

E Eltern

B Beruf

A Auswanderungsjahr und Auswanderungsort

V Verheiratet mit

R Rückkehr nach Liechtenstein

FB Familienbuch

– Für die amerikanischen Bundesstaaten wurden folgende Abkürzungen verwendet:

AL Alabama, AK Alaska, AZ Arizona, AR Arkansas, CA California, CO Colorado, CT Connecticut, DE Delaware, FL Florida, GA Georgia, HI Hawaii, ID Idaho, IL Illinois, IN Indiana, IA Iowa, KS Kansas, KY Kentucky, LA Louisiana, ME Maine, MD Maryland, MA Massachusetts,

MI Michigan, MN Minnesota, MS Mississippi, MO Missouri, MT Montana, NE Nebraska, NV Nevada, NH New Hampshire, NJ New Jersey, NM New Mexico, NY New York, NC North Carolina, ND North Dakota, OH Ohio, OK Oklahoma, OR Oregon, PA Pennsylvania, RI Rhode Island, SC South Carolina, SD South Dakota, TN Tennessee, TX Texas, UT Utah, VT Vermont, VA Virginia, WA Washington, WV West Virginia, WI Wisconsin, WY Wyoming

– Für die kanadischen Provinzen wurden folgende Abkürzungen verwendet:

AB Alberta, BC British Columbia, MB Manitoba, NB New Brunswick, NF Newfoundland, NS Nova Scotia, ON Ontario, PE Prince Edward Islands, PQ Québec, SK Saskatchewan

Auswanderungsstatistik

In diesem Register sind insgesamt 1'150 Fälle von Auswanderung aus Liechtenstein nach Nord- und Südamerika verzeichnet.

Auswanderungszeitpunkt

In 908 Fällen ist das Jahr der Auswanderung bekannt. Davon fallen 501 auf das 19. Jahrhundert, beginnend mit 1838, die übrigen 407 Fälle auf das 20. Jahrhundert, beginnend mit 1900. Aufgrund ihres Geburtsjahres (*1875 und früher) oder anderer Informationen lässt sich der Auswanderungszeitpunkt in 185 weiteren Fällen dem 19. Jahrhundert, in 58 Fällen dem 20. Jahrhundert zuordnen.

Insgesamt entfallen 60 Prozent der Auswanderungsfälle auf das 19. und 40 Prozent auf das 20. Jahrhundert.

Geschlecht

Bei den insgesamt 1'150 registrierten Fällen handelt es sich um 861 Auswanderer männlichen Geschlechts oder Väter, die mit ihrer Familie ausgewandert sind. 289 sind Frauen, die allein oder als Witwen mit Kindern ausgewandert sind.

Herkunft

Bezüglich ihrer Herkunft verteilen sich die 1'150 Auswanderungsfälle wie folgt auf die einzelnen liechtensteinischen Gemeinden:

Vaduz	137	Eschen/Nendeln	137
Balzers	224	Gamprin/Bendern	30
Planken	9	Mauren/Schaanwald	144
Schaan	155	Ruggell	83
Triesen	119	Schellenberg	52
Triesenberg	60		

Auswanderungsziel

Bei 1'146 der registrierten 1'150 Fälle ist das Zielland der Auswanderung bekannt. Es wurden folgende Länder gewählt:

Argentinien	19	Kolumbien	2
Brasilien	13	Peru	1
Chile	1	USA	1'053
Kanada	54	Venezuela	2

In dieser Aufstellung sind Weiterwanderungen in andere Länder, zum Beispiel von Argentinien nach den USA, nicht berücksichtigt.

Rückwanderung

In 119 der 1'150 Fällen (10,3%) ist bekannt, dass Auswanderer nach Liechtenstein zurückgekehrt sind. Die Rückwanderungsquote war im 19. Jahrhundert mit lediglich 23 Fällen weitaus geringer als im 20. Jahrhundert.

Ergänzungen zu diesem Register werden jederzeit gern entgegengenommen von Norbert Jansen, Mediateam AG, Am Widagraba 1, Postfach 420, FL-9490 Vaduz, Telefon 075 232 30 28, Fax 075 233 14 49, E-mail: jansen@mediateam.li

Register

A

Alber Albert, Mauren, *9. 2. 1847, †27. 6.1906, E: Sebastian und Magdalena, geb. Batliner, A: 1874, New Glarus, WI, USA, V: Julia..., K: James, Julia, Magdalena, Ida, Luella. Wohnte an verschiedenen Orten, bevor er sich 1880 in New Glarus niederliess.

Aline (M. Josephine Adelaide), Mauren, *18. 12. 1858, †26.12.1927, E: Franz Josef und Maria Josefine, geb. Martin, A: 1884, Wabash, IN, USA, V: Martin Josef Alber (s.d.). Ihr Vater wanderte von Mauren nach Frankreich aus, wo Aline geboren wurde. Sie kam von dort zu Verwandten nach Feldkirch, um deutsch zu lernen, bevor sie mit ihrem Bräutigam nach Amerika ging.

Cornelius, Mauren, *22. 9. 1837, E: Michael und Elisabeth, geb. Marxer, A: USA

Jakob Balthasar, Mauren, *7. 1. 1821, †24. 7. 1891, E: Johann Jakob und Marianna, geb. Mündle, A: 1849, Logansport, IN, USA, V: 1. Sophia Dierkson, 2. Isabella Beckers, K: 1. Johann, Philipp; 2. Maria Rosaline

Johann Baptist, Mauren, *24. 6. 1814, E: Franz Josef und Veronika, geb. Öderle, A: 1852, USA, V: Krescentia Kaiser, K: Martin (*1843). Ankunft in New Orleans auf der Jersey am 7. 5. 1852. 1886 wurden er und sein Sohn Martin durch ein Edikt des Landgerichts aufgerufen, ihren Aufenthaltsort bekanntzugeben, «widrigens zu ihrer Todeserklärung geschritten würde».

Johann Georg, Mauren, *9. 10. 1825, †1908, E: Johann Jakob und Marianna, geb. Mündle, B: Steinhauer und Bauer, A: 1848, Wabash, IN, USA, V: Margareth F. Ply, K: Daniel, Caroline, Horace, George, Charles, Emma

Magdalena, Mauren, *27. 12. 1822, †16. 10. 1913, E: Johann Jakob und Marianna, geb. Mündle, B: Näherin, A: 1849, Wabash, IN, USA, V: Franz Anton Rettig, K: Margareth, Franz, Sophia, Frank. Ankunft mit der Jacques Laffitte in New Orleans am 18. 4. 1849.

Martin Josef, Mauren, *16. 12. 1852, †18. 1. 1918, E: Sebastian und Maria Magdalena, geb. Batliner, B: Arbeiter, A: 1884, Wabash, IN, USA, V: Aline Alber (s.d.), K: Louis (*1885), Herman (*1890), Aimé (*1894), Madeleine (*1896), Robert (*1904)

Philipp Martin, Mauren, *10. 11. 1818, †30. 3. 1906, E: Johann Jakob und Marianna, geb. Mündle, B: Steinhauer und Maurer, A: 1848, Wabash, IN, USA, V: Barbara Hilti (s.d.), K: Amelia, John Jakob†, Jacob, Mariana†, Franz , Thomas, John†, Wilhelm, Marie Alice. Ankunft mit der St. Nicolas in New York am 28. 4. 1848. Arbeitete zuerst als Steinhauer, eröffnete dann 1860 eine Taverne (Gebäude steht heute noch) gegenüber der Wabash Railroad Zugstation in Wabash; mit Barbara zusammen servierte er u. a. den Zuggästen Bier und Sandwiches. 1866 gründete er mit Franz A. Rettig eine Brauerei.

Allgäuer Johann, Eschen, *29. 8. 1824, E: Franz Joseph und Agatha, geb.Thöni, A: USA

Philip Jakob, Eschen, *9. 5. 1834, †1880, E: Franz Joseph und Maria Katharina, geb. Lotzer, A: USA

Altenöder Josef, Bendern, *14. 6. 1899, †11. 1973, E: Wilhelm und Pauline, geb. Batliner, A: 1923, Cincinnati, OH, USA, V: Irma Yenni (s. d.), K: keine. Das Paar zog von Cincinnati nach Reading, PA.

Amann Anton, Vaduz, *30. 10. 1853, E: Andreas und Agatha, geb. Verling,
B: Gastwirt, A: 1882, Philadelphia, PA, USA. Zog später nach New York,
wo er als Gastwirt tätig war.

Heinrich, Vaduz, *10. 2. 1858, E: Andreas und Agatha, geb. Verling,
B: Metzger, A: 1882, Philadelphia, PA, USA

Herbert, Vaduz, *13. 2. 1959, E: Emil und Kati, geb. Wurzenreiner,
B: Koch, A: 1985, Ottawa, ON, Kanada. Ging von Ottawa weiter nach
Jasper, AB, und Prince George, BC.

Josef, Schaan, B: Schuhmacher und Maurer, A: 1882, USA, V: 1. Ursula…, 2.
Elisabeth Quaderer, K: Johann, Eduard. Stammte aus Durach b. Kempten
(Allgäu) und kam 1876 nach Schaan. Nach den Tode seiner ersten Frau
(1877) heiratete er 1880 Elisabeth Quaderer, die mit ihm auswanderte.

B

Banzer Albert, Triesen, *9. 4. 1903, E: Gebhard und Maria, geb. Kindle, A: 1929,
Sacramento, CA, USA

Albertine, geb. Gerner, Triesen, *18.11.1869, †3. 4. 1957, E: Johann und
Magdalena, geb. Marxer, A: 1938, Prince George, BC, Kanada, V: Josef
Banzer (1861-1924), K: Jakob, Gebhardt, Alwina, Johann, Engelbert,
Marzell. Wanderte mit ihren Söhnen Jakob, Gebhardt, Johann und
Marzell (alle s. d.) sowie ihrer Tochter Alwina Kindle-Banzer aus, konnte
sich in Kanada aber nicht einleben; auf ihrer Rückreise wurde sie in
London wegen des Krieges für längere Zeit interniert. R: 1940

Alois, Triesen, *3. 2. 1898, E: Theodor und Magdalena, geb. Frick, A: USA,
V: Agnes Fritz, K: Lena. Ging ohne Frau und Tochter nach Amerika.

Franz Xaver, Triesen, *9. 2. 1855, E: Augustin und Susanna, geb. Bargetze,
A: USA

Gebhard, Triesen, *17. 12. 1898, †1979, E: Josef und Albertine, geb. Gerner,
B: Steinhauer, Maurer, A: 1938, Prince George, BC, Kanada, V: Maria
Banzer, K: Trudi, Kurt, Eugene

Jakob, Triesen, *1. 2. 1898, †1958, E: Josef und Albertine, geb. Gerner,
B: Bauer, Holzarbeiter, A: 1938, Prince George, BC, Kanada

Johann, Triesen, *19.07.1902, †18.07.1990, E: Josef und Albertine,
geb. Gerner, B: Schmied, A: 1938, Prince George, BC, Kanada, V: 1. Berta
Weishaupt; 2. Margaret Schroeder, K: 1. Isolde. Die erste Ehefrau und die
Tochter blieben in Liechtenstein; die Frau fürchtete sich vor dem Leben in
Kanada.

Johann Alois, Triesen, *21. 3. 1901, E: Viktor und Ursula Lina, geb. Fischer,
A: USA

Josef, Triesen, *14. 12. 1833, †29. 12. 1900, E: Johann Jakob und Kreszenz,
geb. Kindle, A: Freeport, IL, USA, V: Anna Maria Lampert (d. Xaver, s.d.).
Heirat um 1870; wanderte weiter nach Salem, OR.

Josef, Triesen, *23. 10. 1839, E: Rosina Banzer, A: 1852, USA. Wanderte mit
seiner Mutter Rosina Frommelt-Banzer zum Stiefvater Johann Frommelt
(s.d.) aus.

Josef, Triesen, *23. 3. 1860, E: Augustin und Susanna, geb. Bargetze,
B: Steinhauer, A: 1863, USA, Ankunft mit der Servia in New York am
26. 3. 1883. In den Aufzeichnungen von Josef Seli ist vermerkt: «Dieser
vorstehende Josef Banzer ist der einzige, welcher es zu grossem
Vermögen brachte.»

Josef Anton, Triesen, *20. 5. 1856, † nach 1918, E: Johann Georg und
Magdalena, geb. Beck, A: USA. War nur kurze Zeit in Amerika; das Geld
für die Rückreise wurde ihm vom k.u.k. österreichisch-ungarischen
Konsulat vorgestreckt. R: 1896

Banzer Lorenz, Triesen, *22. 2. 1828, E: Johann Georg und Anna Maria,
geb. Haeseli, B: Schreiner, A: 1856, Davenport, IA, USA,
V: Kreszenz Kindle (s.d.)

Marzell, Triesen, *06.10.1908, †16.12.1979, E: Josef und Albertine,
geb. Gerner, B: Bauer, A: 1938, Prince George, BC, Kanada,
V: Maria Schurte, K: Hermann, Bruno, Anita, Erick

Rosa Maria, geb. Bernaschek, Triesen, *28. 7. 1910, E: Kaspar und Antonia,
geb. Riska, A: 1960, Miami, FL, USA, K: Hans Peter, Erika, Anna
Christina, R: 1961

Victor, Triesen, *11. 4. 1867, E: Augustin und Susanna, geb. Bargetze,
A: Denison, IA, USA

Barbier Gerhard (Gebhard), Triesen, *28. 9. 1904, †20. 5. 1997, E: Gebhard und
Elisabeth, geb. Schneider, B: Zimmermann, A: 1926, Buenos Aires, BA,
Argentinien, V: 1. Paula Schurte (s.d.), 2. Agnes Wagner, K: 1. Louisa,
Arthur, Elisabeth. Ging 1928 von Argentinien in die USA; wohnte in New
York und Chicago und zog 1940 nach McHenry, IL; wechselte den
Vornamen in den USA auf Gebhard.

Joseph, Triesen, *19. 12. 1860, E: Gallus und Magdalena, geb. Kindle,
B: Maurer, A: 1883, OH, USA, V: Elisabeth Sory, K: Leo, Julius, Cäcilia-
Agnes, Helena, Emil. Ankunft mit der Servia in New York am 26. 3. 1883.

Baroll Katharina, Schaan, *17. 1. 1835, †11. 1. 1894, E: Josef Anton und
Katharina, geb. Wenaweser, A: 1868, USA. Erhielt von der Gemeinde eine
Auswanderungsunterstützung von 25 Gulden «in Rücksicht, dass
möglicherweise sie später der Gemeinde auf den Hals fallen würde».

Batliner Adolf, Mauren, *27. 11. 1905, †1982, E: Emil und Emilie, geb. Walser,
B: Arbeiter, A: 1924, Chicago, IL, USA, V: Elisabeth Sprenger (s.d.),
K: Ferdinand, James

Agathe, Mauren, *10. 5. 1837, †3. 4.1918, E: Andreas und Maria Eva,
geb. Kieber, A: USA

Ambrosius, Mauren, *28. 4. 1867, E: Johann Martin und Katharina,
geb. Marxer, A: 1884, USA, V: Mary Loentine van Schoenlandt,
K: Ambrose John, Rose, Cecilia, Carl

Andreas, Schellenberg, *8. 7. 1800, †6. 8. 1873, E: Michael und Kreszentia,
geb. Öhri, B: Bauer, A: 1848, Floyds Knobs, IN, USA, V: Anna Maria
Hasler, K: Elias (*1843), Andreas (*1849), Franz (*1854)

Andreas, Mauren, *15. 11. 1863, †29. 6. 1896, E: Johann Martin und
Katharina, geb. Marxer, A: 1883, Wabash, IN, USA. Ankunft in New York
auf der Amérique am 3. 5. 1883; suchte 1885 um das Bürgerrecht an;
lebte zeitweilig in Colby, Jackson Co., MO; starb in Norfolk, NE.

Arnold, Eschen, *3. 8. 1881, E: Franz Josef und Karolina, geb. Näscher,
A: 1906, New York, NY, USA. Schrieb 1908 aus Brooklyn an seine Mutter,
«dass er in einer bedenklichen Lage sei und sich daher gezwungen sehe,
ein Testament zu errichten». Nach diesem Brief hörte man nichts mehr
von ihm.

Arnold, Mauren, *17. 6. 1904, †18. 11. 1995, E: Rudolf und Albertina,
geb. Öhri, B: Fotograf, A: 1923, Hammond, IN, USA, V: Hope Arnold.
Wanderte weiter nach San Francisco, wo er in einem Hotel als
Geldwäscher tätig war.

Batliner Berta, Eschen, *17. 8. 1906, E: Roman Josef und Elisabeth, geb. Grass,
B: Sekretärin, A: 1923, New York, NY, USA. Sie arbeitete als Sekretärin in
einer Kunstgalerie in New York. R: 1970

Doris, Eschen, *22. 3. 1950, E: Albert und Maria, geb. Matt, A: 1973,
Chicago, IL, USA, V: Mike Rosanova, K: Grace, Philipp

Egon, Mauren, *7. 6. 1899, †1980, E: Johann und Anna Maria, geb. Galähr,
B: Arbeiter, A: 1923, Hammond, IN, USA, V: Josefine Hemmerle (s.d.), :
Hedwig, Theresa, Mary Joe, Jonny, Emil und Frank (Zwillinge), Richard,
Elisabeth, Irma, Rosa

Elisabeth, Eschen, *22. 12. 1904, †1979, E: Roman Josef und Elisabeth,
geb. Grass, A: New York, NY, USA, V: ledig

Emil I., Mauren, *1869, †1947, E: Bartholomäus und Maria Ursula
geb. Meier, A: 1890, Dubuque, IA, USA, V: Emilie Walser, K: Isabella, Emil,
Paula, Maria, Eduard, Hedwig, Josef, Adolf, Augusta, Xaver, Klara, Max.
War nach seiner Rückkehr Landtagsabgeordneter und Vorsteher von
Mauren. Seine Kinder Emil, Maria, Josef, Adolf und Xaver (alle s.d.)
wanderten wieder aus. R: 1893

Emil II., Mauren, *8. 9. 1894, †1982, E: Emil und Emilia, geb. Walser,
B: Arbeiter, A: 1923, Hammond, IN, USA, V: ledig

Franz Josef, Mauren, *15. 5. 1862, †31. 8. 1931, E: Johann Martin und
Katharina, geb. Marxer, A: 1884, Colby, Jackson Co., MO, USA,
V: Kreszenzia Kessler, K: Carl, Martin Oswalt, Aloysius Rochus, Oswald
Carl, Arthur Matthew, Marie, Leo. Weitergezogen nach Kansas Co., MO,
dort gestorben.

Franz Josef I., Eschen, *25. 3. 1824, E: Johann und Katharina, geb. Marxer,
A: 1852, USA, V: Maria Katharina Bello, K: Maria Juliana, Franz Josef,
Maria. Heirat 1846; wanderte ohne Gattin aus; Ankunft auf der Jersey in
New Orleans am 7.5.1852; Aufenthaltsort in Amerika unbekannt; wurde
1884 für tot erklärt.

Franz Josef II., Eschen, *07.11.1848, E: Franz Josef I. und Maria Katharina,
geb. Bello, A: 1883, USA, V: 1. Katharina Strub, 2. Karolina Näscher,
K: 1. Franz Josef, 2. Arnold. Ankunft auf der Amérique in New York am
14. 6. 1883; wanderte mit seinem Sohn aus erster Ehe aus. Die 2. Gattin
starb 1925 in Eschen.

Johann, Schellenberg, *26. 3. 1845, E: Johann und Elisabeth, geb. Büchel,
A: 1870, Indianapolis, IN, USA. Die Eltern waren Bürger von Schellenberg; sie zogen aber nach Göfis und wurden dort 1838 in den Heimat-
verband aufgenommen. Johann dürfte um 1870 ausgewandert sein;
1880 weilte er in Indianapolis, IN, 1881 in Louisville, KY.

Johann Ferdinand, Mauren, *29. 5. 1861, †30. 6. 1938, E: Johann Martin
und Katharina, geb. Marxer, B: Zimmermann und Baumeister, A: 1883,
Wabash, IN, USA, V: Antonia Kovar, K: Marie A., Harree John, Alice,
George Washington, Anne, Teresa Anne, John F., Lillian. Ankunft auf der
Amérique in New York am 3. 5. 1883. Suchte 1884 in Wabash um das
U.S.-Bürgerrecht an; wanderte weiter nach Kansas City, MO, und liess
sich 1885 in Colby, KS, nieder. Er betrieb ein Baugeschäft. 1935 zog er
nach Boise, ID, wo bereits zwei seiner Töchter lebten.

Johann Jakob, Schellenberg, *16. 3. 1803, †6. 4. 1856, E: Michael und
Kreszentia, geb. Öhri, B: Bauer, A: 1848, Louisville, KY, USA, V: Elisabeth
Pfeffer, K: Friedrich

Johanna Albertina, Mauren, *14. 11. 1871, E: Johann Martin und Katharina,
geb. Marxer, A: USA

Batliner   Josef, Schellenberg, *08.03.1798, †25.03.1857, E: Michael und Kreszentia,
geb. Öhri, B: Bauer, A: Floyds Knobs, IN, USA, V: Katharina Goos,
K: Caroline (*1835), Josephina (*1839), Sarah (*1841), Peter (*1843),
Franz (*1846), Gertrud (1848-1851). Heiratete am 1. Januar 1835 und
kaufte in Floyds Knobs 1837 Boden. Er muss demnach zu Beginn der
Dreissigerjahre ausgewandert sein.
Josef, Mauren, *10. 11. 1904, E: Emil und Emilie, geb. Walser, B: Diplom-
Kaufmann, A: 1930, Rio de Janeiro, Brasilien, V: Erica Paula Amelia
Gürsching, K: Marion, Magda. Weitergewandert nach Porto Alegre.
Luzia, Mauren, *9. 10. 1905, E: Rudolf und Albertina, geb. Oehri,
B: Schneiderin, A: 1924, Hammond, IN, USA, V: Philip Hohenegger (s.d.)
Maria, Mauren, *8. 9. 1868, E: Johann Martin und Katharina, geb. Marxer,
A: St. Paul, MN, USA
Maria Ursula, Mauren, *5. 9. 1897, †1992, E: Emil und Emilie, geb. Walser,
A: 1924, Hammond, IN, USA, V: Alois (Louis) Meier (s.d.). Gestorben in
Valparaiso, IN.
Markus, Eschen, *14. 4. 1902, †16. 2. 1952, E: Roman Josef und Elisabeth,
geb. Grass, A: Buenos Aires, BA, Argentinien, V: Karolina Zöllner. War
Eschner Bürger, wohnte aber vor der Auswanderung in Feldkirch.
Paul, Eschen, *25. 1. 1841, †26. 4. 1892, E: Mathias und Kreszentia,
geb. Walch, B: Zimmermann, A: 1870, Wabash, IN, USA, V: Johanna,
K: Frank, John Paul, Charles, Sophia
Rochus, Mauren, *9. 6. 1870, †1951, E: Johann Martin und Katharina,
geb. Marxer, A: 1883, Wabash, IN, USA, V: Magdalena Wergis, K: Andrew
Rochus, Albertina Alice, Magdeline Caroline, Edna Leontine, Margarethe.
Wanderte mit seinen Brüdern Johann Ferdinand und Andreas aus;
Ankunft mit der Amérique in New York am 3. 5. 1883. Zog von Wabash
nach Kansas City, MO, wo er 1951 starb.
Roman, Eschen, *18. 4. 1909, E: Roman Josef und Elisabeth, geb. Grass,
A: USA, V: ..., Heirat in New York, K: Rane
Xaver, Mauren, *16. 4. 1909, †23. 6. 1995, E: Emil und Emilia, geb. Walser,
B: Bauer und Schnapsbrenner, A: 1927, Hammond, IN, USA, R: 1930

Beck   Andreas, Triesenberg, *15. 11. 1886, †21. 1. 1937, E: Wilhelm und Karolina,
geb. Schädler, B: Gipser, A: 1913, Rockford, IL, USA, R: 1919
Anna, Triesenberg, *18. 1. 1909, E: Andreas und Maria Anna, geb. Sele,
A: 1930, Los Angeles, CA, USA, V: Franz Xaver Beck (s.d.)
Barbara, geb. Lampert, Triesenberg, *24. 1. 1808, †5. 5. 1886, E: Johann
Lampert und Katharina, geb. Sele, A: 1852, Freeport, IL, USA,
V: Peter Beck, K: Franz Xaver, Anna Maria, Maria Karolina, Ursula. Sie
wanderte nach dem Tode ihres Mannes (†17. 11. 1848) zusammen mit
ihren Brüdern Josef (s.d.) und Gottlieb (s.d.) Lampert aus; Ankunft in
New Orleans am 31. 5. 1852.
Carolina, geb. Schreiber, Vaduz, *25. 3. 1842, E: Theresia Schreiber,
A: Kanada, V: Fabian Beck. Lt. FB Vaduz ist sie allein nach Kanada
ausgewandert.
Franz Josef, Triesenberg, *6. 1. 1902, †1. 3. 1964, E: Johann und Adelheid,
geb. Buschor, B: Gärtner, A: 1927, Chicago, IL, USA
Franz Xaver, Triesenberg, *06.04.1901, E: Joachim und Viktoria, geb. Sele,
A: 1922, Buenos Aires, Argentinien, V: Anna Beck (s.d.), K: Frank, Mary
Ann, Helen. Ging 1925 über Chile nach Kalifornien und kam 1929 zu
einem Besuch nach Liechtenstein; 1930 reiste er zusammen mit seiner
Braut Anna Beck (s.d.) nach Los Angeles, CA, und heiratete 1935.

Beck Gottlieb, Triesenberg, * 6. 7. 1901, †8. 1. 1989, E: Andreas und Maria Anna, geb. Sele, A: 1927, Los Angeles, CA, USA, V: Olga Beck. Verfasste eine Schrift «Erlebnisse aus Amerika». R: 1949

Heinrich, Triesenberg, *13. 10. 1837, E: Josef und Anna Maria, geb. Hilbe, A: USA

Ida, Triesenberg, *25. 2. 1938, E: Wendelin und Ida, geb. Sele, A: 1960, New York, NY, USA, V: Hans Loretz, K: Luzia, Markus, R: 1963

Johann Baptist, Vaduz, *2. 9. 1825, E: Christoph und Anna Maria, geb. Speckle, A: USA

Johann Baptist, Vaduz, *15. 10. 1850, E: Crescentia Beck, B: Bienenzüchter, A: 1881, Guttenberg, IA, USA, V: Mary Harberger, K: Karl, Anna, Lena, Sophie, Josef, Josefine. War mit 600 Bienenvölkern einer der grössten Bienenzüchter in Iowa.

Johann Georg Thomas, Planken, *20. 12. 1828, E: Johann und Anna Maria, geb. Matt, A: USA

Johann Peter, Triesenberg, *10. 2. 1831, E: Peter und Magdalena, geb. Wildhaber, A: USA, V: Forrer Anna Maria. Vor 1862 ausgewandert, da im Seelenbeschrieb dieses Jahres der Vermerk «in Amerika» steht.

Josefa, Triesenberg, *27. 9. 1858, †27. 12. 1894, E: Joseph und Magdalena, geb. Schädler, A: 1881, Freeport, IL, USA, V: Remigius Eberle (s.d.). Ankunft in New York am 5. 5. 1881.

Lorenz, Vaduz, *6. 8. 1841, E: Lorenz und Elisabeth, geb. Vogt, A: Millville, IA, USA

Magdalena, geb. Steffen, Schaan, *18. 1. 1819, E: Franz und Magdalena, geb. Stadelmann, A: USA, V: Franz Xaver Beck (†1865)

Maria, Schaan, *27. 10. 1891, †1974, E: Wilhelm und Wilhelmine, geb. Konrad, B: Krankenschwester, A: 1913, USA, V: William Müller, K: Miltrit

Maria Josefa, Triesenberg, *11. 6. 1904, E: Andreas und Maria, geb. Eberle, B: Directrice, A: 1949, San Francisco, CA, USA, V: Emanuel Koerner, K: Elizabeth Jane

Myriam, Triesenberg, A: 1989, Toronto, ON, Kanada

Oskar, Schaan, *1. 10. 1857, †15. 5. 1893, E: Andreas und Katharina, geb. Kaufmann, B: Maurer, A: 1882, USA. Ankunft in New York auf der Allemania am 7. 4. 1882.

Peter, Triesen, *30. 10. 1832, E: Johann Anton und Rosa, geb. Kindle, A: USA

Pia, Schaan, *3. 6. 1932, E: Josef und Maria, geb. Hilti, B: Sekretärin, A: 1963, Emerson, NJ, USA, V: Hermann Breitfeller, K: keine

Robert, Triesen, *15. 2. 1895, E: Martin und Regina, geb. Blöchlinger, B: Dachdecker, A: 1923, Chicago, IL, USA, V: Luzia Hasler (1886-1929), K: Hildegard, Ernestine

Wilhelmine, Schaan, *1883, †1974, E: Wilhelm und Wilhelmina, geb. Konrad, A: 1914, USA

Berger Ida, Nendeln, *24. 2. 1912, E: Johann und Berta, geb. Kranz, A: 1934, USA

Biedermann Alois, Ruggell, *19. 5. 1880, †13. 8. 1960, E: Martin und Aloysia, geb. Näscher, B: Schlosser, A: 1923, Detroit, MI, USA. Er arbeitete bei den Fordwerken in Detroit. Er starb am 13.8.1960 in Zürich und wurde in Ruggell beerdigt. R: 1929

Alois, Ruggell, *18. 11. 1895, †1988, E: Josef und Katharina, geb. Büchel, B: Bauer, A: 1928, NE, USA, V: ledig. War später auch in Kalifornien und Oregon. R: 1934

Biedermann Arnold, Schaan, *27. 9. 1920, E: Karl Gustav (s.d.) und Maria, geb. Marent, B: Priester, A: 1948, Monroe, WI, USA. Wanderte mit den Eltern aus; zog weiter nach Ventura, CA.

August(in), Ruggell, *11. 1. 1869, E: Martin und Aloysia, geb. Näscher, B: Wagner, A: 1905, Dubuque, IA, USA

Franz Josef, Ruggell, *1835, E: Franz Josef und Anna Maria, geb. Meier, A: USA. Sein Vater war Altrichter Franz Josef Biedermann.

Isolde, Schaan, *23. 7. 1922, E: Karl Gustav (s.d.) und Maria, geb. Marent, B: Hausfrau, A: 1948, Monroe, WI, USA, V: Pius von Flüe. Mit den Eltern ausgewandert; weitergezogen nach Ventura, CA.

Jakob, Mauren, *9. 9. 1813, E: Franz Josef und M. Katharina, geb. Marxer, B: Bauer, A: 1852, Guttenberg, IA, USA, V: Maria Agatha Biedermann (1838), K: Franz Josef, Urban, Jakob, Angelika, Katharina, Rosina, Genofeva, Ludwig. Ankunft auf der Jersey in New Orleans am 7. 5. 1852; weitergewandert nach Bagley, WI.

Jakob, Ruggell, *1881, †1960, E: Johann (Küfer Hans) und Rosina, geb. Oehri, A: 1906, Seattle, WA, USA, V: ledig

Johann, Ruggell, *1867, †27. 11. 1915, E: Jakob und Mathilde, geb. Dürr, B: Priester, A: 1901, Fort Wayne, IN, USA, 1890 Priesterweihe, 1901 Pfarrer in Ruggell, 1901–05 Vikar in Fort Wayne, 1905–09 Pfarrer in Nix Settlement, 1909-15 Pfarrer in Sheldon (heute: Yoder), IN, 1915 gestorben in Rome City, IN.

Karl Gustav, Dr., Schaan, *23. 9. 1891, †28. 12. 1968, E: Franz und Juliana, geb. Zimmermann, B: Kaufmann und Homöopath, A: 1948, Monroe, WI, USA, V: 1. Maria Marent, 2. Sophie König, K: 1. Arnold (s.d.), Isolde (s.d.), Margrit (s.d.), Roland (s.d.), M.Theres, Günther, Gertrud, Beatrice; 2. Irmgard, Doris, Klara, Bernadette, Klaus, Markus. Weitergewandert nach La Puente, CA. R: 1955

Leonhard, Mauren, *6. 11. 1822, †8. 3. 1888, E: Franz Josef und M. Katharina, geb. Marxer, B: Zimmermann, A: 1849, Guttenberg, IA, USA, V: Christina Kraut (Heirat 1853), K: Gottlieb, John Louis, William, Fred, Anna Mary, Leonhard, Henry J., Georg, Lisetta Johanna, Bertha Christina, Theodor John. Zog 1858 von Guttenberg ans andere Mississippi-Ufer nach Boscobel, WI.

Luisa, Ruggell, E: Josef und Katharina, geb. Büchel, A: 1928, Detroit, MI, USA, V: ledig, R: 1930

Margrit, Schaan, *5. 9. 1923, E: Karl Gustav (s.d.) und Maria, geb. Marent, B: Hausfrau, A: 1948, Monroe, WI, USA, V: Louis Kraaz. Mit den Eltern ausgewandert; weitergezogen nach Roseburg, OR.

Maria Genofeva, Mauren, *4. 12. 1825, E: Franz Josef und M. Katharina, geb. Marxer, A: 1851, Guttenberg, IA, USA, V: Alexander Meier (s.d.). Ankunft mit der Lexington in New Orleans am 7. 4. 1851.

Roland, Schaan, *7. 3. 1927, E: Karl Gustav (s.d.) und Maria, geb. Marent, A: 1948, Monroe, WI, USA, V: Juanita … Mit den Eltern ausgewandert; weitergezogen nach Whittier, CA.

Wilhelm, Ruggell, *1880, †1938, E: Johann (Küfer Hans) und Rosina, geb. Oehri, A: 1907, Seattle, WA, USA, V: Berta Schmid

Bläsi Franz Josef, Eschen, *18. 8. 1833, †17. 9. 1898, E: Franz Joseph und Kreszentia, geb. Strub, B: Maurer, A: Fourmile, KY, USA, V: ledig. Mit seinem Bruder Johann Georg (s.d.) ausgewandert.

Bläsi Johann Georg, Eschen, *9. 7. 1831, †19. 7. 1892, E: Franz Josef und Kreszentia, geb. Strub, B: Maurer, A: USA. Gerichtliche Todeserklärung am 24. 7. 1892.

Böhler Josepha, Schaanwald, *1903, E: Nikolaus und Josefa, geb. Schmiedle, A: USA

Boschetto Rosa, Triesen, *11. 12. 1905, E: Alois und Karolina, geb. Neger, B: Arbeiterin/Coiffeuse, A: 1929, Carlstadt, NJ, USA, V: Xaver Weishaupt (s.d.), K: Rosmarie. Weitergewandert nach New York; kehrte nach dem Tod des Mannes (†1982) nach Liechtenstein zurück. R: 1985

Boss Anna Maria, Vaduz, *6. 10. 1814, E: Andreas und Katharina, geb. Tressel, A: USA

Ferdinand, Vaduz, *15. 6. 1891, E: Andreas und Lukretia, geb. Beck, A: 1912, St. Louis, MO, USA

Gottlieb, Vaduz, *8. 12. 1887, E: Andreas und Lukretia, geb. Beck, A: USA

Johann, Vaduz, *29. 5. 1824, E: Andreas und Katharina, geb. Tressel, B: Steinhauer, A: 1855, Guttenberg, IA, USA, V: Agatha ..., K: John, Martha, Andrew, Sophie. Auswanderungsjahr steht nicht fest, der älteste Sohn John wurde aber bereits in Iowa geboren (1856).

Johann, Vaduz, *12. 8. 1810, A: 1884, USA

Johanna, Vaduz, *30. 6. 1831, E: Andreas und Katahrina, geb. Tressel, A: USA

Katharina, geb. Tressel, Vaduz, *5. 5. 1791, E: Johann und Magdalena, geb. Thöny, V: Andreas Boss, K: Magdalena, Anna Maria, Johann, Johanna, Maria Anna. Ihre Kinder wanderten ebenfalls aus, mit Ausnahme von Magdalena.

Maria, Vaduz, *4. 6. 1889, E: Johann Georg und Agatha Maria, geb. Beck, A: 1911, Guttenberg, IA, USA, V: 1. Hermann Duwe; 2. ... Herzog

Maria Anna, Vaduz, *22. 7. 1834, E: Andreas und Katharina, geb. Tressel, A: USA

Bren Berta, Vaduz, *12. 8. 1905, E: Martin und Ursula, geb. Walser, A: 1929, Chicago, IL, USA, V: Nikolaus Hean, K: keine

Margot, Vaduz, *30. 12. 1940, E: Martin und Kreszenz, geb. Eberle, A: 1958, Chicago, IL, USA, V: Charles Snyder, K: Judy, Kenneth

Brendle Johann Wendelin, Mauren, B: Fabrikarbeiter, A: 1888, USA, V: Maria Probst, K: Eduard. Arbeitete in Kottern b. Kempten in Bayern; Auswanderung nach dem Tod des Kindes.

Katharina (Sr. M. Auxilia), Schellenberg, *1857, †1886, E: Jakob und Anna, geb. Öhri, B: Ordensschwester, A: 1882, Maria Stein, OH, USA. Sie wanderte mit anderen zukünftigen Schwestern um 1882 aus und starb 1886 in St. Mary's Home, IN.

Maximilian, Mauren, *10. 1. 1880, †24. 11. 1918, E: Ferdinand und Paulina, geb. Meier, A: 1900, USA, R: 1902

Brunhart Alois Josef, Balzers, *22. 7. 1828, E: Alois und Magdalene, geb. Vogt, A: 1881, V: 1: Anna Gmelch, 2: Katharina Wille. Wanderte als Witwer aus.

Andreas, Balzers, *12. 12. 1870, †1951, E: Franz Anton und Ottilia geb. Brunhart, A: 1888, Dubuque, IA, USA

Andreas, Balzers, *20. 11. 1864, †5. 8. 1852, E: Christian und Magdalena, geb. Frommelt, B: Metzger, A: 1888, Milwaukee, WI, USA, V: Theres Behrendt, K: Rudolf, Flora, Andreas

Brunhart Christian Anton, Balzers, *17. 1. 1829, †3. 4. 1881, E: Christian und Franziska, geb. Wolfinger, A: 1881, OH, USA, V: Magdalena Frommelt, K: Magdalena (*1863), Carl Augustin (*1858), Andreas (*1864, s.d.), Anna Maria (*1860), Maria Anna (*1867). Ankunft mit der France in New York am 23. 3. 1881. Wanderte ohne Familie aus und starb kurz nach der Ankunft in Amerika. Sohn Andreas wanderte 1888 ebenfalls aus.

Franz Josef, Balzers, *21. 3. 1797, †19. 9. 1883, E: Josef Anton und Franzisca, geb. Steger, A: 1852, Clayton Co., IA, USA, V: Josepha Vogt, K: Franziska, Katharina Josepha, M. Crescentia, Josepha, Franz Joseph, Ottilia, Joseph Anton. Mit der Tochter Franziska (s.d.) ausgewandert; Ankunft mit der Jersey in New Orleans am 7. 5. 1852. Er wurde 1883 für tot erklärt.

Franzisca, Balzers, *11. 2. 1826, E: Franz Joseph und Josepha, geb. Vogt, A: 1852, Cosville, USA, V: ... Bütlinger. Mit ihrem Vater Franz Joseph (s.d.) ausgewandert; Ankunft mit der Jersey in New Orleans am 7. 5. 1852.

Günter, Balzers, *22. 4. 1931, E: Josef und Elsbeth, geb. Benecke, B: Dr. phys., A: 1955, Lexington, KY, USA, V: Elisabeth Stocker, K: Susanne, Andrea, Gabriele, Thomas. Studium an der University of Kentucky; 1962-1972 Forschungsarbeit in Brookhaven, Long Island, NY, Leiter des Radiological Institute in Bethesda, MD, seit 1974 bei der US Navy tätig.

Herbert, Balzers, *14. 2. 1947, E: Andreas und Rosa, geb. Frick, B: Kaufmann, A: 1984, Sogamoso, Kolumbien, V: Maria de Sendoya Vargas, K: Karin. Besitzt in Kolumbien zwei Restaurants.

Josef, Balzers, *17.0 3. 1867, †1951, E: Franz Anton und Ottilia, geb. Brunhart, A: 1888, Dubuque, IA, USA

Peter, Balzers, *12. 3. 1946, E: Walter und Berta, geb. Gassner, B: Theologe, A: 1975, La Paz, Bolivien, V: Juana Ambia, K: keine. War einige Jahre als Entwicklungshelfer in Peru tätig; lebt seit 1984 in Bolivien.

Simon, Balzers, *25. 8. 1903, †1973, E: Simon und Josefa, geb. Büchel, B: Arbeiter, A: 1928, Canton, OH, USA, V: Adelheide Übeleis Vehovar, R: 1968

Werner, Balzers, *3. 2. 1928, E: Josef und Elsbeth, geb. Benecke, B: Ingenieur, A: 1954, New York, NY, USA, V: Rosa Netzer, K: Brigitte, Ulrich, Dorothea. Arbeitete in Stamford, CT, und ab 1967 in Salt Lake City, UT.

Büchel Adolf, Ruggell, *1870, †1952, E: Josef und Theresia, geb. Dietrich, B: Schreiner und Bauer, A: 1900, Seattle, WA, USA, V: Philomena Schwärzler, K: Delfina, Richard, Fridolin, Tarcila

Agathe, Ruggell, *1826, E: David und Margarethe, geb. Büchel, A: USA

Alois (Louis), Balzers, *21. 6. 1921, †13. 8. 1974, E: Josef und Magdalena, geb. Nigg, B: Keramiker, A: 1947, Mequon, WI, USA, R: 1968

Andreas, Ruggell, *1847, †1930, E: Andreas und Theresia, geb. Hasler, A: Washougal, Clark Co., WA, USA, V: ledig

Andreas, Nendeln, *1. 9. 1843, E: Franz Joseph und Anna Maria, geb. Kranz, A: 1869, USA. Ankunft auf der Sammaria in New York am 8. 4. 1869.

Andreas (P. Franziskus), Schellenberg, *1825, †26. 9. 1917, E: Andreas und Anna, geb. Alber, B: Priester, A: 1858, Minster, OH, USA. 1861 Eintritt in die Kongregation der Missionare v. Kostbaren Blut; 1871 Priesterweihe in Carthagena, OH; gestorben in Frank, OH. Er betreute verschiedene Seelsorgestellen für deutschsprachige Einwanderer in Ohio und Indiana.

Büchel Anna Maria, Balzers, *2. 9. 1858, E: Peter Johann und Anna Maria,
geb. Burgmayer, A: 1881, USA. Ankunft in New York am 13. 4. 1881.

Anton, Ruggell, *24. 8. 1840, †1917, E: Anton und Agathe, geb. Öhri,
B: Schreiner und Wagner, A: 1867, Littleport, IA, USA, V: Regina
Pfrommer (1848-1932), K: Lona (*1872), Joseph (*1873), Mary (*1876),
Anna (*1879), Bertha (*1881), Frederick Anthony (*1884). Wurde 1879
US-Bürger. Der Sohn Frederick Anthony war Professor am Texas
Agricultural and Mechanical College und Gründer der statistischen
Abteilung der Chamber of Commerce in Houston, TX.

Anton, Balzers, *9. 9. 1858, E: Andreas und Emerita Katharina, geb. Kaufmann, A: 1881, USA. Ankunft auf der Canada in New York am 7. 4. 1881.

Arthur, Ruggell, *1961, E: Urban und Martina, geb. Büchel, B: Elektroniker,
A: 1985, Boston, MA, USA, V: Gabriele Pfatschbacher, K: Stefanie, Patricia,
R: 1994

David, Ruggell, *1793, E: Andreas und Barbara, geb. Biedermann, A: 1850,
USA, V: Margaretha Büchel (†1850), K: Franz Josef (s.d.). Ist wahrscheinlich nach dem Tode seiner Frau ausgewandert. Sein Sohn sagte 1855 aus,
er sei schon vor «mehreren Jahren ausgewandert».

Dominikus, Gamprin, *1844, E: Anton und Agathe, geb. Büchel, A: 1872,
Wabash, IN, USA. Bewarb sich 1874 um das US-Bürgerrecht.

Eugen, Balzers, *15. 3. 1919, †28. 11. 1995, E: Josef und Magdalena, geb.
Nigg, A: 1939, Milwaukee, WI, USA, V: Milly Loehlein, K: Mary, Barbara,
David, Carol. Weitergewandert nach Mequon. Verstarb während eines
Besuchs in Balzers.

Ferdinand, Balzers, *27.09.1906, †16.12.1952, E: Fidel und Katharina,
geb. Bürzle, A: 1927, Milwaukee, WI, USA, V: Ruth Peterson (Heirat
6. 6. 1931), K: Ferdinand, Ralph, Gerald. Arbeitete an verschiedenen
Orten in Wisconsin und kaufte dann eine Farm in der Nähe von
Milwaukee. Starb durch einen Autounfall.

Fidel, Balzers, *6. 1. 1832, †18. 7. 1881, E: Franz Michael und Anna Maria,
geb. Wolfinger, A: 1881, Guttenberg, IA, USA, V: Franziska Nigg, K: Ferdinand, Johann-Baptist, Josefa, Ferdinand, Fidel, Joseph (I., s.d.), Anna-Maria. Ankunft auf der Labrador in New York am 13. 4. 1881. Reiste ohne
seine Familie. Von Heimweh geplagt, wollte er schon nach kurzer Zeit
wieder nach Hause; um Geld zu sparen, ging er zu Fuss der Eisenbahnlinie entlang; dabei kam er in Pennsylvania um.

Fidel Liberius, Balzers, *23. 9. 1830, E: Christian und Anna Maria, geb.
Frick, A: 1855, St. Louis, MO, USA. Abreise in Balzers am 24. 1. 1855;
Ankunft in New Orleans am 30. 3. 1855.

Franz Josef, Eschen, *18. 3. 1848, E: Franz Joseph und Anna Maria, geb.
Kranz, A: USA

Franz Josef, Ruggell, *1831, E: David und Margarethe, geb. Büchel, A: 1855,
USA. Folgte seinem Vater David Büchel (s.d.).

Franz Josef, Ruggell, *1847, †1899, E: Johann und Katharina, geb. Heeb,
A: 1872, San Francisco, CA, USA, K: Josef, Jakob

Franz Martin, Eschen, *2. 11. 1833, E: Joseph Anton und Magdalena,
geb. Helbert, A: 1878, USA. Er wurde am 17. 9. 1914 in den USA für tot
erklärt.

Franz Xaver, Ruggell, *1854, E: Johann und Elisabeth, geb. Hasler, A: 1880,
Pittsburgh, PA, USA. Zog später nach Birmingham, AL.

Georg, Balzers, *24. 1. 1849, †26. 7. 1891, E: Nikolaus und Barbara,
geb. Burgmeier, B: Maurer, A: 1881, USA. Ankunft mit der France in
New York am 23. 3. 1881.

Büchel Georg Benedikt, Balzers, *5. 8. 1923, E: Johann Georg und Rosa, geb. Cosandey, B: Maurer, A: 1950, Milwaukee, WI, USA, V: Verena Rüegsegger, K: Johann Georg, Diane. Mit Ehefrau und Tochter Diane in die Schweiz zurückgekehrt; lebt heute in Beatenberg (Kt. Bern). R: 1988

Heinrich, Balzers, *24. 9. 1859, †15. 12. 1947, E: Thaddäus und Victoria, geb. Frick, B: Bauunternehmer, A: 1881, Guttenberg, IA, USA, V: Sophie Hasler (s.d.), K: Maria Anna, Josephine, Elizabeth, Magdalena, Felix Henry†, Henry Felix, Louis, Agnes Christine, Frank Clement, Irma Victoria. Heirat am 11. 11. 1881 in Guttenberg.

Heinrich, Balzers, *23. 6. 1874, †20. 7. 1948, E: Leontius Casimir u. Katharina Cäcilia, geb. Büchel, B: Kaminfeger, A: 1906, USA, V: ledig. War ein Balzner Dorf-Original; kehrte um 1935/40 nach Balzers zurück.

Hugo, Ruggell, *8. 2. 1899, †1987, E: Josef und Berta, geb. Röckle, B: Schmied, A: 1923, Detroit, MI, USA, V: Olga Yenny (s.d.), K: Joe, June, Kenny. Weitergewandert nach Sinking Spring, PA.

Jakob, Gamprin, *1835, E: Anton und Anna Maria, geb. Matt, A: Wabash, IN, USA. Er wurde 1916 für tot erklärt.

Johann, Balzers, *17. 11. 1853, E: Nikolaus und Barbara, geb. Burgmeier, A: 1881, USA. Ankunft mit der France in New York am 23. 3. 1881.

Johann (John), Vaduz, *25. 2. 1904, †1992, E: Wilhelm und Philomena, geb. Wolf, B: Kaufmann, A: 1920, Postville, IA, USA. Sein 1911 ausgewanderter Vater (Wilhelm, s.d.) liess ihn nachkommen. R: 1930

Johann Georg, Balzers, *18. 10. 1823, †12. 8. 1894, E: Franz Michael und Anna Maria, geb. Wolfinger, A: USA, V: 1. Katharina Büchi; 2. Katharina Nipp, K: Anna Maria (*1855), David (*1862), Magdalena (*1864), Katharina , Katharina (*1872). War laut FB Balzers «zeitweise in Amerika».

Josef, Schellenberg, E: Michael, A: 1873, USA. Ankunft auf der Bremen in New York am 22. 5. 1873.

Joseph, Balzers, *2. 5. 1872, E: Magdalena Büchel, A: USA

Joseph I., Balzers, *2. 2. 1879, †25. 6. 1949, E: Fidel und Franziska, geb. Nigg, B: Koch, A: 1948, Milwaukee, WI, USA, V: Magdalena Nigg, K: Werner, Magdalena, Anna, David, Joseph, Vinzenz, Florian, Eugen, Alois, Walter. Begleitete seinen Sohn Werner nach dessen Heimaturlaub in die USA, wo er starb.

Joseph II., Balzers, *23. 9. 1914, E: Josef und Magdalena, geb. Nigg, B: Koch, A: 1937, Milwaukee, WI, USA, V: Anna Schlapbach

Julius, Bendern, *21. 7. 1886, E: Markus und Anna Maria, geb. Gstöhl, B: Müller, A: 1909, St. Louis, MO, USA. Ging von St. Louis zunächst nach Kansas City; liess sich ca. 1910 in St. Paul, MN, nieder, wo er bei verschiedenen Baumeistern arbeitete. Brachte bei der Rückkehr 18'500 Franken Erspartes mit. R: 1920

Karl, Ruggell, *16. 12. 1887, E: Anton und Elisabeth, geb. Öhri, B: Maler, A: 1909, Rockville, MS, USA. Zog mit Julius Büchel (s.d.) von Rockville nach St. Paul, MN, weiter; dort verliert sich seine Spur.

Kaspar, Balzers, *14. 3. 1867, †25. 4. 1945, E: Clemens Thaddäus und Victoria, geb. Frick, A: 1859, Guttenberg, IA, USA. War nur einige Jahre in Amerika und kehrte dann nach Balzers zurück.

Klara, Gamprin, *1845, E: Anton und Agatha, geb. Büchel, A: Wabash, IN, USA, V: Stefan Fuchs (k.k. Finanzwache-Oberaufseher), K: M. Klara

Lucius Nikolaus, Balzers, *7. 12. 1828, E: Christian und Anna Maria, geb. Frick, B: Zimmermann, A: 1855, Dubuque, IA, USA

Büchel Magdalena, Balzers, *10. 9. 1909, E: Josef und Magdalena, geb. Nigg, B: Haushaltsangestellte, A: 1928, Canton, OH, USA. Ging von Canton nach Pittsburg, PA, und kehrte 1937 von dort nach Liechtenstein zurück.

Magnus, Ruggell, *18.., E: Franz Josef und Anna Maria, geb. Büchel, A: USA. Weilte beim Tod des Vaters (1858) bereits in Amerika.

Maria Anna, Gamprin, *13. 2. 1837, †16. 6. 1910, E: Anton und Agathe, geb. Büchel, A: 1863, Wabash, IN, USA, V: Josef Kaiser (s.d.). Kam auf Veranlassung ihres Bräutigams nach Wabash und arbeitete als Hausmädchen bei der Familie Philipp Alber. Heirat am 12. Mai 1864.

Maria Anna, Gamprin, *20. 10. 1843, E: Ulrich und Katharina, geb. Heeb, A: 1863, Camp Springs, KY, USA, V: Johann Schöch, K: Mary

Martin, Gamprin, *1856, E: Martin und Anna Maria, geb. Öhri, A: 1880, St. Louis, MO, USA. In St. Louis traf ihn sein Vetter Julius Büchel (s.d.); sie zogen miteinander nach Kansas City, MO.

Norbert, Ruggell, *1845, E: Johann und Elisabeth, geb. Hasler, B: Maurer, A: 1872, Pittsburgh, PA, USA, V: Maria ..., K: Anton. Arbeitete zuerst als Maurer in Pittsburg und kaufte 1876 in Beaver, PA, eine kleine Farm.

Paula, Ruggell, *1905, †1990, E: Josef und Maria, geb. Biedermann, A: 1927, Seattle, WA, USA, R: 1932

Salome (Sr. M. Jucunda), Schellenberg, *1822, †1872, E: Andreas und Anna, geb. Alber, B: Ordensschwester, A: 1859, Maria Stein, OH, USA

Sebastian, Ruggell, *1833, †28. 1. 1869, E: Joseph und Josepha, geb. Heeb, A: 1861, Cass, IA, USA, V: Eva, K: Sophia

Theresia Lucia, Balzers, *5. 1. 1832, E: Christian und Anna Maria, geb. Frick, A: Dubuque, IA, USA, V: Alois J. Nipp (s.d.)

Walter, Balzers, *20. 7. 1923, E: Josef und Magdalena, geb. Nigg, B: Koch, A: 1948, Port Washington, WI, USA

Werner, Balzers, *7. 10. 1908, †22. 12. 1985, E: Josef und Magdalena, geb. Nigg, B: Koch, A: 1927, Canton, OH, USA, V: Jermaine Meyer, K: keine. Wanderte später nach Mequon, WI, weiter, wo er ein grosses Restaurant eröffnete. Er pflegte die Musik und schrieb mehrere Operetten. Er hatte Kontakte zu den Indianern und wurde von der Vereinigung der Stämme zum Ehrenmitglied ernannt.

Wilhelm, Schellenberg, E: Michael, A: 1873, USA. Ankunft auf der Bremen in New York am 22. 5. 1873.

Wilhelm, Vaduz, *14. 4. 1874, †17. 3. 1948, E: Barbara Büchel, B: Lehrer, A: 1911, Milwaukee, WI, USA, V: Philomena Wolf, K: Marie, Johann (s.d.), Anna. Beantragte 1910 nach einem ersten USA-Aufenthalt die Konzession zur Eröffnung einer Auswanderungsagentur. Nach der Ablehnung durch die Regierung wanderte er 1911 ohne Familie endgültig aus. 1920 liess er seinen Sohn Johann (s.d.) nachkommen.

Bühler Franz Johann, Mauren, *5. 5. 1901, †23. 2. 1963, E: Wilhelm und Karolina, geb. Hoop, B: Zimmermann, A: 1923, New York, NY, USA, V: Katharina Eggenberger, Buchs, K: Edward, Alfred. Ging später nach New Jersey.

Johann, Mauren, *27. 12. 1891, †1970, E: Georg und Elisabeth, geb. Zsuffa, B: Kellner, A: 1911, Winamac, IN, USA, V: ledig. Ging auf Anraten seines Stiefbruders David zunächst nach Winamac, IN, zu William Marock. Arbeitete dann als Kellner in verschiedenen Städten, zuletzt in San Francisco.

Bühler Johann Josef, Mauren, *8. 12. 1901, †29. 12. 1960, E: Johann Evang. und M. Albertina, geb. Meier, B: Bäckerei-Vorarbeiter, A: 1925, Hammond, IN, USA, V: Ada Catherine Scott, K: John Joseph, Rita Elaine, Rose Eleanor, Arnold Alfred, Mary Maureen, Julia Ann. Wollte ursprünglich nur für drei Jahre nach Amerika, um Geld zu verdienen. Er arbeitete als Vorarbeiter in einer Grossbäckerei, heiratete und baute ein Haus in Oak Lawn, IL. Er kam 1953 und 1958 zu Besuchen nach Liechtenstein.

Josef, Mauren, *3. 3. 1857, †23. 6. 1933, E: Ludwig Sebald und Katharina, geb. Matt, A: 1884, Clayton Co., IA, USA. Wanderte mit seiner Schwester Karolina (verh. Matt) aus und ging wahrscheinlich wie diese zu seinen Vettern Franz Josef und Matthias Matt. Nach seiner Rückkehr arbeitete er für einige Jahre in Frankreich. R: 1889

Julius, Mauren, *12. 5. 1933, E: Alfred und Ottilie, geb. Meier, B: Elektroingenieur, A: 1960, Oak Lawn, IL, USA. Arbeitete zuerst bei der Telefonanlagenfirma Western Electric Co. und wechselte 1978 zu Rothschild Securities als Aktienmakler. Betrieb nach seiner Pensionierung umfangreiche Recherchen über ausgewanderte Liechtensteiner in den USA.

Kurt, Mauren, *17. 6. 1955, E: Ferdinand und Rita, geb. Kieber, B: Ing. HTL, Betr. Ing. STV, A: 1981, New Hampshire, MA, USA, V: Maya Jann, K: Sandra (*1983), Philipp (*1986), Stefan (*1990), R: 1986

Raimund, Triesenberg, *1864, E: Josef und Josefa, geb. Beck, B: Gipser, Missionsbruder, A: 1894, Brasilien. Trat bei den Jesuiten als Laienbruder ein und war an verschiedenen Orten in Südbrasilien tätig, wo deutsche Siedler wohnten, sei es als Missionsbruder, sei es in Kirche und Pfarrhaus oder in Jesuitenkollegien.

Walter, Mauren, *15. 10. 1908, †25. 6. 1958, E: David und Wilhelmina, geb. Marock, A: 1927, Chicago, IL, USA. Wurde durch die Wirtschaftskrise zur Rückkehr gezwungen. Machte ab 1931 eine Ausbildung zum Postbeamten und war von 1936 bis zu seinem Tod Postmeister in Schaan. R: 1930

Burgmayer Ambrosius, Balzers, *9. 12. 1831, E: Joseph Nikolaus und Amantia, geb. Steger, A: 1882, USA, V: Wolfinger Elisabeth, K: Joseph, Barbara, Johanna Katharina

Ignatius, Balzers, *30. 7. 1825, E: Maria Anna Burgmayer, geb. Mayer, A: 1851, Clayton Co., IA, USA. Auf der Balzner Auswandererliste (1845-1857) wird er als Mayer angegeben, obwohl seine Mutter eine verw. Burgmayer war. Auf der Passagierliste der Lexington scheint er als Burgmeier auf. Im Census 1856 von Clayton Co. ist ein Meier Ignaz vermerkt.

Johann Georg, Balzers, *25. 10. 1820, E: Johann Georg und Katharina, geb. Vogt, A: 1854, USA, V: Franziska Negele, K: Maria Anna Antonia, Antonia, Margaretha, Theresia

Josef, Balzers, *27. 11. 1864, A: USA

Katharina, Balzers, *29. 10. 1823, E: Joseph Nikolaus und Amantia, geb. Steger, A: 1850, Dubuque, IA, USA, V: Michael Pellmann, K: Irene, Leo, Alfred, John. Ankunft mit der Fides in New Orleans am 23. 4. 1850.

Bürzle Johann Baptist, Balzers, *17. 5. 1881, †17. 10. 1948, E: Josef Joachim und Creszenz, geb. Vogt, B: Schmied; USA: Zimmermann, A: 1905, Dubuque, IA, USA, K: Joseph. Kam als Waise 1893 unter Vormundschaft. Seine Auswanderung wurde von den Behörden begrüsst. Aus den USA versuchte er mehrmals, die Vormundschaft aufheben zu lassen, um an sein Guthaben zu kommen; es ging schliesslich durch die Kronenentwertung verloren.

Bürzle Johann Baptist Alois, Balzers, *15. 6. 1829, †15. 10. 1864, E: Johann Georg und Anna Maria, geb. Vogt, A: 1856, USA. Zusammen mit seinem Vater und seinen Geschwistern am 5. 2. 1856 ausgewandert.

Johann Georg, Balzers, *12. 4. 1790, †7. 1. 1861, E: Joseph und Susanna, geb. Stark, A: 1856, USA, V: Anna Maria Vogt (†1848), K: Joseph, Maria Katharina, Susanna Maria (s.d.), Johann Baptist Alois (s.d.), Johann Georg Stephan (s.d.). Er ersuchte 1855 um Auswanderungsbewilligung für sich und seine drei grossjährigen Kinder Susanna, Alois und Stefan Johann Georg, nachdem die Tochter Maria Katharina schon früher ausgewandert war.

Johann Georg Stephan, Balzers, *23. 4. 1834, E: Johann Georg und Maria Anna, geb. Vogt, A: 1856, Wabasha, MN, USA. Zusammen mit seinem Vater und den Geschwistern am 5.2.1856 ausgewandert. Hielt sich 1904 in Wabasha, MN, auf.

Maria Katharina, Balzers, *25. 12. 1824, E: Johann Georg und Maria Anna, geb. Vogt, A: 1852, USA

Susanna Maria, Balzers, *10. 2. 1827, E: Johann Georg und Maria Anna, geb. Vogt, A: 1856, USA. Mit ihrem Vater und ihren Brüdern am 5. 2. 1856 ausgewandert.

D **Dietrich** Dominik, Ruggell, *1844, †1882, E: Josef und Elisabeth, geb. Heeb, B: Gastwirt, A: 1872, Post Thomab, KY, USA, V: Katharina Blenke, K: 1 Sohn

Elisabeth (Sr. M. Generosa), Ruggell, *1839, †1919, E: Sebastian und Katharina, geb. Bertsch, B: Ordensschwester, A: 1864, Maria Stein, OH, USA. Sie war Hausschwester und starb 1919 in Thompson, OH.

Josef, Ruggell, A: 1882, USA

Dorasil Karl, Triesen, *23. 11. 1928, †29. 10. 1993, E: Ernst und Berta, geb. Minst, B: Automechaniker, A: 1957, Fort Worth, TX, USA, V: Patricia Philips, K: Tony, Paul, Sandra

Dünser Engelbert, Schaan, *15. 5. 1876, †9. 9. 1943, E: Joseph Ludwig und Anna Maria, geb. Kaufmann, B: Mechaniker, A: 1913, Argentinien, R: 1938

Heinrich Adolf, Schaan, *6. 9. 1839, E: Johann Sebastian und Maria Agathe, geb. Walser, A: Kanada

Karl, Schaan, *5. 8. 1868, †1891, E: Joseph Ludwig und Anna Maria, geb. Kaufmann, A: 1891, Lawrence, KS, USA

Ludwig, Schaan, *15. 11. 1862, †1915, E: Joseph Ludwig und Anna Maria, geb. Kaufmann, A: 1887, Lawrence, KS, USA, V: Lucretia Hemmerle (s.d.), K: Louis, Amelia, Otto, Albert, Alma. Ging später nach Robinhood, SK, Kanada, wo er durch Erfrieren umkam.

E **Eberle** Alfred, Triesen, *8. 7. 1893, E: Felix und Ludowika, geb. Schumacher, A: San Francisco, CA, USA. Ging zu seinem Vater Felix Eberle (s.d.).

Alois, Balzers, *24. 12. 1860, E: Christian und Magdalena, geb. Jäger, A: 1881, USA. Ankunft in New York am 13. 4. 1881.

Andrea–Ruth, Vaduz, *9. 11. 1964, E: Joachim und Margrit, geb. Meier, B: Sekretärin, A: 1990, Los Angeles, CA, USA, V: Lance Davis

Claudia, Vaduz, *24. 9. 1968, E: Joachim und Margrit, geb. Meier, B: Kaufm. Angestellte, A: 1989, San Clemente, CA, USA

Eberle Engelbert, Triesen, *21. 1. 1867, †27. 7. 1917, E: Florian und Maria, geb. Kindle, A: 1890, Taylor, TX, USA, V: Maria Peter, K: Maria Louise, Marzell Engelbert, Franz Armin, Louis Emil, Adolf August, Elsie Eugenia, Wilhelmina Gertrude. Heiratete in USA; seine Frau war 1875 mit ihren Eltern von Mähren eingewandert.

Felix, Triesen, *18.., A: San Francisco, CA, USA, V: Ludowika Schumacher, K: Otto, Alfred (s.d.). Verliess seine Familie 1894, ging zunächst nach Zürich und später nach Amerika; nach verschiedenen Ansuchen wurde dem Sohn Alfred die Reise zu seinem Vater nach Amerika gestattet.

Johann, Triesenberg, *14. 9. 1843, †24. 1. 1916, E: Johann und Franziska, geb. Beck, B: Bauunternehmer, A: 1881, Freeport, IL, USA, V: Sibylla Beck, K: Remigius†, Johann (*1876), Ferdinand (*1877), Remigius †, Albert (*1882), Josephine (*1883), Frances (*1885), Teresa (*1887), Saloma, Theodore (*1893), Rosalia (*1898). Ankunft in Freeport am 6.5.1881; wurde 1887 US–Bürger.

Karl, Triesen, *3. 11. 1823, E: Franz Anton und Katharina, geb. Büchel, A: 1863, Davenport, IA, USA, V: Ludwina Nagel (†12. 10. 1870), K: Wendelin (*1859), Anna Maria (*1860), Katharina (*1862), Ludwina Crescentia (*1864), Heinrich Wilhelm (*1866), Joseph Anton (*1868). Nachdem er die amerikanische Staatsbürgerschaft erworben hatte, stellte er 1888 ein Gesuch um Entlassung aus den liechtensteinischen Staatsverband. Dem Gesuch wurde entsprochen.

Marzell, Triesen, *16. 1. 1869, E: Florian und Maria, geb. Kindle, A: 1890, Taylor, TX, USA, V: ... Perlitz, K: Hulda, Elisabeth, Louisa. Die Kinder lebten gemäss Erbschaftsabhandlung von 1902 in San Antonio, TX.

Remigius, Triesenberg, *28. 8. 1854, †22. 12. 1912, E: Johann und Franziska, geb. Beck, B: Steinhauer, A: 1881, Freeport, IL, USA, V: Josefa Beck (s.d.), K: Franz (*1882), Karolina (*1883), Maria (*1884), Katharina (*1886), Eduard (*1887), Magdalena (*1889), Josef (*1890), Klemens (*1892). Wanderte gemeinsam mit seiner Braut aus; Ankunft mit der France in New York am 5.5.1881.

Serafin, Balzers, *18.., A: USA. 1890 war sein Aufenthalt unbekannt; das Landgericht eröffnete den Konkurs.

Thomas, Triesenberg, *21. 12. 1844, †15. 2. 1913, E: Johann und Franziska, geb. Beck, A: 1882, Freeport, IL, USA, V: Magdalena Eberle, K: Maria (*1872), Alois (*1873), Joh. Gerold (*1875), Thomas (*1877), Eugen (*1878), Mathilde (*1880), William (*1884), Joseph (*1886), Magdalena (*1888). Wurde 1891 US–Bürger.

Viktor Emanuel, Triesen, *24. 2. 1888, E: Wilhelm und Kreszenz, geb. Negele, A: 1929, Monticello, IL, USA, V: Josepha Christina Glogowski, K: Senta (*1916), Viktor (*1918), Otto (*1924), Gustav (*1925), Joseph (*1927), Elisabeth (*1930), R: 1931

Elkuch Andreas, Schellenberg, *6. 4. 1827, E: Sebastian und M. Sybilla Heeb, geb. Pfeiffer, A: USA, V: M. Dorothea Gort, K: Ursula Sybilla, Agatha. Wanderte ohne Familie aus.

Johann Wilhelm, Mauren, *8. 11. 1878, E: Albert und Elisabeth, geb. Senti, A: USA

Erne Joseph Alois, Triesen, *12. 2. 1812, E: Josef und Anna Maria, geb. Eberle, A: 1852, Guttenberg, IA, USA, V: Agatha Schädler, K: Josepha, Rosina, Anna. Zwei weitere Kinder starben vor der Auswanderung; Rosina und Anna wurden in Amerika geboren.

Erne Rosa, Triesen, *27. 4. 1893, †1972, E: Michael und Magdalena, geb. Banzer, A: USA, V: Johann Nutt (1924). Wurde von ihrem Mann geschieden und kehrte nach Triesen zurück.

Xaver, *18.., Triesen, A: USA

F

Falk Anna Maria, Vaduz, *6. 12. 1809, E: Joseph und Anna Maria, geb. Risch, A: Belleville, IL, USA, V: ... Brendle, K: Johann Josef

Emanuel, Schaan, *27. 10. 1849, E: Lorenz und Magdalena, geb. Hilti, A: 1881, USA

Emil, Vaduz, *30. 3. 1872, †1953, E: Matthäus und Anna Maria, geb. Burckhart, B: Bauer, A: 1890, Tenstrike, MN, USA, V: Maria Aloisia Wanger, K: Mary Catherine, Louis Peter, Anna Louise, Emma, Carl Andrew, Olga Rose, Albert-Emil, Henry Wilhelm, John Frank, Robert Alexander. Er besuchte 1906 Liechtenstein, heiratete M. A. Wanger und nahm sie nach Tenstrike mit. Seine Farm wurde zu einer der grössten in Minnesota. Seine Tochter Anna Mistic-Falk schrieb über ihre Kindheitserinnerungen das Buch «Lauf, Anna, lauf!»

Johann, Vaduz, *5. 7. 1870, E: Matthäus und Anna Maria, geb. Burckhart, A: USA, V: Maria Philomena Schoder. Er soll nur wenige Jahre in Amerika gewesen sein.

Otto, Vaduz, *23. 3. 1925, E: Matthäus und Anna, geb. Hartmann, B: Vorarbeiter, A: 1953, Port Alberni, BC, Kanada, V: Frieda Sele (s.d.), K: David

Feger Florian, Triesen, *14. 4. 1901, †1963, E: Ludwig und Filomena, geb. Beck, A: 1927, Milwaukee, WI, USA, V: Frances Dolores Fearson, K: Karen Ann, Florian Anton, Maria Jean. Arbeitete als Brauereiarbeiter in der Schlitz Brewery in Milwaukee.

Franz C., Vaduz, *22. 1. 1895, †2. 12. 1984, E: Alfons und Regina, geb. Wolfinger, B: Buchhändler, A: 1925, New York, NY, USA, V: Mildred Weaver, K: keine. Eröffnete 1937 in New York eine eigene Buchhandlung, die auf spanische und portugiesische Bücher spezialisiert war; er betrieb sie bis 1972.

Jakob, Triesen, *18. 11. 1825, E: Josef und Martha, geb. Eberle, A: 1853, USA, V: Barbara Frick, Balzers, K: vier

Johann, Triesen, *31. 8. 1819, A: 1852, USA, V: Rosa Banzer, K: zwei

Laurenz, Triesen, *1816, †1886, E: Josef und Martha, geb. Eberle, B: Priester, A: 1850, Thompson, OH, USA. Priesterweihe 1850; Eintritt bei den Missionaren vom Kostbaren Blut (Schellenberg); 1850–52 Seelsorger in Thompson, OH; anschliessend Rückkehr nach Liechtenstein; 1854–56 Kurat-Provisor in Ruggell; dann als Priester und Lehrer an verschiedenen Orten in der Schweiz tätig.

Oskar, Vaduz, *6. 6. 1892, †5. 11. 1945, E: Alfons und Regina, geb. Wolfinger, A: 1913, New York, NY, USA, V: Elisabeth Forkolitsch, K: keine

Fehr Alois, Mauren, *7. 10. 1909, †23. 1. 1994, E: Franz Josef und M. Ida, geb. Meier, B: Garagist, A: 1927, Chicago, IL, USA, V: Berta Scott, K: Ronald, Leroy. Weitergewandert nach Minocqua, WI.

Armin Rochus, Eschen, *23. 6. 1906, †1981, E: Rochus Wilhelm und Aloisia, geb. Gerner, A: 1928, Albany, NY, USA, V: ledig

Fehr Emil, Triesenberg, *18. 12. 1933, E: Guntram und Emma, geb. Wolfinger, B: Koch, A: 1954, Las Vegas, NV, USA, V: Maria Frischmann, K: Fred (s.d.), Ruth. Kam 1957 nach Hause, heiratete im Februar 1958 und reiste mit seiner Frau nach Cedar City, UT, wo er ein Restaurant führte. Nach der Rückkehr Übernahme des Restaurants Masescha, Triesenberg. R: 1963

Franz Martin, Schaanwald, *11. 11. 1894, †11. 10. 1976, E: Wilhelm und Franziska, geb. Burtscher, B: Bauer und Holzfäller, A: 1923, Prince George, BC, Kanada, V: Zelma Dyer, K: Hilda (*1938), Susie (*1939), Oscar (*1940), Frances (*1941), Trudy (*1944), George (*1945). Ging ursprünglich nach Saskatchewan und von dort 1927 nach Prince George, wo er bis zu seinem Tode lebte. In Prince George sind ein Quartier und eine Strasse nach ihm benannt.

Fred, Triesenberg, *13. 3. 1959, E: Emil (s.d.) und Maria, geb. Frischmann, B: Koch, A: 1981, Asheville, NC, USA, V: Sarah Robin, K: Alexander

Gertrud, Triesenberg, *5. 1. 1930, E: Guntram und Emma, geb. Wolfinger, V: Wilhelm Büchel, A: 1954, Las Vegas, NV, USA. Ging von Las Vegas nach Wisconsin. R: 1956

Guntram, Schaanwald, *1895, †1981, E: Wilhelm und Franziska, geb. Burtscher, B: Wirt, A: 1923, Vibank, SK, Kanada, V: Emma Wolfinger, K: Gertrud (s.d.), Ruth (s.d.), Emil (s.d.), Maria. War ab 1932 Wirt auf Masescha, Triesenberg. R: 1925

Hermann, Mauren, *31. 7. 1902, †1974, E: Franz Josef und M. Ida, geb. Meier, B: Bäckerei-Vorarbeiter, A: 1920, Schaumburg, IL, USA, V: Sofie Herr, K: Raymond, Mildred

Oskar, Schaanwald, *8. 6. 1892, †5. 7. 1977, E: Wilhelm und Franziska, geb. Burtscher, B: Zimmermann, A: 1924, Prince George, BC, Kanada, V: ledig. Arbeitete zunächst auf einem Bauernhof in Vibank, SK, und zog dann nach Prince George.

Ruth, Triesenberg, *1. 8. 1932, E: Guntram und Emma, geb. Wolfinger, A: USA, V: Friedrich Wilhelm Müller (*5.3.1923)

Walter, Schaanwald, *6. 2. 1929, E: Gustav und Berta, geb. Wehinger, B: Elektroinstallateur, A: 1952, Prince George, BC, Kanada. Arbeitete in Kanada in der staatlichen Waldwirtschaft. R: 1954

Fischer Franz Paul, Vaduz, *22. 4. 1896, †16. 10. 1962, E: Franz Paul und Anna, geb. Nusser, A: Buenos Aires, BA, Argentinien, V: Susanna Clementina Wuy, K: Daniel Carlos, Claudia Berta Germana. Die Eltern wurden 1883 in Vaduz eingebürgert.

Foser Joseph Peter, Balzers, *12. 12. 1824, E: Joseph und Kreszentia, geb. Gstöhl, B: Maurer, A: 1851, Guttenberg, IA, USA, V: Elize ..., K: Rosa, Ann. Ankunft mit der Lexington in New Orleans am 7. 4. 1851.

Frick Albert, Balzers, *1905, †1964, E: Joseph und Emma, geb. Tobler, B: Chauffeur, A: 1928, New York, NY, USA, V: ..., K: zwei

Alfons, Balzers, *16. 8. 1841, E: Josef Leontius und Theresia, geb. Nipp, A: USA, V: Elisabeth Gstöhl, K: Dominikus, Josef Leonz, Anna Maria, Bernhard. Wanderte gemäss altem Familienbuch als Witwer mit seinen Kindern aus.

Alois, Balzers, *24. 4. 1818, E: Franz Dominikus und M. Katharina, geb. Burgmayer, B: Maurer, A: 1845, Dubuque, IA, USA

Frick Alois, Balzers, *14. 9. 1818, E: Alois und Maria Barbara, geb. Burgmayer, B: Steinmetz, A: 1845, Dayton, OH, USA

Amalia Eugenia, Balzers, *27. 5. 1889, †26. 1. 1976, E: Heinrich Johann (s.d.) und M. Rosalia, geb. Michel, A: 1912, MI, USA, V: Gustav Falk. Wuchs in Sirnach auf und wanderte 1912 aus.

Andreas, Schaan, *30. 12. 1829, E: Joseph Anton und Maria, geb. Walser, A: Belleville, IL, USA. Weilte 1860 zu einem Besuch in Schaan.

Anna, Schaan, *25. 6. 1900, †4. 1. 1949, E: Maria Aloisia, B: Haushaltsangestellte, A: 1926, Milwaukee, WI, USA, V: Julius Nipp (s.d.). Folgte ihrem Bräutigam nach Milwaukee; Heirat 1926.

Augustin, Balzers, *13. 2. 1877, †31. 10. 1946, E: Seraphin und Regina, geb. Wolfinger, B: Maurer, A: 1906, Milwaukee, WI, USA, R: 1911

Augustin, Balzers, *2. 5. 1888, †6. 8. 1973, E: Heinrich Johann (s.d.) und M. Rosalia, geb. Michel, B: Bauer, A: 1915, Montblaisan, MI, USA, V: Hedwig Sophie Ruess, K: August, Otto, Eugen, Carl, Frank, Rose Marie, Clara Elisabeth. Wuchs in Sirnach auf; wanderte zunächst ohne Frau und Sohn August aus; diese folgten ihm 1920.

Dominik (Thomas), Balzers, *11. 2. 1829, E: Josef Ferdinand (s.d.) und Anna Maria, geb. Negele, B: Bauer, A: 1851, Guttenberg, IA, USA, V: Mary Buckhart, K: Mary, Joseph, John, Frank, Thomas. Mit seinem Vater und seinen Geschwistern ausgewandert; zog um 1859 von Guttenberg nach Yankton, SD, wo er zu den ersten Siedlern gehörte. Leistete im Bürgerkrieg Militärdienst.

Dominikus, Schaan, *1. 7. 1824, E: Joseph Anton und Maria, geb. Walser, A: Belleville, IL, USA. Weitergewandert nach St. Louis, MO.

Dominikus, Balzers, *9. 1. 1858, A: USA

Emil Werner, Balzers, *28. 8. 1940, †28. 1. 1973, E: Heinrich Johann (s.d.) und M. Rosalia, geb. Michel, B: Schleifer, A: 1913, Saginaw, MI, USA, V: Anna Raths, K: Mary Jean. Wuchs in Sirnach auf; wanderte mit seiner Mutter sowie seinen Brüdern Robert (s.d.) und Eugen (s.d.) aus.

Emma Maria, Balzers, *9. 4. 1892, †8. 8. 1981, E: Heinrich Johann (s.d.) und M. Rosalia, geb. Michel, B: Hausfrau, A: 1916, Saginaw, MI, USA, V: Carl Johann Wick, K: Clara (*1918), Irma (*1930). Wuchs in Sirnach aus, von wo sie auch auswanderte.

Eugen Christoff, Balzers, *12. 4. 1903, †8. 7. 1975, E: Heinrich Johann (s.d.) und M. Rosalia, geb. Michel, A: 1913, Saginaw, MI, USA, V: Lena Frieda …, K: Bernice (*1924), Doris (*1927), Eugen (*1929). Wuchs in Sirnach auf; wanderte mit seiner Mutter sowie seinen Brüdern Robert (s.d.) und Emil (s.d.) aus.

Evelyne, geb. Ospelt, Vaduz, *5. 6. 1960, E: Josef und Renate, geb. Korn, B: Lehrerin, A: 1988, San Diego, CA, USA, V: Twain L. Frick. Ehemann war amerikanischer Staatsbürger; verbrachte seine Jugend bei seiner liechtensteinischen Mutter in Balzers.

Ferdinand, Balzers, *12. 12. 1821, E: Alois und Theresia, geb. Negele, B: Steinmetz, A: 1848, Dayton, OH, USA, V: Katharina …. Ankunft mit der St. Nicolas in New York am 28. 4. 1848.

Ferdinand, Balzers, *25. 11. 1853, E: Christian und M. Crescentia geb. Frick, A: 1881, USA. Ankunft mit der France in New York am 23. 3. 1881.

Fidel, Balzers, *17. 5. 1821, E: J. Fidel und Katharina, geb. Kindle, A: 1845, USA

Franz, Balzers, *1. 11. 1863, E: Christian und M. Crescentia, geb. Frick, A: USA

Frick Franz Anton, Balzers, *5. 3. 1817, E: Franz Michael und Anna Maria, geb. Vogt, A: 1880, USA, V: Katharina Nutt, K: Joseph, Johann, Karl, Bernhard. Die Frau starb 1874, die Söhne Joseph 1876 und Johann 1878; wanderte mit den Söhnen Karl und Bernhard aus; Ankunft in New York am 19. 10. 1880.

Franz Josef Leontius, Balzers, *25. 1. 1805, E: Franz Dominikus und M. Katharina, geb. Burgmayer, B: Steinhauer, A: 1850, Dubuque, IA, USA, V: Maria Anna Wille, K: Katharina, Dominica Franziska, Maria Anna, Regina Christina, Carolina, M. Monika†, Jos. Domi. Thomas, Vinzentius, Gregor Vinzenz. Kurz nach der Geburt des jüngsten Kindes ausgewandert.

Heinrich Anton, Balzers, *11. 4. 1893, †12. 4. 1973, E: Heinrich Johann (s.d.) und M. Rosalia, geb. Michel, A: 1913, Saginaw, MI, USA, V: Emilie Anna ..., K: Henry Andrew (*1919), Rose Marie (*1927), Florence Elizabeth (*1929), Marlene Clara (*1932), Walter Robert (*1936). Wuchs in Sirnach auf, von wo er auch auswanderte.

Heinrich Johann, Balzers, *27. 3. 1831, A: USA

Heinrich Johann, Balzers, *16. 7. 1846, †29. 3. 1909, E: Franz Anton und Ottilia, geb. Brunhart, B: Steinhauer, A: 1881, Robinson, CO, USA, V: M. Rosalia Michel, K: Augustin, Amalia Eugenia, Regina Katharina, Emma Maria, Heinrich Anton, Robert Martin, Ottilia Kreszentia†, Eugen Christian, Emil Werner. Ankunft mit der France in New York am 23. 3. 1881. Arbeitete im Eisenbahnbau. Heiratete 1887 die Witwe seines Bruders Robert und zog nach Azmoos, später nach Sirnach. Seine Kinder, ausser Regina, sowie seine Witwe (M. Rosalia, s.d.) wanderten nach den USA aus. R: 1887

Johann, Schaan, *18. 4. 1822, †2. 12. 1863, E: Josef Anton und Maria, geb. Walser, B: Zimmermann, A: Belleville, IL, USA, V: Maria Reinhold, K: Anna Maria, Johannes Andreas, Elisabeth

Johann, Balzers, *30. 10. 1875, A: USA

Joseph, Balzers, *3. 3. 1814, E: J. Fidel und Katharina, geb. Kindle, A: 1845, USA

Joseph Ferdinand, Balzers, *2. 2. 1803, †1880, E: Franz Dominikus und M. Katharina, geb. Burgmayer, B: Richter, Bauer, A: 1851, Guttenberg, IA, USA, V: Anna Maria Negele, K: M. Aloisia (s. d.), Dominikus (s. d.), Ferdinand (*1833), Martin (*1837), Anna-Maria u. Katharina (*1839), Josef (*1841), Alois (*1843). War 1849 und 1850 Richter (Vorsteher) in Balzers und wanderte als Witwer mit allen Kindern aus. Ankunft in New Orleans am 7. 4. 1851; arbeiteten in Dubuque und Guttenberg, IA. Ein Teil der Familie zog weiter nach Yankton, SD.

Joseph Rudolf, Balzers, *17. 3. 1832, E: Franz Josef und Klara, geb. Vogt, A: 1881, USA, V: Anna Maria Carolina Frick, K: Albertina, Rudolf, Ad. Georg, Klara, Simon†, Joseph, Theresia. Wanderte allein aus, schrieb anfänglich noch an seine Familie und liess dann nichts mehr von sich hören. Wurde 1916 tot erklärt.

Julius, Schaan, *28. 4. 193, †17. 7. 1982, E: Maria Aloisia, B: Maurer, A: 1928, Milwaukee, WI, USA, V: Anna Sprenger (s. d.), K: Karl, Franz, R: 1933

Karl, Balzers, *1940, E: Georg und Rosa, geb. Brunhart, B: Mechaniker, A: 1975, Calgary, AB, Kanada

Kreszenz, Balzers, *21. 8. 1903, E: Joseph und Emma, geb. Tobler, B: Hotelgerantin, A: 1928, New York, NY, USA, V: ... Fuller

Frick M. Rosalia, geb. Michel, Balzers, *7. 8. 1862, †19. 12. 1951, E: Franz Josef und Katharina, geb. Imfeld, A: 1921, Saginaw, MI, USA, V: Heinrich Johann Frick (s. d.). Wanderte nach dem Tod des Mannes mit ihren Söhnen Robert, Eugen und Emil aus.

Maria Aloisia, Balzers, *20. 8. 1827, E: Josef Ferdinand (s. d.) und Anna Maria, geb. Negele, A: 1851, Guttenberg, IA, USA. Mit ihrem Vater und dem Bruder Dominik ausgewandert; Ankunft mit der Lexington in New Orleans am 7. 4. 1851.

Maria Katharina, Mauren, *17. 1. 1815, †23. 9. 1887, E: Heinrich und Marianne, geb. Ritter, A: 1848, USA. Wurde 1887 für tot erklärt.

Maria Philomena, Balzers, *24. 2. 1943, E: Emil und Sarah, geb. Büchel, A: Mequon, WI, USA, V: John Sullivan

Nikolaus, Balzers, *9. 10. 1860, E: Christian und M. Crescentia, geb. Frick, A: 1881, USA

Robert Martin, Balzers, *19. 12. 1894, †3. 2. 1987, E: Heinrich Johann (s. d.) und M. Rosalia, geb. Michel, A: 1921, USA, V: Edith ... Wuchs in Sirnach auf; wanderte zusammen mit seiner Mutter sowie seinen Brüdern Eugen (s. d.) und Emil (s. d.) aus.

Rudolf, Balzers, *10. 5. 1895, E: Rudolf und Magdalena C., geb. Bürgin, B: Bauer, A: 1928, WA, USA, V: Carolina Schnieder, K: zwei

Theresia Maria, Balzers, *4. 8. 1827, †21. 5. 1882, E: Alois und Theresia, geb. Negele, A: 1849, Dayton, OH, USA, V: Ulrich Braun (1852), K: Louisa Theresia

Fritsche Andreas, Balzers, *11. 10. 1819, †25. 3. 1907, E: Christian und Katharina, geb. Frick, B: Bauer, A: 1851, Guttenberg, IA, USA, V: Sophia ..., K: Marie (adoptiert). Ankunft mit der Lexington in New Orleans am 7. 4. 1851.

Claudia, geb. Mündle, Mauren, *16. 7. 1852, E: Franz Mündle und Hilda, geb. Egger, B: Diplomatin, A: 1990, New York, NY, USA, V: Manfred Fritsche. Ständige Vertreterin Liechtensteins bei den Vereinten Nationen in New York.

Frommelt Alexander, Schaan, *13. 9. 1836, †1. 12. 1909, E: Joseph und Anna Maria, geb. Jehle, B: Steinmetz, A: 1865, Dubuque, IA, USA, V: Theresa Sparen (Heirat 12. 7. 1870), K: Mathilda, Agatha, George, Frank, Elisabeth, Leona. Ankunft in New York am 5. 6. 1865. Weitergewandert nach Dyersville, IA.

Alois, Balzers, *20. 9. 1824, †21. 12. 1906, E: Franz Anton und Anna Maria, geb. Nipp, B: Steinhauer, A: 1857, Dubuque, IA, USA, V: 1. Katharina Frick; 2. Christina Vogt, K: 1. Christian, Franz Anton; 2. Annie†, Christina, Katharina, Ludwig, Louisa, Louis, Bertha, Frank, Albert. Ankunft in New Orleans am 1. 4. 1857. Wiederverheiratung in Dubuque 1860. Seine Nachkommen waren Begründer der Frommelt Industries in Dubuque.

Andreas, Schaan, *13. 12. 1840, E: Joseph und Anna Maria, geb. Jehle, A: 1866, USA, V: Maria Anna Meier (s. d.), K: Ludwig

Anna Maria, geb. Nipp, Balzers, *6. 12. 1797, E: Franz Anton und Katharina, geb. Frick, A: 1857, Dubuque, IA, USA, V: Franz Anton Frommelt (†1849), K: Franz Anton, Alois, Nikolaus Ludwig, Casimir, Ferdinand. Wanderte als Witwe gemeinsam mit ihren Söhnen Alois (s. d.) und Ferdinand Egidius (s. d.) aus; Ankunft in New Orleans am 1. 4. 1857.

Frommelt Casimir Joseph, Balzers, *10. 3. 1831, †28. 9. 1910, E: Franz Anton und Anna Maria, geb. Nipp, A: 1881, Dubuque, IA, USA, V: Agatha Heeb, K: Maria Anna, David, Martin, Rosa, Theresia, Alois, Andreas, Magdalena. Sohn David (s. d.) ging 1880 nach Dubuque voraus, der Rest der Familie folgte 1881; Ankunft auf der Labrador in New York am 13. 4. 1881.

David, Balzers, *29. 4. 1859, †2. 3. 1935, E: Casimir und Agatha, geb. Heeb, B: Steinhauer, A: 1880, Dubuque, IA, USA, V: Ann Roskopp. Wurde vom Vater vorausgeschickt, um die Ansiedlung der restlichen Familie vorzubereiten.

Ferdinand, Schaan, *19. 11. 1837, E: Lorenz und Katharina, geb. Willi, A: 1866, USA. War verschiedentlich wegen Diebstahls in Arrest und wurde auf Gemeindekosten abgeschoben.

Ferdinand Egidius, Balzers, *1. 9. 1833, E: Franz Anton und Anna Maria, geb. Nipp, B: Arbeiter, A: 1857, Guttenberg, IA, USA, V: Anna Maria Burgmayer, K: Joseph, Anna Maria†, Fritz

Franz Anton, Balzers, *8. 2. 1821, †14. 1. 1874, E: Franz Anton und Anna Maria, geb. Nipp, B: Steinmetz, A: 1851, Wabasha, MN, USA, V: 1. Katharina Wille (†1847), 2. Maria G. Nigg, K: 1. Katharina, Louis, Anton, 2. Nicholas, Frank, Christina, Mary. Ankunft mit der Lexington in New Orleans am 7. 4. 1851. Reiste allein voraus und liess seine Kinder nachkommen. Weitergewandert nach Dubuque, IA, wo er 1856 seine 2. Frau heiratete.

Franz Josef, Triesenberg, *2. 1. 1853, E: Alois und Kreszentia, geb. Eberle, A: 1881, Freeport, IL, USA, V: 1. Katharina Marock (†1908), 2. Berta Moser. Wanderte von Freeport nach Oregon weiter, wo auch der Bruder der ersten Frau (Josef Marock) lebte; 2. Heirat in Portland, OR.

Ida, Triesenberg, *14. 4. 1904, †15. 4. 1958, E: Josef und Waldburga, geb. Beck, A: 1926, Cincinnati, OH, USA, V: Engelbert Kindle (s. d.)

Johann, Triesen, *31. 8. 1819, E: Chrysostomus und Theresia, geb. Lampert, A: 1852, USA, V: Rosina Banzer, K: Franz Xaver, Katharina

Johann, Schaan, *29. 4. 1929, E: Felix und Maria, geb. Walser, B: Hilfsarbeiter, A: 1954, Petersfield, MB, Kanada, V: Florence Gloria ..., K: Kathy, Edwin, Heidi, Floyd, Albert, Agnes, David

Johann Georg, Triesenberg, *23. 2. 1831, E: Christian und Anna Maria, geb. Schädler, A: USA

Johann Paul, Schaan, *29. 6. 1834, E: Joseph und Anna Maria, geb. Jehle, A: 1880, USA, V: Anna Maria Frick, Heirat 29. 1. 1866, K: Maria Anne, Pauline, Alois. Erhielt aus der Gemeindekasse 16 Gulden Reisebeitrag für seine Familie.

Josef, Triesen, *24. 5. 1807, E: Johann und Katharina, geb. Erni, A: 1852, USA, V: Maria Barbara Frick, K: Kreszentia (*1840), Johann (*1841), Ferdinand (*1847), Alois (*1849). Ankunft auf der Jersey in New Orleans am 7. 5. 1852; auf der Passagierliste sind Kreszentia und Alois nicht vermerkt.

Josef, Schaan, *11. 3. 1884, †8. 7. 1967, E: Lorenz und Katharina, geb. Vogt, B: Schreinermeister, A: 1910, Quincy, IL, USA, V: Magdalena Hasler (s. d.), K: Christoph, Lorenz, Joseph Alois, Heirat 1916, R: 1920

Josef Anton, Schaan, *4. 3. 1830, E: Joseph und Anna Maria, geb. Jehle, A: 1866, USA

Karl, Schaan, *11. 3. 1936, †15. 6. 1981, E: Felix und Maria, geb. Walser, B: Arbeiter, A: 1954, Petersfield, MB, Kanada, K: sechs. Land und Gemeinde Schaan teilten sich die Kosten für die Überfahrt.

Frommelt Maria Anna, Balzers, *1856, E: Casimir und Agatha, geb. Heeb, A: 1881, Dubuque, IA, USA, V: ... Bischoff. Zusammen mit ihrem Vater und ihren minderjährigen Geschwistern ausgewandert. Ankunft auf der Labrador in New York am 13. 4. 1881.

Matthäus, Schaan, *29. 1. 1855, †26. 7. 1937, E: Christoph und Anna Maria, geb. Ospelt, A: USA

Nikolaus Ludwig, Balzers, *12. 9. 1826, †3. 12. 1886, E: Franz Anton und Anna Maria, geb. Nipp, B: Arbeiter, A: 1855, Dubuque, IA, USA, V: 1. Magdalena Frick, 2. Josephine Merkel Imhof

Samuel, Triesen, *8. 8. 1903, E: Heinrich und Maria, geb. Beck, A: New York, NY, USA, V: Elisabeth Marogg (s. d.), K: Klara, Richard

Fürst Johann Wilhelm, Mauren, *30. 7. 1857, †22. 12. 1914, E: Wilhelm und Maria Antonia, geb. Welti, A: 1884, USA

G

Gantner Eduard, Planken, *18.., E: Matthäus und Agatha, geb. Jubile, A: New York, NY, USA

Joseph, Planken, *23. 10. 1817, †19. 2. 1862, E: Andreas und Katharina, geb. Frommelt, A: 1849, USA. Ankunft mit der Jacques Laffitte in New Orleans am 18. 4. 1849; gefallen im Bürgerkrieg.

Joseph, Planken, *23. 8. 1841, E: Genofeva, A: USA

Peter, Planken, *4. 9. 1854, E: Franz Joseph und Maria Anna, geb. Lampert, A: 1881, USA. Ankunft mit der France in New York am 23. 3. 1881.

Gassner Adolf, Vaduz, *26. 9. 1930, †17. 8. 1992, E: Richard und Anna, geb. Falkner, B: Schlosser, A: 1953, Parksville, BC, Kanada, V: 1. Vicki Mah; 2. Marita ..., K: Lori, Lynn, Tina, Shirley. Erhielt aus der Landeskasse einen Auswanderungsbeitrag von Fr. 400.–. Starb bei einem Unfall.

Alois, Triesenberg, *15. 12. 1847, †10. 1. 1916, E: Christian und Katharina, geb. Lampert, A: 1868, Freeport, IL, USA, V: Justina Lampert (s. d.). Heirat 1873 in Freeport; 1875 Umzug nach Oregon.

Anna, Vaduz, *1. 6. 1888, †4. 8. 1949, E: Wolfgang und Maria Aloisia, geb. Seger, A: St. Louis, MO, USA, V: Joseph Joller, K: Joe, Emil, Agnes

Arnold, Triesenberg, *5. 12. 1846, E: Gottlieb und Karoline, geb. Kindle, A: USA. Kehrte vor 1873 wieder nach Triesenberg zurück.

Daniel, Triesenberg, *5. 10. 1916, †20. 12. 1984, E: Daniel und Seraphine, geb. Fink, A: 1952, Laval, PQ, Kanada, V: Hannelore Fieguth, K: Bruno, Manfred, Herbert, Roland, Andi. Drei Söhne wurden in Kanada geboren. Verschiedene Heimatbesuche, zuletzt 1984.

Emil, Vaduz, *12. 12. 1874, †4. 5. 1946, E: Wolfgang und Maria Aloisia, geb. Seger, A: 1905, St. Louis, MO, USA, V: Aloisia Wanger (s. d.), K: George (*1907), Emil (*1910), Rudolph (*1912), Hermann (*1915)

Eugen, Triesenberg, *8. 10. 1895, E: Ulrich und Elisabeth, geb. Zeller, A: 1927, USA. Kehrte 1932 aus Amerika zurück und ging nach Deutschland. R: 1932

Ferdinand, Triesenberg, *13. 10. 1850, E: Gottlieb und Karolina, geb. Kindle, A: USA. Kehrte vor 1873 nach Triesenberg zurück.

Franz Josef, Vaduz, *26. 11. 1870, †6. 5. 1938, E: Wolfgang und Maria Aloisia, geb. Seger, B: Dreher und Schlosser, A: 1893, St. Louis, MO, USA, V: Helena Rypczynski, K: Josefa, Mary Martina, Frank A.†, Louis A., Clothilde, John Frank. Kam nach St. Louis zu Johann Gassner, einem Vetter seines Vaters. Betrieb ein Juweliergeschäft.

Gassner Franz Xaver, Triesenberg, *23. 4. 1849, E: Christian und Maria Josepha, geb. Schädler, A: 1882, Freeport, IL, USA

Friedrich (Fritz), Vaduz, *11. 3. 1877, †16. 8. 1920, E: Wolfgang und Maria Aloisia, geb. Seger, A: 1905, St. Louis, MO, USA

Johann, Vaduz, *23. 9. 1836, †18. 8. 1906, E: Johann und Anna Maria, geb. Boss, A: 1881, St. Louis, MO, USA, V: Maria Christina Köb, K: Johann (*1870), Richard†, Maria (*1875), Richard (*1876), Gottlieb (*1878), Klara†, Theobald (*1880), Klara (*1882), Carlotte, August

Josef, Triesen, *14. 6. 1917, E: Xaver und Alfonsa, geb. Wolfinger, B: Ingenieur, A: 1948, Maracaibo, Zulia, Venezuela, V: Maria Schurti, K: Eberhard. Arbeitete als Ingenieur beim Bau von Hafenanlagen für die Firma Esso. R: 1962

Maria, Triesenberg, *20. 3. 1909, †25. 5. 1973, E: Agnes, A: 1929, USA, V: Albert Wenger. Besuche in Triesenberg 1952 und 1959.

Maria Pauline, Vaduz, *14. 8. 1892, †23. 9. 1921, E: Andreas und Maria Magdalena, geb. Gut, A: Lake Mills, WI, USA

Richard, Vaduz, *2. 2. 1848, †30. 7. 1893, E: Johann und Anna Maria, geb. Boss, A: 1881, St. Louis, MO, USA. Ankunft mit der Canada in New York am 7. 4. 1881.

Gerner Adolf, Eschen, *18. 11. 1884, †28. 1. 1975, E: Franz Joseph und Maria Ursula, geb. Gstöhl, A: 1906, New York, NY, USA, K: keine. Heiratete in USA eine Deutsche.

Annelies, Eschen, *14. 7. 1949, E: Felix und Lina, geb. Schächle, A: 1973, Calgary, AB, Kanada, V: Joseph Mattmann, K: Karol, Petra, Pamela, Nicole. 1976 nach Burns Lake, BC, gezogen.

Dominikus, Eschen, *30. 12. 1867, †24. 6. 1890, E: Jakob und Rosina, geb. Marxer, A: Elmwood Place, OH, USA. Sein Leichnam wurde am 26. 6. 1890 in Elmwood Place, OH, gefunden. Laut amtlichem Totenschein starb er durch Ertrinken.

Johann, Eschen, *11. 8. 1862, E: Jakob und Rosina, geb. Marxer, A: USA

Josef, Eschen, *24. 9. 1879, †27. 3. 1962, E: Franz Josef und Maria Ursula, geb. Gstöhl, B: Zuckerbäcker, A: 1903, New York, NY, USA, V: Rosina Schächle (s. d.), K: Elise M. Rosina. Heirat 1907 in New York; Frau starb 1909; zog nach St. Louis, MO.

Gerster Max, Vaduz, *11. 4. 1908, †4. 11. 1995, E: Philip und Paulina, geb. Nägele, B: Bauführer, A: 1927, Chicago, IL, USA, V: Anna Rainer, K: Jean, Arlene. Er verstarb in Eagle River, WI.

Gilgen Peter, Eschen, *17. 10. 1963, E: Emil und Lotti, geb. Hasler, B: Professor, A: 1987, Ithaca, NY, USA, V: Brooke Partridge

Godilo-Godlevsky Paula, geb. Nipp, Vaduz, *14. 8. 1917, E: Prof. Dr. Eugen Nipp und Johanna, geb. Hilger, B: Büroangestellte, A: 1951, New York, NY, USA, V: 1. Otto Hilger; 2. Alexander Godilo-Godlevsky, K: Eugene, Alexander, Nicholas. Lebt heute in Pleasantville, NY.

Goldner Johann Nepomuk, Schaan, *31. 7. 1827, E: Johann Josef und Maria Anna, geb. Wolf, A: 1874, USA, V: Elisabeth Walser, K: Johann (*1866), Philumena (*1870). Ebenfalls mit der Familie ausgewandert ist Eduard (*1859), der uneheliche Sohn der Elisabeth Goldner-Walser.

Goop Bea, Vaduz, *27. 6. 1952, E: Adulf Peter und Maria Ida, geb. Hänggi, B: Psychologin, A: 1984, San Francisco, CA, USA

Jakob, Schellenberg, *28. 2. 1836, †1909, E: Franz Josef und Anna Maria, geb. Kieber, B: Missionsbruder, A: 1879, Carthagena, OH, USA. Er trat um 1879 in die Kongregation der Missionare vom Kostbaren Blut ein und war als Hausbruder im Noviziatshaus in Burkettsville, OH, tätig.

Johann, Gamprin, *18.., E: ... und Magdalena, geb. Hasler, A: USA. Seine Mutter starb am 12. 2. 1879.

Peter, Schellenberg, *28. 6. 1842, †1911, E: Franz Josef und Anna Maria, geb. Kieber, B: Missionsbruder, A: 1877, Carthagena, OH, USA. Er trat um 1877 in die Kongregation der Missionare vom Kostbaren Blut ein. Wie sein Bruder Jakob war er als Hausbruder im Noviziatshaus in Burkettsville, OH, tätig.

Rudolf, Schellenberg, *17. 6. 1906, E: Karl und Serafina, geb. Marxer, B: Koch, A: 1926, New York, NY, USA, V: Elfrieda Eckstein

Gstöhl Ferdinand, Balzers, *16. 8. 1856, E: Fidel und Maria Anna, geb. Kaufmann, B: Bauer, A: Salem, SD, USA, K: Frederic

Franz, Eschen, *25. 10. 1856, E: Simon und Katharina, geb. Batliner, A: 1880, USA. Seine Mutter stellte ihm das Reisegeld und Kleidung für die Auswanderung zur Verfügung; dafür verzichtete Franz Gstöhl in einer schriftlichen Erklärung auf den mütterlichen Erbteil.

Franz Joseph, Balzers, *11. 8. 1869, E: Franz J. und Viktoria, geb. Gstöhl, A: 1893, Salem, SD, USA

Fridolin, Balzers, *27. 5. 1875, E: Fridolin und Anna Maria, geb. Brunhart, A: 1906, USA

Johann Georg, Balzers, *1840, A: USA

Marie Balbina, Eschen, *1. 6. 1869, †1959, E: Franz Joseph und Veronika, geb. Risch, A: 1892, Spencer, NE, USA, V: Ulrich Öhri (s. d.)

Moritz, Balzers, *1828, A: USA

Rudolf, Eschen, *19. 6. 1859, E: Simon und Katharina, geb. Batliner, A: 1882, USA

H

Haas Benedikt Job, Eschen, *22. 10. 1868, †15. 9. 1948, E: Job und Katharina, geb. Oberhuber, B: Arbeiter, A: 1901, Wabash, IN, USA, V: Elisabeth Cavegn, K: Elsa (*1895), Max (*1898), Benedikt (*1901), Helen (*1903), Emil (*1905), Erna (*1908). Die Familie war kurze Zeit in Indianapolis und zog dann nach Wabash, wo Haas in der Brauerei Rettig & Alber arbeitete. Das Kind Benedikt starb kurz nach der Ankunft in den USA an Diarrhoe.

Christine, Vaduz, * 6. 4. 1947, E: Simon und Steffi, geb. Kolar, A: 1997, San Marcos, CA, USA, V: Jürgen Runge

Hartmann Johann Baptist, Vaduz, *2. 5. 1840, †1909, E: Christof und Magdalena, geb. Ott, A: 1867, Columbus, OH, USA. Weitergewandert nach Ludington, MI, wo er auch verstarb.

Ludwig Ferdinand, Vaduz, *5. 4. 1853, †14. 11. 1907, E: Christof und Magdalene, geb. Ott, B: Zimmermann, A: 1877, Columbus, OH, USA, V: Alice Emma Lohmiller, K: Edith Matilda (*1895), Frank Raymond (*1889), George Earl (*1891), Josephine Gladys (*1905). Zog zunächst nach Kansas, wo er eine Farm kaufte; siedelte um 1890 nach Pueblo, CO.

Hasler Agnes, Schellenberg, E: Andreas und Carolina, geb. Näscher, B: Hausfrau, A: 1925, Edmonton, AB, Kanada, V: ... Dalton, K: Helen, Hazel

Alexander, Eschen, *27. 2. 1865, †12. 4. 1937, E: Johann Georg und Barbara, geb. Risch, A: 1885, Dubuque, IA, USA, V: Maria Hemmi, K: Edwin, Lucille. Weitergewandert nach Chicago, IL.

Alfred, Eschen, *11. 7. 1901, †31. 7. 1977, E: Franz Josef und Josefa, geb. Ritter, B: Baumeister, A: 1923, Elmwood Place, OH, USA, R: 1926

Alfred, Gamprin, *20. 4. 1902, †8. 1956, E: Peter und Walburga, geb. Batliner, B: Zimmermann, A: 1921, Cincinnati, OH, USA, V: ledig

Alwin, Eschen, *26. 12. 1893, †10. 11. 1995, E: Johann Georg und Albertina, geb. Hasler, A: 1929, Chicago, IL, USA, V: Rosa Schneider, K: Luis, Alwin, Rosa. Ohne Familie ausgewandert; arbeitete 30 Jahre in einer Bäckerei in Chicago; starb in Grand Haven, MI.

Carl Ferdinand, Eschen, *28. 9. 1883, E: Johann Ferdinand und Aloisia, geb. Näscher, A: 1900, USA

Fabian, Ruggell, *1853, E: Norbert und Anna Maria, geb. Hundertpfund, A: 1872, USA. Soll sich 1877 in Pittsburg, PA, aufgehalten haben.

Felix Andreas, Balzers, *8. 9. 1857, †1941 E: Jakob Anton und Maria Barbara Klara, geb. Hasler, A: Dubuque, IA, USA, V: Christina Kaufmann des Johann Baptist (s. d.). Zog 1905 weiter nach Milwaukee, WI.

Franz Josef, Ruggell, *1845, E: Anton und Anna Maria, geb. Marxer, A: Davenport, IA, USA

Franz Josef, Ruggell, *7. 5. 1852, †26. 4. 1892, E: Norbert und Anna Maria, geb. Hundertpfund, A: Olympia, WA, USA. Er starb ohne Vermögen.

Hilda, Nendeln, *26. 1. 1903, †2. 3. 1978, E: Alphons und Germana, geb. Büchel, A: 1927, Cincinnati, OH, USA, V: Emil Marxer (s. d.). Rochus Hasler (s. d.) soll ihr aus USA das Reisegeld geschickt haben; Heirat 1928 in Chicago.

Jacob, Schellenberg, *1835, †6. 3. 1878, E: Ulrich und Anna Maria, geb. Madlener, A: 1866, Elkader, IA, USA. Starb an einer «Polypengeschwulst» im Halse sowie aus Schmerz über den Unfalltod seines Bruders Severin (s. d.).

Johann, Schellenberg, E: Ulrich und Anna Maria, geb. Madlener, A: 1852, USA

Johann, Gamprin, *10. 1. 1905, †5. 1963, E: Peter und Walburga, geb. Batliner, B: Zimmermann, A: 1924, Cincinnati, OH, USA, V: ledig

Johann Georg, Schellenberg, *2. 2. 1821, †19. 7. 1853, E: Johann und Maria Eva, geb. Alber, A: Belleville, IL, USA

Johann Jakob, Schellenberg, *17. 9. 1824, E: Johann und Maria Eva, geb. Alber, A: USA

Josef Emil, Eschen, *7. 12. 1888, †21. 4. 1960, E: Wilhelmina, B: Schmied, A: 1924, Reading, OH, USA, V: ledig

Joseph, Schellenberg, *11. 3. 1832, E: Johann und Maria Eva, geb. Alber, A: USA, V: M. Agatha Marxer, verw. Oederle, K: Amalia (*1864). Tschugmell vermerkt im FB: «fugitur nach Amerika» – wurde nach Amerika abgeschoben.

Joseph, Eschen, *2. 12. 1862, E: Katharina Hasler, verh. mit Johann Dünser, A: USA, V: Katharina Hasler, K: Josepha (*1886), Klara (*1894), Johann (*1897). Die Kinder wurden in Amerika geboren.

Katharina, Ruggell, *1839, E: Franz und Katharina, geb. Hasler, A: USA

Hasler Leonie, Sr., Ruggell, *1936, E: Martin und Ida, geb. Oehri, B: Krankenschwester, A: 1969, Pertibia, Brasilien. 1970–77 Leiterin des Hospitals in Pertibia, 1978-80 Subpriorin in Sorocaba, 1981–82 Oberin in Aracoiaba, 1982-90 Krankenhausdirektorin in Cunha, 1990–91 Krankenhausdirektorin in Parati. Seit 1992 Krankenschwester in Ndanda, Tansania.

Ludwig, Balzers, *18. 2. 1864, †1949, E: Jakob Anton und M. Barbara Klara, geb. Hasler, A: Dubuque, IA, USA, V: 1. ..., 2. Christine Bischoff, K: Franz†, Marie (*1897), Irving Ludwig, Olif (*1907). Zog später zu seiner Schwester Nothburga Nigg-Hasler nach Browns Valley, MN, wo er auch gestorben ist. Ein Sohn Ludwigs besuchte nach dem 2. Weltkrieg als Besatzungssoldat Balzers.

Magdalena, Eschen, *22. 10. 1889, †28. 2. 1974, E: Johann Ferdinand und Aloisia, geb. Näscher, A: 1915, Quincy, IL, USA, V: Frommelt Josef (s. d.). Heirat am 18. 1. 1916. R: 1920

Martin, Schellenberg, *18.., E: Ulrich und Anna Maria, geb. Madlener, A: USA

Martin, Eschen, *2. 11. 1867, E: Johann Georg und Barbara, geb. Risch, A: Mount Eden, CA, USA. Ausgewandert vor 1900.

Norbert, Ruggell, *1835, E: Anton und Maria Ursula, geb. Biart, A: USA, V: Ursula Egger. Wanderte nach Nenzing aus und von dort nach Amerika.

Otto Stephan, Eschen, *26. 12. 1903, †2. 12. 1970, E: Franz Josef und Josefa, geb. Ritter, B: Wirt und Immobilienmakler, A: 1921, Elmwood Place, OH, USA, V: Anna Magdalena Flory, K: Rosemary. Er war 1943–1970 Bürgermeister von Elmwood Place, einem Vorort von Cincinnati, OH.

Rochus, Eschen, *2. 4. 1896, †5. 1. 1952, E: Johann Georg und Albertina, geb. Hasler, A: 1926, Ora, IN, USA, V: 1. Irma Marxer; 2. Rose Kirschbaum, K: Rosa, Stefan. Seine 1. Frau blieb in Liechtenstein; betrieb eine Farm in Ora, IN; starb in Chicago.

Rochus Alfred, Eschen, *12. 7. 1901, †31. 7. 1977, E: Franz Josef und Josefa, geb. Ritter, A: 1922, USA, R: 1926

Roman, Ruggell, *1907, †1941, E: Franziskus und Anna Maria, geb. Negele, A: 1924, Seattle, WA, USA, V: ledig. Zweite Auswanderung 1932 nach Lima, Peru. R: 1937

Rudolf, Ruggell *1840, †1910, E: Dominikus und Katharina, geb. Heeb, A: Elkader, IA, USA, V: Katharina ...

Severin, Schellenberg, *1838, †4. 3. 1878, E: Ulrich und Anna Maria, geb. Madlener, B: Maurer, A: 1866, Elkader, IA, USA, V: Maria Magdalena, K: Louise, Amalia. Er starb auf einer Baustelle durch eine einstürzende Mauer.

Sophie, Balzers, *16. 11. 1860, †17. 1. 1929, E: Jakob Anton und Maria Barbara Klara, geb. Hasler, A: 1881, Guttenberg, IA, USA, V: Heinrich Büchel (s. d.). Ankunft in New York am 13. 4. 1881.

Wilhelm, Eschen, *24. 6. 1909, †20. 2. 1993, E: Johann Georg und Albertina, geb. Hasler, B: Bäcker, A: 1929, Chicago, IL, USA, V: Charlotte Hertel (1938), K: Janett. Ging ursprünglich nach Cincinnati, OH; fand dort keine Arbeit und zog nach drei Monaten zu seiner Cousine Hilda Hasler (s. d.) nach Chicago.

Hassur Josef, Ruggell, *18.., E: Joseph Ernst und Josefa, geb. Langenstein, B: Buchhalter, A: Pittsburgh, PA, USA, V: Therese Mutschler, K: Hedwig

Rudolf, Ruggell, *1843, †8. 2. 1884, E: Joseph Ernst und Josefa, geb. Langenstein, B: Arbeiter, A: Pittsburgh, PA, USA, R: 1882

Heeb Agatha, Ruggell, *26. 8. 1864, †2. 1. 1952, E: Franz Josef und Elisabeth, geb. Heeb, A: 1890, Atkinson, NE, USA, V: Frank Heeb (d. Johann, s. d.), K: Elizabeth, Harry, Rose, Mae, Emil, Albert. Weilte nach der Auswanderung kurze Zeit in Allentown, PA; Heirat am 2. 8. 1891 in Atkinson, NE.

Alban, Ruggell, *20. 8. 1908, †1976, E: Bernhard und Maria, geb. Büchel, A: 1926, Spencer, NE, USA, R: 1931

Amalia, Ruggell, *12. 9. 1873, †1951, E: Johann Jakob und Anna Maria, geb. Heeb, A: 1894, Madison, NE, USA, V: Andreas Öhri (s. d.)

Anton, Schaan, *6. 5. 1898, †10. 6. 1970, E: Ferdinand und Barbara, geb. Hasler, B: Metzger, A: 1924, Tampa, FL, USA, K: Anton, Ferdinand, Barbara, Michael

Franz Josef, Ruggell, *1827, †1903, E: Daniel und Barbara, geb. Heeb, A: 1890, Atkinson, NE, USA, V: Elisabeth Heeb, K: sechs, davon nach USA: Agatha, Ludwig und Wilhelm (s. d.). Wurde zusammen mit seiner Frau von seinem Sohn Ludwig (ausgew. 1889, s. d.) nach Amerika geholt. Keine Nachkommen in Ruggell.

Gerda, Ruggell, *23. 4. 1936, E: Alban und Zita, geb. Öhri, B: Reiseagentin, A: 1954, Los Angeles, CA, USA, V: Laurencio Da Costa (gesch.)

Jakob, Gamprin, *8. 2. 1893, †30. 6. 1963, E: Franz Josef und Christina, geb. Sprenger, B: Landwirt, A: 1923, Roseburg, OR, USA, V: ledig. War rund zehn Jahre in Amerika. In Oregon weilte er eine Zeitlang im Kloster.

Johann, Schellenberg, *23. 11. 1798, E: Dominikus und Magdalena, geb. Öhri, A: 1838, Troy, IN, USA, V: Martina Kim-Maier, K: Mary Magdalena. Erhielt am 26. Juni 1838 einen Heimatschein, welcher ihn zur Reise in die Schweiz, nach Frankreich und Deutschland berechtigte. Reiste offensichtlich nach USA weiter.

Johann, Ruggell, *1823, †1877, E: Franz Joseph und Anna Maria, geb. Büchel, A: USA

Johann, Ruggell, *1830, †1895, E: Gottfried und Scholastika, geb. Büchel, B: Maurer, A: 1860, Allentown, PA, USA, V: Elisabeth Kühne, K: Frank, John, David, Joseph, Alois, Hary, Edwin. Diente im Sezessionskrieg; 1878 Umzug nach O'Neill, NE; Sohn John verschwand 1882.

Josef Adalbert (P. Adalbert), Schaan, *1861, †1941, E: Franz Josef und Maria, geb. Tschetter, B: Priester, A: 1894, Sao Leopoldo, Brasilien. Mittelschullehrer an den Jesuitenkollegien Sao Leopoldo (1894–98 und 1925–26), in Pelotas (1898–1920), in Floriaopolis (1920–25), in Porto Alegre (1927–35) etc., zuletzt Ökonom in Porto Alegre (1935–41), wo er 1941 verstarb.

Ludwig, Ruggell, *16. 7. 1867, †26. 11. 1946, E: Franz Josef und Elisabeth, geb. Heeb, B: Bauer, A: 1889, Atkinson, NE, USA, V: Adelina Meier, K: Mary Adelia, William Ludwig. Kam 1910 nach Liechtenstein und heiratete hier Adelina Meier; nach der Hochzeit reiste das Paar nach Atkinson, NE; 1911 Umzug nach Glenbush, SK, Kanada.

Maria Anna, Ruggell, *1828, †1896, E: Johann und Margaretha, geb. Büchel, A: 1855, USA, K: Margaretha

Sebastian, Ruggell, *1835, †26. 11. 1863, E: Johann und Margaretha, geb. Büchel, B: Metzger, A: USA, V: ledig

Sebastian, Ruggell, *1835, E: Johann und Barbara, geb. Öhri, A: USA

Silvan, Ruggell, *27. 1. 1907, †3. 4. 1968, E: Bernhard und Maria, geb. Büchel, B: Küfer, A: 1928, Spencer, NE, USA, R: 1932

Heeb William, Ruggell, *1872, †1913, E: Franz Josef und Elisabeth, geb. Heeb,
A: 1892, Atkinson, NE, USA, V: ledig. Lebte mit der Familie seines
Bruders Ludwig und zog mit ihr 1912 nach Saskatchewan, Kanada. Erlitt
während einer Bootsfahrt eine Herzattacke und ertrank.

Heidegger Andreas, Triesen, *8. 11. 1841, E: Florian und Maria Anna, geb. Kindle,
A: 1869, USA. Ankunft auf der Sammaria in New York am 8. 4. 1869.
Ferdinand, Triesen, E: Xaver, A: 1870, OH, USA, V: ..., K: zwei. Kehrte nach
Liechtenstein zurück, wanderte aber in den siebziger Jahren wieder aus.
Jakob, Triesen, *18. 3. 1844, †29. 10. 1916, E: Florian und Maria Anna,
geb. Kindle, B: Priester, A: 1867, Cleveland, OH, USA. 1871 Priesterweihe
in Cleveland; Seelsorger an versch. Pfarreien in Ohio. 1893–94 Heimat-
besuch, dann Seelsorger in Minnesota und South Dakota. Er starb in
St. Paul, Minnesota.
Josef, Triesen, *19. 10. 1871, E: Xaver und Margrit, geb. Schädler, A: USA
Xaver, Triesen, A: 1883, USA, R: 1891

Helbert Anna Maria, Eschen, *22. 9. 1878, †3. 10. 1965, E: Philipp Jakob und Anna
Maria, geb. Schwendinger, A: 1907, Elmwood Place, OH, USA, V: 1.
August Robert Beeler (1901), 2. John Flory, K: Walter, Rudolf, John,
Joseph, Alfred, Anna, Charlotte, Carl, Clara, Elsie. Das Kind John wurde
auf der Überfahrt geboren.
Karoline, Eschen, *13. 7. 1885, †1980, E: Philipp Jakob und Anna Maria,
geb. Schwendinger, A: Elmwood Place, OH, USA, V: George Neeham,
K: keine. Weitergewandert nach Boston, MA.

Hemmerle Elisabeth, Vaduz, *27. 4. 1942, E: Meinrad und Antonia, geb. Dalpra,
A: 1957, Hammond, IN, USA. Sie erhielt durch Vermittlung des Liecht.
Roten Kreuzes ein Auswanderungsdarlehen von Fr. 400.–, das je zur
Hälfte von Land und Gemeinde bezahlt wurde. Reiste zu ihrer Schwester
Erna.
Erna, Vaduz, *9. 7. 1932, E: Meinrad und Antonia, geb. Dalpra, A: 1950,
Hammond, IN, USA, V: Josef Pitzel, K: Jo-Ann, Nick, Sandy
Eugen, Vaduz, *25. 5. 1930, E: Anton und Marie, geb. Nipp, B: Feinmechani-
ker, A: 1952, Milwaukee, WI, USA, V: 1. Helen Fluegge (†1988); 2. Mary
Clark, K: Steven. Suchte am 3. 11. 1952 bei der Regierung um Auswande-
rungs-Unterstützung an. Diente 1954–56 in der US-Army; lebte von
1956–68 in New York und zog dann nach Bolder, CO.
Franz, Vaduz, *24. 6. 1929, E: Meinrad und Antonia, geb. Dalpra, B: Koch,
A: 1951, Hammond, IN, USA. Ging später nach San Francisco, CA.
Franz Josef, Vaduz, *14. 4. 1899, †28. 8. 1958, E: Dominikus und Josefine,
geb. Beck, A: 1925, Hammond, IN, USA, V: Josefine Keckeis, K: Eda.
Heirat 1927 in Seattle, WA; später in Hammond, IN; 1933 Rückkehr nach
Liechtenstein, wo er 1935 zum Präsidenten des Arbeiterverbandes
gewählt wurde; 1937 erneute Auswanderung nach Hammond, IN.
Die Frau kehrte 1971 nach Liechtenstein zurück.
Josephina, Vaduz, *20. 7. 1905, †1982, E: Dominikus und Josefine,
geb. Beck, A: 1927, Hammond, IN, USA, V: Egon Batliner (s. d.)
Lucretia, Vaduz, *24. 6. 1862, E: Johann und Theresia, geb. Ospelt, A: 1891,
Lawrence, KS, USA, V: Ludwig Dünser (s. d.)
Rudi, Vaduz, *24. 10. 1930, E: Meinrad und Antonia, geb. Dalpra, B: Koch,
A: 1951, Hammond, IN, USA, V: geschieden. Weitergewandert nach San
Francisco, CA.

Hemmerle Theresia, Vaduz, *19. 2. 1901, †3. 7. 1995, E: Dominikus und Josefine, geb. Beck, A: 1927, Hammond, IN, USA, V: Alois Geiger, K: Rose Mary, Theresa

Hermann Adolf, Schaan, *1899, †1973, E: Josef und Agatha, geb. Fetzel, B: Schuhmacher, A: 1921, Milwaukee, WI, USA
Josef, Schaan, *1904, †1974, E: Josef und Agatha, geb. Fetzel, B: Gipser, A: 1923, Buenos Aires, Argentinien, K: eines

Hilbe Herbert, Triesenberg, *8. 7. 1938, E: Edmund und Kreszenz, geb. Eberle, A: 1962, Lima, Peru. V: Maria Büchel, K: Claudia, Monika

Hilti Barbara, Vaduz, *29. 9. 1827, †1912, E: Johann und Johanna, geb. Strub, A: 1848, Logansport, IN, USA, V: Philipp Martin Alber (s. d.). Ankunft mit der St. Nicolas in New York am 28. 4. 1848.
Christoph, Vaduz, *6. 4. 1818, E: Johann und Johanna, geb. Strub, A: 1848, Logansport, IN, USA, V: Margaret Duffy, K: Mary Catherine (*1857), Joanna (*1859), Emilia (*1968). Ankunft mit der St. Nicolas in New York am 28. 4. 1848.
Ernst, Schaan, *31. 7. 1934, E: Josef und Elsa, geb. Beck, B: Dr. sc. nat. Dipl. Ing. ETH, A: 1974, Hawaii, HI, USA. Dozent beim Department of Chemistry der University of Hawaii. R: 1976
Ferdinand, Schaan, *20. 10. 1837, E: Johann Jakob und Katharina, geb. Risch, A: 1869, USA
Franz Joseph, Vaduz, *22. 10. 1820, †8. 8. 1848, E: Johann und Johanna, geb. Strub, A: 1848, Dayton, OH, USA. Ankunft mit der St. Nicolas in New York am 28. 4. 1848. Starb kurz nach der Einwanderung.
Hans (Johann Jakob), Schaan, *8. 1. 1901, E: Gottlieb und Maria, geb. Schierscher, A: 1923, USA
Johann Georg, Schaan, *25. 9. 1828, E: Alois und Crescentia, geb. Wanger, A: 1850, CA, USA. Alois Rheinberger (s. d.) berichtete 1850, Georg Hilti sei «bei seinem Bruder» Lucius Alois, und 1855, die beiden seien in Kalifornien.
Josef Anton, Schaan, *16. 11. 1846, E: Xaver und Maria, geb. Hilti, A: 1870, USA. Seine Mutter Maria (*1820, s. d.) und die Geschwister folgen 1871.
Joseph, Schaan, *9. 12. 1821, E: Anton und Katharina, geb. Hilti, A: USA
Julius, Schaan, *16. 10. 1897, †10. 3. 1973, E: Jakob und Elisabeth, geb. Frick, B: Zimmermann, A: 1926, New York, NY, USA, R: 1930
Karl, Schaan, *6. 3. 1903, E: Gottlieb und Maria, geb. Schierscher, B: Kellner, A: 1927, USA
Katharina, Schaan, *17. 10. 1823, E: Anton und Katharina, geb. Hilti, A: USA
Lucius Alois, Schaan, *4. 12. 1825, E: Alois und Crescentia, geb. Wanger, A: CA, USA. Alois Rheinberger (s. d.) berichtete 1855, Alois Hilti halte sich mit seinem Bruder Georg in Kalifornien auf.
Maria, geb. Hilti, Schaan, *22. 10. 1820, E: Anton und Katharina, geb. Hilti, A: 1871, USA, V: Xaver Hilti (†1870), K: Joseph Anton (*1846, s. d.), Maria (*1848, s. d.), Lorenz (*1853), Alois (*1857), Theresia (*1861). Sohn Joseph Anton (s. d.) wanderte im Jahr 1870 nach Amerika aus. Nach dem Tod des Vaters folgte ihm die Mutter mit den übrigen Kindern im März 1871.
Maria, Schaan, *20. 1. 1848, E: Xaver und Maria, geb. Hilti, A: 1871, USA. Folgte zusammen mit ihrer Mutter Maria (*1820, s. d.) und ihren Geschwistern dem schon 1870 ausgewanderten Bruder Joseph Anton (s. d.).

Hilti Maria Regina, Schaan, *24. 10. 1829, E: Anton und Katharina, geb. Hilti,
A: USA
Rosmarie, Schaan, *12. 5. 1932, †21. 5. 98, E: Johann und Karolina,
geb. Meier, B: Damenschneiderin, A: 1956, Calgary, AB, Kanada,
V: Otto Vogt (s. d.)
Theresia, Schaan, *25. 6. 1827, E: Anton und Katharina, geb. Hilti, A: USA

Hilty Johann, Schaan, *27. 5. 1904, †3. 4. 1992, E: Andreas und Anna,
geb. Huber, B: Wagner, A: 1927, Milwaukee, WI, USA. Wurde wegen
kommunistischer Vergangenheit aus den USA ausgewiesen; starb im
Betreuungszentrum St. Martin in Eschen. R: 1953

Hoch Agatha, Triesen, *4. 10. 1901, E: Franz Xaver und Maria, geb. Kindle,
A: San Francisco, CA, USA, V: Franz Josef Lohwasser
Alois, Triesen, *24. 10. 1906, E: Franz Xaver und Maria, geb. Kindle,
A: 1929, USA, V: Frieda Rappel, K: Herta (*1940), Ingeborg (*1941), Paul
(*1944), Maria Louise (*1948). Heirat 1937 in den USA. R: 1941
Daniel, Triesen, *22. 10. 1927, E: Heinrich und Leokadia, geb. Kehrer,
B: Lastwagenfahrer, A: 1949, Chicago, IL, USA, V: 1. Elizabeth Meier,
2. Janice Reifenrath, K: 1. Cindy, Chris; 2. Mark. Wohnte in Carpenters-
ville, IL.
Heinrich, Triesen, *20. 11. 1853, †25. 2. 1920, E: Johann und Katharina,
geb. Seger, A: 1873, Boston, MA, USA, V: Anna Schräpfer, K: Carolina
Amalia, Elizabeth, Fred, Henry. Ging 1879 nach Taylor, TX, wo er ein
erfolgreicher Bauer und Geschäftsmann wurde.
Johann, Triesen, *16. 4. 1817, E: Johann und Magdalena, geb. Kindle, A: USA
Johann Luzius, Triesen, *3. 12. 1844, E: Johann und Katharina, geb. Seger,
A: 1869, Freeport, IL, USA. Ankunft auf der Sammaria in New York am
8. 4. 1869. Zog 1874 nach Oregon; über seinen Verbleib ist bei den
Nachkommen seines Bruders Heinrich (s. d.) nichts bekannt.
Josef, Triesen, *30. 3. 1820, †1852, E: Jakob Wolfgang und Franziska,
geb. Negele, A: 1852, USA
Josef, Triesen, *16. 4. 1830, †15. 7. 1891, E: Johann und Magdalena,
geb. Kindle, A: 1882, Lidgerwood, ND, USA, V: Maria Aloisia Schierscher.
Heirat am 28. 2. 1876, Auswanderung lt. FB Triesen am 1. 11. 1882.
Maria Aloisia lebte in Lidgerwood allein bei ihrer Schwester Maria
Theresia, die mit Benedikt Martin Wohlwend (s. d.) verheiratet war. Über
den Verbleib von Josef ist nichts bekannt.
Joseph, Triesen, *18. 5. 1842, E: Johann und Katharina, geb. Seger,
B: Brauer, A: 1873, Charlestown, MA, USA, V: Magdalena Schräpfer,
Enneda (Kt. Glarus), K: Katharina, Maria Magdalena. Heirat am
22. 1. 1866. Die Familie kehrte in die Schweiz zurück, wo am
18. 11. 1878 die Tochter Maria Magdalena geboren wurde. Dann verliert
sich Josefs Spur. Frau und Tochter kehrten in den achtziger Jahren in die
USA zurück und lebten in Taylor, TX, und Boston, MA. R: 1878
Julius, Triesen, *7. 11. 1901, †17. 2. 1976, E: Daniel und Josefa, geb. Vogt,
B: Maler, A: 1927, Chicago, IL, USA. Zusammen mit Florian Feger
ausgewandert; verstorben in Northbrook, IL.
Pius, Triesen, *13. 5. 1904, E: Augustin und Maria, geb. Batliner, B: Weber-
meister, A: 1927, Annville, PA, USA, V: Alta Kline, K: Alfred
Xaver, Triesen, *7. 12. 1896, †16. 5. 1962, E: Augustin und Maria, geb.
Batliner, A: 1929, Annville, PA, USA, V: Rosa Leib, K: Rosa, Leo. Ging ohne
Familie nach Amerika.

Hohenegger Philipp, Vaduz, *9. 11. 1905, †1985, E: Kassian und Maria, geb. Wille, B: Arbeiter, A: 1926, Hammond, IN, USA, V: Luzia Batliner (s. d.), K: Max, Kathy, Arnold, Joan. Zog von Hammond nach Gary, IN; gestorben in Griffith, IN.

Hoop Adam, Gamprin, *1836, E: Sebastian und Maria Anna, geb. Näscher, B: Bauer, A: 1860, USA. Wurde am 24. 2. 1899 für tot erklärt.

Friedrich Emil, Eschen, *5. 5. 1891, †5. 2. 1946, E: Franz und M. Adelina, geb. Marxer, A: 1923, Milwaukee, WI, USA

Johann, Ruggell, *1822, †1903, E: Josef und Barbara, geb. Büchel, A: USA. Seine Familie hatte in Ruggell den Namen «s'Amerikaners». R: 1859

Johann, Eschen, *5. 5. 1824, †1879, E: Franz Josef und Anna, geb. Hoop, A: 1858, Akron, OH, USA. Wanderte 1858 oder 59 zusammen mit seinem Bruder Jakob nach USA aus. Schrieben sich in Amerika Hopp.

Johann Hieronymus, Gamprin, *1840, †1899, E: Josef und Magdalena, geb. Hasler, A: USA. Wurde am 12. 6. 1899 für tot erklärt.

Johann Jakob, Eschen, *18. 10. 1829, †1. 1. 1889, E: Franz Josef und Anna, geb. Hoop, A: 1858, Akron, OH, USA, V: ... (Heirat 1862), K: Johann, Maria, Magdalena, Georg, Franziska und Franz Josef. Wanderte 1858 oder 59 zusammen mit seinem Bruder Johann nach USA aus. Schrieben sich in Amerika Hopp. Er starb in Akron, OH.

Ludwig, Eschen, *7. 11. 1887, †23. 3. 1960, E: Matthäus und Barbara, geb. Meier, B: Schlosser, A: 1912, Cincinnati, OH, USA. 1920 Besuch in der Heimat; auf der Rückreise nahm er Alois Meier (s. d.) und Ferdinand Marogg (s. d.) mit; kehrte 1924 aufgrund der Rezession in den USA nach Liechtenstein zurück.

Hundertpfund Andreas, Ruggell, *12. 2. 1835, E: Johann und Elisabeth, geb. Mayer, A: USA. Wurde am 15. 12. 1914 für tot erklärt.

Anton, Eschen, *15. 11. 1840, E: Jakob und Maria Anna, geb. Meier, A: USA

Johann Anton, Nendeln, *23. 6. 1877, †1903, E: Sebastian und Katharina, geb. Mündle, A: Collegeville, MN, USA

Joseph, Eschen, *19. 3. 1851, E: Johann und Maria Barbara, geb. Mayer, B: Knecht, A: Highland, IL, USA

Karolina, Nendeln, *8. 9. 1875, †22. 8. 1928, E: Sebastian und Katharina, geb. Mündle, A: 1896, San Francisco, CA, USA

Maria Magdalena, Nendeln, *1. 5. 1881, †22. 4. 1928, E: Sebastian und Katharina, geb. Mündle, A: San Francisco, CA, USA, V: ledig

Rosa, Nendeln, *27. 4. 1879, †16. 12. 1964, E: Sebastian und Katharina, geb. Mündle, A: 1896, St. Louis, MO, USA, V: ... Dorrler. Verstarb in San Francisco, CA.

Sebastian, Nendeln, *20. 1. 1833, E: Jakob und Maria Anna, geb. Meier, A: 1882, USA, V: Katharina Mündle, K: Maria Josefa, Anna Maria, Maria Katharina, Maria Karolina (s. d.), Johann Anton (s. d.), Rosa (s. d.), Maria Magdalena (s. d.). Wanderte ohne Familie aus; seine Frau starb am 14. 10. 1902 in Vorkloster-Bregenz; ihre Kinder Johann Anton und Rosa weilten zu diesem Zeitpunkt bereits in den USA.

J **Jäger** Georg, Mauren, *6. 12. 1897, E: Johann Georg und Katharina, geb. Lotzer, A: 1930, Argentinien, V: Hilda Fehr, K: Werner, Hans Willi, Louis, Augusta, Zita. Wanderte ohne Familie aus.

Jäger Johann Evangelist, Mauren, *27. 12. 1819, †12. 10. 1884, E: Franz Anton und Barbara, geb. Matt, A: 1846, USA. Er liess nichts mehr von sich hören und wurde am 12. 10. 1884 für tot erklärt.
Josef, Mauren, *25. 8. 1861, E: Dominikus und Rosina, geb. Öhri, A: 1883, Logansport, IN, USA. Ausgewandert mit seinem Cousin Peter Jäger (s.d.); Ankunft in New York auf der Amérique am 3. 5. 1883.
Maria Hilda, Mauren, *1901, E: Jakob und Martina, geb. Ritter, A: USA. Auswanderung um 1920.
Paul, Mauren, *4. 10. 1860, E: Johann Georg und M. Barbara, geb. Hasler, B: Lehrer, A: 1883, TX, USA. Wurde 1883 nach Abschlusss seiner Ausbildung an der k. k. Lehrerbildungsanstalt in Bregenz an der Volksschule Nendeln angestellt. Noch im gleichen Jahr verschwand er nach Amerika, wo er in Texas als Hauslehrer wirkte.
Peter, Mauren, *4. 10. 1860, E: Johann Georg und M. Barbara, geb. Hasler, A: 1883, Wabash, IN, USA, V: A. M. Merk, K: Maximilian. Ausgewandert mit seinem Cousin Josef Jäger (s. d.); Ankunft in New York auf der Amérique am 3. 5. 1883. Stellte am 27. 10. 1884 ein Gesuch um US-Staatsbürgerschaft.

Jehle Alois, Schaan, *8. 11. 1856, E: Liberatus und Salomea, geb. Hilti, A: USA
Alois, Schaan, *21. 6. 1863, E: Joh. Nepomuk und Maria Kunigunde, geb. Walser, A: 1883, USA
Franz Josef, Schaan, *29. 1. 1828, E: Alois und Anna Maria, geb. Kaufmann, A: USA
Johann, Schaan, *7. 7. 1852, E: Josef und Anna Maria, geb. Büchel, A: 1874, AR, USA
Johann, Schaan, *4. 5. 1862, E: Liberatus und Salomea, geb. Hilti, A: 1883, USA
Josef Anton, Schaan, *18. 2. 1848, E: Josef und Anna Maria, geb. Büchel, A: 1874, AR, USA
Karl, Schaan, *22. 6. 1882, E: Theodor und Heinrika, geb. Müller, A: USA, V: 1. Luisa Fanna Schildknecht; 2. Sophie Ruh
Lorenz, Schaan, *16. 8. 1837, E: Alois und Anna Maria, geb. Kaufmann, A: USA
Rudolf, Schaan, *20. 12. 1894, †18. 12. 1970, E: Urban und Waldburga, geb. Hemmerle, B: Malermeister, A: 1920, Buenos Aires, Argentinien, V: Emma Purtscher, K: Arthur (*1923), Charlotte (*1926), Priska (*1935). Gründete und leitete den Jodelclub beim Schweizer Verein Berna. R: 1928

Jungwirth Elisabeth, Triesenberg, *21. 7. 1862, E: Heinrich und Franziska, geb. Klink, A: USA, K: Carl Albert. Sie wanderte mit ihrem Kind nach Amerika aus.

K **Kaiser** Adria, Schellenberg, *27. 8. 1889, †15. 9. 1976, E: Andreas und Mathilde, geb. Batliner, B: Krankenpflegerin, A: 1920, USA, V: ledig, R: 1960
Bartholomäus, Ruggell, *1824, †1853, E: Kolumban und Katharina, geb. Hasler, A: Allentown, PA, USA, V: ledig
Dominik, Schaan, *1896, †1967, E: Bernhard und Maria, geb. Jehle, B: Koch, A: 1920, Argentinien, V: Alice Beck, K: keine
Eduard, Mauren, *7. 6. 1903, E: Alois und Maria, geb. Oehri, A: 1928, Chicago, IL, USA. Wurde «dr rot Kaiser» genannt. Gerüchte besagen, dass er in der Bande von Al Capone mitgemacht habe und wegen Ungehorsams in einen Staudamm einbetoniert wurde. Andere sagen, man habe gehört, er sei mit einem Zirkus weggewandert.

Kaiser Emil, Schellenberg, *26. 5. 1899, †28. 5. 1944, E: Andreas und Mathilda, geb. Batliner, A: 1924, Vibank, SK, Kanada. Fiel im 2. Weltkrieg in Italien.
Franz Josef, Ruggell, *1841, †1897, E: Andreas und Agatha, geb. Öhri, A: Brooklyn, NY, USA, V: Margaretha ...
Franz Josef, Schaanwald, *1879, †1952, E: Franz Josef und Theodora, geb. Frick, A: USA
Franz Joseph, Mauren, *1. 3. 1855, †1. 8. 1926, E: Franz Joseph und Anna Marie, geb. Kieber, A: 1882, USA, V: Theodora Frick, K: Christian, Wilhelm, Franz Joseph, Albertina, Ferdinand. Wanderte ohne Familie aus; wurde am 1. 8. 1926 tot erklärt.
Johann, Gamprin, A: 1882, USA. Wanderte auf Gemeindekosten aus.
Johann, Ruggell, *1823, †1894, E: Kolumban und Katharina, geb. Hasler, A: Allentown, PA, USA, V: Barbara Büchel, K: zehn. Er überliess nach dem Tode seines Vaters seinen Erbteil der Mutter und bestimmte, dass der Erbteil als Reisegeld verwendet werden sollte, falls eines seiner Geschwister nach dem Tod der Mutter nach Amerika auswandern wolle.
Josef, Gamprin, *13. 2. 1837, †17. 7. 1898, E: Matthäus und Maria A., geb. Büchel, B: Steinhauer, A: 1860, Wabash, IN, USA, V: Maria Anna Büchel (s. d.), K: Rosa, William, Clara, Joseph, John, Mary, Joseph, Isedor, Mary
Joseph Anton, Vaduz, *28. 8. 1829, E: Matthäus und Maria A., geb. Laternser, A: USA. Bürger von Schellenberg.
Karl, Mauren, *24. 10. 1923, †12. 5. 1976, E: Robert und Sophie, geb. Alber, B: Koch, A: 1945, Toronto, ON, Kanada
Konrad, Ruggell, *1834, E: Kolumban und Katharina, geb. Hasler, A: USA
Maria Elisabeth, Schellenberg, *1886, †1964, E: Maximilian und Julia, geb. Öhri, A: 1902, Rome City, IN, USA, V: Charles William Massmann. War begeisterte Briefmarkensammlerin und erhielt mehrere Auszeichnungen; weitere Stationen: New York, St. Louis, Chicago; zuletzt in Riverside, CA.
Maria Magdalena (Sr. M. Adriana), Schellenberg, *11. 2. 1859, †30. 8. 1891, E: Josef und Elisabeth, geb. Elkuch, B: Ordensschwester, A: 1882, Maria Stein, OH, USA. Sie war Hausschwester im Priesterseminar der Missionare vom Kostbaren Blut in Carthagena, wo sie 1891 verstarb.
Maria Rosalia (Sr. M. Philiberta), Schellenberg, *12. 3. 1871, †2. 4. 1953, E: Josef und Elisabeth, geb. Elkuch, B: Ordensschwester, A: 1895, Maria Stein, OH, USA. 1901–52 Hausschwester im Sanatorium in Rome City. Sie starb 1953 in Salem Heights, Dayton, OH.
Nikolaus, Schaanwald, *6. 12. 1855, †12. 2. 1927, E: Jakob und Barbara, geb. Marxer, B: Schuhmacher, A: 1882, Des Moines, IA, USA, V: Paulina Böhler, K: Maria, Mathilda, Karl Louis, Ernestina. Wurde 1888 US-Bürger.
Peter, Schaanwald, *19.., E: Fritz und Blanda, geb. Kieber, A: Rosswell, GA, USA
Sebastian, Nendeln, *26. 10. 1842, E: Michael und Maria Anna, geb. Brander, A: 1873, Wabash, IA, USA, V: Maria Anna Lampert, K: Mary Caroline (*1874). Ankunft in Portland, MN, am 20. 12. 1871. Stellte 1896 Antrag auf das Bürgerrecht.
Sylvia, Schaanwald, *19.., E: Fritz und Blanda, geb. Kieber, A: Atlanta, GA, USA, V: Jay Block

Kaufmann Albert, Balzers, *8. 5. 1870, E: Fidel und Victoria, geb. Brunhart, A: Dubuque, IA, USA. Ging zunächst zu seinem Bruder Joseph (s. d.) nach Dubuque, später nach St. Paul, MN, wo er bis zu seinem Tod lebte.
Alois, Balzers, *13. 12. 1817, E: Franz Michael und Maria Josepha, geb. Frick, A: 1845, USA

Kaufmann Andreas, Balzers, *30. 11. 1808, †1850, E: Johann Anton und Theresia, geb. Negele, B: Steinhauer, A: 1848, Dayton, OH, USA. Hinterliess ein Vermögen von rund 1000 Dollars, das an seine Stiefgeschwister Ferdinand und Theresia Frick überging.

Andreas, Balzers, *2. 10. 1818, E: Franz Michel und M. Katharina, geb. Frick, A: 1845, Dubuque, IA, USA. Kaufte 1852 in Dubuque ein Grundstück für 1000 Dollars und erwarb 1868 zwei weitere Grundstücke.

Andreas, Nendeln, *25. 3. 1841, E: Franz Josef und Katharina, geb. Marxer, A: 1882, USA, V: Elisabeth Vetsch, K: Maria Elisabeth

Andreas, Balzers, *12. 11. 1849, †18. 1. 1903, E: Franz Anton und Anna Maria, geb. Bürzle, B: Zimmermann, A: 1882, Dubuque, IA, USA, V: Anna Maria Bürzle, K: Joseph (*1877), Klemens (*1878), Andreas (*1880), Heinrich (*1885), Emerita (*1887), Franz Anton (*1889), Sophia (*1891). War ohne Familie in den USA und kehrte nach rund zwei Jahren zurück.

August, Schaan, *19. 9. 1843, E: Anton und Anna Maria, geb. Wanger, A: 1869, USA, V: Wilhelmina Kaiser. Wanderte ohne seine Frau aus.

Dominik Peter, Balzers, *1. 8. 1829, †17. 7. 1855, E: Franz Michael und M. Katharina, geb. Frick, A: 1848, Belleville, IL, USA. Zog weiter nach Kalifornien, wo er 1855 bei einem Arbeitsunfall starb.

Elisabeth, Balzers, *11. 10. 1831, E: Franz Michael und Josefa, geb. Frick, A: 1845, USA

Elisabeth, Balzers, *25. 6. 1843, †25. 9. 1899, E: Johann Anton und Franziska, geb. Nigg, A: Dixie, AR, USA. Ihre Schwester Emerita (verh. mit Andreas Nutt, s. d.) lebte ebenfalls in Dixie.

Ernst, Schaan, *2. 11. 1896, E: Heinrich und Albertina, geb. Henauer, A: NJ, USA. Geboren in Weinfelden (Kt. Thurgau); Bürger von Schaan.

Franz, Schaan, *1. 5. 1928, E: Christoph und Maria, geb. Schädler, B: Metzger, A: 1951, Toronto, ON, Kanada. Ging von Toronto nach Port Alberni, BC. War 1955–1958 in Neuseeland und lebt seit 1958 in der Schweiz.

Franz Josef, Nendeln, *18. 4. 1832, †1896, E: Josef und Katharina, geb. Marxer, A: 1889, Plattsmouth, NE, USA, V: Rosina Hefti, K: Katharina, Barbara (beides Töchter aus erster Ehe der Frau). 1893 zog die Familie nach Denver, CO.

Franz Josef, Balzers, *13. 11. 1866, A: USA

Johann, Balzers, *27. 1. 1816, E: Franz Josef Anton und Katharina, geb. Tschol, A: 1855, USA, V: Maria Anna Tschol, K: Johann, Josef, Kreszentia. Ankunft mit der Serampore in New Orleans am 21. 4. 1855. Tochter Kreszentia ist auf der Passagierliste nicht vermerkt. Die beiden Söhne sind in Amerika verschollen und wurden 1915 für tot erklärt.

Johann, Balzers, *10. 5. 1846, E: Johann Baptist und Anna Maria, geb. Foser, A: 1881, USA, V: 1. Josefa Eberle (†1873); 2. Katharina Gstöhl, K: 1. Karl†, Karl; 2. Matthäus, Johann Baptist, Alois†, Alois. Er liess seine Frau und vier Kinder in Balzers zurück. Ankunft mit der France in New York am 23. 3. 1881.

Johann, Schaan, *1. 8. 1860, E: Johann und Anna Aloisia, geb. Hauser, A: 1888, USA. Erhielt von der Gemeinde 30 Gulden Reisevorschuss; 25 davon hatte der Vater innert zwei Jahren samt Zins zurückzuzahlen.

Johann, Schaan, *4. 8. 1895, E: Heinrich und Albertina, geb. Henauer, A: NJ, USA, V: Klara Strub, K: Evelyna Klara. Geboren in Weinfelden (Kt. Thurgau), Bürger von Schaan. Ging von New Jersey in die Gegend von San Francisco, kehrte für einige Jahre nach St. Gallen zurück und wanderte dann wieder nach Kalifornien aus.

Kaufmann Johann Baptist, Balzers, *9. 2. 1828, E: Franz Michael und M. Katharina, geb. Frick, A: 1845, Dubuque, IA, USA, V: Christina Vogt, K: Christina, Katharina

Johann Jakob, Nendeln, *6. 6. 1824, E: Franz Joseph und Katharina, geb. Marxer, B: Bauer, A: 1852, USA. Ankunft mit der Jersey in New Orleans am 7. 5. 1852.

Joseph, Balzers, *18. 6. 1861, †8. 1948, E: Fidel und Victoria, geb. Brunhart, B: Bauarbeiter, A: 1881, Dubuque, IA, USA, V: Rosa Frommelt (des Casimir, s. d.), K: Fidelius†, Agatha, Aloisius, Ida, Fidelius, Victoria, Rose, Marie†, Joseph, Arnold

Joseph Florinus, Balzers, *20. 11. 1830, E: Franz Michael und M. Katharina, geb. Frick, A: 1845, Dubuque, IA, USA. Weilte wahrscheinlich zunächst in Dubuque und ging dann nach Kalifornien.

Ludwig, Schaan, *25. 1. 1846, E: Johann Josef und Magdalena, geb. Frick, A: 1869, USA

Maria Anna, Balzers, *23. 4. 1816, E: Franz Michel und M. Josefa, geb. Frick, A: USA

Paul, Mauren, *5. 4. 1906, E: Jakob und Irma, geb. Real, A: 1926, USA, R: 1929

Theresia, geb. Nigg, Balzers, *3. 9. 1821, E: Johann G. und Maria A. Katharina, geb. Dürr, A: 1855, USA, V: Peter Kaufmann, K: Peter. Reiste mit ihrem vorehelichen Sohn Peter nach Amerika, nachdem die Ehe mit Peter Kaufmann aus Ragaz gescheitert war.

Keckeis Josephine, Vaduz, *2. 7. 1905, †5. 5. 1990, A: 1923, Seattle, WA, USA, V: Franz Josef Hemmerle (s. d.), R: 1971

Magdalena, Schaan, *12. 10. 1837, E: Johann und Kreszentia, geb. Hartmann, A: 1869, USA

Kieber Adam, Mauren, *1823, E: Simon und Anna Maria, geb. Matt, A: 1850, USA, V: Ursula Öhri, K: Franziska, Johann. Er liess nach zehn Jahren nichts mehr von sich hören.

Johann Alois (Louis), Mauren, *21. 6. 1908, E: Theodor und Adelina, geb. Wanger, B: Bäcker, A: 1930, Chicago, IL, USA, K: keine. Arbeitete in Chicago als Bierbrauer.

Engelina (Sr. M. Aegidia), Schellenberg, *11. 2. 1860, †18. 3. 1922, E: Johann Georg und Elisabeth, geb. Gassner, B: Ordensschwester, A: 1882, Maria Stein, OH, USA. Klostereintritt in den USA. Sie war Hausschwester in Thompson, OH, und in der Schwesterngemeinschaft in New Riegel, OH.

Johann, Schellenberg, E: Matthäus und Creszenz, geb. Meier, A: 1852, Guttenberg, IA, USA, K: Andreas (*1847), Angelika†, Alexander†. Wahrscheinlich mit seinem Bruder Josef (s. d.) ausgewandert; Tochter Angelika starb 1852 in Schellenberg, Sohn Alexander im gleichen Jahr in Amerika; Johann starb 1853 oder 1854.

Josef, Schellenberg, *29. 3. 1824, †16. 7. 1895, E: Matthäus und Creszenz, geb. Meier, B: Bauer, A: 1852, Guttenberg, IA, USA. Er diente 1863–65 im Bürgerkrieg und trug gesundheitliche Schäden davon, die ihn praktisch arbeitsunfähig machten. Er erhielt nach langen Auseinandersetzungen eine geringe Pension. Kehrte kurz vor seinem Tod nach Schellenberg zurück.

Maria, Eschen, *18.., E: Thomas und Theodora, geb. Hoop, A: St. Paul, MN, USA, V: Luzius Josef Wanger (s. d.)

Kieber Maria Anna (Sr. M. Florentina), Mauren, *10. 1. 1827, †10. 1. 1877,
E: Simon und Maria Anna, geb. Kieber, B: Ordensschwester, A: 1864,
Maria Stein, OH, USA. Zusammen mit ihrer Schwester Kreszenz Malin,
geb. Kieber (s. d.), und deren Sohn Johann Malin (s. d.) ausgewandert. Sie
war Hausschwester in einem grossen Waisenhaus in Minster, OH.

Maria Kreszentia (Sr. M. Macrina), Schellenberg, *15. 6. 1872, †11. 1. 1944,
E: Franz Josef und Maria Aloisia, geb. Kaiser, B: Ordensschwester,
A: 1895, Maria Stein, OH, USA. 1897–1906 Lehrerin an versch. Orten in
Ohio u. Indiana, 1906–36 Sekretärin, später Oberin u. Verwalterin im
Sanatorium in Rome City, zuletzt Generalökonomin in Maria Stein. Sie
starb in Dayton, OH.

Rosina (Sr. M. Belina), Schellenberg, *25. 9. 1860, †11. 5. 1905, E: Sebastian
und Anna Maria, geb. Elkuch, B: Ordensschwester, A: 1882, Maria Stein,
OH, USA. Sie war Hausschwester in einem grossen Waisenhaus in
Minster, OH, und in der Schwesterngemeinschaft in Grünwald, OH, wo
sie 1905 verstarb.

Kind Martin, Ruggell, *1845, †1872, E: Chrisostomus und Theresia, geb. Hasler,
A: Pittsburgh, PA, USA, V: ledig

Kindle Adelbert, Triesen, *4. 4. 1900, E: Heinrich und Wilhelmine, geb. Walser,
B: Mechaniker, A: 1922, Cincinnati, OH, USA, R: 1931

Alois, Triesen, *14. 3. 1844, E: Peter und Magdalena, geb. Erni, A: Taylor, TX,
USA

Alois, Triesen, *15. 9. 1849, E: Johann Michael und Kreszenz, geb. Kindle,
A: 1869, USA. Ankunft auf der Sammaria in New York am 8. 4. 1869.

Anton, Balzers, *14. 3. 1883, E: Anton und Carolina, geb. Frick, A: USA

Elisabeth, Triesen, *26. 6. 1841, E: Johann und Maria, geb. Gantner, A: Avon,
OH, USA, V: Josef Lanse

Elwina, Triesen, *7. 10. 1912, E: Florian und Amalie, geb. Futscher, A: 1930,
Cincinnati, OH, USA, V: Klemens Diekmann, K: Richard, Sonja, R: 1967

Engelbert, Triesen, *27. 10. 1898, †22. 6. 1993, E: Florian und Amalie, geb.
Futscher, A: 1925, Cincinnati, OH, USA, V: Ida Frommelt (s. d.), K: Kurt,
René. Starb in Dearfield Beach, FL.

Ferdinand, Triesen, *3. 6. 1889, †8. 1. 1974, E: Xaver und Aloisia, geb.
Kindle, B: Schreiner, A: 1923, Chicago, IL, USA, V: Mathilde Nigg,
K: Marzell (*1916), Erwin (*1932). Zusammen mit Robert Beck (s. d.) und
Josef Sele (s. d.) ausgewandert; war ohne Familie in Amerika. R: 1929

Filomena, Triesen, *14. 7. 1848, E: Johann Michael und Kreszenz,
geb. Kindle, A: USA

Franz Michael, Triesen, *30. 9. 1836, E: Peter und Magdalena, geb. Erni,
A: 1860, Taylor, TX, USA. Er liess nichts mehr von sich hören und wurde
am 27. 5. 1891 für tot erklärt.

Franz Michael, Triesen, *25. 4. 1854, E: Johann Michael und Kreszenz,
geb. Kindle, A: USA

Franz Xaver, Triesen, *10. 5. 1825, E: Alois und Anna, geb. Schurte, A: USA.
In Amerika verschollen und für tot erklärt; amtlicher Todestag
11. 6. 1892.

Franz Xaver, Triesen, *14. 9. 1841, E: Peter und Magdalena, geb. Erni,
A: Taylor, TX, USA, V: Elisabeth Schmid

Gottlieb, Triesen, *2. 10. 1828, E: Jakob und Kreszenz, geb. Bühler, A: 1853,
Fremont, OH, USA, K: Josef, Regina, Anna Maria

Kindle Hermine, Triesen, *18. 4. 1905, E: Florian und Amalie, geb. Futscher, B: Schauspielerin, A: 1925, Cincinnati, OH, USA, V: 1. Miguel De Contreras Torres, 2. Boris Reynolds, K: keine. Lernte in Hollywood ihren 1. Mann, einen mexikanischen Filmproduzenten, kennen; wirkte in zahlreichen Filmen mit; lebt seit ihrer Heirat in Mexico City. War von 1951 bis 1979 Besitzerin der Burg Gutenberg.

Hugo («s'Zieglers»), Triesen, *29. 12. 1877, †1951, E: Maximilian und Elisabeth, geb. Eberle, A: 1923, Oakland, CA, USA, V: Mathilde Gassner, K: Priska, Gisela, Gilbert, Hugo, Margrit, Erna, Trudi, Anna. Auswanderungsdaten: 1923: Vater m. Priska, 1924: Gisela, 1927: Mutter m. Gilbert, Hugo, Margrit, 1928: Erna, Trudi, Anna; Heimatbesuche: Gisela 1968, 1976, Trudi 1976.

Hugo, Triesen, *6. 5. 1903, †14. 1. 1963, E: Ferdinand und Mina, geb. Allgäuer, B: Mechaniker, A: 1923, Buenos Aires, Argentinien, V: Greta Beck, K: Hugo, Rony, Dolly, Margrit. Zog später nach Mar del Plata. R: 1927

Jakob, Triesen, *15. 11. 1803, E: Josef und Magdalena, geb. Schurti, A: 1853, Bellevue, OH, USA, K: Gottlieb (s. d.), Peter Lorenz (s. d.)

Jakob, Triesen, *2. 8. 1806, E: Johann und Magdalena, geb. Negele, A: 1852, USA, V: Anna Kaufmann, K: Magdalena (*1842), Agatha (*1845), Fidel (*1846), Filomena (*1849). Ankunft mit der Jersey in New Orleans am 7. 5. 1852; Filomena ist auf der Passagierliste nicht aufgeführt.

Johann, Triesen, *27. 4. 1867, E: Josef und Margaretha, geb. Banzer, A: Indianapolis, IN, USA. Der Triesner Vorsteher schrieb am 5. 7. 1894, dass er «schon länger nichts mehr von sich hören liess u. es unbestimmt sei, ob die Adresse (in Indianopolis) noch stimme». Anfangs d. 20. Jhd. schrieb er an seine Schwestern; seither weiss man nichts mehr.

Johann Jakob, Triesen, *30. 10. 1834, E: Peter und Magdalena, geb. Erni, A: Taylor, TX, USA

Johann Peter, Triesen, *18. 2. 1821, E: Josef Anton und Magdalena, geb. Kindle, B: Schmied, A: 1845, USA, R: 1848

Josef, Triesen, *24. 4. 1839, E: Peter und Magdalena, geb. Erni, A: Davenport, IA, USA, V: … Gottschalk. Weitergewandert nach Taylor, TX.

Josef Alois, Triesen, *28. 4. 1844, E: Gallus und Katharina, geb. Erni, A: 1881, USA. Ankunft auf der Labrador in New York am 13. 4. 1881.

Klemens, Balzers, *22. 6. 1879, †1927, E: Anton und Carolina, geb. Frick, B: Arbeiter, A: 1906, Dubuque, IA, USA, V: Ottilia Hemmi, K: Anthony, John George, Robert Herman, Mary

Kreszenz, Triesen, *24. 5. 1833, E: Peter und Magdalena, geb. Erni, A: 1856, Davenport, IA, USA, V: Lorenz Banzer (s. d.)

Leo, Triesen, *23. 9. 1895, †28. 11. 1987, E: Xaver und Aloisia, geb. Kindle, B: Zimmermann und Bauer, A: 1938, Prince George, BC, Kanada, V: Alwina Banzer, K: Alice, Leona. Wanderte zusammen mit den Brüdern seiner Frau aus; verstarb in Vanouver, BC.

Lorenz, Triesen, *7. 8. 1832, E: Josef Anton und Magdalena, geb. Kindle, B: Wagner, A: 1865, USA

Peter Lorenz, Triesen, *6. 9. 1839, E: Jakob und Maria Anna, geb. Banzer, A: USA

Pius, Triesen, *20. 1. 1931, E: Julius und Blandina, geb. Hoch, B: Fabrikarbeiter, A: 1951, Anneville, PA, USA, V: … Phillys (1954), K: Denis, Martin, Ted, Robinia. Er war eine Zeitlang Berufssoldat, diente ein Jahr bei den US-Truppen in Frankreich und fünf Jahre in Deutschland. Weitergewandert nach Covington, GA.

Kindle   Rudolf, Triesen, *11. 9. 1902, E: Franz Xaver und Maria Martha,
geb. Kilchmann, A: 1926, Belo Horizonte, Brasilien, V: Cyrene C. Costa,
K: Marisa (*1937), Regurio (*1940)
Samuel, Triesen, *29. 4. 1840, E: Jakob und Magdalena, geb. Hoch, A: USA

Kirchthaler   Arnold, Vaduz, *21. 9. 1842, E: Franz Anton und Theresia, geb. Nussli,
A: USA, V: Philomena Bargetzi, K: M. Hedwig (*1867), M. Bertha (*1869).
Wanderte ohne Familie aus.
Richard, Vaduz, *21. 9. 1842, †18. 7. 1891, E: Franz Anton und Theresia,
geb. Nussli, A: Breaburn, PA, USA, V: Elisabeth Schwitter, K: Franz
Robert. Er wanderte in den 1870er Jahren aus und lebte von seiner Frau
getrennt mit seinem Sohn Franz Robert.

Konrad   Adolf, Vaduz, *24. 6. 1902, †9. 3. 1987, E: Anton und Ursula, geb. Beck,
B: Maurer, A: 1927, New York, NY, USA, V: Anna Rode, K: keine, R: 1968

Konzett   Alfred, Triesen, *24. 11. 1903, E: Josef und Agathe, geb. Negele, A: 1923,
Buenos Aires, Argentinien, V: ..., K: zwei Mädchen. Zog 1948 nach
El Bolson (Rio Negro), wo er ein kleines Hotel eröffnete.
Ursula, Triesen, *15. 11. 1959, E: Alfred und Marianne, geb. Gmeiner,
B: Sportlehrerin, A: 1985, Ponte Vedra Beach, FL, USA, V: Jason Gregg,
K: Alessandra, Jay-Jay, Valentina

Kranz   Franz Joseph, Nendeln, *14. 11. 1823, E: Michael und Kreszentia, geb.
Marxer, A: USA, V: Ludovica Barbara Bisang, K: Adelina Katharina
(*1858)
Johann Cyrillus, Eschen, *29. 5. 1867, E: Johann Jakob und Katharina,
geb. Nägele, A: USA
Joseph, Eschen, *14. 2. 1843, E: Johann und Christina, geb. Büchel,
A: 1869, USA. Ankunft auf der Sammaria in New York am 8. 4. 1869.
Samuel, Nendeln, *1850, E: Franz Martin und Anna Maria, geb. Müssner,
A: 1872, Wabash, IN, USA. Ankunft auf der Allemannia in New York am
4. 5. 1872. Stellte am 1. 5. 1874 Gesuch um die amerikanische Staatsbürgerschaft.
Theresia, Nendeln, *10. 1. 1887, †24. 10. 1946, E: Franz Martin und
Katharina, geb. Wohlwend, A: 1910, New York, NY, USA, V: Andreas
Allgäuer, K: Andreas, Erna, Arthur, Mildred, Rita. Heiratete am 1. 5. 1914
in New York; Ehemann kam aus Gisingen.

Kriss   Josef Fidel, Balzers, *27. 10. 1830, E: Andreas und M. A. Crescentia, geb.
Scherrer, B: Schmied, A: 1869, Pittsburgh, PA, USA, V: Cäcilia Ettensberger, K: Katharina, Franz, Josepha

L

Lamour   Martha, geb. Alber, Mauren, *7. 10. 1862, †6. 5. 1955, E: Franz Josef und
Josephine, geb. Martin, A: 1905, Wabash, IN, USA, V: Julius Lamour.
Wurde in Frankreich geboren und heiratete dort. Zog nach dem Tode
ihres Mannes zu ihrer Schwester Aline nach Wabash, IN, und später nach
Monroe, MI.

Lampert   Alexander, Triesenberg, *4. 10. 1857, †23. 9. 1896, E: Johann und Kreszenz,
geb. Beck, B: Bauer, A: 1882, Freeport, IL, USA, V: Juliana ..., K: Theresia,
Emma, Berta, Josefine, Ferdinand, Arnold, Alexander, Julius. Weitergewandert nach Oregon, kaufte dort zusammen mit Franz Josef Frommelt
(s. d.) ein Stück Land. Zog später in den Staat Washington.

Lampert Alois, Triesenberg, *6. 2. 1824, E: Johann und Katharina, geb. Sele, A: 1850, Freeport, IL, USA. Zusammen mit seinem Bruder Xaver (*1810, s. d.) ausgewandert.

Apalonia, Triesenberg, *1. 1. 1845, E: Maria Josefa, A: 1848, USA. Sie wurde nach dem Tode ihrer Mutter (†19. 5. 1847) von ihrem Onkel Johann Lampert (s. d.) nach Amerika mitgenommen.

Fidel, Triesenberg, *29. 6. 1841, E: Alois und Barbara, geb. Sele, A: Columbus, OH, USA, V: 1. M. Anna Grossmann (1840–1872), 2. Elisabeth Jordi, K: 2. : Alfred, Emilie, Frieda, Fidel, Alfred. Wanderte mit seiner Frau und den überlebenden Kindern Emilie und Fidel aus.

Franz, Schellenberg, *12. 2. 1869, E: Fidel und Anna Maria, geb. Eberle, A: 1889, Logansport, IN, USA

Gabriel, Schellenberg, *18. 3. 1874, E: Fidel und Anna Maria, geb. Eberle, A: 1915, USA

Gottlieb, Triesenberg, *14. 2. 1826, †26. 8. 1879, E: Johann und Katharina, geb. Sele, B: Zimmermann, A: 1852, Freeport, IL, USA, V: Sophia Lucke, K: Robert†, Mary†, Sophia, Mary Lillian, Caroline Helen. Ankunft in New Orleans am 31. 5. 1852; Heirat 1855 in Freeport.

Johann, Triesen, *5. 10. 1788, E: Gallus und Klara, geb. Kriss, B: Glaser, A: 1852, USA, V: Anna Eberle, K: Eva (*1813), Aloisia (*1828)

Johann, Triesenberg, *23. 9. 1828, E: Andreas und Maria Anna, geb. Sele, A: 1848, USA. Er nahm das Kind Apalonia (s. d.) seiner verstorbenen Schwester mit.

Josef, Triesenberg, *22. 1. 1819, †27. 2. 1877, E: Johann und Katharina, geb. Sele, B: Schreiner, A: 1852, Freeport, IL, USA, V: Elizabeth Geiser, K: Albert (*1857), Michael (*1858), Emma (*1859), Josef (*1860), Michael (*1862), Paulina, William, Elizabeth, Robert. Ankunft in New Orleans am 31. 5. 1852; heiratete in den USA; betrieb in Lena, IL, ein Bierlokal.

Josef, Triesenberg, *17. 3. 1857, †8. 4. 1907, E: Katharina Lampert, B: Lehrer, A: 1882, Lena, IL, USA. Er wanderte am 3. 1. 1882 ohne vorherige Ankündigung aus; wirkte später in Chicago als Musiklehrer und Organist.

Josef, Vaduz, A: 1881, USA

Josefa, Triesenberg, *5. 6. 1817, E: Johann und Katharina, geb. Sele, A: 1850, Freeport, IL, USA. Zusammen mit ihrem Bruder Xaver (*1810, s. d.) ausgewandert.

Justina, Triesenberg, *7. 7. 1848, E: Johann und Josefa, geb. Eberle, A: 1868, Freeport, IL, USA, V: Alois Gassner (s. d.). Wanderte mit ihrem Bruder Xaver (*1839, s. d.) aus.

Xaver, Triesenberg, *21. 2. 1810, E: Johann und Katharina, geb. Sele, A: 1850, Freeport, IL, USA, V: 1. Anna Maria Eberle, 2. Kreszentia Sele (s. d.), K: 2. : Anna Maria (*1851), Alois (*1852). Zwei Kinder aus der ersten Ehe starben im Kindesalter. Die Kinder aus zweiter Ehe wurden in den USA geboren.

Xaver, Triesenberg, *4. 7. 1839, †1872, E: Johann und Josepha, geb. Eberle, A: 1868, Freeport, IL, USA, V: Karolina Schädler, K: Julius (*1866), Theresia (*1869), Liene (1871–1876). Theresia wurde in den USA geboren; zogen 1873 nach Oregon. Karolina Lampert war Anlaufstelle für zahlreiche weitere Triesenberger Auswanderer.

Lang Maria, Vaduz, *18. 10. 1905, †25. 9. 1989, E: Adolf und Maria, geb. Nigg, A: 1927, Hammond, IN, USA, V: Paul Real (s. d.), R: 1938

Laternser Jakob, Vaduz, *1854, †26. 1. 1913, A: USA. War zeitweilig in Amerika und verstarb in Mindelheim (Bayern).

Johann, Vaduz, *1. 5. 1821, E: Andreas und Katharina, geb. Hilti, A: 1848, Wabash, IN, USA, V: Franziska Nigg (s. d.), K: Paulina, Maria. Ankunft mit der St. Nicolas in New York am 28. 4. 1848; zog von Wabash weiter nach Highland, IL.

Johann, Nendeln, *15. 12. 1859, †6. 12. 1936, E: Franz Josef und Josefa, geb. Schlegel, B: Architekt, A: 1883, Chicago, IL, USA, V: Anna Nestor, K: John Henry (*1888), Frank Joseph (*1890), Anna Ruth Carolina (*1891), Maria Louise (*1893), Josephine Clare (*1901), George William. Ging von Chicago für kurze Zeit nach Indianapolis; 1886 machte er sich in Omaha, NE, mit einem eigenen Architekturbüro selbständig. Schrieb sich in Amerika Latenser.

Lorenz, Vaduz, *3. 2. 1824, †1878, E: Franz Josef und Anna Maria, geb. Tanner, A: 1849, Dubuque, IA, USA. Ankunft mit der Jacques Laffitte in New Orleans am 18. 4. 1849.

Maria Anna, Vaduz, *16. 8. 1819, †1894, E: Franz Josef und Anna Maria, geb. Tanner, A: 1850, Dubuque, IA, USA, V: Andreas Risch (s. d.). Ankunft auf der Baltimore in New York am 27. 9. 1850.

Maria Anna, Vaduz, *9. 3. 1826, E: Andreas und Katharina, geb. Hilti, A: 1851, USA

Liechtenstein Johann von, Vaduz, *18. 10. 1899, †5. 11. 1979, E: Eduard und Olga, geb. Gräfin Pückler und Limpurg, A: 1931, TX, USA, V: 1. Aleene Mac Farland, geb. Parker; 2. Jean French. War Bürger von Vaduz, wohnte vor seiner Auswanderung in Salzburg. Zog von Texas nach Scottsdale, AZ; 1948 Titelverzicht und Erwerb des US-Bürgerrechts; 1969 nach Honolulu, HI.

Lingg Ludwig, Schaan, *20. 9. 1838, †4. 1887, E: Johann Georg und Margaretha, geb. Kaufmann, B: Küfer, A: 1866, Wabash, IN, USA, V: Elisabeth Beamer, K: Johann Georg, Anna-Elisabeth, Maria, Ludwig, Eduard, Rosina-Margaretha, Rudolf, Josefine-Louise. Arbeitete in der Brauerei Alber & Rettig, Wabash, als Küfer. Zog nach der Heirat nach Logansport, wo er ein Restaurant betrieb.

Lotzer Franz Josef, Nendeln, *10. 12. 1859, E: Johann und Maria Agatha, geb. Näscher, A: USA. Auswanderungsjahr unbekannt; war 1882 zu Besuch in Liechtenstein.

Lueghofer Alice, Nendeln, *19.., E: Josef und Mathilde, geb. Hassler, A: Anchorage, AK, USA, V: 1. ..., 2. ... Regnart

Maria, Nendeln, *19.., E: Josef und Mathilde, geb. Hassler, A: Willow, AK, USA, V: ... Courtney

M **Malin** Johann (P. Aloys), Mauren, *10. 5. 1853, †1932, E: Johann und Kreszenz, geb. Kieber, B: Geistlicher, A: 1864, Egypt, OH, USA. Zusammen mit seiner Mutter ausgewandert; 1871 Priesterweihe; Seelsorger für deutschsprachige Einwanderer, vor allem in Ohio; 1905–1929 im St. Anne Hospital in Chicago. Starb in Carthagena, OH.

Kreszenz, geb. Kieber, Mauren, *1825, E: Simon und Maria Anna, geb. Matt, A: 1864, USA, V: Johann Malin, K: Johann (P. Aloys, s. d.). Ihr Mann starb vor der Geburt des Sohnes 1852. Auswanderung zusammen mit ihrem Sohn und ihrer Schwester Maria Anna Kieber (Sr. M. Florentina, s. d.).

Marock Josef, Triesen, *18. 12. 1853, †6. 4. 1904, E: Josef Anton und Anna Maria, geb. Eberle, A: OR, USA, V: Katharina Eberle, K: Augustin. Frau und Sohn blieben in Liechtenstein.

Joseph, Mauren, *18. 2. 1859, E: Jakob und Genofeva, geb. Meier, B: Altarbauer, A: 1882, Winamac, IN, USA. Ankunft auf der Labrador in New Orleans am 6. 4. 1882.

Richard, Triesen, *4. 7. 1894, E: Josef und Elvira, geb. Webber, A: New York, NY, USA

Marogg Agathe, Triesen, *1. 2. 1851, E: Meinrad und ..., A: Akron, OH, USA, V: Fidel Wille (s. d.)

Anton, Triesen, *15. 2. 1923, E: Jakob und Emma, geb. Boschetto, B: Coiffeur, A: 1947, New York, NY, USA, V: ..., K: keine

Elisabeth, Triesen, *4. 2. 1903, E: Josef und Maria, geb. Schädler, A: New York, NY, USA, V: Samuel Frommelt (s. d.)

Emma, geb. Boschetto, Triesen, *1900, E: Alois und Karolina, geb. ..., A: 1961, New York, NY, USA, V: Jakob Marogg, K: Anton (s. d.), Josef. Sie reiste zu ihrem Sohn Anton Marogg (s. d.).

Robert, Triesen, *2. 11. 1860, †8. 4. 1924, E: Meinrad und Magdalena, geb. Negele, A: 1883, Akron, OH, USA, V: Mary ..., K: Robert, Mary, Edith, Agnes, Clarence. Ankunft mit der Servia in New York am 26. 3. 1883.

Marok Ferdinand, Mauren, *18. 6. 1896, †10. 3. 1939, E: Ferdi und Wilhelmina, geb. Marxer, A: 1920, Hammond, IN, USA. Wanderte zusammen mit Alois Meier (s. d.) aus. Ging zuerst nach Cincinnati, OH, und dann zu seinem Onkel William Marok (s. d.).

Willhelm (William), Mauren, *28. 10. 1848, †19. 3. 1926, E: Jakob und Genofeva, geb. Meier, B: Bauunternehmer, A: 1865, Indianapolis, IN, USA, V: 1. : ..., 2. : Maria Hauser, K: 1. Anne, Sarah, 2. Edward, Fred, Arthur, Charles, William, Henry, Mary, Margareth, Mabel, Edith, Florence. Arbeitete in Indianapolis als Journalist und schickte auch Berichte nach Liechtenstein; weitergewandert nach Hammond, IN, wo er ein erfolgreicher Bauunternehmer wurde. War Anlaufstelle für andere Liechtensteiner Einwanderer.

Marxer Adelheid, geb. Matt, Vaduz, *17. 12. 1847, E: Matthäus und Anna Maria, geb. Walser, A: 1873, USA, V: Mathäus Marxer. Lt. FB Mauren-Schaanwald ist ihr Mann bereits 1871 ausgewandert. Die Familiengeschichte der Matt gibt an, dass sie als Witwe ausgewandert ist.

Alfred, Mauren, *16. 8. 1906, E: Wilhelm und Josefine, geb. Sedelmaier, B: Radrennfahrer, A: 1928, Chicago, IL, USA, V: Hildegard Struwe. Wurde als Profi-Radrennfahrer Strassenmeister des States Illinois.

Alois, Mauren, *22. 1. 1922, E: Josef Anton und Maria, geb. Näscher, A: Toronto, ON, Kanada, V: Anna Wermuth, K: Eva Maria, Monica Maria, Alois Maria, Maia Elisabeth, Regula Maria. Ca. 1950 ausgewandert.

Andreas, Mauren, *30. 8. 1807, †30. 4. 1881, E: Johann und M. Barbara, geb. Matt, B: Steinhauer, A: 1852, Guttenberg, IA, USA, V: Marianne Welti-Matt (s. d.). Ankunft auf der Jersey in New Orleans am 7. 5. 1852.

Andreas, Mauren, *13. 9. 1807, E: Matthias und M. Katharina, geb. Öhri, B: Schuster, A: 1852, Clayton, IA, USA. Ankunft mit der Jersey in New Orleans am 7. 5. 1852.

Marxer Andreas, Eschen, *12. 10. 1825, †1909, E: Andreas und Anna Maria, geb. Marxer, A: 1884, St. Paul, MN, USA, V: Anna Schächle (1829–1881), K: Franz Josef (*1860, s. d.), Martina (*1862, s. d.), Maria Ursula (*1863, s. d.), Wilhelm (*1869). Die Mutter starb 1881. 1882 wanderte der Sohn Franz Josef als erster aus. Der Vater und die übrigen Kinder folgten 1884.

Antonia Maria (Sr. M. Agreda), Mauren, *1921, E: David und Paulina, geb. Marxer, B: Ordensschwester, A: 1948, Pasto, Maridiaz, Kolumbien, R: 1967

Augusta, Nendeln, *24. 2. 1914, E: Albert und Mathilde, geb. Hassler, A: 1930, New York, NY, USA, V: Louis Kintsch, K: Monika, Barbara

Bernhard, Mauren, *13. 5. 1904, †2. 4. 1974, E: Wilhelm und Josefine, geb. Sedlmaier, B: Maurer, A: 1926, USA, R: 1932

Eduard, Mauren, *24. 5. 1860, †4. 3. 1920, E: Mathias und Katharina, geb. Jäger (1. Ehe), B: Baumeister, A: 1882, Des Moines, IA, USA, V: 1. Marie Böhler, 2. Paulina Kautzky, K: 1. Maria Agnes, 2. Karl, Paulina, Lawrence, Anna, Hugo, Theodora, Isabella, Josephina, Beatrice, John, Eduard. Wurde 1892 Teilhaber der führenden Baufirma Benson and Marxer, die zahlreiche grosse Gebäude in Des Moines erstellte.

Elsa, Mauren, *1. 10. 1910, E: Wilhelm und Josefine, geb. Sedelmaier, A: 1928, Chicago, IL, USA, V: Floyd Sebelius, K: Joyce, Roberta, Robert. Arbeitete in der A&P Bakery in Chicago; zog im Alter nach Boynton Beach, FL.

Emil, Mauren, *29. 10. 1902, †1984, E: Wilhelm und Josefine, geb. Sedelmaier, B: Gipser, A: 1927, Cincinnati, OH, USA, V: Hasler Hilda (s. d.), K: Gertrud, Walter. Ging von Cincinnati nach Chicago, wo er in der A&P Bakery gearbeitet und 1928 geheiratet hat. Später zog die Familie nach Westen und betrieb Spirituosenläden, u. a. in Californien. Er starb in Las Vegas, NV.

Ernst, Eschen, *28. 11. 1906, †5. 6. 1989, E: Josef und Maria, geb. Wanger, B: Töpfer, A: 1928, Cincinnati, OH, USA, V: Gertrud …, K: keine. Er war im 2. Weltkrieg in Deutschland.

Fabian, Ruggell, *1825, E: Johann und Katharina, geb. Dietrich, A: USA

Ferdinand, Gamprin, *4. 11. 1898, E: Adam und Elisabet, geb. Hanselmann, A: 1923, Portland, OR, USA. Auswanderung zusammen mit seinen Brüdern Rudolf und Hermann (s. d.).

Franz Josef, Eschen, *15. 9. 1860, †3. 9. 1932, E: Andreas und Anna, geb. Schächle, B: Steinhauer, A: 1882, St. Paul, MN, USA, V: Maria Katharina Wanger (s. d.), K: Edith, William Felix, Frank Andrew, Frank Joseph, Emma, Marthena Ann, Albertine Mary, Emil Mathias, Mary Gertrude, Katherine Mary, Bertha Elizabeth, Louise Mary, George John, Edward Martin. Arbeitete in St. Paul als Maurer und sandte seinem Vater Andreas (s. d.) sowie seinen Geschwistern Martina (s. d.), Maria Ursula (s. d.) und Wilhelm das Reisegeld; 1890 Umzug nach Great Falls, MT, wo er in den Silberminen arbeitete; später Bodenerwerb in Eden, MT.

Helena, Ruggell, *1851, E: Johann Georg und Katharina, geb. Öhri, A: USA

Hermann, Gamprin, *15. 1. 1902, E: Adam und Elisabet, geb. Hanselmann, A: 1923, Portland, OR, USA

Ida Josefina (Sr. Honorata), Eschen, *1880, †1944, E: Johann Georg und Katharina, geb. Hardegger, B: Ordensschwester, A: 1909, Villarica, Chile. 1896 Eintritt in die Schwesternkongregation Menzingen (Kt. Zug); Ausbildung zur Lehrerin; in Chile Institutsleiterin u. Lehrerin an versch. Orten; starb 1944 in Victoria, Chile.

Marxer Johann, Planken, *14. 4. 1832, E: Johann und Crescentia, geb. Negele, A: 1869, USA

Johann Franz, Planken, *19. 7. 1858, E: Johann und Amalia, geb. Ladner, A: USA. War Bürger von Planken, wohnte vor seiner Auswanderung in Zürich.

Johann Jakob, Schellenberg, *14. 7. 1828, †30. 1. 1890, E: Johann Georg und Anna Maria, geb. Näscher, B: Schuhmacher, A: 1849, Communia, IA, USA, V: Margarethe Conrad, K: Mary, John, William, Amelia, Henry, Anna, Oscar, Conrad. War Mitglied der frühsozialistischen Kolonie Communia, die sich 1859 auflöste. Nach der Auflösung blieb er als Bauer in Communia.

Johann Reinhard, Mauren, *3. 5. 1863, E: Matthias und Katharina, geb. Jäger (1. Ehe), A: 1882, Kansas, MS, USA. Besuchte ca. 1907 seinen Bruder Eduard in Des Moines und ging dann nach Kalifornien, wo er verschollen ist.

Katharina, Mauren, *17. 10. 1888, †1978, E: Franz Josef und Katharina, geb. Matt, A: White Plains, NY, USA, V: Lorenz August Oberhauser, K: Lorenz Eugen, Louise Anna, Adelaide Katharina

Kurt, Nendeln, *17. 4. 1960, E: Raimund und Paula, geb. Kranz, B: Ingenieur, A: 1985, Boise, ID, USA, V: Brigitte Nemeth, K: Tina. Zog von Boise nach Westport, CT. R: 1987

Lorenz, Planken, *6. 8. 1815, †10. 2. 1896, E: Joseph und Kreszentia, geb. Negele, A: 1843, Highland, IL, USA, V: Elizabeth Grünenfelder, K: Carrie, Bertha, Elsie, Lorenz, Edward, John, Adolph. Zwei weitere Kinder starben im Kindesalter. Betrieb eine Ziegelei.

Maria Aloisia, Nendeln, *9. 3. 1909, E: Raimund und Maria, geb. Schädler, A: 1928, Yorkville, USA, V: Heinrich Jebe, K: drei

Maria Augusta, Nendeln, *24. 4. 1914, E: Albert und Mathilde, geb. Hasler, A: New York, NY, USA, V: Lois Frank Kintsch

Maria Josefa Karolina Katharina, Eschen, *21. 8. 1846, E: Andreas und Anna Maria, geb. Rheinberger, A: USA

Maria Josepha, Eschen, *17. 10. 1852, E: Johann Georg und Anna Maria, geb. Frei, A: USA. Geboren in Cazis (Kt. Graubünden).

Maria Ursula, Eschen, *3. 5. 1863, †24. 10. 1950, E: Andreas und Anna, geb. Schächle, A: 1883, St. Paul, MN, USA, V: Franz Josef Näscher (s. d.)

Martin, Ruggell, *1815, †1880, E: Mathäus und Elisabeth, geb. Marxer, A: 1849, USA

Martin, Eschen, *10. 11. 1859, †1889, E: Franz Josef und Anna Maria, geb. Batliner, A: 1882, USA. Verschollen; wurde 1889 für tot erklärt.

Martina, Eschen, *29. 3. 1862, E: Andreas und Anna, geb. Schächle, A: 1883, USA

Matthäus, Mauren, *10. 9. 1837, E: Andreas und Kreszenz, geb. Hasler, A: 1871, Pittsburgh, PA, USA, V: Adelheid Matt

Meinrad, Mauren, *26. 12. 1944, E: Florian und Rosina, geb. Fitsch, B: Werkmeister, A: 1982, Rio de Janeiro, Brasilien. Kommt jedes Jahr für drei bis vier Monate nach Liechtenstein.

Otto, Eschen, *28. 12. 1910, †17. 4. 1962, E: Josef Emilian und Maria Theresia, geb. Häusle, B: Koch, A: 1928, Dearborn, MI, USA, V: Laura C. Mundo, K: Michael, Johann. Auswanderung nach der Kochlehre in Bern. War Küchenchef in einem grossen Hotel und erwarb dann ein eigenes Restaurant. Starb in Inkster, MI.

Philipp, Eschen, *22. 9. 1854, E: Johann Georg und Anna Maria, geb. Frei, A: USA. Geboren in Cazis (Kt. Graubünden).

Marxer Rudolf, Gamprin, *20. 9. 1900, †6. 4. 1932, E: Adam und Elisabeth, geb. Hanselmann, A: 1923, USA

Rudolf, Eschen, *3. 3. 1905, †6. 10. 1974, E: Josef und Maria, geb. Wanger, A: 1929, Sharonville, OH, USA, V: ledig

Sabina, Ruggell, *17. 5. 1825, E: Maria Katharina, geb. Dietrich, A: 1849, USA. Tochter verzichtete nach dem Tod der Mutter (1848) auf ihr Erbteil und liess sich Fr. 130.– auszahlen, «indem ich mich der Reise Amerika vorgenommen habe».

Sabina, Ruggell, *1850, E: Johann Georg und Katharina, geb. Öhri, A: USA

Simon, Mauren, *28. 7. 1830, E: Sebastian und Maria Anna, geb. Marxer, A: 1851, USA. Ankunft mit der Lexington in New Orleans am 7. 4. 1851. Er soll schon im ersten Jahr in einem Steinbruch ums Leben gekommen sein.

Wilhelm, Mauren, *3. 7. 1869, E: Andreas und Anna, geb. Schächle, A: 1883, St. Paul, MN, USA, V: Frieda Breanghoof

Matt Aloisia, geb. Drexel, Mauren, *9. 8. 1850, E: Johann Georg und Agatha, geb. Aberer, A: USA, V: Mathäus Matt, K: Peter Paul†, Martin Emil, Reinhard, Martina Luisa, Rosalia, Maria Anna, Mathias Karl. Die Familie wohnte in Mörschwil (Kt. St. Gallen). Aloisia wanderte nach dem Tod des Mannes (1890) mit ihren Kindern wahrscheinlich nach Amerika aus.

Andreas, Mauren, *1. 3. 1816, †8. 5. 1888, E: Johann Ulrich und Katharina, geb. Kieber, B: Bauer, A: 1863, Guttenberg, IA, USA, V: 1. Maria Agatha Marxer; 2. Josefa Lampert, K: 1. M. Theresia, Joh. Georg, Wilhelmina, Anna Maria, Rosina, Ursula; 2. Andreas, Peter, Carolina, Josefina, Henry, Katharina, Wilhelm, Elizabeth. Ankunft auf der Hammonia in New York am 26. 1. 1864. Wurde 1870 US-Bürger.

Damian, Mauren, *2. 8. 1890, †1960, E: Martin und Agatha, geb. Boll, A: 1921, Hammond, IN, USA, V: Agnes Meckschutz

Edmund, Mauren, *29. 12. 1903, E: Johann Ludwig und Albertina, geb. Bühler, B: Schneider, A: Libertyville, IL, USA

Erika, Mauren, *13. 1. 1949, E: Johann Georg und Michaela, geb. Schädelmayer, B: Postangestellte, A: 1968, Montreal, PQ, Kanada, V: Donald Sulker, K: Victoria (*1975), Tatjana (*1978), Amanda (*1982), Thomas (*1985). Weitergewandert nach Totonto, ON; absolvierte in Kanada eine Ausbildung zur Krankenschwester.

Franz Josef, Mauren, *9. 12. 1842, E: Franz Josef und Theresia, geb. Welti, A: 1866, USA

Franz Joseph, Mauren, *26. 12. 1832, †12. 3. 1883, E: Franz Josef und Maria Kreszentia, geb. Batliner, B: Schlosser, A: 1852, Elkport, IA, USA, V: Theresa Reisemann, K: Josefine (*1859), Georg (*1862), Emma (*1862), Mathilda (*1866), Ida (*1868), Clara (*1871), Alexander (*1875), Albert (*1877). Mit seinem Bruder Matthias (s. d.) ausgewandert; Ankunft am 10. 6. 1852 in New York.

Jakob, Bendern, *20. 5. 1878, †23. 7. 1934, E: Adolf und Kreszenz, geb. Hasler, B: Maurer, A: 1913, Florianopolis, S. Catarina, Brasilien. Er erwarb mehrere Häuser; wollte 1934 zurückreisen. Vor der Rückkehr bereiste er noch das Land und wurde dabei von Partisanen überfallen und ausgeraubt. Er starb an den Verletzungen.

Johann Jakob, Mauren, *18. 8. 1804, †21. 1. 1867, E: Fidelis und Anna Maria, geb. Senti, B: Arbeiter, A: 1862, Jefferson, IA, USA, V: Karolina Meier, K: Franz Joseph (*1853).

Matt Julian, Mauren, *7. 1. 1881, E: Johann Martin und Karolina, geb. Hasler, A: 1905, USA

Karolina, geb. Bühler, Mauren, *29. 9. 1861, E: Ludwig Sebald und Katharina, geb. Matt, A: 1884, IA, USA, V: Wilhelm Matt. Nachdem ihr erstes Kind, Maria Paulina, mit drei Monaten verstorben war, ging sie ohne ihren Mann mit ihrem Bruder Josef Bühler (s. d.) zu Franz Josef und Matthias Matt (s. d.), wo sie für zwei Jahre blieb. R: 1886

Lukas, Mauren, *13. 12. 1893, E: Martin und Agatha, geb. Boll, A: 1923, Hammond, IN, USA, R: 1926

Maria Kordula, Mauren, *31. 7. 1885, †1926, E: Paul und Maria Elisabeth, geb. Hasler, A: 1905, Chicago, IL, USA, V: Charles William Massmann, K: Frances

Maria Theresia, Mauren, *24. 9. 1842, E: Andreas (s. d.) und Maria Agatha, geb. Marxer, A: 1864, Guttenberg, IA, USA. Zusammen mit ihrem Vater Andreas (s. d.), ihrer Stiefmutter und den Geschwistern ausgewandert.

Matthias, Mauren, *9. 7. 1825, †9. 1. 1890, E: Franz Josef und Maria Kreszentia, geb. Batliner, B: Maurer, Bauer, A: 1852, Garnavillo, IA, USA, V: Elisabeth Potas, K: Anna, Joseph, Louise, Amelia, Louis. Gemeinsam mit seinem Bruder Franz Joseph (s. d.) ausgewandert; Ankunft am 10. 6. 1852 in New York; war zuerst kurze Zeit in Pennsylvania und liess sich dann in Garnavillo nieder, wo er bereits 1853 ein Grundstück erwarb.

Othmar, Mauren, *7. 11. 1896, E: Johann Ludwig und Albertina, geb. Bühler, A: 1923, USA, V: Olga Ritter. Heirat 1937 nach seiner Rückkehr nach Liechtenstein.

Paulus, Mauren *27. 5. 1885, E: Paul und Maria Elisabeth, geb. Hasler, B: Schreiner, A: 1905, USA

Meier Alexander, Mauren, *17. 4. 1829, †31. 3. 1881, E: Florian und Maria Josefa, geb. Meier, B: Bauer, A: 1851, Guttenberg, IA, USA, V: Genofeva Biedermann (s. d.), K: Alexander, Joseph, Emma, John. Ankunft mit der Lexington in New Orleans am 7. 4. 1851. Zog nach einigen Jahren nach Volga, Clayton Co., wo er eine Farm besass.

Alois (Louis), Mauren, *14. 7. 1899, †13. 5. 1993, E: David und Rosina, geb. Matt, B: Koch, A: 1920, Hammond, IN, USA, V: Maria Batliner (s. d.), K: keine. Ging zuerst nach Cincinnati, OH, und wanderte dann weiter nach Hammond und Valparaiso, IN, wo er ab 1955 ein eigenes Hotel betrieb.

Aloisia Anna, Schaan, *16. 9. 1840, E: Anton und Agatha Katharina, geb. Hemmerle, A: 1874, AR, USA, V: Andreas Frommelt (s. d.)

Andreas, Schellenberg, *23. 1. 1819, E: Jakob und Franziska, geb. Öhri, A: USA. Verschollen; wurde am 25. 7. 1901 für tot erklärt.

Andreas, Eschen, *9. 3. 1887, E: Andreas und Anna Maria, geb. Ritter, A: 1910, Elmwood Place, OH, USA

Anna Maria, Schaan, *10. 1. 1845, E: Josef Anton und Theresia, geb. Wachter, A: 1879, AR, USA, K: Ludwig (*1871). Wanderte mit ihrem Sohn zu ihrer Schwester Maria Anna, verh. Frommelt Andreas (s. d.), nach Arkansas aus.

Eduard, Schellenberg, E: Jakob, A: 1881, USA

Emil, Nendeln, *13. 3. 1903, †12. 5. 1984, E: Jakob und Maria, geb. Biedermann, B: Schuhmacher, A: 1924, Walnut Creek, CA, USA. Kam 1930 erstmals zurück; ging 1931 erneut nach Kalifornien und kehrte 1933 endgültig nach Liechtenstein zurück. R: 1933

Meier   Engelbert, Mauren, *2. 3. 1903, †29. 5. 1969, E: David und Rosina, geb. Matt, A: 1924, Chicago, IL, USA, V: Anna …, K: keine. Arbeitete zuerst als Fabrikarbeiter; später erstellte und verkaufte er schlüsselfertige Häuser.

Erna Aloisia, Eschen, *2. 10. 1933, E: Johann Jakob und Maria Magdalena, geb. Wanger, A: 1959, Marathon, FL, USA, V: Claude Haliova. Heirat 1962 in New York.

Fortunat, Eschen, *15. 10. 1860, E: Jakob und M. Josepha, geb. Lotzer, A: 1882, Newport, Campbell Co., KY, USA, V: …, K: sieben

Franz, Eschen, *2. 5. 1879, E: Andreas und Anna Maria, geb. Ritter, A: 1906, Elmwood Place, OH, USA

Franz Joseph, Eschen, *3. 12. 1840, †18. 9. 1895, E: Jakob und M. Josepha, geb. Lotzer, A: Ten Mile, Campbell Co., KY, USA, V: Maria Magdalena Ritter (s. d.). Begraben in Cincinnati, OH.

Jakob, Mauren, *21. 12. 1878, †1948, E: Johann Georg und Kreszentia, geb. Marxer, B: Steinhauer, A: 1910, Atkinson, NE, USA. Wanderte mit Schwester und Schwager Adelina und Ludwig Heeb aus. Ging mit ihnen 1911 nach Saskatchewan, Kanada.

Johann Georg, Mauren, *1. 8. 1849, †2. 6. 1897, E: Bartholomäus und Victoria, geb. Mennel, A: 1884, USA, V: Anna Maria Tiefenthaler (†1883), K: Christian, Johann Georg. Er wanderte nach dem Tode seiner Ehefrau aus. Er sei von einem Ziegel erschlagen worden.

Maria Anna, Schaan, *16. 9. 1840, E: Joseph Anton und M. Agatha Kathar, geb. Hemmerle, A: 1874, USA, V: Andreas Frommelt (s. d.)

Maria Eva, geb. Alber, Mauren, *29. 9. 1811, †15. 6. 1868, E: Johann Jacob und Maria Anna, geb. Mündle, A: 1863, Logansport, IN, USA, V: Johann Meier (1810-1860), K: Maria Anna (*1841), Jacob (*1844), Krescentia (*1848), Johann (*1850), Thomas (*1855). Die Familie wanderte zuerst nach Frankreich aus, wo der Vater sowie die beiden ältesten Kinder gestorben sind. Nach dem Tod des Mannes zog die Mutter mit ihren drei Kindern zu ihren Geschwistern nach Wabash, IN.

Mathilde, Mauren, *12. 12. 1927, E: Andreas und Emma, geb. Kieber, A: 1955, Prince George, BC, Kanada, V: Max Unterhofer, K: Max, Marianne

Rosa, Mauren, *1. 12. 1900, E: David und Rosina, geb. Matt, A: 1927, Chicago, IL, USA, V: Engelbert Schertler, K: William, Marie, Joseph, Paul

Walter, Nendeln, *3. 1. 1930, E: Franz und Leona, geb. Marxer, B: Techniker, A: 1951, Chicago, IL, USA. Besitzt eine Firma für elektronische Bauteile.

Mündle   Franz Josef, Mauren, *22. 2. 1845, E: Johann Georg und Maria Anna, geb. Ritter, A: 1876, USA. Im FB vermerkt Tschugmell: «Verkaufte wegen Streitigkeiten Haus u. Hof u. Stall u. zog nach Abtwil im St. Gallischen und bald darauf nach Amerika.» Wanderte mit seiner Mutter aus.

Urban, Mauren, *30. 3. 1896, E: Johann und Marianne, geb. Marock, A: 1923, Chicago, IL, USA. Seit 1950 keine Nachricht mehr.

Müssner   Michael Ernst, Nendeln, *10. 2. 1901, †25. 6. 1988, E: Franz Josef und Josefa, geb. Ott, B: Bauer, A: 1924, Vibank, SK, Kanada, V: … Siegel. Verstarb in Regina, SK.

N

Nagel   Hansjörg, Mauren, *2. 5. 1912, E: Urban und Kreszentia, geb. Kieber, B: Bäcker, A: 1929, Chicago, IL, USA, V: …, K: Joyce. Arbeitete zunächst in einer Grossbäckerei, später als Barkeeper, Stahlwerksarbeiter und in einer Farbenfabrik. War von 1942–1945 als Mitglied der 5. US-Armee als Dolmetscher tätig.

Nagel Paul, Mauren, *2. 11. 1931, E: Alma Nagel, B: Chauffeur, A: 1949, Chicago, IL, USA, V: 1. Dorothy St. Pierre; 2. Joan La Frey, K: 1. Ronald, Ray; 2. Richard Paula. Er erhielt von der Regierung gegen Vorweisung des Visums einen Auswanderungsbeitrag von Fr. 500.–.

Nägele Eduard, Triesenberg, *19. 4. 1927, E: Gebhard und Emma, geb. Fürrer, B: Ingenieur, A: 1954, Detroit, MI, USA, V: Blaser Irene, K: Esther, Markus, Christoph, Monika, Lilian. Arbeitete bei General Motors in Detroit; war bei Besuch des Fürstenpares in den USA (1954) zugegen.

Johann Baptist, Nendeln, *19. 8. 1903, †26. 6. 1979, E: Johann und Theresia, geb. Beck, B: Arbeiter, A: 1924, Prince George, BC, Kanada, R: 1929

Martin, Balzers, A: 1881, USA

Rainer, Triesen, *2. 8. 1943, E: Alwin und Irma, geb. Sele, B: Prof. f. Germanistik, A: 1967, Santa Barbara, CA, USA, V: Beryl Schlossmann

Nägeli Hermann, Triesen, *29. 5. 1917, E: Justus und Anna, geb. Gissler, B: Bauer, A: 1947, Smithers, BC, Kanada, V: Anna Kamm, K: Susanne, Esther, Gordon, Barbara. Sein Vater Justus Nägele wanderte von Triesen nach Thusis aus; von dort ging der Sohn 1947 nach Kanada. Er schreibt sich Nägeli.

Näscher Adelina, Gamprin, *21. 7. 1893, E: Wilhelm und Philomena, geb. Huber, A: Los Angeles, CA, USA, V: Constant Schaller

Albert, Mauren, *29. 2. 1848, †1918, E: Johann Georg und Elisabeth, geb. Oehri, A: 1883, Mansfield, PA, USA. Blieb bis Ende 1886 mit seinen Angehörigen in brieflichem Verkehr; soll 1887 bei einer durch einen Bergsturz verursachten Überschwemmung in der Nähe von Pittsburgh sein Leben verloren haben; wurde 1918 tot erklärt.

Alfred (Alfredo), Ruggell, *1. 8. 1910, †1. 7. 1985, E: Richard und Emma, geb. Stärkle, B: Schriftsetzer, A: 1935, Sao Leopoldo, Brasilien, V: Maria Schneider, K: Joao-Roque, Carlos-Inacio, Maria-Lucia. Geboren in Staad (Kt. St. Gallen), Bürger von Ruggell; arbeitete von 1927 bis 1935 bei seinem Bruder in der Druckerei Gutenberg in Schaan; war in Brasilien Schriftsetzer bei einer Zeitung.

Felix, Gamprin, *1946, E: Felix und Adelina, geb. Nipp, B: Dekorateur, A: Toronto, ON, Kanada, V: Linda Scales. Wohnte vor seiner Auswanderung in St. Margrethen.

Franz Josef (Frank), Mauren, *18. 2. 1859, †1950, E: Maximilian und Agatha, geb. Senti, A: 1882, St. Paul, MN, USA, V: Maria Ursula (Mary) Marxer (d. Andreas, s. d.), K: Lena, Frank, Rudolph, Marie, Willie. Die Familie schrieb sich in den USA Nascher und starb in der männlichen Linie aus.

Ignaz, Gamprin, *1928, E: Jakob und Paula, geb. Hasler, A: 1950, Kanada

Johann (John), Eschen, *1824, †1892, E: Matthäus und Maria Anna, geb. Batliner, B: Bauer, A: 1854, Garnavillo, IA, USA, V: Josephine ..., K: William, Lizzie, John. Sein Sohn William verehelichte sich mit Caroline Nipp, Tochter des Alois (Louis). Es leben viele Nachkommen, sie schreiben sich Naescher.

Margaretha (Sr. M. Caradina), Gamprin, *19. 3. 1824, †1. 10. 1980, E: Franz Josef und Katharina, geb. Hasler, B: Ordensschwester, A: 1859, Maria Stein, OH, USA. Sie war Ordensschwester vom Kostbaren Blute.

Näscher Margreth, geb. Hundertpfund, Eschen, *5. 4. 1860, E: Anton und Maria Eva, geb. Hasler, A: 1883, USA, V: Franz Josef Näscher (†1923). Tschugmell vermerkt im FB: «Später nach Amerika entlaufen.» Ankunft auf der Amérique in New York am 13. 6. 1883 in Begleitung ihres Schwagers Franz Josef II. Batliner (s. d.).

Maria Theresia, Gamprin, *1894, E: Johann Karl und Theresia, geb. Heeb, A: Detroit, MI, USA, V: … Huber. Geboren in Ebnat (Kt. St. Gallen); wohnte 1976 in Tucson, AR.

Wilhelmina, Gamprin, *1888, †1965, E: Wilhelm und Philomena, geb. Huber, A: Detroit, MI, USA, V: Percy Haslet

Negele Alois, Triesen, *4. 2. 1819, E: Sebastian und Johanna, geb. Dürrmeier, B: Steinhauer, A: 1852, USA, V: Anna Maria Nipp (s. d.), K: Franz Joseph. Er arbeitete zuerst in Frankreich und wanderte später nach Amerika aus. Todeserklärung: 14. 2. 1903.

Alois, Balzers, *5. 1. 1821, E: Johann Anton und A. M. Theres, geb. Kindle, A: 1852, Dubuque, IA, USA, V: Maria Anna Nipp (s. d.), K: Franz Joseph

Alois, Balzers, *19. 4. 1848, E: Franz Joseph und Kreszentia, geb. Laternser, A: 1881, Robinson, CO, USA, V: Ottilia Steger, K: Maria (*1879), Albertina (*1880), Rosa (*1886), Philumena (1887-1894). Ankunft mit der France in New York am 23. 3. 1881. Arbeitete in Colorado im Eisenbahnbau. Das Jahr seiner Rückkehr ist ungewiss; die Geburtsjahre der Kinder lassen 1885 vermuten.

Christina, Triesen, *21. 4. 1824, E: Josef und Kreszenz, geb. Kindle, A: USA

Christina, Triesen, *12. 6. 1866, E: Anton und Christina, geb. Kindle, A: USA

Franz Joseph, Balzers, *7. 10. 1819, E: Johann Anton und A. M. Theres, geb. Kindle, A: 1852, USA. Tschugmell gibt als Auswanderungsdatum den 28. 2. 1852 an.

Franz Joseph, Balzers, *3. 3. 1846, E: Franz Joseph und Kreszentia, geb. Laternser, A: 1881, Dubuque, IA, USA. Ankunft auf der Canada in New York am 7. 4. 1881.

Franz Xaver, Triesen, *17. 12. 1860, E: Anton und Christina, geb. Erni, A: 1883, USA

Johann, Planken, *13. 5. 1846, E: Johann und Magdalena, geb. Nägele, A: 1882, USA, V: Carolina Konrad (†1878)

Johann Anton, Balzers, *21. 2. 1784, E: Johann Georg und M. Franziska, geb. Frick, A: 1852, USA, V: A. M. Theres Kindle, K: Johann Georg, Franziska, Franz Joseph, Alois. Vier weitere Kinder starben im Kindesalter. Die Familie folgte dem Sohn Johann Georg (s. d.), der bereits 1851 ausgewandert war.

Johann Georg, Balzers, *5. 8. 1815, E: Johann Anton und A. M. Theres, geb. Kindle, A: 1851, USA, V: Franziska Nutt. Das Pfarrbuch gibt als Auswanderungsjahr 1845 an; lt. FB Balzers heirateten sie 1847, eine Auswanderung ist nicht vermerkt. Ankunft mit der Lexington in New Orleans am 7. 4. 1851.

Joseph Anton, Vaduz, *27. 1. 1821, E: Johann und Katharina, geb. Boss, A: 1849, USA

Martin, Triesen, *16. 9. 1868, E: Anton und Theresia, geb. Kindle, A: USA. Heiratete 1899; Name des Ehepartners ist nicht bekannt.

Niedhart Gustav, Triesen, *14. 5. 1898, A: 1923, Buenos Aires, Argentinien, V: Maria Hoch, K: Hedwig

Niedhart Jakob, Triesen, *23. 3. 1808, †31. 3. 1886, E: Franz Xaver und Anna Maria, geb. Eberle, B: Schreiner, A: 1849, USA, V: Katharina Schatt, K: Konrad. Er wurde nach seiner Rückkehr von Amerika «dr Amerikaner» genannt. R: 1857

Nigg Andreas, Balzers, *14. 6. 1894, †27. 4. 1934, E: Franz Joseph und Anna Maria, geb. Frommelt, A: 1914, Chicago, IL, USA, R: 1928

Anna Maria, Balzers, *31. 7. 1815, E: Johann G. und Maria A. Katharina, geb. Dürr, A: 1850, Farley, IA, USA, V: … Locher, K: Anton, Maria

Anton Joseph, Balzers, *18. 6. 1830, E: Franz Anton und Katharina, geb. Zimmermann, A: 1852, Merrill, IA, USA, V: Vogt Rosina. Die Familie war zuständig nach Balzers, lebte aber vor der Auswanderung in Ragaz.

August, Balzers, *10. 7. 1899, †28. 6. 1958, E: Robert und Viktoria, geb. Bürzle, B: Mechaniker, A: 1930, Buenos Aires, Argentinien, V: Maria Brunhart, K: Hedwig, Augusta, Ferdinand

Barbara, Balzers, *30. 1. 1827, E: Johann G. und Maria A. Katharina, geb. Dürr, A: Highland, IL, USA, V: … Gillian

Emil, Vaduz, *8. 2. 1862, †1945, E: Ferdinand und Anna, geb. Rheinberger, B: Maurer, A: 1882, Dubuque, IA, USA, V: Anna Rusch (1866–1935), K: Wilhelmina, Henriette, Ferdinand, Florence, Eldon

Florian, Balzers, *13. 10. 1861, E: Franz Anton und Katharina, geb. Vogt, B: Schuhmacher, A: 1881, USA. Mit seinem Vater Franz Anton (s. d.) und seinen Geschwistern ausgewandert. Ankunft auf der Labrador in New York am 13. 4. 1881.

Franz Anton, Balzers, *10. 2. 1812, E: Anton Josef und Johanna, geb. Wolfinger, A: 1881, USA, V: Katharina Vogt, K: Josepha, Katharina, Paul Peter (s. d.), Franz Anton†, Simon†, Florian (s. d.), Ehefrau starb 1864; wanderte mit seinen vier erwachsenen Kindern aus.

Franz Joseph, Balzers, *27. 2. 1854, †1. 5. 1909, E: Andreas und Theresia, geb. Vogt, B: Zimmermann, A: 1881, Dubuque, IA, USA, V: Anna Maria Frommelt. Ankunft auf der Canada in New York am 7. 4. 1881. Zeitpunkt der Rückkehr ist unbekannt; heiratete 1893 in Liechtenstein.

Franziska, Balzers, *1. 1. 1819, E: Johann G. und Maria A. Katharina, geb. Dürr, A: Highland, IL, USA, V: Johann Jakob Laternser (s. d.)

Johann Anton, Balzers, *6. 6. 1851, E: Peter und Anna Maria, geb. Gstöhl, A: USA, V: Emilia Bislin, K: Ida, Emilie. Tochter Ida heiratete am 2. 3. 1897 den Bauer Nicholas Wilhelm Schmidt und lebte 1897 in Remsen, IA; Emilie Elisabeth lebte 1900 in Le Mass, IA.

Johann Georg Franz Borgias, Balzers, *10. 10. 1822, E: Basil Laurentius und Viktoria, geb. Büchel, A: 1846, USA. Er galt als verschollen und wurde für tot erklärt; Todestag: 3. 4. 1896.

Josef Anton, Balzers, *25. 10. 1807, E: Franz Michael und Anna Maria, geb. Frommelt, A: 1855, USA, V: Thomasia Katharina Bürzle, K: Maria Genofeva, Norbert Alois, Katharina Martina, Maria Agatha, Joseph Anton, Franz Michael. Sechs weitere Kinder starben vor der Auswanderung. Suchte zusammen mit Franz Michael Vogt, Balzers (s. d.), schon 1845 um Auswanderungsbewilligung nach, wanderte aber erst am 24. 1. 1855 aus.

Joseph, Vaduz, *5. 4. 1863, †24. 10. 1933, E: Ferdinand und Anna, geb. Rheinberger, B: Gipser, A: 1882, Dubuque, IA, USA, V: Josephine Rusch, K: Anna, Margareth, Bertha, Louise, Leo. Bürger von Balzers; 1902 weitergewandert nach Guttenberg, IA.

Nigg Joseph Ferdinand, Balzers, *21. 3. 1841, E: Andreas und Theresia, geb. Vogt, B: Maurer, A: 1881, Dubuque, IA, USA. Ankunft auf der Canada in New York am 7. 4. 1881.

Joseph Fr. Fidel, Balzers, *4. 10. 1837, E: Joseph Anton und Katharina, geb. Büchel, A: 1881, Dubuque, IA, USA, V: 1. Maria Burgmayer (†1875); 2. Nothburga Hasler, K: 1. Christian, Katharina†, M. Katharina, M. Regina ; 2. Barbara†, M. Barbara, Joseph Anton†, Felix. Ausgewandert mit den Kindern Christian, M. Katharina, Maria Barbara; das Schicksal von Katharina und Felix ist nicht bekannt. Zogen von Dubuque weiter nach Browns Valley, MN.

Josepha, Balzers, *27. 6. 1851, E: Franz Anton und Katharina, geb. Vogt, A: 1881, USA. Mit dem Vater Franz Anton (s. d.) und drei erwachsenen Geschwistern ausgewandert.

Katharina, vulgo Kegler, Triesen, *25. 11. 1810, E: Johann und Magdalena, geb. Schurti, A: 1852, USA

Katharina, Balzers, *31. 12. 1852, E: Franz Anton und Katharina, geb. Vogt, A: 1881, USA. Mit dem Vater Franz Anton (s. d.) und drei erwachsenen Geschwistern ausgewandert. Ankunft auf der Labrador in New York am 13. 4. 1881.

Maria Anna, geb. Sprenger, Triesen, *4. 5. 1808, E: Klemens und Magdalena, geb. Nigg, A: 1852, OH, USA, V: ... Nigg, K: Rosa, Franz Xaver, Gallus, Magdalena. Sie wanderte mit ihren Kindern aus; Ankunft mit der Jersey in New Orleans am 7. 5. 1852; Tochter Magdalena ist auf der Passagierliste nicht vermerkt.

Paul Peter, Balzers, *21. 3. 1855, E: Franz Anton (s. d.) und Katharina, geb. Vogt, A: 1881, USA. Ankunft auf der Labrador in New York am 13. 4. 1881.

Robert, Balzers, *1855, A: 1881, USA

Theresia, Balzers, *10. 2. 1811, E: Anton Johann und Anna Maria, geb. von Vill, A: 1850, USA. Ankunft mit der Fides in New Orleans am 23. 4. 1850. Am 27. 2. 1890 wurde die Todeserklärung eingeleitet.

Nipp Alois, Balzers, *30. 1. 1829, †1889, E: Alois Johann und Katharina, geb. Frick, B: Steinhauer, A: 1848, Dubuque, IA, USA, V: Johanna ..., K: Caroline, Louis, Amelia, John, David, William. Ging später von Dubuque nach Guttenberg. Seine verwitwete Mutter heiratete 1843 Johann Baptist Tschol (s. d.).

Alois Johann, Balzers, *11. 6. 1824, E: Johann Georg und Anna Maria, geb. Vogt, B: Steinhauer, A: 1851, Guttenberg, IA, USA, V: Theresia Lucia Büchel, K: Karl. Ankunft mit der Lexington in New Orleans am 7. 4. 1851; reiste 1853 zurück, heiratete und wanderte mit Frau und Kind sowie seiner Mutter Anna Maria und seinen Geschwistern Rosina und Joseph (s. d.) aus; Abreise am 24. 1. 1855; Ankunft in New Orleans am 30. 3. 1855.

Anna Maria, geb. Vogt, Balzers, *12. 7. 1796, E: Franz Michael und M. Katharina, geb. Burgmayer, A: 1855, Guttenberg, IA, USA, V: Johann Georg Nipp (†1841), K: Alois Johann (s. d.), M. Elisabeth (s. d.), Georg Florian (s. d.), A. M. Rosina (s. d.), Joseph (s. d.). Alois Johann, ausgewandert 1851, holte 1855 seine Mutter sowie die Geschwister A. M. Rosina und Joseph nach Amerika. Abreise in Balzers am 24. 1. 1855; Ankunft in New Orleans am 30. 3. 1855.

Anna Maria, Balzers, *26. 6. 1830, †23. 6. 1866, E: Franz Anton und Katharina, geb. Wille, A: 1855, Dubuque, IA, USA, V: Alois Negele (s. d.). Abreise in Balzers am 24. 1. 1855; Ankunft in New Orleans am 30. 3. 1855.

Nipp Anna Maria Rosina, Balzers, *5. 9. 1833, E: Johann Georg und Anna Maria, geb. Vogt, A: 1855, Guttenberg, IA, USA, V: ... Gollobitsch. Wanderte zusammen mit ihrem Bruder Alois Johann (s. d.) aus; Abreise in Balzers am 24. 1. 1855; Ankunft in New Orleans am 30. 3. 1855. Lebte später in Earling, IA.

Bernadette, Schaan, *10. 4. 1910, †1976, E: Othmar und Theresia, geb. Koch, A: 1947, CA, USA, V: ... Hill, K: keine

Emil, Schaan, *10. 1. 1924, E: Ludwig und Emilia, geb. Kaufmann, B: Mechaniker, A: 1951, Montreal, PQ, Kanada, V: Hilda Herbsthofer, K: Barbara Magdalena, Frederic Robert Werner. 1952 weitergewandert nach Calgary, AB.

Emma, Vaduz, *26. 10. 1921, E: Alfred und Albertina, geb. Hilti, A: 1948, Milwaukee, WI, USA, V: Frank Ramon (Heirat 9. 6. 1951), K: Helen, David

Georg Florian, Balzers, *22. 11. 1832, E: Johann Georg und Anna Maria, geb. Vogt, A: 1845, USA

Heinrich, Schaan, *12. 2. 1898, †28. 9. 1986, E: Othmar und Theresia, geb. Koch, B: Gipser, A: 1920, Tenstrike, MN, USA, V: Maria Falk, K: Richard, Karl. Ging 1924 nach Longview, WA, wo er mit Theobald Schierscher (s. d.) ein Gipsereigeschäft in gründete.

Joseph, Balzers, *26. 4. 1835, E: Johann Georg und Anna Maria, geb. Vogt, A: 1855, Guttenberg, IA, USA. Abreise in Balzers am 24. 1. 1855; Ankunft in New Orleans am 30. 3. 1855.

Joseph, Schaan, *5. 11. 1885, E: Joseph und Theresia Maria, geb. Frick, B: Maurer, A: 1911, Tenstrike, MN, USA, V: Philomena Wenaweser, K: Maria Anna, Josef, Alfred, Norma, Karl

Julius Anton, Schaan, *14. 6. 1893, †26. 3. 1970, E: Joseph und Theresia Maria, geb. Frick, B: Maurer, A: 1920, Tenstrike, MN, USA, V: Anna Frick (1926), K: Anna Maria, Hilda. Er arbeitete zunächst bei seinem Bruder Joseph (s. d.) in Tenstrike und liess sich ca. 1925 in Milwaukee nieder.

Karl, Balzers, *14. 11. 1904, †1930, E: Othmar und Theresia, geb. Koch, A: 1920, Tenstrike, MN, USA. Arbeitete bei seinem Cousin Joseph Nipp (s. d.).

Maria, Schaan, *24. 2. 1920, E: Ludwig und Emilia, geb. Kaufmann, B: Hausfrau, A: 1951, Montreal, PQ, Kanada, V: Kalman Sarkozy, K: Paul Josef, Peter Stefan, Esther Maria, Annelies. Weitergewandert nach Calgary, AB.

Maria Elisabeth, Balzers, *19. 8. 1828, E: Johann Georg und Anna Maria, geb. Vogt, A: 1851, Guttenberg, IA, USA. Zusammen mit ihrem Bruder Alois Johann ausgewandert; Ankunft mit der Lexington in New Orleans am 7. 4. 1851.

Paul Gottfried, Balzers, *29. 4. 1870, E: Gottfried und Genofeva, geb. Gyger, A: USA

Nutt Andreas, Balzers, *27. 8. 1839, E: Joseph und Katharina, geb. Gstöhl, A: Dixie, AR, USA, V: Emerita Kaufmann, K: Joseph, Katharina, Johann†, Regina†, Johann†, M. Regina

Caspar, Balzers, *6. 1. 1817, E: Franz Michael und Anna Maria, geb. Nutt, B: Steinhauer, A: 1851, Guttenberg, IA, USA, V: Rosalia Frick, K: A. M. Barbara†, Joh. Ignatius†, Anna Maria (*1842), Katharina (*1843), M. Magdalena (*1847), Theresa. Ankunft auf der Lexington in New Orleans am 7. 4. 1851.

Christian, Balzers, *16. 11. 1820, E: Franz Michael und Anna Maria, geb. Nutt, A: 1850, Guttenberg, IA, USA, V: Anna Büchel. Ankunft mit der Fides in New Orleans am 23. 4. 1850.

Nutt Elisabeth, Balzers, *27. 10. 1848, E: Franz Anton und Maria Anna, geb. Vogt, A: USA, V: Franz Joseph Vogt, K: Anna

Fidel, Balzers, *12. 11. 1907, †27. 2. 1989, E: Johann und Kreszenzia, geb. Frick, B: Maurer, A: 1930, New York, NY, USA, V: Gertrud Mende, K: keine. Bildete sich in Amerika zum Bauführer weiter und gründete ein eigenes Baugeschäft; besuchte Liechtenstein 1945 erstmals als amerikanischer Soldat; kam später alle zwei bis drei Jahre.

Fidel J., Balzers, *2. 3. 1846, †9. 7. 1896, E: Franz Anton und Maria Anna, geb. Vogt, A: 1881, Robinson, CO, USA, V: Elisabeth Maria Vogt, K: Johann, Heinrich, Franz Anton, Katharina, Elisabeth, M. Elisabeth, Rosa, Heinrich, M. Theresia. Ankunft mit der France in New York am 23. 3. 1881. Seine Familie blieb in Balzers, wohin er nach rund 3 Jahren zurückkehrte.

Johann, Balzers, *27. 4. 1861, †1913, E: Dominikus und Johanna, geb. Gstöhl, B: Zimmermann, A: Dubuque, IA, USA, V: Theres Vogt (s. d.), K: John Dominik, Henry, Rosa, Theresa. Die Nutts scheinen sehr arme Leute gewesen zu sein. Sein Sohn John D. erinnerte sich, dass es zuhause oft zu wenig zu essen gab.

Johann Anton, Balzers, *13. 1. 1884, E: Andreas und Barbara, geb. Dürst, A: USA, V: Rosa Erne, K: Johann Andreas. Wanderte allein aus, nachdem die Ehe getrennt worden war.

Kaspar, Balzers, *28. 11. 1844, †15. 10. 1908, E: Johann und Anna Maria, geb. Bürzle, A: USA, V: 1. Kreszentia Burgmayer; 2. Anna Maria Gstöhl, K: 2. Elisabeth, Anna, Maria. Er war ohne Familie in Amerika; es ist nicht bekannt, wann und für wie lange; gestorben in Balzers.

O

Oberhuber Jakob, Eschen, *24. 7. 1847, E: Magdalena Oberhuber, A: 1882, USA

Öderle Xaver, Mauren, *29. 10. 1821, E: Jakob und Maria Ursula, geb. Kieber, A: 1854, USA. Er wurde für tot erklärt, Todestag 15. 11. 1887

Öhri Albert, Ruggell, *1910, †1974, E: Albert und Mathilda, geb. Öhri, A: 1935, Brasilien, V: Blanka Schneider, K: Norma, Irma, Erna, Leonie, Max, Lydia, Bertram. Ging 1936 nach Wilde, Argentinien. R: 1938

Andreas, Gamprin, *1848, E: Jakob und Barbara, geb. Öhri, A: 1880, USA. Er bezog für die Auswanderung 560 Kronen auf sein Erbe voraus.

Andreas, Ruggell, *1865, †1931, E: Jakob und Katharina, geb. Öhri, B: Bauer, A: 1892, Madison, NE, USA, V: Amalia Heeb (s. d.), K: Paulina, Henry, Mary, Leo. Zog nach der Hochzeit (1897) nach Spencer, NE.

Cyprian, Mauren, *26. 9. 1854, E: Cornel und Krescentia, geb. Biedermann, A: USA

Franz Josef, Ruggell, *1826, E: Sebastian und Josefa, geb. Kind, A: 1849, USA. Er ist verschollen und wurde am 21. 5. 1880 für tot erklärt.

Franz Josef (der grosse Öhri), Ruggell, *1854, †1904, E: Franz und Maria Anna, geb. Heeb, A: 1878, Louisville, KY, USA

Johann Georg, Gamprin, *3. 10. 1826, E: Sebastian und Katharina, geb. Näscher, A: 1849, St. Charles, MN, USA

Josef (Br. Hugolin), Ruggell, *1864, †1942, E: Chrysostomus und Anna Maria, geb. Biedermann, B: Schuster, Ordensbruder, A: 1887, Ludlow Grove, OH, USA. 1888 Eintritt in den Franziskanerorden (Kloster St. Bernard); war in verschiedenen Pfarreien und Klöstern in Ohio, Kansas, Illinois, Kentucky und Indiana in Küche, Haus und Garten tätig; verstorben in Cincinnati, OH.

Öhri Josef (Sepple), Eschen, *1901, †1963, E: Alois und Maria, geb. Öhri, A: 1926, Kingston, NY, USA, V: ledig. Ging später nach Philadelphia, PA.

Katharina, geb. Öhri, Ruggell, *17. 12. 1833, †6. 4. 1903, E: Norbert und Maria A., geb. Hundertpfund, A: 1894, Spencer, NE, USA, V: Jakob Öhri (†1889), K: Kreszenz, Maria Anna, Pia, Ulrich (s. d.), Andreas (s. d.), Magdalena (s. d). Sohn Andreas kam 1894 von Nebraska nach Liechtenstein und nahm bei der Rückkehr seine verwitwete Mutter sowie seine Braut Amalia Heeb (s. d.) mit.

Kreszenzia, Gamprin, *18.., E: Johann und Katharina, geb. Marxer, A: Jamestown, MN, USA, V: ... Hardegger

Leo, Ruggell, *10. 12. 1901, †12. 8. 1970, E: Sebastian und Wilhelmina, geb. Büchel, B: Metzger, A: 1921, Seattle, WA, USA, V: Nathalie Legett, K: Eugen, Wilhelm. Änderte seinen Namen in Ehri.

Magdalena, Ruggell, *1868, †1962, E: Jakob und Katharina, geb. Öhri, A: 1890, Madison, NE, USA, V: John Connot, K: John, Joseph, Frank, Andy, Edward, William, Anna, Paul, Conrad, Lena, Tina, Mary, Henry. Sie wanderte nach dem Tod des Vaters (1889) zusammen mit Agatha Heeb (s. d.) aus. Es folgten die Brüder Andreas und Ulrich (s. d. 1892) sowie die Mutter Katharina (s. d. 1894). Nach ihrer Heirat (1893) zog die Familie nach Spencer, NE.

Maria Elisabeth, Ruggell, *1832, E: Jakob und Kreszentia, geb. Heeb, A: 1860, USA

Maria Klara, geb. Öhri, Eschen, *5. 8. 1879, †1952, E: Jakob und Theresa, geb. Marxer, A: 1938, Kingston, NY, USA, V: 1. Alois Öhri, Tierarzt, (†1914); 2. Peter Braun, K: Rudolf, Josef, Paula, Theresia (alle s. d.). Die Kinder wanderten als erste aus und holten dann ihre Mutter nach.

Paula, Eschen, *1904, E: Alois und Maria, geb. Öhri, A: 1922, Kingston, NY, USA, V: ... Gerwert. Ging später nach Philadelphia, PA.

Rita, Ruggell, *1941, E: Wilhelm und Gisela, geb. Büchel, B: Wirtin, A: 1965, New York, NY, USA, V: Eduardo Franco Massaro, K: Gabriella, Leonora. Heute lebt sie in New Fairfield, CT.

Rosina, Mauren, *1841, †12. 3. 1917, A: Clayton, IA, USA, V: ... Christ

Rudolf, Eschen, *1899, †1960, E: Alois und Maria, geb. Öhri, A: 1920, Kingston, NY, USA. Besass in Kingston das Alpine Hotel.

Silvia, Ruggell, *1950, E: Josef und Elvira, geb. Knecht, A: 1970, Chicago, IL, USA, V: Richard Kramer, K: drei

Theresia (Resi), Eschen, *1900, †1980, E: Alois und Maria, geb. Öhri, A: 1924, Kingston, NY, USA, V: ... Gossweiler, K: Adolf. Ging später nach Philadelphia, PA.

Ulrich, Ruggell, *27. 9. 1863, †11. 5. 1952, E: Jakob und Katharina, geb. Öhri, A: 1892, Madison, NE, USA, V: Balbina Gstöhl (s. d.), K: Edward, Frank, Joseph, Beatrice. Zog nach der Heirat (1896) nach Spencer, NE.

Wilfried, Ruggell, *23. 5. 1930, A: Calgary, AB, Kanada. Ging von Kanada nach Seattle, WA, wo er bei Boeing arbeitete. Später ging er nach Ohio und kehrte dann nach Liechtenstein zurück; wohnt heute in Vaduz.

Wolfgang, Vaduz, *11. 11. 1948, E: Alois und Herta, geb. Walser, B: Immobilienmakler, A: 1987, Hollywood, FL, USA

Öhry Dominik (Franza Mechel), Schellenberg, *1807, †25. 11. 1848, E: Joseph und Anna, geb. Hasler, A: St. John, IL, USA, V: Elisabeth Meyer

Markus, Ruggell, *18. 4. 1846, †17. 6. 1916, E: Markus und Josefa, geb. Büchel, A: 1884, USA. Er wurde für tot erklärt, Todestag 17. 6. 1916.

Öhry   Pius, Ruggell, *13. 1. 1859, †1941, E: Johann und Eva, geb. Heeb, A: 1884, Louisville, KY, USA, R: 1891

Ospelt   Andreas, Vaduz, *3. 10. 1815, E: Josef Anton und Magdalena, geb. Rheinberger, A: 1840, USA
Arnold, Vaduz, *22. 9. 1900, †14. 12. 1972, E: Julius und Lydia, geb. Kunz, B: Kunstschlosser, A: 1923, Cleveland, OH, USA, V: Mary Kresse, K: Edith, Mildred, Arnold. Er starb durch Autounfall.
Egon, Vaduz, *24. 3. 1901, E: Hermann und Maria, geb. Nigg, B: Steinhauer, A: 1923, Syracuse, NY, USA, V: Florence Eva Burtingame, K: zwei
Emil, Vaduz, *11. 9. 1852, E: Josef Anton und Magdalena, geb. Falk, A: 1886, Dubuque, IA, USA, V: Ursula Täscher, K: Theres (*1877), Anton†, Anna†, Bertha†, Anna (*1881), Bertha (*1881), Anton (*1882). Er wanderte zunächst ohne Familie aus; Frau und Kinder folgten ihm um 1890 nach.
Lydia, Vaduz, *18. 7. 1905, †17. 8. 1994, E: Julius und Lydia, geb. Kunz, A: 1925, Cleveland, OH, USA, V: Percy E. Whitestone, K: keine, R: 1970
Oskar, Vaduz, *13. 5. 1902, E: Hermann und Maria, geb. Nigg, B: Maler, A: 1924, Syracuse, NY, USA. Seit 1932 US-Bürger; 1964 nach Vaduz zurückgekehrt.
Paul, Vaduz, *29. 6. 1903, †24. 8. 1976, E: Hermann und Maria, geb. Nigg, B: Metallarbeiter, A: 1924, Syracuse, NY, USA, V: 1. : Emma Wasenach, 2. : Julia Noldan, K: Paula, Arthur, Rosemarie
Werner, Schaan, *14. 3. 1964, E: Werner und Rita, geb. Wanger, B: Geschäftsführer, A: 1987, San Diego, CA, USA. Arbeitete in San Diego als Helikopterpilot; seit 1994 Geschäftsführer der amerikanischen Niederlassung der Herbert Ospelt AG, Vaduz, in Anaheim, CA.

Ott   Andreas, Nendeln, *1. 8. 1861, E: Thomas und Maria, geb. Konrad, A: 1882, USA
Maria Theresia, Nendeln, *21. 3. 1847, E: Thomas und Maria, geb. Konrad, A: USA
Thomas, Nendeln, *19. 12. 1849, E: Thomas und Maria, geb. Konrad, A: USA

P   **Pfefferkorn**   Anna, geb. Quaderer, Schaan, *15. 3. 1894, †1981, E: Ruppert und Maria Josepha, geb. Kaufmann, A: 1953, St. Louis, MO, USA, V: Josef Anton Pfefferkorn. Nachdem ihr Mann 1946 gestorben war, wanderte sie gemeinsam mit ihrer Tochter Elfriede (s. d.) aus. R: 1955
Elfriede, Schaan, *31. 5. 1923, E: Josef Anton und Anna, geb. Quaderer, A: 1953, St. Louis, MO, USA, V: Eduard Seger (des Rudolf, s. d.). Wanderte mit ihrer Mutter Anna (s. d.) aus und kehrte mit ihr 1955 zurück; 1964 erneute Auswanderung und Heirat in St. Louis; kehrte 1992 nach Liechtenstein zurück.

Pfeiffer   Josef Friedrich Wilhelm, Triesenberg, *14. 11. 1824, E: Christianus und Theresia, geb. Schlegel, A: USA. Ging von Triesenberg nach Balzers, wo er den Engel besessen haben soll. Wanderte von dort nach Amerika aus; verehelicht, ein Sohn, eine Tochter; soll im Sezessionskrieg 1861/65 umgekommen sein.

Purtscher   Emma, Schaan, *29. 4. 1894, †10. 8. 1972, E: Anton und Anna, geb. Bertle, A: 1922, Buenos Aires, Argentinien, V: Rudolf Jehle (s. d.). Folgte ihrem Bräutigam nach Argentinien; Heirat 1922. R: 1928

Q

Quaderer Christoph, Schaan, *4. 6. 1830, E: Lorenz und Anna Maria, geb. Jehle, A: 1856, USA

Elisabeth, Schaan, *12. 2. 1851, E: Kreszenzia Quaderer, A: 1882, USA

Hans, Schaan, *10. 1. 1939, E: Oskar und Josefa, geb. Falk, B: Ingenieur, A: 1964, Rochester, NY, USA, V: Maureen Adams, K: Philipp (*1968), Karolin (*1970), Richard (*1972), R: 1968

Hugo, Schaan, *1. 3. 1889, †23. 11. 1935, E: Rupert und Maria, geb. Kaufmann, B: Bauer, A: 1913, Argentinien, R: 1915

Irma, Schaan, *19. 9. 1896, †7. 7. 1928, E: Rudolf und Katharina, geb. Bargetzi, A: 1916, Detroit, MI, USA, V: ... Oelmack

Johann, Schaan, *16. 6. 1828, E: Lorenz und Anna Maria, geb. Jehle, A: 1852, USA

Johann Baptist, Schaan, *1. 5. 1837, E: Lorenz und Anna Maria, geb. Jehle, A: 1856, USA

Johann Friedrich, Schaan, *14. 10. 1877, E: Eusebius und Mathilde Doris, geb. Erichsen, A: 1905, USA, V: Friederika Grosser

Katharina, Schaan, *26. 6. 1826, E: Lorenz und Anna Maria, geb. Jehle, A: 1882, USA

Otto, Schaan, *12. 10. 1882, †29. 12. 1918, E: Rudolf und Katharina, geb. Bargetzi, B: Lehrer, A: 1908, New York, NY, USA, V: ledig. Lt. FB Schaan in Detroit gestorben.

Rosa, Schaan, *1. 2. 1890, E: Rudolf und Katharina, geb. Bargetzi, A: 1916, Royal, MI, USA, V: 1. Urban Schierscher (s. d.); 2. ... Wanger

Rudolf, Schaan, *14. 4. 1884, †1970, E: Rudolf und Katharina, geb. Bargetzi, B: Schmied, A: 1916, Otisville, MI, USA, V: Genoveva Wiederin, K: Otto, Johann, Rosmarie, Raimund

Rudolf I., Schaan, *10. 9. 1930, †1. 10. 1988, E: Oskar und Josefa, geb. Falk, B: Mechaniker, A: 1953, Flint, MI, USA, V: Loris Atala, K: Rudolf II. (s. d.), Jeffrey (Josef), Anthony, Anne Marie, Roger, R: 1965

Rudolf II., Schaan, *28. 9. 1958, E: Rudolf I. (s. d.) und Loris, geb. Atala, A: 1979, Goodrich, MI, USA, V: Margaret Allen, K: Nathan, Ryan

R

Real Gustav, Vaduz, *4. 1. 1928, E: Paul (s. d.) und Maria, geb. Lang, B: Kaufmann, A: 1947, Westminster, CA, USA, V: Margarethe Meyer, K: Paul Hiram, Peter Karl. Geboren in USA; kam mit seinen Eltern 1938 nach Liechtenstein und wanderte im Mai 1947 wieder aus; lebt heute in San Juan Capistrano, CA.

Paul, Vaduz, *27. 6. 1896, †7. 6. 1967, E: Adolf und Amalie, geb. Marxer, B: Kaufmann, A: 1920, Hammond, IN, USA, V: Maria Lang, K: Gustav (*1928, s. d.), Martha (*1930), Rudolf (*1932), Peter (*1939), R: 1938

Rechsteiner Karl, Vaduz, *30. 1. 1912, †10. 1. 1975, E: Alois und Anna, geb. Gassner, B: Koch, A: 1929, Miami, FL, USA, V: Fleata ..., K: Delvie

Rederer Severin, Schellenberg, *26. 1. 1879, E: Martin und Katharina, geb. Oehri, B: Schreiner, A: 1913, New York, NY, USA

Reiss Joseph, Balzers, *18.., A: USA. Er wurde vom Landgericht 1873 wegen Schulden gesucht.

Rheinberger Alois, Vaduz, *5. 6. 1827, †27. 11. 1915, E: Joseph Ferdinand und Anna Maria, geb. Schneider, B: Winzer, A: 1848, Nauvoo, IL, USA, V: Margarethe Brasser, K: Josepha, Johann Alois, Jos. Ferdinand, Christina, The-

Rheinberger resa, Joh. Josef, Franziska Maria, Franziskus, Anna Maria Christina, Arnold, Carl Wilhelm. Ankunft mit der St. Nicolas in New York am 28. 4. 1848; verbrachte die ersten zwei Jahre in Ohio; kam 1850 zurück, um zu heiraten; reiste mit seiner Frau, seinem Vater (s. d.) und der Schwester Anna Maria (s. d.) nach Nauvoo.

Andreas, Vaduz, *1. 4. 1822, E: Andreas und Magdalena, geb. Martin, A: 1857, USA

Anna Maria, Vaduz, *7. 2. 1829, E: Joseph Ferdinand und Anna Maria, geb. Schneider, A: 1850, Nauvoo, IL, USA, V: 1. Andreas Marxer, 2. ... Chapman, K: 1. Karoline. Heiratete 1845 den Engelwirt Andreas Marxer in Nendeln. Die Ehe war unglücklich, weshalb sie mit ihrem Bruder Alois (s. d.) nach Amerika reiste; das Kind blieb in Nendeln.

Arnold, Vaduz, *16. 4. 1860, E: Joseph Anton und Magdalena, geb. Hemmerle, A: USA, V: Albertina Vogt, K: Magdalena†

Franz Paul, Schaan, *20. 11. 1902, †1984, E: Ferdinand und Berta, geb. Marxer, A: 1921, New York, NY, USA, V: ledig, R: 1931

Hedwig, Schaan, *20. 6. 1907, E: Ferdinand und Berta, geb. Marxer, A: 1927, CT, USA, V: Josef Weibel, K: eines. Das Ehepaar Weibel wanderte 1927 aus, kehrte zurück und wanderte 1948 erneut aus.

Heinrich, Vaduz, *19. 2. 1832, †12. 11. 1855, E: Alois und Crescenzia, geb. Schlegel, B: Gerber, A: 1853, Nauvoo, IL, USA, V: ledig. Er betrieb 1854 eine Gerberei in Nauvoo; 1855 führte er in Kansas, MO, Pferdetransporte für andere Siedler durch; er starb im Spital in Jasper Co., MO.

Joseph Ferdinand, Vaduz, *8. 7. 1787, †7. 10. 1852, E: Johannes und Josefa, geb. Wolfinger, A: 1850, Nauvoo, IL, USA, V: Anna Maria Schneider, K: Johann, Anna Josefa, Joseph, Franziskus, Maria Agathe, Josef, Magnus, Alois (s. d.), Anna Maria (s. d.). Er begleitete seinen Sohn Alois nach dessen Besuch in Liechtenstein nach Amerika.

Salome, Schaan, *22. 4. 1858, †27. 1. 1949, E: Josef Anton und Kreszenz, geb. Dürrmeier, A: 1914, Anaheim, CA, USA, V: Egidius Felini, K: drei. Die ganze Familie kam bei einem Brandunglück um.

Theresia, Vaduz, *27. 5. 1832, E: Andreas und Magdalena, geb. Martin, A: 1857, USA

Risch Alois Joseph, Schaan, *30. 7. 1842, E: Mang und Elisabeth, geb. Konrad, A: 1869

Amalia, Schaan, *18. 3. 1920, E: Johann und Maria, geb. Marent, A: 1956, Rochester, NY, USA, V: Gerhard Weichbrodt, K: keine. Ging als Haushalthilfe für zwei Jahre in die USA und blieb; änderte ihren Vornamen bei der Einbürgerung in Emily; lebt heute in Florida.

Andreas, Schaan, *15. 3. 1821, †17. 3. 1884, E: Josef und Anna Maria, geb. Frick, B: Maurer, A: 1850, Dubuque, IA, USA, V: M. Aloisia Laternser. Ankunft auf der Baltimore in New York am 27. 9. 1850. Starb in einem Gewölbe an einer Gasvergiftung.

Anton, Vaduz, *5. 6. 1813, †13. 3. 1854, E: Lorenz und Katharina, geb. Büchel, A: 1849, USA, V: Theresia Boss, K: Theresia (*1846), Mathilda (*1848)

Bernhard, Eschen, *28. 5. 1833, E: Johann und Anna Maria, geb. Marxer, B: Schreiner, A: 1881, USA, V: Magdalena Batliner, K: Bernhard†, Franz Joseph (*1867), Ferdinand (*1870), Bernhard Viktor (*1874), Alfons. Ankunft in New York am 5. 5. 1881.

Berta, Vaduz, *17. 7. 1875, †1924, E: Johann und Katharina, geb. Hartmann, A: Detroit, MI, USA, V: Paul Wildhaber

Risch Brigitte, Vaduz, *14. 3. 1936, E: Dr. Martin und Josefine, geb. Goop, A: 1966, New York, NY, USA, V: Arkadi Gerny, K: Christina Maria, Martin

Ferdinand, Schaan, *3. 9. 1842, †12. 4. 1892, E: Ferdinand und Maria, geb. Pfiffner, B: Maurer, A: 1867, Columbia, SC, USA, V: Katharina Bernardina Spiess, K: Ferdinand, Joseph, Martin Wilhelm, Margreth Rosina, Christina Wilhelmina, Bertha Barbara, Martin Robert. Kam 1874 mit zwei Kindern von Amerika zurück; lebte später in St. Margrethen (Kt. St. Gallen).

Gottlieb, Schaan, *1890, E: Gottlieb und Maria Ursula, geb. Frick, B: Weinvertreter, A: 1916, Flushing, NY, USA, V: ..., K: eines

Gottlieb, Triesen, *14. 6. 1898, E: Anton und Katharina, geb. Hoop, A: 1940, Sao Paulo, Brasilien, V: Anna Kindle, K: Erica Martha (*1927), Maria Melitta (*1929), Aloisia (*1933). Weilte 1960 zu Besuch in Liechtenstein und ging anschliessend nicht mehr nach Brasilien zurück.

Heinrich Karl, Eschen, *6. 12. 1882, E: Karl Paul und Elisabeth, geb. Schilling, A: USA. Wurde in Schmerikon (Kt. St. Gallen) geboren; zuständig nach Eschen; kam laut Auskunft s. Vaters bei einem Erdbeben ums Leben.

Johann Ferdinand Luwig, Schaan, *12. 4. 1904, †2. 1. 1985, E: Johann und Winifried, geb. Wiederin, B: Dreher, Textilarbeiter, A: 1925, Detroit, MI, USA, V: Maria Strobl, K: zwei. Weitergewandert nach Brimingham, MI; Heimatbesuche 1966 und 1968.

Joseph, Schaan, *20. 3. 1844, E: Mang und Elisabeth, geb. Konrad, A: 1861, USA

Joseph, Schaan, *3. 4. 1866, E: Gottlieb und Scholastika, geb. Quaderer, A: USA

Joseph, Vaduz, *1. 5. 1877, E: Johann und Katharina, geb. Hartmann, A: Granite City, IL, USA. Weitergewandert nach Detroit, MI.

Ritter Albert, Mauren, *22. 10. 1882, †1939, E: Matthias und Katharina, geb. Kaiser, B: Steinhauer, A: 1903, USA

Albert, Mauren, *14. 10. 1900, †11. 5. 1947, E: Dominikus und Maria Katharina, geb. Matt, A: 1922, USA, K: vier

Andreas, Mauren, *5. 9. 1856, E: Johann Georg und Adelheid, geb. Batliner, A: USA

Andreas Luzius, Eschen, *4. 3. 1849, †28. 5. 1913, E: Andreas und Anna Maria, geb. Oehri, B: Maurer und Weinbauer, A: 1868, Fourmiles (heute Melbourne), KY, USA, V: Mary Petronilla Schnabell, K: Joseph (*1876), Margaret (*1878), Augusta (*1880), Magdalena (*1882), Ferdinand (*1884), Christine (*1886), Marian (*1889), Andrew (*1891), Balbina (*1893), Bertha (*1897). Lt. Taufbuch lautet der Vorname Luzius Andreas; in den USA nannte er sich aber Andrew oder Andrew Lucius.

Gebhard, Mauren, *28. 8. 1859, E: Thomas und Katharina, geb. Alber, A: 1884, Wabash, IN, USA, V: Kreszenz Batliner

Hugo, Mauren, *1. 12. 1903, †20. 10. 1997, E: Johann und Rosina, geb. Batliner, B: Arbeiter, A: 1924, Vibank, SK, Kanada. Arbeitete zunächst als Holzfäller in Kanada; zog weiter nach Alaska, wo er mit Johann Thöny (s. d.) bei einer Seilbahn arbeitete. Die letzten Jahre arbeitete er auf einem Bauernhof in den USA. R: 1930

Johann Ferdinand, Eschen, *10. 1. 1863, †11. 6. 1941, E: Andreas und Anna Maria, geb. Oehri, A: 1882, Elmwood Place, OH, USA, V: Philomena Wagner, K: fünf. Abreise am 6. 2. 1882; Ankunft auf der Labrador in New York am 23. 2. 1882. Betrieb Zement- und Ziegelhandel in Cincinnati, OH.

Ludwig, Mauren, *24. 9. 1905, †2. 4. 1969, E: Eduard und Katharina, geb. Biedermann, B: Bäcker, A: 1927, Chicago, IL, USA, R: 1936

Ritter Maria Magdalena, Eschen, *3. 7. 1847, †27. 7. 1924, E: Andreas und Anna Maria, geb. Oehri, A: 1883, Fourmiles (heute Melbourne), KY, USA, V: Franz Josef Meier (s. d.). Zog später nach Elmwood Place, OH.

Otto, Mauren, *14. 3. 1901, †7. 6. 1950, E: Eduard und Katharina, geb. Biedermann, B: Bäcker, A: 1923, Hammond, IN, USA, V: Alwine Schreiber (s. d.), K: Eduard

Otto, Mauren, *1907, E: Johann und Rosina, geb. Batliner, A: USA

Rochus, Eschen, *29. 3. 1864, †1915, E: Andreas und Anna Maria, geb. Oehri, A: 1887, Fourmiles (heute Melbourne), KY, USA, V: Louise Fey, K: zwei. Wurde 1890 US-Bürger; zog später nach Elmwood Place, OH.

Rudolf, Nendeln, *22. 5. 1882, E: Franz Xaver und Theresia Kreszentia, geb. Batliner, A: Chicago, IL, USA, V: Elisabeth Nussbaum, K: Herta Elisa. Wahrscheinlich nach dem Tode seiner Frau (†25. 1. 1910) ausgewandert; lebte 1923 in Chicago.

Röckle Aloisia K., Schaan, *14. 1. 1940, E: Oskar und Maria, geb. Wenaweser, A: 1956, Belleville, IL, USA, V: Gilbert G. Ledee, K: Maria, Gilbert, Robert, Rita

Hedwig, Schaan, *27. 12. 1936, E: Oskar und Maria, geb. Wenaweser, B: Hausfrau, A: 1954, St. Louis, MO, USA, V: Donald F. Rickert, K: Linda, Donald, Nora

S

Schächle Franz Josef, Eschen, *9. 8. 1836, E: Matthäus und Anna Maria, geb. Öhri, A: 1883, USA

Rosina, Eschen, *29. 3. 1879, †2. 1. 1909, E: Johann Georg und Rosina, geb. Hasler, A: 1906, New York, NY, USA, V: Josef Gerner (s. d.), K: Elsie M. Rosina

Stephan, Eschen, *26. 4. 1860, †10. 10. 1927, E: Thomas und Maria Magdalena, geb. Marxer, B: Baumeister, A: 1877, Butler, KY, USA, V: Katharine Klein, K: Ferdinand, Stephen A.†, George William, John Thomas, Joseph, Allie H.†, Catherine, Charles Martin. Heirat 1884; zogen 1909 nach Elk City, OK.

Schädler Albert, Triesenberg, *26. 3. 1860, †20. 11. 1905, E: Christian und Theresia, geb. Batliner, B: Zimmermann, A: 1885, USA, R: 1887

Alois Alwin, Mauren, *10. 7. 1900, E: Hieronimus und Marie Rosine, geb. Heeb, A: 1920, Hammond, IN, USA, V: Cäcilia Hasler

August, Triesenberg, *5. 6. 1895, E: Franz Xaver und Anna Elisabeth, geb. Appenzeller, B: Zimmermann, A: 1923, Los Angeles, CA, USA, V: Marie Rosina Egeter, K: Alfred; ein weiterer Sohn und eine Tochter in USA geboren.

Gottlieb, Triesenberg, *17. 2. 1841, †23. 10. 1868, E: Josef und Josefa, geb. Hilbe, A: 1864, USA. Er kehrte 1868 nach Triesenberg zurück und starb drei Wochen später an «Lungenauszehrung».

Jakob Alfred, Triesenberg, *4. 9. 1898, E: Franz Xaver und Anna Elisabeth, geb. Appenzeller, A: 1925, USA

Johann Baptist, Triesenberg, *17. 2. 1899, E: Johann und Maria Anna, geb. Bühler, A: USA. Verschollen.

Margot, Triesenberg, *12. 7. 1947, E: Gerold und Oliva, geb. Sprenger, A: 1969, Ardsley, NY, USA, V: Alan Cooper, K: Christine (*1977), Thomas (*1978). Weilte 1971–1972 in Brampton, ON, Kanada, kehrte in die USA zurück und wohnte bis 1974 in Denver, CO, und dann bis zu ihrer Rückkehr nach Triesenberg (1977) in Norwalk, CT.

Schädler Philipp Albert, Nendeln, *30. 4. 1857, †6. 4. 1929, E: Philipp Albert und Anna Maria, geb. Gassner, B: Professor, A: 1881, Bardstown, KY, USA, V: ledig. Er wirkte während 12 Jahren an zwei Colleges in Kentucky und war ab 1894 Professor in klassischen Sprachen sowie Mathematik, Physik, Chemie im St. Stanislaus College in Chicago. Er starb in Altenstadt, Vlbg. R: 1924

Rita Maria, Eschen, *13. 6. 1935, E: Eugen und Elwina, geb. Hoop, A: 1969, New York, NY, USA, V: Volkmar Walsch. Wohnt seit ihrer Rückkehr (1975) in Deutschland.

Vinzenz, Triesenberg, *18. 9. 1834, †1907 Nizza, E: Johann und Josefa, geb. Lampert, A: USA, V: Nothburga Nägele, K: Maria, Josef, M. Johanna, Mathilde, Mathilde. Ging wahrscheinlich nach den Tode seiner Frau (1902) nach Amerika und soll 1907 in Nizza gestorben sein.

Schauer Bertha, Vaduz, *29. 12. 1860, †26. 5. 1953, E: Alois Joseph und Elisabeth, geb. Wolfinger, A: 1882, Milwaukee, WI, USA. Ankunft mit der Canada in New York am 4. 5. 1882. R: 1893

Ida, Vaduz, *27. 9. 1864, †13. 5. 1932, E: Alois Joseph und Elisabeth, geb. Wolfinger, A: 1882, Milwaukee, WI, USA. Ankunft am 4. 5. 1882 auf der Canada in New York. Sie starb in Triesenberg. R: 1886

Karl Albert, Vaduz, *2. 9. 1858, E: Alois Joseph und Elisabeth, geb. Wolfinger, A: 1882, St. Louis, MO, USA. Ankunft auf der Braunschweig in New York am 26. 5. 1882. Seit 1885 keine Nachricht; Verschollenheitserklärung des Landgerichts vom 1. 6. 1955.

Schierscher Anton, Schaan, *30. 7. 1944, E: Anton und Filomena, geb. Schädler, B: Funker, A: 1962, St. Harrisburg, PA, USA, K: Anton Jakob, Maria Theresa

Gebhart, Schaan, *24. 2. 1847, †16. 10. 1931, E: Anton und Ottilia, geb. Kaufmann, B: Steinmetz, A: 1882, Lidgerwood, ND, USA, V: Margareth Naser, K: Sophie, Emma, Bertha, Philip

Maria Anna, Schaan, *26. 7. 1825, E: Anton und Antonia, geb. Foser, A: 1863, USA

Theobald, Schaan, *24. 10. 1903, †1. 11. 1979, E: Anton und Lena, geb. Seger, B: Gipser, A: 1920, Tenstrike, MN, USA, V: Martha Datsch, K: Anton, Maxine, Alma, Donna. Er gründete ca. 1925 zusammen mit Heinrich Nipp (s. d.) in Longview, WA, ein Gipsereigeschäft.

Urban, Schaan, *27. 5. 1880, E: Lorenz und Salomea, geb. Schierscher, A: 1906, USA, V: Rosa Quaderer (s. d.)

Schlegel Ferdinand Eduard, Schaan, *1. 8. 1846, E: Johann Ferdinand und Josepha, geb. Schlegel, A: 1883, WI, USA, V: Maria Josepha Sieghart, K: Johann Ferdinand (1877–1880), Julius Ferdinand (*1878), Joseph Alois (*1881, s. d.), Maria Josepha (*1882, s. d.). 1883 wanderte er ohne seine Familie aus. 1887 kam er zurück und ging 1888 erneut nach Amerika; 1903 kam er ein zweites Mal nach Hause und wanderte 1905 mit seiner Tochter Maria endgültig nach Wisconsin aus. Der Sohn Joseph Alois folgte 1906.

Ferdinand Emil, Schaan, *1860, E: Wallburga Schlegel, A: 1882, USA

Franz Josef, Vaduz, *3. 8. 1835, E: Dr. med. Hannibal und Josepha, geb. Kupferschmied, A: 1860, USA, V: Theresia Nigg. Wohnte vor der Auswanderung in Kaltbrunn (Kt. St. Gallen); das Bezirksgericht Gaster (Kt. St. Gallen) leitete am 28. 5. 1952 die Todeserklärung ein.

Schlegel Franz Josef, Triesenberg, *16. 2. 1860, E: Maria Anna Notburga Schlegel, später verh. Brunhart, Balzers, A: USA
Franz Josef, Triesenberg, *11. 12. 1881, †12. 12. 1954, E: Johann Alois und Rosa, geb. Beck, A: 1907, USA. Er starb in Vaduz. R: 1909
Johann Urban, Nendeln, *25. 5. 1847, †6. 7. 1887, E: Alois und Kreszentia, geb. Marxer, B: Bauer, A: 1880, St. Louis, MO, USA. Ankunft in New York am 31. 5. 1880.
Josef Alois, Schaan, *18. 3. 1881, E: Ferd. Eduard und Maria Josepha, geb. Sieghart, A: 1906
Maria Josepha, Schaan, *19. 8. 1882, E: Ferd. Eduard und Maria Josepha, geb. Sieghart, A: 1905, WI, USA. Wanderte mit ihrem Vater Ferdinand Eduard (s. d.) aus.
Maximilian Baltasar, Vaduz, *17. 11. 1839, E: Dr. med. Hannibal und Josefa, geb. Kupferschmied, A: USA. Auswanderung ca. 1860–1870; das Bezirksgericht Gaster (Kt. St. Gallen) leitete am 28. 5. 1952 die Todeserklärung ein.

Schreiber Alwin, Mauren, *1. 7. 1904, E: Andreas (s. d.) und Agatha Louisa, geb. Meier, A: 1923, USA
Alwine, Mauren, *14. 11. 1902, †1986, E: Medart und Florentina, geb. Göppel, A: 1924, Hammond, IN, USA, V: Otto Ritter (s. d.). Weitergewandert nach Oak Lawn, IL.
Andreas, Mauren, *22. 10. 1873, †1932, E: Franz Joseph und Franziska, geb. Mündle, B: Landwirt und Maler, A: 1910, Hammond, IN, USA, V: Aloisia Meier, K: Louise (*1903), Alwin (*1904, s. d.), Maria (*1906), Arthur (*1907), Erna (*1908), 1. Auswanderung 1910 nach dem Tod der Ehefrau (†1908, bei der Geburt von Erna); Rückkehr 1920; 2. Auswanderung 1921 nach Hausbrand durch Föhnsturm; Rückkehr 1923.
Hans, Schaan, *25. 8. 1927, †22. 10. 1986, E: Johann und Emma, geb. Hemmerle, B: Elektriker, A: 1948, Port Alberni, BC, Kanada, V: ledig
Leo, Schaan, *9. 7. 1898, E: Josef und Amalia, geb. Jehle, B: Hilfsarbeiter, A: 1920, Tenstrike, MN, USA. Er starb in Detroit.
Leo, Schaanwald, *12. 2. 1920, †27. 9. 1987, E: Josef und Maria, geb. Hundertpfund, B: Kaufmann, A: 1947, Ladysmith, BC, Kanada, V: Ellen Buckham, K: keine. Führte ein Spirituosengeschäft.
Maria Theresia, Vaduz, *8. 12. 1830, E: Theresia Schreiber, A: 1853, USA
Michael I., Mauren, *31. 7. 1796, E: Johann Jacob und Magdalena, geb. Marxer, B: Steinhauer, A: 1852, Guttenberg, IA, USA, V: Magdalena Matter, K: Michael II. (s. d.). Mit ihrem Sohn ausgewandert; Ankunft mit der Jersey in New Orleans am 7. 5. 1852.
Michael II., Mauren, *13. 3. 1826, E: Michael I. und Magdalena, geb. Matter, A: 1852, Guttenberg, IA, USA. Zog weiter nach Wabash, IN, wo er 1854 um die amerikanische Staatsbürgerschaft nachsuchte.
Richard, Schaan, *11. 12. 1901, †4. 9. 1965, E: Josef und Amalie, geb. Jehle, B: Landarbeiter, A: 1921, USA, V: ledig, R: 1934

Schurte Ernst, Triesen, *19. 4. 1922, E: Jakob und Franziska, geb. Miller, B: Qualitätskontrolleur, A: 1948, Chicago, IL, USA, V: 1. Catherine Loch (†1980), 2. Alice Gstöhl, K: keine. Zog später nach Woodstock, IL. R: 1969
Johann Christoph, Triesen, *27. 1. 1845, E: Sebastian und Ursula, geb. Welti, A: 1865, USA
Joseph Michael, Triesen, *6. 12. 1818, E: Johann Baptist und Franziska, geb. Sprenger, B: Steinhauer, A: 1860, OH, USA

Schurte Paula, Triesen, *1. 11. 1906, †19. 10. 1963, E: Jakob und Franziska, geb. Miller, A: 1930, New York, NY, USA, V: Gerhard Barbier (s. d.)

Samuel, Triesen, *2. 6. 1847, E: Sebastian und Ursula, geb. Welti, A: 1865, USA. Lebte 1866 wieder in Bayern.

Schurti Margaretha, geb. Speich, Triesen, *13. 4. 1847, †5. 6. 1900, A: Springville, Adams Co., WI, USA, V: Johann Schurti (†1894), K: Maria, Margaretha. Wanderte als Witwe mit ihren Töchtern aus.

Salomea, Triesen, *28. 4. 1850, E: Sebastian und Ursula, geb. Welti, A: 1870, USA

Seger Armin, Vaduz, *9. 7. 1903, E: Alois und Berta, geb. Real, B: Kellner, A: 1926, Chicago, IL, USA, V: ..., K: Robert, Rudolf, Evelyn. Er arbeitete nur in den besten Hotels von Chicago.

Bruno, Vaduz, *19. 4. 1887, E: Ferdinand und Katharina, geb. Steiner, A: Argentinien

Egon, Vaduz, *26. 6. 1898, †1975, E: Alois und Berta, geb. Real, B: Maler, A: 1920, Chicago, IL, USA, V: Anna Lobel, K: zwei. Er zog in den frühen 30er Jahren von Chicago nach New York, wo er ein Appartmenthaus kaufte, das er vermietete. Er arbeitete in New York weiterhin als Maler.

Fritz Oskar, Vaduz, *5. 3. 1929, †15. 6. 1996, E: Oskar und Mina, geb. Geiger, B: Ingenieur, A: 1956, Erie, PA, USA, V: Hedwig Emma Beck, K: Roland, Doris, Mark, Sylvia, Dennis. Zog 1977 nach Mission Viejo, CA.

Joseph Anton, Vaduz, *21. 3. 1779, †1867, E: Johann und Anna Maria, geb. Laternser, B: Baumeister und Architekt, A: Pittsburgh, PA, USA. Er hinterliess ein Vermögen von 124'000 Dollars; Bemühungen des Landgerichts, die Erbschaft nach Liechtenstein zu bringen, blieben offensichtlich erfolglos.

Karl, Vaduz, *7. 6. 1901, †1945, E: Alois und Berta, geb. Real, B: Kellner, A: 1921, Chicago, IL, USA, V: ..., K: eines. Er arbeitete als Kellner in Chicago, zuletzt im Sherman.

Ludwig, Vaduz, *18. 2. 1855, †14. 6. 1919, E: Johann Josef und Elisabeth, geb. Laternser, A: NJ, USA, V: Cäcilia Schnitzler, K: Ludwig (*1893), Wilhelm†, Maria Elisabeth (*1896), Johann Joseph†, Johann (*1901), Wilhelm (*1902)

Oskar Felix, Vaduz, *4. 12. 1895, †27. 10. 1954, E: Johann Baptist und Olga, geb. Real, B: Koch, A: 1920, Buenos Aires, Argentinien, V: Philomena Geiger, K: Fritz Oskar (s. d.), Horst, Elfriede. Arbeitete als Landarbeiter in Tucuman und als Käser in Mercedes; zog nach der Rückkehr aus Argentinien nach Augsburg und Heilbronn und lebte ab 1946 in Vaduz. R: 1926

Rudolf, Vaduz, *23. 1. 1872, †30. 10. 1951, E: Franz Josef und Walburga, geb. Beck, B: Schreiner und Zimmermann, A: 1904, St. Louis, MO, USA, V: Bertha Walch, K: Eduard (*1901), Anna Maria (*1902), Raymund (*1905), Rose (*1906), Louise (*1908), Rudy (*1912), Elsie (*1916). Er wanderte zu Franz Josef Gassner (s. d.) und arbeitete bei der Weltausstellung in St. Louis; 1905 Rückkehr nach Liechtenstein, um seine Familie in die USA zu holen.

Rupert, Vaduz, *14. 3. 1875, †1948, E: Franz Josef und Waldburga, geb. Beck, B: Schreiner, A: AZ, USA. War 10 bis 15 Jahre in Arizona und zog dann nach St. Louis, MO, wo er mit der Familie seines Bruders Rudolf (s. d.) lebte. Er arbeitete als Schreiner bei der Schulbehörde und hatte daneben eine kleine Farm.

Sele Emil, Vaduz, *22. 7. 1902, †1955, E: Adolf und Maria Anna, geb. Vallaster,
B: Modellschreiner, A: 1922, St. Louis, MO, USA. Bürger von Triesenberg.

Emilian, Dr., Triesenberg, *17. 1. 1847, †29. 1. 1918, E: Josef und Josefa,
geb. Beck, B: Priester, A: 1876, Louisville, KY, USA. Ausgewandert auf
Einladung des Bischofs von Louisville, wo er Professor am Priesterseminar Preston Park wurde. Von dort zog er nach Cincinnati, OH, wo er
von 1876–1918 als Professor am Priesterseminar Mount St. Mary wirkte.

Frieda, Vaduz, *15. 3. 1932, E: David und Kreszenz, geb. Aigner, A: 1954,
Port Alberni, BC, Kanada, V: Otto Falk (s. d.)

Josef, Triesenberg, *11. 4. 1900, †20. 5. 1975, E: Gottlieb und Theresia,
geb. Lampert, A: 1921, Wabash, IN, USA, V: Erna Haas, des Benedikt
(s. d.), K: Helen, Elisabeth, Theresa. Arbeitete eine Zeit lang in Chicago.
Während der Depression kehrte er nach Wabash zurück.

Konrad, Triesenberg, *26. 11. 1911, E: David und Theresia, geb. Beck,
B: Koch, A: 1930, Los Angeles, CA, USA, V: Margaretha Anna Kälin,
K: Fancis David, Marianne Theresa, Anthony. Im 2. Weltkrieg war er in
der US-Army und besuchte als Soldat Triesenberg. Arbeitete während
mehr als 40 Jahren als Koch im California Hospital Medical Center in Los
Angeles, zuletzt als Küchenchef.

Kreszentia, Triesenberg, *15. 2. 1816, E: Xaver und Maria Anna, geb. Eberle,
A: 1850, Freeport, IL, USA, V: Xaver Lampert (s. d.)

Rita, Triesenberg, *17. 12. 1963, E: Paul und Dorli, geb. Beck, B: Kauf-
männische Angestellte, A: 1985, Montreal, Kanada, PQ, V: Stewart
McLean (gesch.), K: Samantha, Dylan, R: 1992

Senti Franz Josef, Mauren, *3. 10. 1811, †1877, E: Michael und Elisabeth, geb.
Biedermann, B: Bauer, A: 1851, Guttenberg, IA, USA, V: Maria Barbara
Biedermann, K: Katharina (*1837), Felizitas (*1839), Aloisia (*1849),
Albertina, Christina. Sechs weitere Kinder starben in Mauren bereits vor
der Auswanderung. Ankunft mit der Lexington in New Orleans am
7. 4. 1851. Auf der Passagierliste sind als Kinder Katharina und Franzisca
vermerkt.

Maria Anna, Mauren, *19. 2. 1814, E: Johann und Philippina, geb. Kieber,
A: 1865, USA

Sprenger Anna, Vaduz, †1973, E: Ferdinand und Lina, geb. Birri, A: 1927, Milwaukee,
WI, USA, V: Julius Frick (s. d.), R: 1933

Elisabeth, Vaduz, *7. 1. 1908, E: Ferdinand und Lina, geb. Birri, A: 1929,
Milwaukee, WI, USA, V: Adolf Batliner (s. d.). Weitergewandert nach
Chicago, IL.

Hedwig, Vaduz, E: Ferdinand und Lina, geb. Birri, A: 1929, Milwaukee, WI,
USA, V: Jakob Maurer

Peter, Triesen, *31. 10. 1838, E: Johann und Anna Maria, geb. Erni, A: USA,
V: Emilia Hebeisen, K: Orsolina (*1872). Ging ohne Familie; wurde am
20. 10. 1907 als tot erklärt.

Peter, Triesen, *24. 4. 1942, E: Alois und Melanie, geb. Barbier,
B: Mechaniker, A: 1966, Winnipeg, MB, Kanada, V: Nora, K: Arni, Wessely

Rosmarie, Triesen, *25. 1. 1935, E: Alois und Melanie, geb. Barbier,
B: Krankenpflegerin, A: 1955, Chicago, IL, USA, V: Peter Haase, K: York,
Nik. Zog von Chicago nach Lexington, KE; heute in Boca Raton, FL.

Strub Johann Anton, Nendeln, *14. 6. 1806, E: Franz Joseph und Rosina,
geb. Frommelt, A: 1852, Guttenberg, IA, USA, V: Maria Ursula Matt,
K: Rosina (*1833), Franz Joseph (*1847). Ankunft in New Orleans mit der
Jersey am 7. 5. 1852.

Joseph Anton, Vaduz, *28. 5. 1824, E: Franz und Anna Maria, geb. Beck,
A: 1852, USA, V: Franziska Tschofen, K: Katharina, Adelheid, Joseph
Anton. Ankunft mit der Jersey in New Orleans am 7. 5. 1852; die Kinder
Adelheid und Joseph Anton sind auf der Passagierliste nicht vermerkt.

Meinrad, Nendeln, *1. 4. 1829, E: Andreas und Theresia, geb. Öhri,
A: USA. Bei der Abhandlung über das Erbe seines Vaters (1864) war
Meinrad Strub in Nendeln; er muss nachher ausgewandert sein.

Theresia, Vaduz, *16. 10. 1819, E: Franz Josef und Anna Maria, geb. Beck,
A: USA, V: Joh. Bartholomäus Kirri. Heiratete 1840 in Sargans und
wanderte mit ihrem Mann aus.

T

Thöny Franz, Balzers, *13. 2. 1942, E: Gebhard und Emma, geb. Kindle, B: Bauer,
A: 1979, Auburn, ON, Kanada, R: 1985

Gebhard, Vaduz, *24. 6. 1938, E: Gebhard Rudolf und Anna, geb. Thöny,
A: Toronto, ON, Kanada, V: Livia Rita Tretjakewitsch, K: Miriam, Andrea,
John Edward

Johann, Schaanwald, *18. 9. 1903, †13. 4. 1996, E: Josef und Paulina,
geb. Matt, B: Landwirt, A: 1924, Prince George, BC, Kanada, V: Elisabeth
Söllner, K: Eldrid, Leonard, Adina, Ernst. Wanderte 1924 nach
Saskatchewan aus und kehrte 1930 nach Liechtenstein zurück. Zweite
Auswanderung 1931 nach Prince George, BC; Rückwanderung 1934.
Endgültige Auswanderung 1937 nach Prince George.

Maria Cäcilia Karolina, Nendeln, *22. 11. 1902, E: Johann Peter und
M. Aloisia, geb. Grissemann, A: 1927, New York, NY, USA

Norma, Schaan, *10. 2. 1936, E: Arnold und Fanny, geb. Batliner,
A: 1961, Allentown, PA, USA, V: Rudolf Vögele, K: zwei

Pauline, Vaduz, *26. 5. 1897, E: Johann und Maria, geb. Thöny, A: 1921,
Milwaukee, WI, USA, V: 1. Otto Flaig, 2. Walter Schwitzer, K: 1. Otto, Betty

Tschetter Carl Alexander, Schaan, *23. 3. 1846, †29. 1. 1895, E: Johann und Anna,
geb. Klauser, A: 1873, Pittsford, NY, USA, V: Kate Lena Goodnight,
K: keine

Heinrich Johann, Schaan, *31. 8. 1843, E: Johann und Anna, geb. Klauser,
A: 1872, Mendon, NY, USA

Joseph, Schaan, *22. 10. 1815, †19. 1. 1878, E: Johann und Anna, geb. Walser, A: 1850, Dubuque, IA, USA. Ankunft auf der Baltimore in New York am
27. 9. 1850. R: 1871

Leo, Schaan, *21. 2. 1858, E: Johann und Anna, geb. Klauser, A: Lucille,
Choteau Co., MT, USA

Maria, Schaan, *29. 4. 1856, E: Johann und Anna, geb. Klauser, A: 1874,
USA

Tschol Engelbert, Balzers, *17. 10. 1863, E: Joseph und Kreszentia, geb. Gstöhl,
B: Maurer, A: 1881, Dubuque, IA, USA. Zusammen mit seinem Bruder
Johann Baptist (s. d.) ausgewandert; Ankunft auf der Canada in New York
am 7. 4. 1881.

Franziska, Balzers, *30. 10. 1860, E: Joseph und Kreszentia, geb. Gstöhl,
B: Dienstmagd, A: 1881, Dubuque, IA, USA. Ankunft in New York am
13. 4. 1881.

Tschol Franziska Hedwig, Balzers, *26. 10. 1825, E: Johann Baptist (s. d.) und Katharina, geb. Foser, A: 1845, St. Louis, MO, USA, V: ... Fluchs

Johann Baptist, Balzers, *25. 6. 1797, †20. 1. 1884, E: Franz Joseph und Gertrud, geb. Bürzle, B: Bauer, A: 1855, Guttenberg, IA, USA, V: 1. Katharina Foser, 2. Katharina Frick, K: Theresia, M. Juliana, Franziska Hedwig, Scholastika Appolonia, Joseph, Ignaz, Alois Bernhard, Johann Baptist. Nach dem Tod der zweiten Frau zusammen mit seinen vier Söhnen ausgewandert; folgte seiner Tochter Theresia, die mit Franz Michael Vogt (s. d.) verheiratet war. Am 9. 9. 1867 suchte er in Elkader, Clayton Co., IA, um die amerik. Staatsbürgerschaft an.

Johann Baptist, Balzers, *18. 7. 1851, E: Joseph und Kreszentia, geb. Gstöhl, A: 1881, Dubuque, IA, USA, V: Katharina ..., K: vier. Ankunft auf der Canada in New York am 7. 4. 1881.

Joseph, Balzers, *15. 2. 1847, E: Joseph und Kreszentia, geb. Gstöhl, A: 1881, Dubuque, IA, USA, V: Regina Kaufmann, K: Franz Joseph, M. Regina, Kreszentia, Johann, M. Regina, Franziska, Maria Regina, Katharina

Joseph Felix, Balzers, *13. 9. 1833, †17. 3. 1904, E: Johann Baptist (s. d.) und Katharina, geb. Foser, B: Bauer, A: 1855, Guttenberg, IA, USA, V: Elizabeth Legesen. Wanderte zusammen mit seinem Vater und seinen minderjährigen Brüdern Ignaz, Bernhard und Joh. Baptist aus.

Maria Juliana, Balzers, *25. 5. 1824, †16. 12. 1900, E: Johann Baptist (s. d.) und Katharina, geb. Foser, A: 1845, Dubuque, IA, USA, V: Franciscus Fischler. Wahrscheinlich mit Franz Michael Vogt (s. d.) ausgewandert. Zog später zu ihren Angehörigen nach Guttenberg. Starb in Patch Grove, WI.

Peter, Balzers, *30. 8. 1854, E: Joseph und Kreszentia, geb. Gstöhl, B: Taglöhner, A: 1881, Dubuque, IA, USA

Scholastica Appolonia, Balzers, *11. 2. 1827, E: Johann Baptist (s. d.) und Katharina, geb. Foser, A: 1850, USA, V: ... Steffen. Ankunft auf der Baltimore in New York am 27. 9. 1850.

U

Uehle Franz Joseph, Mauren, *20. 8. 1822, †5. 9. 1893, E: Martin und Maria Agatha, geb. Ritter, B: Bauer, A: 1865, Guttenberg, IA, USA, V: Maria Anna Matt, K: Joseph (*1852), Rosa (*1854), Anna (*1859), Johann (*1862), Jacob (*1866). Wurde 1874 US-Bürger. Die Eltern wanderten mit Jacob 1883 weiter nach Danbury, IA.

V

Vedana Jolanda, Schaan, *14. 2. 1952, E: Hans und Hildegard, geb. Müller, B: Hausfrau, A: 1980, Greenwich, CT, USA, V: James Charles Messenger, K: Peter, Mark, Andrew, R: 1991

Verling Margaretha, Vaduz, *1. 11. 1933, E: Johann und Maria, geb. Morscher, B: Ordensschwester, A: 1957, Canoinhas, Brasilien. Franziskaner-Missionsschwester seit 1955, nach ihrer Rückkehr (1970) in Liechtenstein als Lehrerin tätig.

Vogt Adolf, Balzers, *17. 8. 1868, E: Josef Anton und Bertha, geb. Wolfinger, B: Knecht, A: USA

Andreas, Balzers, *30. 11. 1819, E: Hans Ulrich und Ottilia, geb. Vogt, A: 1845, Dubuque, IA, USA. Wurde tot erklärt.

Vogt Anna, Balzers, *11. 8. 1875, †8. 3. 1928, E: Franz Josef (s. d.) und Elisabeth, geb. Nutt, B: Hausfrau, A: 1902, Guttenberg, IA, USA, V: Alois Frommelt (d. Casimir, s. d.), K: Leo, Agatha, Marie, Martha, Elizabeth, Agnes, Agatha, Alois, Rosemary. Nach dem Tod ihrer Mutter wanderte der Vater 1881 nach USA aus und liess seine Tochter als 27-jährige nachkommen; Heirat 1904 in Guttenberg; zog später nach Dubuque, IA.

Anna Maria, Balzers, *8. 10. 1861, E: Johann Baptist und Elisabeth, geb. Rheinberger, A: 1881, USA. Ankunft auf der Labrador in New York am 13. 4. 1881.

Anton, Balzers, *22. 10. 1868, E: Anton und Helena, geb. Erne, A: San Francisco, CA, USA

Arthur, Balzers, *4. 8. 1927, E: Andreas und M. Barbara, geb. Bischof, B: Koch, A: 1948, Montreal, PQ, Kanada, V: Ida Anders, K: Andrew. War ca. ein Jahr in Kanada, anschliessend ca. 10 Jahre in Phoenix, AZ, und später in Las Vegas, NV, von wo er 1971 nach Liechtenstein zurückkehrte; führt nun das Hotel Römerhof in Balzers.

Barbara, Balzers, *2. 3. 1828, E: Hans Ulrich und Ottilia, geb. Vogt, A: USA

Caspar Domini, Balzers, *5. 1. 1826, E: Gregor und Rosalia, geb. Burgmayer, A: 1855, USA

Christina Lucia, Balzers, *24. 12. 1834, E: Alois und Franziska, geb. Kindle, A: 1852, USA

Crescentia, Balzers, *25. 6. 1859, E: Josef Anton und Theresia, geb. Nigg, A: 1873, Mountainhome, PA, USA. Als Minderjährige zusammen mit ihren Geschwistern ausgewandert.

Elisabeth Cäcilia Agatha, Balzers, *8. 1. 1827, E: Johann Baptist und Magdalena, geb. Foser, A: 1851, USA, V: Johann Foser. Ankunft mit der Lexington in New Orleans am 7. 4. 1851.

Ferdinand, Balzers, *1. 2. 1829, †2. 3. 1861, E: Joseph und Anna Maria, geb. Michler, A: USA

Ferdinand, Balzers, *31. 7. 1863, E: Johann Georg und und Crescentia, geb. Frick, A: 1881, Dubuque, IA, USA, V: Katharina Frick, K: Vinzentius, Alois. Ankunft auf der Canada in New York am 7. 4. 1881. Kehrte nach einigen Jahren nach Liechtenstein zurück; 1894 erneute Auswanderung mit Frau und Kindern nach Wabasha, MN.

Ferdinand Viktor, Balzers, *6. 9. 1841, E: Johann und Barbara, geb. Nigg, A: Dubuque, IA, USA, V: Katharina Frick, K: Barbara Viktoria (*1885)

Franz Joseph (Frank), Balzers, *18. 8. 1849, †28. 11. 1932, E: Franz Josef und Katharina, geb. Frick, B: Steinhauer, A: 1881, Guttenberg, IA, USA, V: 1. Elisabeth Nutt; 2. Katharina Keller, K: 1. Maria Anna. Ankunft mit der France in New York am 23. 3. 1881. Er wanderte als Witwer ohne seine Tochter Anna (s. d.) aus, liess sie 1902 jedoch nachkommen; zog später von Guttenberg nach Dubuque.

Franz Michael, Balzers, *30. 6. 1822, †18. 4. 1878, E: Franz Michael Vogt Kreszentia, geb. Nigg, A: 1845, Dubuque, IA, USA, V: Maria Theresia Tschol, K: Franz Michael (1844–47), Johann Baptist (*1847), Katharina (*1851), Franz (*1854), Bertha (*1857), Carolina (*1859). Zog weiter nach Guttenberg, IA, und Bloomington, WI, das gegenüber Guttenberg am anderen Mississippi-Ufer liegt.

Gebhard, Balzers, *5. 7. 1843, E: Joseph Franz und Elisabeth, geb. Brunhart, B: Schreiner, A: 1969, Liberty, IN, USA. Ankunft auf der Sammaria in New York am 8. 4. 1869.

Vogt Georg, Balzers, *8. 7. 1860, E: Johann Jakob und Elisbeth, geb. Brunhart, B: Schreiner, A: 1881, USA, V: …, K: Heinrich. Ankunft auf der Canada in New York am 7. 4. 1881.

Heinrich J. Magnus, Balzers, *6. 9. 1832, E: Johann Baptist und Magdalena, geb. Foser, A: 1850, USA. Ankunft mit der Fides in New Orleans am 23. 4. 1850.

Jakob Ulrich, Balzers, *26. 6. 1854, E: Josef Anton und Theresia, geb. Nigg, A: 1873, Mountainhome, PA, USA. Als Minderjähriger zusammen mit seinen Geschwistern ausgewandert.

Johann Baptist, Balzers, *30. 7. 1821, E: Franz Michael und Kreszentia, geb. Nigg, A: 1850, Guttenberg, IA, USA. Ankunft mit der Fides in New Orleans am 23. 4. 1850.

Johann Baptist, Balzers, *26. 1. 1871, E: Johann Baptist und Josefa, geb. Brunhart, A: Naperville, IL, USA

Johann Georg, Balzers, *26. 4. 1849, †6. 12. 1906, E: Christian und Eva, geb. Foser, B: Schuhmacher, A: 1890, Dubuque, IA, USA, V: 1. Katharina Büchel; 2. Josepha Wille (d. Anton s. d.), K: 1. : Simon (*1877), Lena (*1879), Georg (*1880), Katharina (*1881), 2. : Josef (*1882), Mary (*1884), Johann (*1886), Theresa (*1890), Regina (*1896). Reiste mit Sohn Simon nach USA, wo er eine Schuhmacherei betrieb; 1892 schickten sie der Mutter das Reisegeld und liessen sie mit den übrigen sieben Kindern nachkommen.

Joseph, Balzers, *1. 7. 1837, E: Paulus und Katharina, geb. Nigg, B: Maurer, A: USA

Joseph, Balzers, *15. 1. 1859, †1940, E: Ferdinand und Luise, geb. Neff, B: Steinhauer, A: 1881, Dubuque, IA, USA, V: Augusta Olendorf, K: Amanda, William, John Heinrich, Ferdinand, Rosalia, Klara Louisa. Ankunft auf der Labrador in New York am 13. 4. 1881. Wanderte 1884 nach Guttenberg, IA, weiter, wo er sein eigenes Bauunternehmen gründete.

Joseph Anton, Balzers, *6. 11. 1838, †19. 4. 1896, E: Josef Anton und Theresia, geb. Nigg, A: 1873, Mountainhome, PA, USA. Erblindete und starb in Canadensia, PA, an Magenkrebs.

Katharina Anna Maria, Balzers, *29. 10. 1843, †29. 11. 1898, E: Josef Anton und Theresia, geb. Nigg, A: 1873, Mountainhome, PA, USA, V: John Hoke. Gestorben in Canadensis, PA.

Klara (Sr. Norbertha), Balzers, *1845, †1919, E: Josef und Marianne, geb. Michler, B: Ordensschwester, A: 1869, Maria Stein, OH, USA. Hausschwester in der Schwesterngemeinschaft von Grünwald, OH.

Lorenz Anton, Balzers, *10. 8. 1841, †12. 3. 1894, E: Paulus und Katharina, geb. Nigg, B: Maurer, A: 1881, Dubuque, IA, USA. Ankunft auf der Canada in New York am 7. 4. 1881. Grabinschrift Mt. Clavary-Friedhof Dubuque in deutscher Sprache: «Hier ruht Lorenz Vogt, geb. zu Balzers, Fürstentum Liechtenstein, 1841, gest. 12. März 1894, R. I. P. »

Magdalena, geb. Steger, Balzers, *1852, E: Joseph J. A. Ulrich und Maria, geb. Vogt, A: 1880, USA, V: Joachim Lorenz Vogt (†1883), K: Juliana, Johann. Wanderte mit den beiden Kindern aus. Juliana starb 1895 in Racine, WI. Johann, vulgo «Amerikaner Hanseli», kehrte 1928 mit seiner Frau Rosa, geb. Wolfinger (s. d.), aus Chicago nach Liechtenstein zurück.

Maria, Balzers, *1848, A: 1881, USA, V: …

Otto, Schaan, *31. 10. 1925, E: Josef und Klara, geb. Dünser, B: Automechaniker, A: 1952, Calgary, AB, Kanada, V: Rosmarie Hilti (s. d.), K: Marietheres, Henriette, Kathryn

Vogt Simon, Balzers, *3. 6. 1865, †1937, A: Dubuque, IA, USA, V: Margareth ...,
K: Simon P.†, Rose, George, Emil

Theodor, Balzers, *3. 12. 1870, E: Josef Anton und Bertha, geb. Wolfinger,
B: Knecht, A: USA

Theresia, Balzers, *24. 9. 1867, †1900, E: Johann Jakob und Barbara,
geb. Nigg, A: Dubuque, IA, USA, V: Johann Nutt (s. d.)

W

Wachter Andreas, Schaan, *23. 3. 1836, E: Andreas und Magdalena, geb. Hilti,
A: 1866, USA

Elisabeth, geb. Kress, Schaan, *27. 1. 1847, A: 1883, USA, V: Ludwig Wachter
(s. d.), K: Maria Katharina. 1883 bewilligte ihr der Gemeinderat Schaan
9 Gulden als Reiseunterstützung nach Amerika; Ankunft in New York am
24. 11. 1883. Wahrscheinlich blieb die Tochter in Schaan, da das FB den
25. 4. 1885 als Todestag vermerkt.

Emil, Vaduz, *19. 5. 1922, E: Anton und Amalie, geb. Walch, B: Koch,
A: 1949, Los Angeles, CA, USA

Johann, Schaan, *8. 7. 1833, E: Andreas und Magdalena, geb. Hilti,
A: 1866, USA

Johann Peter, Schaan, *11. 10. 1849, E: Johann und Maria Ursula, geb.
Carigiet, B: Kaufmann, A: 1870, Cumberland, Barron Co., WI, USA. Er
kam 1881 nach Liechtenstein zurück und nahm bei seiner Rückreise 1882
weitere Auswanderer mit.

Ludwig, Schaan, *6. 3. 1842, E: Andreas und Magdalena, geb. Hilti, A: USA,
V: Maria Elisabeth Kress, K: Maria Katharina. Ging ohne Familie nach
Amerika; seine Frau Elisabeth (s. d.) folgte ihm 1883.

Walter, Schaan, *2. 4. 1925, E: Stefan und Maria, geb. Stohr, B: Fotograf,
A: 1948, Venezuela, V: Maria Wenaweser, K: Manuela (*1954), Daniel
(*1957), R: 1957

Walch Alfred, Ruggell, *1916, †1967, E: Sebastian und Franziska, geb. Heeb,
A: 1939, Brasilien, V: ledig, R: 1953

Alois, Ruggell, *1802, E: Sebastian und Dorothea, geb. Öhri, B: Bauer,
A: 1847, USA, V: Katharina Büchel, K: Sebastian

Anton, Vaduz, *14. 6. 1935, E: Emil und Elisabeth, geb. Vogt, A: 1955,
St. Louis, IL, USA, V: ..., K: vier

Emil, Vaduz, *3. 11. 1926, †10. 11. 1996, E: Emil und Elisabeth, geb. Vogt,
B: Schreiner und Zimmermann, A: 1948, St. Louis, MO, USA, V: 1. Mary
L. Holler; 2. Levanda Hendson, K: Edward (*1952), Donna (*1958), Emil
(*1963), Nancy (*1965), Susan (*1967), Karin (*1970). Er baute Bowling-
bahnen; erste Frau starb 1978, zweite Frau starb 1992.

Frieda, Mauren, E: Kreszentia Kieber, geb. Walch, A: 1929, USA, V: Walter
Jensen. Ihre Mutter war die zweite Ehefrau von Theodor Kieber, Vater des
Johann Alois (Louis, s. d.).

Josef, Ruggell, *1795, †1880, E: Sebastian und Dorothea, geb. Öhri, A: 1855,
Guttenberg, IA, USA, V: Martha Büchel, K: Maria Anna, Andreas, Johann,
Sebastian, Martha, Franz Josef, Magnus. Er beantragte am 29. 6. 1863
die US-Staatsbürgerschaft.

Margrith, Ruggell, *1955, E: Johann und Berta, geb. Büchel, B: Kaufm. Angestellte, A: 1974, Caledon East, ON, Kanada, V: Hans Christen

Sebastian, Ruggell, *1813, E: Sebastian und Dorothea, geb. Öhri, A: 1855,
Monona, IA, USA. Beantragte 1870 die US-Staatsbürgerschaft.

Walch   Sebastian, Ruggell, *1832, E: Alois und Katharina, geb. Büchel, A: 1855, Clayton Co., IA, USA, V: Maria ..., K: Celia, Mary, Herman, Mona. Wanderte 1847 mit seiner Familie nach Kempten aus; arbeitete dann in der Ganahl'schen Fabrik in Feldkirch und zog 1855 nach Amerika.

Walser   Amantia Augusta geb. Kaufmann, Schaan, *4. 10. 1810, E: Bartholomäus und Anna Maria, geb. Andres, A: 1874, USA, V: Johann Walser, K: Elisabeth, Matthäus Joseph (s. d.). Sie wanderte 1874, nach dem Tode ihres Mannes, zusammen mir der Familie ihrer Tochter (s. Goldner Johann Nepomuk) aus.

Egon, Schaan, *10. 1. 1903, E: Ferdinand und Maria, geb. Ritter, B: Elektroingenieur, A: 1923, Pontiac, MI, USA, V: Gerda M. Klütz, K: zwei

Elfriede, Schaan, *6. 1. 1933, †17. 1. 1974, E: Karl und Resi, geb. Jehle, B: Hausfrau, A: 1962, New York, NY, USA, V: Larry Bernhard, K: drei. Wurde in ihrem Haus ermordet.

Gertrud, Schaan, *5. 3. 1936, E: Alfons und Hermine, geb. Schweiger, B: Verkäuferin, Buchhalterin, A: 1957, Ottawa, ON, Kanada, V: Karl Richter, K: Barbara, Caroline. Sie erhielt einen Auswanderungsbeitrag von Fr. 600.– (1/2 Land, 1/2 Gemeinde).

Helga, Schaan, *14. 11. 1939, E: Alfons und Hermine, geb. Schweiger, B: Hausfrau, A: 1960, Ottawa, ON, Kanada, V: Willy Stübig, K: Thomas, Werner, Monica, Heidemarie. Tochter Heidemarie in Deutschland geboren. Sie erhielt einen Auswanderungsbeitrag von Fr. 600.– (1/2 Land, 1/2 Gemeinde); 1962 nach Montreal, 1964 nach New York, seit 1968 in Deutschland.

Joseph, Schaan, E: ... und Maria, geb. Rederer, A: 1864, Wabash, IN, USA

Matthäus Joseph, Schaan, *21. 9. 1852, E: Johann und Amantia, geb. Kaufmann, A: 1873, USA

Wanger   Aloisia, Schaan, *18. 5. 1876, E: Leo (s. d.) und Walburga, geb. Schlegel, A: St. Louis, MO, USA, V: Emil Gassner (s. d.). Ging zunächst nach Frankreich und dann um 1905 in die USA; Heirat 1906.

Andreas, Eschen, *27. 3. 1841, E: Sebastian und Kreszentia, geb. Hasler, B: Zimmermann, A: 1865, Dubuque, IA, USA, V: Katharina ..., K: Katharina, Andreas, John. Ankunft auf der Columbia in New York am 30. 10. 1865.

Arthur Johann, Schaan, *7. 9. 1901, †16. 9. 1973, E: Jakob und Agnes, geb. Stohr, B: Landwirt, A: 1920, Mercedes, BA, Argentinien, V: Martha Weber, K: Agnes Erna, Karl Arthur, Hans Nobert, Helene Luise, Rudolf Walter, Martha Esther. Arbeitete in den ersten Jahren an verschiedenen Orten und liess sich schliesslich in San Mayol, im Süden Argentiniens, nieder.

Augustin, Schaan, *28. 8. 1854, E: Stephan und Maria Anna, geb. Hoop, A: 1882, Portage Co., OH, USA

Bruno, Schaan, *28. 3. 1944, †19. 8. 1995, E: Jakob und Rosina, geb. Ospelt, B: Kaufmann, A: 1970, Toronto, ON, Kanada, V: Maya Rejhon, K: Gregory (*1978). Besass in Toronto ein Reisebüro.

Franz Josef, Eschen, *31. 12. 1866, E: Johann Georg und Magdalena, geb. Hasler, A: 1883

Franz Martin, Eschen, *9. 10. 1864, E: Johann Georg und Magdalena, geb. Hasler, A: 1883, Council Bluffs, IA, USA

Helga, Schaan, *7. 7. 1953, E: Jakob und Rosina, geb. Ospelt, B: Bankangestellte, A: 1978, Toronto, ON, Kanada, V: B. Anthony, K: Dominique

Wanger Jakob, Eschen, *3. 10. 1860, †1938, E: Mathäus und Anna Maria, geb. Hasler, B: Steinmetz, A: 1883, St. Paul, MN, USA, V: Maria Batliner, K: Frieda, Elizabeth, Ann, Evelyn

Jakob, Eschen, *24. 7. 1868, E: Johann Georg (s. d.) und Magdalena, geb. Hasler, A: 1883, Wabash, IN, USA, V: Marianne Ritter

Johann Baptist, Nendeln, *19. 6. 1890, E: Franz Josef und Katharina, geb. Öttl, B: Schuhmacher, A: 1906, Cincinnati, OH, USA, V: Linda Fusinato. Er kehrte 1912 wegen Krankheit nach Liechtenstein zurück und ging dann wieder nach USA. Heirat 1913 in USA.

Johann Georg, Eschen, *8. 9. 1842, E: Sebastian und Kreszentia, geb. Hasler, A: 1889, USA, V: Magdalena Hasler (†1881), K: Joh. Pascal, Franz Martin (s. d.), Franz Josef (s. d.), Jakob (s. d.), Ludwig (s. d.), M. Theresia, M. Kreszentia†. Johann Pascal starb 1889; der Witwer wanderte im gleichen Jahr mit Maria Theresia aus.

Johann Stephan, Schaan, *25. 10. 1851, E: Stephan und Maria Anna, geb. Hoop, A: 1874, Portage Co., OH, USA

Julius, Schaan, *4. 3. 1847, E: Lorenz und Magdalena, geb. Gantner, B: Arbeiter, A: 1869, Logansport, IN, USA, V: Louisa ..., K: Frank

Kaspar, Eschen, *6. 1. 1858, †4. 12. 1935, E: Mathäus und Anna Maria, geb. Hasler, B: Steinhauer, A: 1890, Elmwood Place, OH, USA, V: Theresia Ritter, K: Edith (Ada *1888), Andreas (*1890), Leo (*1895), Julius (*1899), John (*1900), Marie Antoinette (*1902). Die Frau folgte ihrem Mann 1891 mit den Kindern Edith und Andreas. 1896 bewarb sich Kaspar Wanger um die US-Staatsbürgerschaft.

Leo, Schaan, *9. 4. 1845, E: Lorenz und Magdalena, geb. Gantner, A: 1887, Elgin, IL, USA, V: Walburga Schlegel, K: Aloisia (s. d.). Wanderte ohne Familie aus, in Amerika total verarmt.

Ludwig, Eschen, *25. 8. 1870, E: Johann Georg (s. d.) und Magdalena, geb. Hasler, A: 1885, Dubuque, IA, USA. Wanderte als 15-jähriger wahrscheinlich mit seinem Verwandten Alexander Hasler (s. d.) aus.

Luzius Joseph, Eschen, *1. 3. 1864, †1938, E: Mathäus und Anna Maria, geb. Hasler, A: 1891, St. Paul, MN, USA, V: Maria Kieber (s. d.), K: Anthony, Anne, Olga, Emil. Wurde 1897 amerikanischer Staatsbürger.

Maria Katharina, Eschen, *30. 12. 1862, †5. 1. 1935, E: Mathäus und Anna Maria, geb. Hasler, A: 1884, St. Paul, MN, USA, V: Franz Josef Marxer (s. d.)

Sonhild, Schaan, *22. 12. 1942, E: Armin und Gertrude, geb. Walser, B: Säuglingspflegerin, A: 1976, New York, NY, USA, V: Layne Rodney, K: Jennifer, Allison

Weil Lotte, Vaduz, *25. 7. 1922, E: Rudolf und Hedwig, geb. Weil, B: Kinderpflegerin, A: 1946, New York, NY, USA, V: Michael A. Rogers, K: Arthur Thomas, Susan Janet

Weishaupt Xaver, Triesen, *29. 3. 1906, †21. 1. 1982, E: Ferdinand und Olga, geb. Heidegger, B: Schreiner, A: 1928, Rutherford, NJ, USA, V: Rosa Boschetto (s. d.), K: Rosmarie. Weitergewandert nach Carlstadt, NJ; betrieb eine Spezialfirma zum Bau von Bankschaltern.

Welti Anna Maria, geb. Schreiber, Mauren, *5. 2. 1841, E: Andreas und Maria Agatha, geb. Kieber, A: 1870, USA, V: Kaspar Welti. Heirat 1863; wanderte allein aus; ihr Ehemann starb 1890 im Armenhaus in Mauren.

Welti Maria Anna, geb. Matt, Mauren, *14. 11. 1805, †1871, E: Martin Matt und Katharina, geb. Kieber, A: 1852, Guttenberg, IA, USA, V: 1. Franz Jos. Welti, 2. Andreas Marxer (s. d.), K: 1. Katharina, Ursula, Kreszentia, Jakob; 2. s. Marxer Andreas. Tod des 1. Ehemannes 1844. Ankunft mit der Jersey in New Orleans am 7. 5. 1852. Ihre uneheliche Tochter Maria Anna blieb in Liechtenstein, heiratete Franz Josef Uehle (s. d.) und wanderte mit diesem 1865 nach Guttenberg aus.

Wenaweser August, Schaan, *7. 9. 1894, †6. 9. 1957, E: Konrad und Justina, geb. Jehle, B: Maurer, A: 1920, Tenstrike, MN, USA, V: Ruth Delong, K: Josef, Barbara. 1924 weitergewandert nach Longview, WA.

Franz Josef, Schaan, *19. 3. 1845, †15. 1. 1905, E: Simon und Rosina, geb. Keckeis, A: 1888, USA. Erhielt von der Gemeinde 50 Franken Auswanderungsunterstützung.

Wille Anton, Balzers, *2. 2. 1858, †3. 6. 1934, E: Johannes und Maria Theresia, geb. Vogt, B: Maurer, A: 1881, Dubuque, IA, USA, V: Veronika Ittensohn, K: Leo X., Josefine, Joe, William, Theresa, Anton, Alois, Mary, John, Anna. Zwei weitere Kinder starben im Kindesalter. Zog um 1900 nach Guttenberg, IA.

Elias, Balzers, *29. 2. 1880, †28. 11. 1972, E: Anton und Theres, geb. Vogt, A: 1906, San Francisco, CA, USA, V: Anna Öhri, K: Heinrich Ernst†, Leo Alois Josef, Marcel Anton, Raimund Heinrich. Heirat 1911 in San Francisco. War ständiger Mitarbeiter verschiedener Zeitungen in Amerika; veröffentlichte Berichte im Liechtensteiner Volksblatt.

Elisabeth, Balzers, *24. 7. 1825, E: Matthias und Katharina, geb. Vogt, A: 1855, USA. Wanderte mit ihrem Vater und den Geschwistern Maria Anna und Michael Urs aus.

Ferdinand, Vaduz, *3. 12. 1854, †9. 8. 1889, E: Franz Joseph und Theresia, geb. Eberle, B: Maurer, A: 1882, Freeport, IL, USA, V: ledig. Lebte die letzten zwei Jahre in Rome, NY, wo er als armer Mann starb und auf Kosten der Stadt beerdigt wurde.

Fidel, Balzers, *3. 2. 1853, E: Johann Baptist und M. Theresia, geb. Vogt, B: Bauer, A: Akron, OH, USA, V: Agatha Marogg, K: Franz Xaver, Robert. Seine Frau Agatha und die beiden Kinder folgten ihm 1883; Ankunft mit der Servia in New York am 26. 3. 1883.

Franz, Vaduz, *20. 7. 1923, †22. 2. 1998, E: Georg und Maria Mathilda, geb. Wolf, A: 1982, Prince George, BC, Kanada, V: Katherina Beck, K: Gerda, Ruth, Christa

Johann, Vaduz, *26. 12. 1905, †Juli 1975, E: Adolf und Maria, geb. Seger, B: Auto-Experte, A: 1922, Miami, FL, USA, V: Alice Bürke, K: drei

Maria Anna, Balzers, *1. 2. 1819, E: Matthias (s. d.) und Katharina, geb. Vogt, A: 1855, USA.

Matthias, Balzers, *24. 2. 1790, E: Christian und Elisabeth, geb. Büchel, A: 1855, Dubuque, IA, USA, V: Katharina Vogt (†1850), K: Joseph Anton, Katharina, Alois, Clara†, Elisabeth, Maria Anna, Michael Urs, Franz, Joseph Fidel†. War Soldat in Holland. Folgte als Witwer mit seinen Kindern Elisabeth, Maria Anna, Michael Urs und Franz seiner Tochter M. Katharina (verh. Frommelt Franz Anton, s. d.) nach Dubuque.

Michael Urs Franz, Balzers, *2. 10. 1928, E: Matthias (s. d.) und Katharina, geb. Vogt, A: 1855, USA

Wittwer   Fritz, Schaan, *1899, E: Johann und Berta, geb. Walser, B: Schreiner, A: 1924, A: USA

Wohlwend   Antonia, Schellenberg, *1. 5. 1905, E: Alois und Anna, geb. Verling, A: 1926, New York, NY, USA, V: Konrad Marte. 1941 Heirat und Umzug nach Montreal, PQ, Kanada.

Benedikt Martin, Nendeln, *28. 3. 1834, †14. 6. 1905, E: Franz Martin und Katharina, geb. Reber, A: 1863, Dubuque, IA, USA, V: Maria Theresia Schierscher (*1840), Heirat: 1862, K: Franz Martin, Louis, Bertha, Caroline, Anton, Thersia, Louisa, Philip, Urban, Benedikt. Mit Frau und Sohn Franz Martin am 26. 1. 1864 in New York angekommen. Von Dubuque weitergewandert nach Nelson, WI, dann nach Lidgerwood, ND, wo er ein wohlhabender Bauer wurde.

Eva, Schellenberg, *1829, †1872, E: Johann Georg und Barbara, geb. Wohlwend, B: Ordensschwester, A: 1859, USA. Ankunft auf der Borussia in New York am 19. 12. 1859. War Schwester des Kostbaren Blutes.

Franz Felix, Gamprin, *10. 10. 1900, †26. 12. 1989, E: Andreas und Katharina, geb. Hasler, B: Maschinist, A: 1923, Cincinnati, OH, USA, K: Kaspar. Übersiedelte nach etwa fünf Jahren nach Milwaukee, WI, wo er auch verstarb.

Franz Josef, Schellenberg, *21. 9. 1823, †9. 4. 1875, E: Johann Georg und Barbara, geb. Wohlwend, B: Bauer, A: 1863, Nelson, WI, USA, V: Katharina Kieber, K: Karl Ludwig (*1858), Waldburga (*1862), Emma (*1866), Johann (*1868). Kaufte sich 1856 in Mauren ein; lebte vor der Auswanderung zeitweise in Bozen, wo zwei weitere Kinder geboren wurden und als Kleinkinder starben. Wurde am 24. 10. 1871 US-Bürger.

Franz Joseph, Eschen, *29. 2. 1852, E: Franz Joseph und Maria Theresa, geb. Büchel, A: 1881, USA, V: Melanie Soller, K: Melanie, Franz Josef

Gregor, Schellenberg, *18.., †10. 3. 1864, E: Fridolin und Ursula, geb. Goop, B: Bauer, A: Riley, KS, USA. Er leistete im amerikanischen Bürgerkrieg Militärdienst und brachte es bis zum Second Lieutenant.

Herta, Schellenberg, E: Stefan und Maris, geb. Wohlwend, A: 1957, New York, NY, USA. Weitergewandert nach Holland, MI.

Johann Georg, Schellenberg, *19. 10. 1819, †22. 2. 1896, E: Johann Georg und Emerita, geb. Hasler, B: Steinmetz, A: 1847, Louisville, KY, USA, V: Maria Öhri, K: George, Rosa, Frank, Mary. Diente von 1861–1864 in der Armee; starb an Krankheiten, die er während des Dienstes aufgelesen hat.

Johann Georg, Schellenberg, *30. 1. 1821, E: Johann und Barbara, geb. Marxer, A: USA

Johann Georg, Schellenberg, *14. 2. 1827, E: Fridolin und Ursula, geb. Goop, A: 1851, USA. Er wurde am 15. 10. 1884 für tot erklärt.

Joseph, Eschen, *29. 2. 1852, E: Franz Joseph und Maria Theresia, geb. Büchel, A: 1881, USA, V: Melanie Soller, K: Melanie, Franz Joseph. Heirat 1876.

K. Wilhelm, Schellenberg, *9. 10. 1865, E: Gottlieb und Katharina, geb. Hasler, A: Louisville, KY, USA. Schrieb beim Tode seiner Mutter aus Louisville ans Landgericht: «…ich bin nicht ausgewandert, sondern nur auf Reisen und kein Bürger der USA sondern von Schellenberg und im Besitze eines Wanderbuchs …»

Karl, Nendeln, *21. 2. 1856, E: Franz Josef und Maria Theresia, geb. Büchel, A: 1882, USA. Kehrte in die Schweiz zurück und lebte in Zürich.

Wohlwend Karl Johann, Schellenberg, *25. 2. 1897, E: Alois und Anna, geb. Verling, A: 1928, New York, NY, USA. Weitergewandert nach New Jersey und Florida.

Martin, Schellenberg, *1828, †10. 10. 1894, E: Johann und Barbara, geb. Marxer, B: Steinhauer, A: 1851, Alma, WI, USA, V: Margaretha Barbara ..., K: Julia, Johanna, Andrew (adoptiert). Er wanderte zusammen mit seinem Bruder Johann Georg aus. Diente im Bürgerkrieg.

Paul, Schellenberg, *30. 6. 1835, †23. 2. 1925, E: Johann Georg und Barbara, geb. Wohlwend, A: 1866, Decatur, IL, USA, V: Catharina Hendrichs, K: Henry, George, Pauline, Louise, William. 1867 weitergewandert nach Clinton, IA.

Paul, Schellenberg, *1900, †17. 10. 1967, E: Ludwig und Barbara, geb. Brendle, B: Maler, A: 1926, St. Louis, MO, USA

Thomas, Mauren, *6. 2. 1818, †13. 5. 1883, E: Johann und Kreszenz, geb. Matt, B: Bauer, A: Clayton Co., IA, USA, V: Katharina Senti (d. Franz Josef s. d.), K: John, Joseph, Frank, Thomas, Mary, Katherine, Peter, Albert. Auswanderung ca. 1850.

Wolf Anna, Vaduz, *4. 4. 1910, †1. 12. 1992, E: Wilhelm und Albertina, geb. Wolf, A: 1932, Union City, NY, USA, V: Johann Fehr. Arbeitete in USA in einer Stickerei. R: 1964

Fritz, Vaduz, *1820, †12. 9. 1877, B: Zimmermann, A: Guttenberg, IA, USA, V: ..., K: Emil

Gottlieb, Vaduz, *29. 8. 1827, †15. 2. 1905, B: Zimmermann, A: 1855, Guttenberg, IA, USA, V: Lena ..., K: Arthur, Matthilda, Ida, Fred. Ankunft mit der Serampore in New Orleans am 21. 4. 1855. Wurde in den amerikanisch-spanischen Krieg (1898) eingezogen und unversehrt entlassen. Ein Fritsche (ev. Andreas, s. d.) gab ihm 500 $, damit er an seiner Stelle nochmals in den Krieg ziehe. Durch Bauchschuss verwundet.

Johann Alois, Vaduz, *14. 6. 1840, †13. 11. 1883, E: Franz Josef und Katharina, geb. Hilte, B: Maurer, A: 1883, Guttenberg, IA, USA, V: Karolina Walser, K: Karolina (*1871), Aloysia (*1872), Albertina (*1875), Wilhelm (*1879), Emil (*1883). Wanderte ohne seine Familie aus, schickte dieser aber von Amerika Geld. Wurde von Heimweh geplagt und erhängte sich.

Johann Anton, Vaduz, *24. 3. 1855, E: Karl und Rosina, geb. Matt, B: Maurer, A: 1880, New York, NY, USA. Er wurde 1922 für tot erklärt.

Maria Anna, Vaduz, *23. 8. 1823, E: Karl und Katharina Magdalena, geb. Nagel, A: 1849, USA. Ankunft mit der Jacques Laffitte in New Orleans am 18. 4. 1849.

Maria Josefa, Nendeln, *30. 3. 1858, E: Jakob Konstantin und Anna Maria, geb. Büchel, A: USA

Yolanda, Vaduz, *26. 11. 1946, E: Emil und Klara, geb. Kathan, B: Sekretärin, A: 1969, New York, NY, USA

Wolfinger Albert, Balzers, *18. 2. 1850, †25. 2. 1931, E: Christian und Katharina, geb. Brunhart, A: 1881, USA, V: 1. Theresia Nigg, 2. Elisabeth Wolfinger, K: Katharina†, Leo Reinold†, David, Leo Ludwig, Josef Albert (s. d.), Hugo Alois†, Franz ; 2. Gottfried, Leo Josef, Julius (s. d.), Ludwig, Magdalena. Ankunft auf der Labrador in New York am 13. 4. 1881. War ohne Familie in Amerika und kehrte 1883 zurück.

Wolfinger   Arthur, Balzers, *4. 12. 1901, †10. 5. 1986, E: Emil und Bertha, geb. Kirchthaler, A: 1920, Buenos Aires, Argentinien, V: Elisabeth Helfenstein, K: Betty Paula. Zog 1926 in die USA, wo er in Binghampton, NY, lebte. Die Frau verstarb bei der Geburt der Tochter; die Tochter wuchs bei ihren Grosseltern in Balzers auf und wurde vom Vater 1948 in die USA geholt.

Franz Josef, Balzers, *2. 10. 1804, E: Andreas Leonhard und Anna Maria, geb. Wille, A: 1845, USA. War Kaufmann in Ravensburg und wanderte von dort um 1845 aus; soll auf dem Marsch nach Westen ermordet worden sein.

Josef, Balzers, *22. 9. 1899, †16. 11. 1934, E: Emil und Bertha, geb. Kirchthaler, B: Kaufmann, A: 1920, Rio de Janeiro, Brasilien, V: ledig

Josef Albert, Balzers, *24. 7. 1893, †1936, E: Albert und Theresia, geb. Vogt, A: 1914, Dubuque, IA, USA

Julius, Balzers, *17. 12. 1904, E: Albert und Elisabeth, geb. Wolfinger, A: 1924, Chicago, IL, USA, R: 1927

Rosa, Balzers, *20. 5. 1879, E: Gottfried Jgn. und Maria Anna, geb. Steger, A: Chicago, IL, USA, V: Johann Vogt (d. Magdalena Vogt, geb. Steger, s. d.), R: 1928

Walter, Balzers, *14. 8. 1906, †6. 12. 1984, E: Emil und Bertha, geb. Kirchthaler, B: Koch, A: 1928, New York, NV, USA, V: Wilma ..., K: eines. Zog von New York nach Florida, Nebraska und Kalifornien. Nahm im 2. Weltkrieg als Freiwilliger der Navy an Geleitzügen nach Russland teil. Eröffnete nach dem Krieg ein Restaurant in Las Vegas, NE, später ein Steakhouse in Cedar City, UT.

Y   **Yenny**   Irma, Mauren, *199, E: Franz Josef und Wilhelmine, geb. Hasler, A: 1925, Cincinnati, OH, USA, V: Josef Altenöder (s. d.)

Olga, Mauren, *1914, E: Franz Josef und Wilhelmine, geb. Hasler, A: 1927, Sinking Springs, PA, USA, V: Hugo Büchel (s. d.)

Personen- und Ortsregister für die Bände I und II

Namen und Seitenzahlen, die kursiv gedruckt sind, verweisen auf den Band II.

Aich, 70
Alber Aimé, 47, 50, 53, 57
Alber Aimée, 35f.
Alber Alban, 25, 50
Alber Albert, 17, 20ff., 24f., 41
Alber Alice, 29
Alber Aline, 11ff
Alber Angèle, 37
Alber Barbara, 42
Alber Emil(e), 18, 20, 22, 31, 33ff., 43, 45ff., 53
Alber Emma, 19f., 31
Alber Eva, 13
Alber Fernand, 37
Alber Franz Josef, 12, 16, 18ff., 22, 26, 31ff., 40
Alber Georgette, 37
Alber Gustave (Gustav), 20, 31, 33f., 37ff., 45f.,49
Alber Henri (Heinrich), 20, 31, 33f., 36f., 53
Alber Hermann, 46, 50, 52, 56f.
Alber Jakob Balthasar, 106, *13, 16, 18ff., 33, 41f., 44, 48f., 55*
Alber Jean, 37
Alber Johann (John), 16ff., 20
Alber Johann Georg, 35, 106, *13ff., 20*
Alber Johann Jakob, 12, 18f., 23
Alber Josef, 25, 27, 35f.
Alber Josefine, 33ff.
Alber Louis, 46, 50, 52, 56f.
Alber Madeleine, 40, 47, 50, 53, 57
Alber Magdalena, 106, *13, 18, 20*
Alber Maria Anna, 20, 25, 27, 41
Alber Maria Magdalena, 108
Alber Maria Rosaline, 16
Alber Marie, 34, 37, 46
Alber Marthe (Martha), 20, 26, 31ff., 38ff., 43, 45, 49, 53, 56
Alber Martin, 11ff., 15ff., 20ff., 27f., 39, 42ff., 47ff.,
Alber Philipp, 35, 106ff., *12ff., 18, 20, 24, 29, 41ff., 48*
Alber Robert, 47, 51
Alber Sebastian, 108, *12, 20, 23f., 26ff., 31f.*
Alber Sophia, 25, 50
Alber Thomas, 17, 24, 26, 41, 50f.
Alber Yvonne, 39
Alber-Batliner Magdalena, 23f.
Albina, OR, 131f., 135
Alcoriza Luis, 94

Allentown, PA, 41, 109, *73ff., 77, 79*
Alma, WI, 42
Alois II., Fürst, 16f., 20, 22, 25, 113
Altenöder Josef, 121
Altenöder Pauline, 80
Alton, IL, 43
Amann Anton, 99
Amsterdam, 229
Antwerpen, 218
Anyox, AK, 204
Argous Art, 129
Atkinson, NE, 109, *73, 77, 80f.*
Atlanta, GA, 289
Bachert & Co., 163
Bad Ragaz, 34, 92
Bagley, WI, 215
Baker William, 101
Baltimore, MD, 269, 274
Balzers, 12, 16, 21ff., 29ff., 35, 37, 41, 48, 54, 57, 63, 71, 74, 76, 78, 80ff., 85, 95f., 98, 101, 106, 139ff., *72, 93, 105f., 129, 144, 161ff., 165, 167f., 171f., 194, 217ff., 227, 237, 245, 253, 280*
Banzer Albertina, 149
Banzer Gebhard, 149f.
Banzer Jakob, 149f.
Banzer Johann, 149f., *209*
Banzer Josef, 102
Banzer Marzell, 149f.
Barbier Gerhard, 152
Barcelona, 284
Basel, 57f., 149, 152, *218f., 288*
Batliner Andreas, 24f., 109, *22*
Batliner Anna Maria, 24
Batliner Arnold, 122, 125, 128f.
Batliner Carolina, 9
Batliner Egon, 123, 125
Batliner Elias, 24
Batliner Emil, 46, 123ff.
Batliner Erica, 163
Batliner Hedwig, 123
Batliner Johann Ferdinand, 108f., *22*
Batliner John, 22
Batliner Josef, 163f.
Batliner Joseph, 9ff., 20, 24
Batliner Luzia, 122, 135
Batliner Maria, 128
Batliner Paul, 108, *12, 22, 31, 44f.*
Batliner Rochus, 109, *22*
Batliner-Hemmerle Josephina, 123
Batliner-Peterson Sophie, 24
Battaglia Johannes, Bischof, 114
Battlecreek, NE, 76
Baud, 39

Beamer Elizabeth, 108
Beamer Valentin, 108
Beck Alois, 125
Beck Anna, 193ff., 199, 228
Beck Barbara, 114, 117, 125, 145
Beck Egon, 194
Beck Emil, 194, 226
Beck Emil, Prof., 121
Beck Fabian, 145
Beck Frank jun., 228
Beck Franz Xaver (Frank), 152, *145, 193ff., 201, 226ff.*
Beck Franz, 194, 196, 228
Beck Gottlieb, 161, 194f., 199, 228
Beck Hedwig, 193f., 197ff.
Beck Helen, 228
Beck Joachim, 226
Beck Josef, 226
Beck Josefa, 103f., *120f., 123*
Beck Karolina, 130f.
Beck Maria, 226
Beck Marianne, 228
Beck Theresia, 133
Beck Ursula, 101, *128, 130f.*
Beck Viktoria, 226
Beck Xaver, 118, 125, 161
Beck-Lampert Barbara, 101f.
Beckers Isabella, 16
Bemidji, MN, 282
Bendern, 12, 46, 154
Berendt Theresia, 139
Berens Henry, 91
Berens Maria, 91
Bern, 288
Bickel Amalia Karolina, 148f.
Bickel Franz Josef, 148
Biedermann Agathe, 83
Biedermann Angeline (Angelika), 215
Biedermann Arnold, 229ff.
Biedermann Beatrice, 230
Biedermann Bernadette, 230
Biedermann Doris, 230
Biedermann Franz Josef, 83
Biedermann Franz, 222
Biedermann Gertrude, 230
Biedermann Günther, 230
Biedermann Irmgard, 230
Biedermann Isolde, 229
Biedermann Jakob, 83, *215*
Biedermann Karl Gustav Dr., 229f.
Biedermann Klara, 230
Biedermann Klaus, 230
Biedermann Leonhard, 79ff., 83, *215*

Biedermann Margrith, 230
Biedermann Maria Agatha, 215
Biedermann Maria Genofeva, 81
Biedermann Marie Theres, 230
Biedermann Roland, 230
Biedermann Sofie, 230
Biedermann-Kraut Christina, 80
Biglerville, PA, 191
Black Hawk (Schwarzer Falke), 69
Bloomington, WI, 73
Bludenz, 46
Bogotá, 235
Bolder, CO, 134
Bonne Terre, MO, 71
Bordeaux, 261f.
Boscobel, WI, 80, *215*
Boss Johann, 99
Boston, MA, 56, *286*
Boulder, CO, 262
Brasser Margaretha, 176
Bremen, 87, 226
Brender Severin, 168
Breuckmann (Auswanderungsagentur), 59
Brownlee James, 105
Brunhart Andreas, 139, *161, 167*
Brunhart Andrew, 139
Brunhart Christian, 139
Brunhart Clemens, 170
Brunhart Franz Josef, 97f.
Brunhart Franziska, 97
Brunhart Hans, 106, 232
Brunhart Herbert, 233ff.
Brunhart Juana Ambia, 239
Brunhart Karin, 233f.
Brunhart Maria, 233f.
Brunhart Peter, 239ff.
Brunhart Simon, 161, 165
Brunner Anna Maria, 112
Brunner Franz Sales, 112f.
Büchel Andreas, 113f.
Büchel Anna, 59, 167, 169
Büchel Anton, 50, 87, *59f*
Büchel Barbara, 170
Büchel Bertha, 59ff.
Büchel Carol, 170
Büchel David, 36, *170*
Büchel Dominikus, 108
Büchel Eugen, 141, *164, 168ff., 172*
Büchel Ferdinand, 161, 167
Büchel Fidel, 99, *162f., 167, 172*
Büchel Franz Josef, 22, 36
Büchel Franz Michael, 162
Büchel Franziska, 162

Büchel Frederick Anthony, 87, *59ff.*
Büchel Frederick Arthur, 60
Büchel Heinrich, 76, 93, 95, 115, *162, 218f.*
Büchel Jakob, 108
Büchel Johann Georg, 162
Büchel Josef jun., 164, 167ff.
Büchel Josef, 141, *161ff.*
Büchel Joseph, 59
Büchel Kaspar, 94
Büchel Klara, 108
Büchel Lona, 59
Büchel Louis, 164, 171f.
Büchel Magdalena, 163ff., 167f.
Büchel Maria Anna, 106f.
Büchel Mary, 59
Büchel Mary-Jean, 170
Büchel Milly, 170f.
Büchel Regina, 59, 61
Büchel Salome, 113
Büchel Therese, 85
Büchel Walter, 164, 172
Büchel Werner, 161, 163ff., 172f.
Bucher Engelbert, 131
Buchs, 115
Buenos Aires, 156f., 159, 161f., *226*
Bühler Johann, 100
Bühler Julius, 91, 126
Bühler Raimund, 152f.
Burgmeier Ambrosius, 57
Burlington, IA, 78
Bürzle Johann Georg, 23
Bürzle Maria Katharina, 23
Bustillo Juan, 98
Butler, KY, 190
Calgary, AB, 281, 283
Callao, 239
Canton, OH, 165, 167
Canute, OK, 191
Carouge, 182
Cartier Jacques, 146
Castle Garden, 64, 66
Chadron, NE, 76
Champlain de Samuel, 146
Cherbourg, 149
Chicago, IL, 46, 49, 75, 109, 122, 126, 128, 134f., 137, 139, 141, *17, 70, 119, 150ff., 155f., 159, 161, 178, 248, 269f.*
Chifosse, 31
Chiron Ernest, 39
Chur, 114
Churwalden, 138, *176, 185*
Cincinnati, OH, 77f., 87, 112, 122, 127, 129ff., 134, *15, 18, 86ff., 175, 190*

Clara House, IL, 21
Clayton, IA, 93
Cleveland Grover, 52, *152*
Cleveland, OH, 182
Colburn Lucy May, 60
Colman John, 9
Communia, IA, 99f
Connot John, 110
Conrad Margarethe, 100
Contreras Torres Miguel, 97ff.
Coolidge Calvin, 118
Cornimont, 32, 35
Crespo, 157
Cuernavaca, 94, 96
Cumberland, WI, 138
Danbury, IA, 85
Darlington, WI, 75
Davenport, IA, 41, 45
Dayton, OH, 37, 106, *14, 176*
De Mille Cecil B., 96
Deere John, 50
Delémont, 266
Denver, CO, 159, 262
Des Moines, IA, 81, *151*
Dessel Conrad, 84
Dirkson Sophia, 16
Dornbirn, 64
Dreyfuss, Hauptmann, 55
Dubuque Julien, 68f.
Dubuque, IA, 23, 32, 37, 68ff., 79f., 82, 95f., 99, 101, 138, *67, 70, 150, 212*
Dünser Heinrich Adolf, 145
Dyer Zelma, 148
Eagle Creek, NE, 77f.
Eagle River, WI, 126
Eberle Andrea, 243ff.
Eberle Ferdinand, 103
Eberle Franz, 104
Eberle Johann jun., 103
Eberle Johann, 58, 62, 67, 102ff., *118ff., 125*
Eberle Josef, 226
Eberle Katharina, 104
Eberle Lorenz, 127
Eberle Magdalena, 103
Eberle Maria, 100, 104
Eberle Remigius, 103ff., *123, 125*
Eberle Sibylla, 103, *120*
Eberle Thomas, 65, 103ff., *122, 125*
Eiboeck Joseph, 70
Einsiedeln, 153, *43*
El Innal, 156
Elk City, OK, 191f.
Elkader, IA, 86f.

Register **257**

Elkport, IA, 87
Ellis F. M., 150f.
Ellis Island, 64ff., *87, 218*
Elmwood Place, OH, 130ff., *190*
Embrach, 167
Emmet, NE, 73, 77
Eschen, 93, 108, 130ff., 140f., *22, 26, 189, 192, 254, 258, 269*
Escher Wyss & Cie., 64
Estavayer-Le-Lac, 193
Falk Emil, 135f.
Falk Frieda, 151
Falk John, 136
Falk Katharina, 137
Falk Otto, 151
Falk Robert, 136
Falz-Fein von Eduard, 104
Farmersburg, IA, 90
Feger Florian, 161
Fehr Franz, 145ff., 150, *205f.*
Fehr Guntram, 145, 147
Fehr Oskar, 147f., 150, *206*
Fehr-Dyer Zelma, 148
Feldkirch, 56, 58, 113, 163, *24ff., 37, 41, 253, 281*
Feldkirch-Altenstadt, 148f.
Fenkart Henri, 41
Festina, IA, 84f.
Fischler Juliana, 213
Fischler Theresa, 213
Florenz, 271
Florianópolis, 154
Flory Anna Maria, 132
Floyds Knobs, IN, 9, 20, 24f.
Fluchs Francisca, 213
Fluegge Helen, 262
Fontaine Charles, 31, 41
Fontaine, 42, 47
Fontner Sarah Amanda, 214
Ford John, 98
Fort Lauderdale, FL, 245
Fort Leavenworth, MO, 42
Fort Randal, SD, 45
Fort Sully, SD, 45
Fort Sumter, SC, 39, *74*
Foser Katharina, 213
Francois I., König, 146
Franz Josef II., Fürst, 163f., *223, 238*
Freeport, IL, 62, 65, 67, 100ff., 105, *111f., 114ff., 120, 122, 124ff., 129*
Frick Alois, 37, 41, 71, 74, 83
Frick Anna, 139
Frick August, 115, *218*
Frick Dominik (Thomas), 41, 83

Frick Ferdinand, 37, 83, 106, *14, 176*
Frick Franz Josef Leontius, 73
Frick Gebhard, 217
Frick Heinrich, 48
Frick Joseph Ferdinand, 81ff.
Frick Julius, 140
Frick Karl, 283
Frick Katharina, 213
Frick Theresia, 37
Frommelt Alois, 74, 76
Frommelt Anna, 74
Frommelt Anton, 254
Frommelt Casimir, 70, 73f., 76, *162*
Frommelt Christina, 76
Frommelt David, 74
Frommelt Ferdinand, 23, 74
Frommelt Franz Anton, 74
Frommelt Franz Josef, 102, *120ff., 126, 139, 141*
Frommelt Johann Georg, 152f.
Frommelt Joseph, 125
Frommelt Katharina, 120f., 123, 126, 132ff., 139, 142, 145
Frommelt Nikolaus, 74
Frommelt Otto, 69
Frommelt Remigius, 120f.
Frommelt Rosa, 76
Futscher Amalie, 97
Gabriel Meinrad, 56, 58
Gamprin, 107
Gantner Joseph, 41
Garbo Greta, 97
García Alicia, 245, 247
García Francesca, 245
García Kaufmann Anita, 245ff.
García Manuel, 245
García Riera Emilio, 95, 97
Garnavillo, IA, 77, 81, 87, 89f.
Gassner Alois, 101f., *114, 123*
Gassner Anna Maria, 63
Gassner Anna, 66
Gassner Anton, 66
Gassner Emil, 65f.
Gassner Eugen, 194, 228
Gassner Franz Josef, 64ff.
Gassner Franz Xaver, 122
Gassner Friedrich (Fritz), 65f.
Gassner Joe, 66
Gassner Johann, 60, 62, *63f.*
Gassner Justina, 114, 117
Gassner Maria Aloisia, 64, 66
Gassner Maria Christina, 64
Gassner Maria, 62, *63*
Gassner Wolfgang, 64

Geiger Alois, 123
Geiger-Hemmerle Theresia, 123
Genf, 182, 284ff., 288
Genua, 239
Germanstown, OH, 175
Gerner Dominikus, 190
Gerster Max, 126, 128, *161*
Gerteis Radegundis, 113
Gettysburg, PA, 40f., *74*
Gilgen Peter, 248ff.
Giron A., 38
Glenbush, SK, 81ff.
Godilo-Godlevsky Alexander, 254ff.
Godilo-Godlevsky Nicolas, 257
Godilo-Godlevsky Paula, 252ff.
Goop Rudolf, 141
Göttingen, 276ff.
Grant Ulysses S., General, 40
Graty Camille, 50
Graty Fanny, 50, 55
Gregg Alessandra, 259f.
Gregg Jason, 259f.
Gregg Jay-Jay, 260
Gregg Valentina, 260
Gregg-Konzett Ursula, 259f.
Grospeau Marie Josefine, 35
Grünenfelder Maria Johanna, 113
Gstöhl Fridolin, 115, *218*
Gstöhl Maria Balbina, 109f.
Gutenberg Johannes, 78
Guttenberg, IA, 32, 35, 41, 45f., 68, 73, 76, 78ff., 94ff., 99, 107, *59, 63, 161, 163, 211ff.*
Haas Benedikt jun., 109
Haas Benedikt, 105, 109
Haas Elisabeth, 109
Haas Erna, 109
Halifax, NS, 63, *281*
Haller Maria Lidia, 70
Hamburg, 281
Hammond, IN, 122, 124ff., 140
Hard, 84
Harrisburg, PA, 74
Hasler Alfred, 121, 133
Hasler Amalia, 86
Hasler Anna, 133
Hasler Felix, 75f.
Hasler Franz Josef, 133, 141
Hasler Hilda, 134f.
Hasler Jakob, 86
Hasler Leoni, 153
Hasler Louisa, 86
Hasler Ludwig, 133,
Hasler Otto, 132ff., 141

Hasler Rochus, 134
Hasler Rosemary, 132, 134
Hasler Sebastian, 47
Hasler Severin, 86
Hasler Sophie, 76, 95
Hasler Waldburga, 76
Hassler Magdalena, 46
Hausen von Karl, 17, 54
Hediger Johann, 148
Heeb Adalbert, 153
Heeb Adelina, 80ff.
Heeb Agatha, 74, 109f., *77ff., 84*
Heeb Albert, 78
Heeb Alois, 75
Heeb Amalia, 110
Heeb Andreas, 74, 80
Heeb David, 75
Heeb Edwin, 76
Heeb Elisabeth, 109, *74, 76ff.*
Heeb Emil, 78
Heeb Frank, 74, 77ff.
Heeb Franz Joseph, 79
Heeb Gottfried, 74
Heeb Harry, 75, 78
Heeb Johann, 20, 41, 109, *73ff., 79*
Heeb John, 75f.
Heeb Josef Adalbert, 152
Heeb Joseph, 75
Heeb Ludwig, 109, *77ff.*
Heeb Mae, 78
Heeb Maria Adelia, 82
Heeb Martin, 74
Heeb Rose, 78
Heeb Scholastika, 74
Heeb Wilhelm, 79, 81f.
Heeb William, 109, *82*
Hehn-Bren Berta, 123
Helfenau, 182
Helwig Conrad, 85
Hemmerle Eugen, 68, 261f.
Hemmerle Franz, 124, 149
Hemmerle Josefine, 124, *161*
Hemmi Ursula, 138
Henni Martin, 112
Highland, IL, 20, 34
Hilger Otto, 253
Hilti Andreas, 35
Hilti Barbara, 35, 106, *13f., 16, 29*
Hilti Christoph, 35, 106, *14, 16*
Hilti Franz Joseph, 35, 106, *14*
Hilti Johann Georg, 29
Hilty Johann, 140, 161
Hilti Lucius Alois, 29

Hoch Johann Luzius, 114f.
Hoch Julius, 161
Hoch Luzius, 117
Höchst, 63
Hohenegger Arnold, 123
Hohenegger Max, 123
Hohenegger Philipp, 123
Hohenegger-Batliner Luzia, 123, 128
Holt County, NE, 75
Hoop Emil, 121
Hoop Josef, Dr., 70
Hoop Ludwig, 127
Houston, TX, 61f.
Huber Beno, 283
Huber Heinrich, 34f.
Hutton, BC, 204
Ilanz, 112
Immken Bernadine, 68
Independence, MO, 42
Indianapolis, IN, 105, 109, 125, *150*
Ingelheim, 18
Innsbruck, 275
Iowa City, IA, 78
Ithaca, NY, 248
Ittensohn Veronika, 96
Jacksonville, IA, 77
Jäger Josef, 109
Jäger Peter, 109
Jamestown, VA, 26f.
Jasper, MO, 185
Jehle Rudolf, 154ff.
Johann I., Fürst, 14f., 19
Johann II., Fürst, 17, 113
Joller Josef, 66
Joyce James, 276f.
Jung John, 261
Kaelin Margaret, 200
Kaiser Alice, 161
Kaiser Dominik, 154f., 157, 161
Kaiser Emil, 142, 147
Kaiser Friedrich, 287
Kaiser Josef, 107
Kaiser Maria Anna, 107
Kaiser Nikolaus, 52
Kaiser Peter, 175
Kaiser Sebastian, 108
Kaiser Vinzenz, 168
Kaiserslautern, 169
Kansas City, MO, 48f.
Karlsruhe, 66
Kaufmann Andreas, 36f., 57, 71, 75, *162*
Kaufmann Anita, 245
Kaufmann Anna Maria, 85

Kaufmann Dominik, 37, 72
Kaufmann Franz Anton, 37
Kaufmann Franz, 151
Kaufmann Johann Baptist, 37, 71
Kaufmann Johann jun., 85
Kaufmann Johann, 85, *213*
Kaufmann Josef, 85
Kaufmann Joseph Florinus, 72
Kaufmann Joseph, 76
Kaufmann Maria Anna, 213
Keckeis Josefine, 124
Keil Felizitas, 81
Keil John, 81
Kelowna, BC, 151
Kennedy John F., 201
Kent, OH, 288f.
Key West, FL, 245ff.
Kieber Josef, 42, 45ff.
Kieber Kreszentia, 46
Kieber Matthias, 46
Kieber Walter, Dr., 106
Kimmswick, MO, 63
Kindle Alwina, 149
Kindle de Contreras Torres Hermine, 93ff
Kindle Elwina, 85ff.
Kindle Florian, 106, 109
Kindle Hugo, 227
Kindle Josef, 122
Kindle Josefina, 85
Kindle Klemens, 115, *218*
Kindle Leo, 149, 151
Kindli Wilfried, 96
Klein Andreas, 190
Klein Katharina Maria, 190
Köb Maria Christina, 63
Koelsch Valerie Jo, 192
Konrad Christian, 37
Konzett Alfred, 259
Konzett Marianne, 259
Konzett Ursula, 259
Kornburg, 113
Kranz Ludwig, 121
Kranz Samuel, 50, 108
Kraut Christina, 79
Kriss Franz, 163, 165
Krogmann Clarie LaMae, 215
Krogmann Edward Francis, 215
Kühne Elisabeth, 109, *73f.*
La Courtine, 255
La Glinai, 39
La Paz, 239, 241
La Salle, CO, 134
Lamour Julien, 39

Lampert Alexander, 102f., *122f., 125f., 132ff.,*
  139f., 142, 145
Lampert Alois, 100, 102, *114, 117*
Lampert Ferdinand, 138
Lampert Gottlieb, 101, *114, 118*
Lampert Josef, 101, *114, 133, 140*
Lampert Josefa, 114, 117
Lampert Josepha, 87
Lampert Juliana, 102, *122*
Lampert Julius, 102, *111ff., 116, 118, 120ff.,*
  129ff., 136ff., 142ff., 146
Lampert Justina, 101f., *124*
Lampert Karolina, 67, 102, *111ff.*
Lampert Kreszentia, 114, 117
Lampert Liene, 111, 116
Lampert Marie, 117
Lampert Theresia, 111f., 116, 121, 124f., 128ff.,
  132, 140
Lampert Xaver, 100, 102, *111, 114ff.*
Landeck, 113
Lang Maria, 126
Lapois, 37
Las Vegas, NV, 134f., *201*
Latenser Frank Nestor, 154
Latenser Frank, 148, 153f.
Latenser John jun., 148, 153f.
Latenser John, 147ff
Latenser Josefine, 149
Latenser William, 149
Laternser Franz Josef, 147
Laternser Heinrich, 148
Laternser Johann, 35, 106, *147ff*
Laternser Maria Anna, 74
Le Havre, 31, 59ff., 63, 87, 100f., 106, *11, 14, 59,*
  175
LeBaron Jenney William, 156
Lee Robert Edward, General, 40, *74*
Lethbridge, AB, 282
Liechtenstein Prinz Emanuel von, 222
Lima, 239f.
Lincoln Abraham, 39f.
Lindau, 43, 255
Lingg Ludwig, 108
Littleport, IA, 87, *59f.*
Liverpool, 150
Loehlein Milly, 170
Logansport, IN, 106, 108, *14, 16f., 19, 40f.*
Longview, WA, 137, 283
Los Angeles, CA, 49, 122, *161, 193f., 200f., 228f.,*
  231, 243f., 277f.
Louis Philippe, König, 16
Louisville, KY, 9, 41, 131
Lourdes, 223

Lugano, 263, 266, 268
Luri, 26f.
MacMellon John A., 150, 156
Madison, NE, 110
Mahony Roger, Kardinal Erzbischof, 231
Mangin Louise, 37
Mannon Alfred T., 97
Marock Joseph, 139, 141
Marogg Josef, 169
Marok Ferdinand, 125, 127
Marok William, 125ff.
Marshall James Wilson, 29
Marshalltown, IA, 150
Martin Marie Josefine, 31
Marxer Andreas, 84, 93, *176*
Marxer Anna Maria, 176, 178, 184
Marxer Antonia Maria, 153
Marxer Bernhard, 134f.
Marxer Emil, 134f.
Marxer Ida Josephina, 153
Marxer Johann Jakob, 99f.
Marxer Joseph, 93
Marxer Lorenz, 20f.
Marxer Maria Magdalena, 189
Marxer Simon, 94
Marxer-Hasler Hilda, 134f.
Massaro Franco, 263f., 267
Massaro Gabriella, 263ff.
Massaro Leonora, 263
Massaro Rita, 263ff.
Matt Andreas jun., 88
Matt Andreas, 81, 87ff., 91, 94,
Matt Damian, 124f.
Matt Elisabeth, 87
Matt Franz Joseph, 87, 91
Matt Henry, 89
Matt Jakob, 154
Matt Johann Georg, 89, 94
Matt Josef, 19
Matt Joseph, 89
Matt Josepha, 94
Matt Louis, 87, 90
Matt Lukas, 122
Matt Maria Agatha, 87
Matt Maria Anna, 85, 89
Matt Matthias, 87ff., 92
Matt Rosina, 89
Matt Theodor, 89
Matt Theresia, 89
Matt Wilhelmina, 89
Mauren, 79ff., 84f., 89, 106, 108f., 122, 124f.,
  128, 134, 141, 147, 153, 163, *11f., 22, 24, 26,*
  28, 31, 41ff., 79

May Genevieve, 191
May von, Hauptmann, 20
Mayer Luis B., 96f.
McKinley William, 152
McLean Dylan, 273
McLean Samantha, 273
McLean-Sele Rita, 271ff
Medea de Novara, 93f., 98, 100
Meier Adelina, 109, *79f.*
Meier Alexander, 81, 94
Meier Alois, 123f., 125, 127ff.,
Meier Aloisia, 124
Meier Andreas, 131
Meier David, 43
Meier Fortunat, 130f.
Meier Franz Joseph, 130ff.
Meier Franz, 131
Meier Jakob, 109, *80ff., 84*
Meier Johann Georg, 79
Meier Krescentia, 79
Meier Maria Genofeva, 82
Meier Paulina, 83
Meier Walter, 269f.
Meier-Batliner Maria, 123, 128
Melbourne, KY, 130
Menzingen, 153
Menzinger Johann Michael, 16, 21f., 24, 87f., 113, 152
Mequon, WI, 140, *164f., 171f.*
Mercedes, 157, 160f.
Mexiko City, 94ff., 108
Meyer Creszenzia, 19
Meyer Eva, 32
Meyer Jakob, 19
Meyer Jean, 32
Meyer Jermaine, 165
Meyer Johann, 19
Meyer John, 31
Meyer Maria, 19
Meyer Thomas, 19
Meyer-Alber Maria Eva, 19
Miami, FL, 245
Miami, IN, 54
Midreveaux, 38
Milwaukee, WI, 122, 137ff., *161, 164f., 168f., 261*
Minneapolis, MN, 151
Monona, IA, 86
Monroe, MI, 40
Montréal, PQ, 146, 149, *206, 271f., 281*
Montreux, 194
Morton Grove, IL, 196
Mündle Maria Anna, 12, 19
Müssner Ernst, 147, *203f.*

Nagel Hansjörg, 141
Nägele Franz Joseph, 37
Nägele Johann, 147, *203, 205*
Nägele Rainer, 274ff.
Nancy, 41, 148
Napoleon, 14, 27
Näscher Johann, 93
Näscher Magdalena, 114
Nashville, TN, 41
Nauvoo, IL, 175, 177ff.
Negele Alois, 48
Negele Franz Josef, 75
Nendeln, 94, 108, 134, 147, *44, 147, 171, 176, 192*
Nenzing, 97
Nestor Anna, 151
New Albany, IN, 9
New Fairfield, CT, 263
New Glarus, WI, 21f.
New Orleans, LA, 27, 32, 40, 49, 59, 70, 79, 81ff., 101, *16, 18, 153, 178, 212f.*
New York, NY, 27, 46, 48, 56, 58f., 61ff., 66f., 74f., 87, 97, 99, 106, 122, 137, *12, 16f., 59, 74, 87, 96, 99, 115, 150, 153, 162f., 166f., 169, 175ff., 182, 194, 218f., 229, 256f., 261ff., 265ff., 277ff., 284ff., 288*
Nigg Emil, 75, 95, 138, *161*
Nigg Franz Anton, 162
Nigg Franz Joseph, 57
Nigg Georg, 37
Nigg Johann Anton, 212
Nigg Josef Anton, 21ff., 75, 85
Nigg Josef, 162
Nigg Joseph Ferdinand, 57
Nigg Joseph Fr. Fidel, 76
Nigg Joseph, 75, 93, 95, 138
Nigg Leo, 161
Nigg Magdalena, 163
Nigg Thomasia, 86
Nipp Alois Johann, 35, 85
Nipp Alois, 73
Nipp Anna Maria, 85, *261*
Nipp Barbara, 281f.
Nipp Emil, 281ff.
Nipp Eric, 283
Nipp Eugen, Dr., 252, 254, 257
Nipp Fred, 281, 283
Nipp Heinrich, 136f., 151, *283*
Nipp Hildegard, 252
Nipp Johanna, 252, 257
Nipp Joseph, 85, 136f.
Nipp Julius Anton, 136f., 139
Nipp Julius, 167, 261

Nipp Karen, 262
Nipp Karl, 85, 137
Nipp Laura, 283
Nipp Lisel, 252
Nipp Maria Elisabeth, 35
Nipp Mary, 262
Nipp Paula, 252
Nipp Rosina, 85
Nipp Siegbert, 252, 254
Nipp Steven, 262
Niwot, CO, 261
North Battleford, SK, 81ff.
Nutt Anna Maria, 80, 84
Nutt Caspar, 81
Nutt Christian, 80, 84
Nutt Fidel, 48f., 141
Nutt Johann, 74, 76f.
O'Brien Duane Francis, 215
O'Brien Joel Arthur, 215
O'Neill, NE, 109, *73ff.*
Oak Lawn, IL, 126
Öhri Andreas, 110ff.
Öhri Anna Elisabeth, 220
Öhri Donald, 110
Öhri Elias, 46f.
Öhri Katharina, 110
Öhri Magdalena, 110, *77*
Öhri Pauline, 110
Öhri Pius, 57
Öhri Rita, 265ff.
Öhri Ulrich, 110, *82*
Oklahoma City, OK, 192
Olendorf Augusta, 95
Olten, 266
Omaha, NE, *147f., 150ff.*
Ospelt Emil, 75
Ospelt Erwin, 168
Ospelt Gustav, 70
Ospelt Josef, 223
Ossian, IA, 85
Pacoima, CA, 134
Palos Park, IL, 270
Paris, 26ff., 38f., 158, 255
Patridge Brooke, 248
Pendleton, KY, 190
Pfefferkorn Anna, 68
Pfefferkorn Elfrieda, 68
Pfeiffer Josef Friedrich, 41
Pfrommer Regina, 87, *59*
Philadelphia, PA, 28, 56, 99, *74*
Pilsen, 170
Pinky Lake, BC, 208
Pittsburgh, PA, 163, 167, 219

Pius XII., Papst, 95
Planken, 20, 41
Plombières, 31
Ply J.W. & Co., 16
Ply Margaret, 15
Pokorny Peter, 15
Ponte Vedra Beach, FL, 259
Port Washington, WI, 172
Portland, OR, 49, 102f., *112, 117, 123ff., 129, 132ff., 140ff., 145*
Porto Allegre, 153, 163
Prairie du Chien, IA, 79
Prairie Grove, AR, 42
Prairie la Porte, IA, 77f.
Primrose, PA, 163, 165
Prince George, BC, 145, 147ff., *204, 206, 208f.*
Prince Rupert, BC, 204
Pümpel Serafin, 25
Purcell Johannes, 112
Quaderer Baptist, 26
Quaderer Christof, 26
Quaderer Johann, 26
Quaderer Lorenz, 26
Québec, PQ, 146, *205*
Racine, WI, 139
Rademacher Katharina, 190
Rankweil, 29, 182
Rauch Anna, 29
Ravensburg, 64
Real Gustav, 126, *169*
Real Paul, 126f.
Reisemann Therese, 87
Remiremont, 27, 39f.
Rettig Franz Anton, 106f., *14ff., 18ff., 32f., 48*
Rettig Franz, 18, 20
Rettig Lena, 12
Rettig Magdalena, 19
Rettig Margareth, 18
Rettig Sophia, 18
Reynolds Boris, 107ff.
Rheinberger Alois jun., 181
Rheinberger Alois, 35, 106, *14, 175ff.*
Rheinberger Anna Maria, 35
Rheinberger Egon, 105
Rheinberger Emma, 175, 185ff.
Rheinberger Ferdinand, 181
Rheinberger Heinrich, 182, 184f., 187
Rheinberger Johann Ferdinand, 35
Rheinberger Johann Nepomuk, 179
Rheinberger Johann, 175
Rheinberger Josef Ferdinand, 175, 178, 182
Rheinberger Joseph Gabriel, 147
Rheinberger Josepha, 180, 186

Rheinberger Margaretha, 177, 179, 185
Rheinberger Maria Aloisia, 105
Rheinberger Peter, 147, 185
Rheinberger Theresia, 175, 179, 182, 185, 187
Rheinberger Urs, 106
Richebourg, 39
Ridgefield, CT, 267
Rio de Janeiro, 154, 163
Risch Andreas, 74
Risi Werner E., 88
Ritter Andreas, 130
Ritter Edi, 123
Ritter Gebhard, 22
Ritter Hugo, 145, *203ff., 209*
Ritter Johann Ferdinand, 50, 130ff.
Ritter Joseph, 130
Ritter Kreszenz, 22
Ritter Maria Magdalena, 130
Ritter Martin, 94
Ritter Otto, 123f., 147
Ritter Rochus, 130
Ritter Thomas, 32
Ritter-Schreiber Alwina, 123
Robert Alphonse, 31
Röckle Hedwig, 68
Röckle Louisa, 68
Rodney Allison, 284, 287
Rodney Jennifer, 284, 287
Rodney Layne, 284, 286f.
Rodney-Wanger Sonhild, 284ff.
Rogers Lott, 288f.
Rom, 223
Rommel Ph. & Co. (Auswanderungsagentur), 57f., 152
Roosevelt Franklin, 118, *201*
Rowland Florence Audra, 192
Rowland Robert Roy, 192
Rufli Joseph, 31
Ruggell, 12, 36, 41, 86f., 109f.,113, 119, 153, 59, 73, 77, 79, 84, 205, 237, 254, 265
Rüsch J. Jg., 64
Rushville, NE, 76
Rypczynski Helena, 65
Saeugling Helen, 215
Saeugling Johann Friedrich, 215
Saeugling John Frederick, 214f.
Sajama, 240f.
Salzmann Hermann, 29f.
Salzmann Johann Josef, 17, 21f., 26, 28ff., 37
Salzmann Maria Anna, 22, 24, 28ff.
Samoreau, 39
San Diego, CA, 245
San Fernando, CA, 134

San Francisco, CA, 49, 128f., *137, 161, 217, 219, 221, 223, 227*
San Louis, MO, 229
San Mayol, 161f.
Santa Barbara, CA, 276
Sarajewo, 259
Sargans, 72, 205, 223
Sauloures, 19
Schaan, 12, 16, 23, 29, 37, 56, 74, 108, 119, 136, 138ff., 143, 145, 152, *17, 205, 217, 281, 283, 287*
Schaanwald, 147, *41, 43, 203, 205*
Schächle Charles Martin, 192
Schächle Dorothy, 191
Schächle Ferdinand, 191
Schächle George William, 191
Schächle Johann Vinzenz, 189
Schächle John Thomas, 191
Schächle Joseph, 191f.
Schächle Katharina Magdalena, 192
Schächle Katharina, 190ff.
Schächle Laura, 191
Schächle Martin, 189
Schächle Stephan, 189ff.
Schächle Stephen Alexander, 191
Schächle Thomas, 189
Schächle Urilla, 192
Schädler Albert, 58
Schädler Alwin, 125
Schädler Andreas, 111
Schädler Johannes, 111
Schädler Karolina, 111ff.
Schädler Magdalena, 111
Schädler Nothburga, 111, 138
Schauer Alois, 138
Schauer Berta, 138
Schauer Ida, 138f.
Schauer-Wolfinger Elisabeth, 138
Scheidemühl, 65
Schellenberg, 20, 24, 41f., 47, 86, 99, 112ff., 141f., 147
Schierscher Theobald, 137, 151, *283*
Schlapbach Anna, 169
Schlegel Josepha, 147
Schnabell Mary Petronilla, 130
Schneider Anna Maria, 175
Schreiber Andreas, 124f.
Schreiber Carolina, 145
Schreiber Leo, 137
Schreiber Michael, 94, 107
Schroeder James, 46
Schuppler Josef, 13, 15
Schurte Ernst, 161

264 Register

Schutz J.R., 57
Scott-Schächle Katharina, 192
Seattle, WA, 124
Seger Bernadine, 67ff.,
Seger Bertele, 161
Seger Bertha, 65f., 70
Seger Daniel, 99
Seger Fritz, 68
Seger Hedwig, 68
Seger Oskar, 154ff., 162
Seger Ray(mond), 66ff.
Seger Rudolf, 65f.
Sele Anthony, 200
Sele Emilian, 131
Sele Francis, 200
Sele Johann, 199
Sele Josef, 109
Sele Joseph, 111
Sele Juliana, 111, 118, 123, 130, 132, 137, 139
Sele Konrad, 141f., *161, 193ff., 228*
Sele Kreszentia, 100, *130*
Sele Kreszenz, 111
Sele Margaret, 201
Sele Mary Anne, 200
Sele Rita, 271f.
Senti Franz Josef, 81f.
Senti Joseph, 89, 91f.
Senti Maria Barbara, 81
Sevelen, 30, 63
Sherman William T., General, 40
Simon Teresa Marie, 191
Sioux City, IO, 45
Sisseln, 31
Sogamoso, 235f.
Sohm Jakob, 85
Sohm Johann, 84
Sohm John, 85
Sohm Katharina, 85
Söllner Elisabeth, 205
Spencer, NE, 110
Sprenger Hedwig, 167
Springfield, MO, 45
St. Armand, PQ, 219
St. Die, 31
St. Gallen, 58, *205, 280*
St. Louis, MO, 35, 41, 99, 134, 137f., *63ff., 70f., 161, 178, 191*
St. Paul, MN, 32
St.-Maurice-sur-Moselle, 38f.
Staley Vincent, 18
Stanford, CA, 248, 284, 286f.
Stepstone/Montgomery, KY, 190
Stewart, BC, 148, *205ff.*

Strassburg, 148, 155
Strub Johann, 94
Stuard Nancy, 9
Stuttgart, 20, 148, 155, 259
Sullivan Louis, 156
Sutter Johann August, 29
Taos, NM, 259
Tenstrike, MN, 135f., 139, *282*
Thoeny Adina Maria, 207f.
Thoeny Eldrid Elisabeth, 207f.
Thoeny Ernst Michael, 207f.
Thoeny Leonard John, 207f.
Thöny (Thoeny) Elisabeth, 148, *205, 207f.*
Thöny (Thoeny) Johann (John), 147f., *203ff*
Thöny Guntram, 203
Thöny Josef, 203
Thöny Norman, 70
Thöny Paula, 161, 167
Thöny Paulina, 203
Toelle Urilla Elizabeth, 191
Toledo, OH, 15
Toronto, ON, 271
Trenckwalder Vincenzia, 24
Triesen, 12, 149f., *72, 85f., 90, 92f., 96, 109f., 113f., 169, 259*
Triesenberg, 41, 87, 109ff., 131, 152, *95, 111, 113f., 117f., 131, 134f., 138, 143ff, 147, 195, 197ff., 226, 228, 271ff., 287*
Triest, 155, 162
Troutdale, OR, 132, 134ff., 141f., 144f.
Trübbach, 87, *162f., 170, 280*
Tschetter Joseph, 74
Tschol Alois, 85, *212*
Tschol Clara, 214f.
Tschol Franziska Hedwig, 213
Tschol Ignaz, 85f., *212f.*
Tschol Johann Baptist jun., 85, *213ff.*
Tschol Johann Baptist, 41, 85f., *212f.*
Tschol Josef, 162
Tschol Joseph, 71, 85, *212ff.*
Tschol Louis, 213
Tschol Maria Juliana, 73, *213*
Tschol Maria Theresia, 212f.
Tschol Scholastica Appolonia, 213
Tschuor Johannes, 232
Tucuman, 158
Tuggen, 153
Turin, 268
Uehle Franz Joseph, 85
Untervaz, 203
Urbana, IL, 109
Vaduz, 12, 14, 20f., 23, 26, 32, 60, 74, 79, 87, 99, 106, 113, 121, 124, 126, 131, 138, 143, 145,

152f., *29, 42, 63ff., 69, 72, 93, 109, 113, 122, 148, 169, 175f., 178ff., 182, 184f., 187, 192, 252f., 255, 257, 259, 280f., 283*
Vagney, 19, 31ff., 38ff., 43
Valparaiso, IN, 128
Vancouver, BC, 151, *209*
Vandans, 26
Velotte, 41
Ventura, CA, 229, 231
Verbier, 286
Verling Margaretha, 153
Vernet-les-Bains, 39
Vibank, SK, 142, 147, *204*
Victoria, 153
Villarica, 153
Vogt Anna, 76
Vogt Anna, 48
Vogt Anton, 219
Vogt Emanuel, 106f., 172
Vogt Franz Josef (Frank), 48, 95
Vogt Franz Michael, 21ff., 72f., 80, *212f.*
Vogt Georg, 57
Vogt James G., 67f.
Vogt Johann Baptist, 80
Vogt Johann Georg, 23, 72
Vogt Joseph (Joe), 95f.
Vogt Lorenz, 75
Vogt Maria Theresia, 72, *213*
Vogt Theresa, 213
Vogt Theresia, 76f.
Vogt William, 96
Volga, IA, 82
Vonclaire Emile, 35
Wabachtown, IN, 35
Wabash, IN, 105ff., *12, 14ff., 22, 41, 50, 54ff.*
Wabasha, MN, 74
Wachter Emil, 68
Wachter Johann Peter, 138
Walch Alois, 23
Walch Andreas, 86
Walch Anton, 68f.
Walch Donna, 72
Walch Edward, 72
Walch Emil jun., 72
Walch Emil, 68ff., 161
Walch Eugen, 70
Walch Franz Josef, 86
Walch Johann, 86
Walch Josef, 86
Walch Karin, 72
Walch Levanda, 72
Walch Lidia, 71
Walch Linus, 86

Walch Nancy, 72
Walch Sebastian, 86
Walch Susanna, 72
Walch William, 86
Walenstadt, 34
Walser Egon, 121
Walther Christian, 46
Wanger Aloisia, 136, *66*
Wanger Arthur, 154ff.
Wanger Kaspar, 130
Wanger Leo, 66
Wanger-Ritter Theresia, 130
Wanger-Weber Martha, 162
Warner Theresia, 85
Warschau, 255
Washington, DC, 286
Washington, WA, 34
Weber Martha, 162
Weidlich Karl, 165
Weil Hedwig, 288
Weil Hilde, 288
Weil Rudolf, 288
Weitling Wilhelm, 100
Welti Franz Josef, 84
Welti Jakob, 84
Welti Katharina, 84
Welti Kreszenz, 84f.
Welti Maria Ursula, 84
Welti-Matt Maria Anna, 84f.
Wenaweser August, 137
Wenaweser Philomena, 136
West Blue Mounds, WI, 21
White Cecile, 211
White Peregrine, 211
White Plains, NY, 252
Whitney Eli, 38
Wien, 41, 43, 182, 223, 226
Wille Anna Elisabeth, 221f.
Wille Anton, 217
Wille Anton, 75, 94ff.
Wille Daryl, 96
Wille Donald, 96
Wille Elias, 115, *161, 217ff., 227f.*
Wille Ferdinand, 122
Wille Gregor, 223
Wille Heinrich Ernst, 221
Wille Leo Alois Josef, 221, 223
Wille Leo, 96
Wille Marcel Anton, 221
Wille Raimund Henrich, 221
Wille Theresia, 218
Wilson Woodrow, 56
Wohlwend Eva, 114

Wohlwend Gregor, 42, 44f.
Wohlwend Jakob, 44
Wohlwend Johann Georg, 41, 44f.
Wohlwend Josef, 121
Wohlwend Karl, 141
Wohlwend Martin, 42, 44
Wohlwend Thomas, 94
Wolf Johann Alois, 99
Wolfinger Albert, 57, 75, *162*
Wolfinger Anna Maria, 162
Wolfinger Arthur, 152, 154ff.

Wolfinger August, 162
Wolfinger Eugen, 194
Wolfinger Franz, 31
Wolfinger Walter, 141
Wollenberger Werner, 93, 104
Wurtzbach, 59
Yankton, SD, 41, 45, 83
Zürich, 69f., 85f., 92, 163, 168, 218, 252ff., 266, 277, 279, 284, 288
Zwilchenbart (Auswanderungsagentur), 57f.

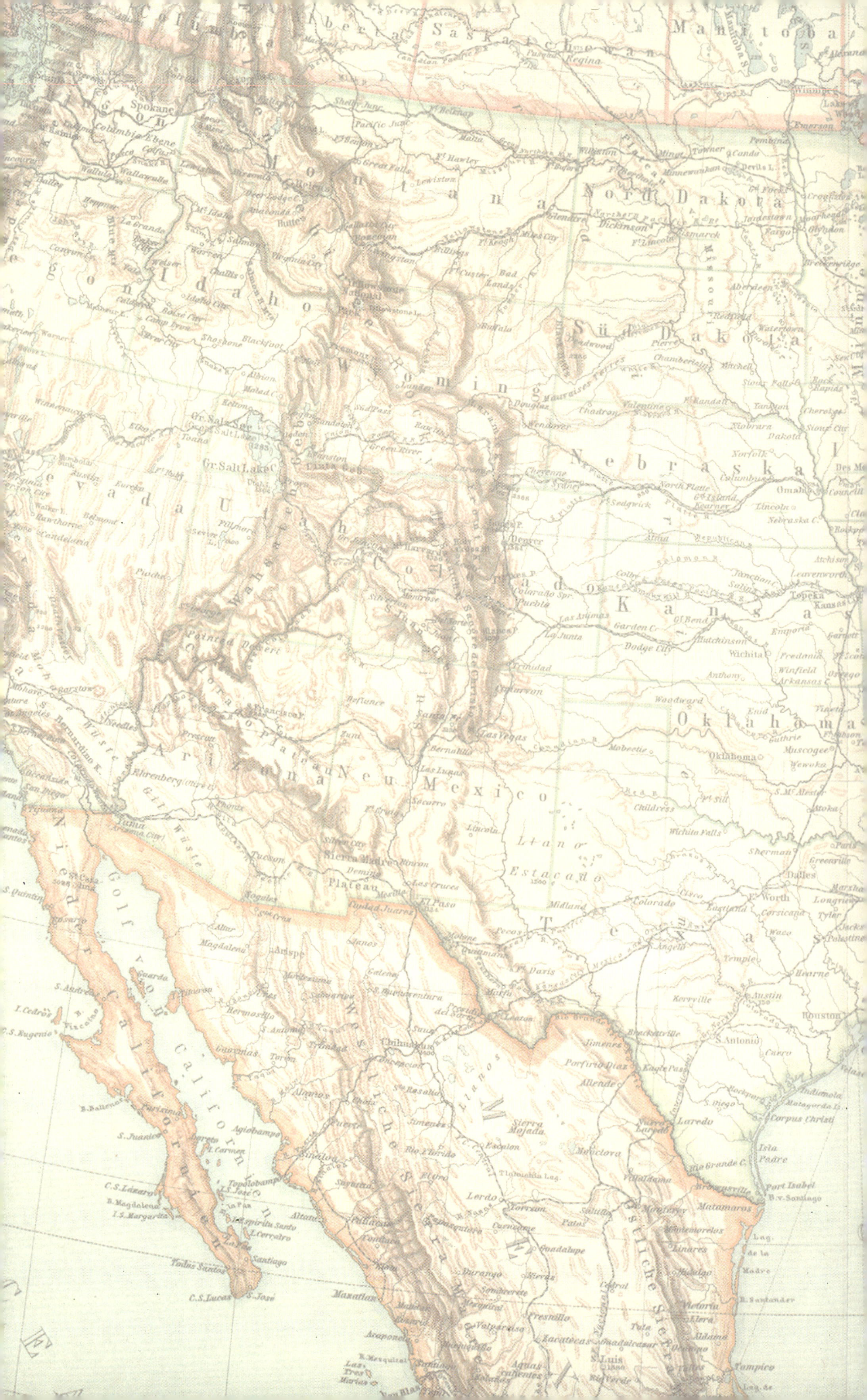